Essen – Abenteuer einer Stadt

Wolf Schneider

Essen – Abenteuer einer Stadt

Econ Verlag · Düsseldorf · Wien

Völlig überarbeitete und ergänzte Neuauflage 1978
Copyright © 1963 by Econ Verlag GmbH, Düsseldorf und Wien
Alle Rechte der Verbreitung, auch durch Film, Funk, Fernsehen, fotomechanische
Wiedergabe, Tonträger jeder Art, auszugsweisen Nachdruck oder Einspeicherung
und Rückgewinnung in Datenverarbeitungsanlagen aller Art, sind vorbehalten
Gesetzt aus der 10/12 Punkt Garamond der Linotype GmbH
Gesamtherstellung: Richterdruck Würzburg
Printed in Germany
ISBN 3 430 18011 2

Inhaltsverzeichnis

V. Das Ruhrwunder

Kohlen und Kanonen?

Wirklich treffend scheint der Name „Essen" für eine Stadt gewählt, die durch ihre Essen, Schlote und Fördertürme, durch ihre Kohlen und Kanonen in der Welt berühmt geworden ist. Nur daß der Name mit den Fabrikschornsteinen gar nichts zu tun hat; er ist nämlich tausend Jahre älter als sie.

„1100-Jahr-Feier – ist das nicht ein Druckfehler für 100-Jahr-Feier?" Solche Anfragen erreichten 1952 die Stadtverwaltung, und zwar auch von prominenten Bundesbürgern. Denn daß im Ruhrgebiet alle Städte ähnlich entstanden seien wie Oberhausen oder Gelsenkirchen – nämlich durch recht willkürliche Zusammenfassung etlicher Dörfer und Kohlenzechen zu einer Stadtgemeinde –, ist ein verbreitetes Vorurteil. Nein, Essen zählt, ähnlich wie Dortmund und Duisburg, zu den frühen Gründungen nach der Römerzeit; es ist weit älter als Berlin, München, Stuttgart oder Düsseldorf; es hatte viele Jahrhunderte einer bunten und oft abenteuerlichen Geschichte als deutsches Fürstentum hinter sich, ehe der erste Schlot aus der Erde wuchs und der Name Krupp Schlagzeilen machte.

Der Weg Essens vom Frauenstift, in dem nach der Unterwerfung Sachsens durch Karl den Großen die Töchter des sächsischen Hochadels in christlichem Geist erzogen wurden, zu einer der größten Industriestädte der Welt ist faszinierend – und er ist zugleich ein Stück deutscher Geschichte, ja seit der industriellen Revolution ein Stück Weltgeschichte in der Nußschale. Zum uralten Münster von Essen gehört einer der reichsten Kirchenschätze Deutschlands. In Werden, dem noch älteren Nachbarn Essens (1929 eingemeindet), wurde acht Jahrhunderte lang der *Codex Argenteus* aufbewahrt, die berühmte silberne Bibel der Goten. Drei Äbtissinnen des Stifts Essen stammen aus dem deutschen Kaiserhaus.

Später wurde die Stadt eine berühmte Waffenschmiede – im 16. Jahrhundert nämlich. Zur Reichsarmee hatte das Stift Essen um diese Zeit zwei Mann zu Roß und dreizehn Mann zu Fuß beizusteuern. Als Essen 1802 preußisch wurde, war es ein Landstädtchen von 4000 Einwohnern. Den heutigen Essener Stadtteil Steele nannte der Fürst Hermann von Pückler-Muskau 1826 „einen Ort, für den gemacht, der sich vom Getümmel des Lebens in heitere Einsamkeit zurückzuziehen wünscht".

Spät erst, mehr als ein halbes Jahrhundert nach England, erlebte die Ruhr den Anbruch des Industriezeitalters. 1838 wurde die Kohlenförderung im Tiefbau aufgenommen, 1849 aus Ruhrkohle Koks gewonnen, 1851 machte der bis dahin größte Gußstahlblock der Welt die Namen Krupp und Essen über Nacht berühmt. Aber gleichzeitig grasten noch Wildpferde im Norden des heutigen Stadtgebiets, noch 1850 genügte der Stadt ein einziger Briefträger, und gar erst 1862 erhielt sie Eisenbahnverbindung. Aber da war das Goldgräberfieber schon ausgebrochen. 1871 trafen in Essen auf 100 Männer nur 78 Frauen.

Trotz zweier Weltkriege mit Besetzung, Bomben, Demontagen ist Essen heute größer denn je: die viertgrößte Stadt der Bundesrepublik, die größte Kohlen- und Energiestadt des Kontinents – und dazu die Metropole des Ruhrgebiets, der größten Ballung von Produktionskraft auf Erden neben dem englischen Industrierevier um Manchester. Essens Blüte hängt nicht an den Kanonen.

Und Essens Ruß fällt keineswegs so dicht hernieder, daß man den Mädchen den Mund abwaschen müßte, ehe man sie küßt – wie ein Spötter einst bemerkte. Natürlich kannte er Essen nur vom Hörensagen, wie alle, die sich eine schwarze Stadt vorstellen. Essen ist grüner als manche andere Stadt; es hat prächtige Parkanlagen, schöne Wohnviertel inmitten dichter Wälder und einen großen See. Daß die Ruhr bei Essen sich lieblich zwischen Wäldern schlängelt und das Ruhrgebiet viel treffender „Emschergebiet" hieße, sei nur am Rande erwähnt.

Kurz: Essen ist voller Überraschungen. Vergangenheit und Zukunft durchdringen sich hier wie kaum an einem anderen Platz. Aus mittelalterlicher Kultur und Idylle – im Süden der Stadt an steilen Gassen noch zu finden – ist eines der bedeutendsten Wirtschaftszentren der Erde gewachsen; es wuchs auf den versteinerten Resten riesiger Wälder, die vor 300 Millionen Jahren blühten. 700 Kilometer lang ist das Netz der Stollen, die tief unter der Stadt in die Kohle getrieben worden sind. Essen ist nicht häßlich. Es mag schönere Städte geben. Eine interessantere wird sich nicht leicht finden lassen. Der Stadt Essen sei dafür gedankt, daß sie ihre Archive weit geöffnet hat – auch in solchen Fällen, wo es sich mehr um interessante als um schöne Dinge handelte.

I
Das alte Essen

1. *Kapitel*
Die Burg am Hellweg

Früher einmal lag der Ort, der heute Essen heißt, am Nordhang der *Variskischen Alpen.* Nicht daß die Stadt inzwischen umgezogen wäre. Nur die Variskischen Alpen sind fast verschwunden. Das alles ist freilich ziemlich lange her.

Es spielte sich in der Karbonzeit ab (von lateinisch *carbo,* Kohle), jenem rund 300 Millionen Jahre zurückliegenden Erdzeitalter, auf das der heutige Reichtum des Ruhrgebiets zurückgeht. Damals faltete sich zwischen den Ardennen, Vogesen und Südengland im Westen und den Sudeten im Osten ein mächtiges Gebirge auf, das an Ausdehnung und Höhe anscheinend den heutigen Alpen nicht nachstand. Der Wiener Geologe Eduard Sueß (1831 bis 1914) bezeichnete diesen Gebirgszug als die Variskischen Alpen, nach den *Variskern,* einem germanischen Volksstamm, der in der Gegend des heutigen Erzgebirges lebte.

Im Verlaufe dieser während des ganzen Karbons fortschreitenden Gebirgsfaltung entstand an deren Nordrand zwischen Meer und Gebirgsfuß ein Tieflandbecken, eine „Saumtiefe", in deren feuchtwarmem Klima Waldmoore mit den ältesten Wäldern der Erdgeschichte gediehen. Sie bestanden vor allem aus Siegel- und Schuppenbäumen, bis zu 30 m hohen Bärenlappgewächsen, die wir heute nur noch als kriechende Formen kennen. Hinzu kamen Baum- und „Samenfarne", viele den heutigen vergleichbare Farne und bis zu 12 m hohe Schachtelhalme, ferner die etwa zwischen Nadelbäumen und Gingkogewächsen stehenden Cordaiten und frühe Formen von diesen selbst. Je nach den tektonischen Vorgängen des sich weiter auffaltenden Gebirges ertranken diese Wälder zeitweilig im steigenden Grundwasser und wurden durch Feinstoffe, Sande und Gerölle zugedeckt, die die Flüsse aus dem Gebirge im Süden herantrugen. Diese bildeten später die Ton-, Schiefer-, Sandstein- und Konglomeratschichten zwischen den Flözen. Die ertrunkenen Wälder selbst wurden zu Torf, später in wachsender Tiefe durch zunehmenden Druck und steigende Wärme über Braunkohle zur Steinkohle,

Wie die Kohle entstand

deren Alter etwa ihrem Gasgehalt von den ältesten Anthrazit- und Magerkohlenschichten bis zu Fett- und Gasflammkohlen entspricht.

Zeitweilig wurden die Senken sogar vom Meer überflutet und „marine" Schichten abgelagert, die sich deutlich von den „limnischen" Süßwasserhorizonten durch die darin enthaltene Meeresfauna unterscheiden. Diese Vorgänge wiederholten sich vielfach und spiegeln sich in der Zahl der Flöze wider, deren jedes einen versunkenen Wald darstellt. Zugleich wurden diese Schichten von der Faltung im Süden mit ergriffen, die nach Norden fortschritt und bewirkte, daß die Schichten nach Norden zu in immer größere Tiefe abkippten und die oberen Horizonte nur dort, etwa in der Steinkohle Ibbenbürens, vertreten sind.

Durch diese Faltung entstand ein unterirdisches Gebirge mit Mulden und Sätteln der flacher oder steiler aufgestellten Schichten, die mit ihren Flözen nach Norden immer tiefer absanken, im Süden aber später durch die Erosion der Ruhr in den Talhängen angeschnitten wurden und hier zum Stollenbergbau führten, der dem Ruhrgebiet seinen Namen gab. In dieser Zeit war aber auch das Variskische Gebirge im Ruhrgebiet bis auf die letzten das Bodenrelief bestimmenden Züge der Ruhrberge oder die angrenzenden Teile des Rheinischen Schiefergebirges im Westen und z. B. das Sauerland im Osten abgetragen.

Der jüngere Abschnitt der Kreidezeit, die „Obere Kreide", die vor etwa 100 Millionen Jahren begann, deckte die Ablagerungen mehrerer Meeresvorstöße als heutiges „Deckgebirge" über die Schichten des Karbons. Die vielen, bei allen Schachtungen darin gefundenen Ammoniten, Schnecken und Muscheln führen die marine Herkunft dieser Schichten deutlich vor Augen. Unter diesen Ablagerungen bildet ein Gemisch aus Kalk und Ton den Mergel. Diese Schichten stellten dem nach Norden fortschreitenden Bergbau, der hier die Flöze nur in immer größerer Tiefe erreichen konnte, ernsthafte technische Hindernisse in den Weg, die erst in der Mitte des vorigen Jahrhunderts bewältigt werden konnten und den Tiefbau entstehen ließen, der das Ruhrgebiet und mit ihm die Stadt Essen zu ihrer industriellen Bedeutung brachte.

Die Eiszeit brachte dann durch eine Klimaverschlechterung in vier großen Vorstößen polares und alpines Gletschereis über große Teile Deutschlands, von denen vor allem der 2. und 3. Eisvorstoß seine Gletscher von Skandinavien her auch über das Essener Gebiet bis südlich der Ruhr vorschoben. In den wärmeren Zwischeneiszeiten schmolz das Eis wieder ab und wurde das Land zur Tundra, dann Steppe und schließlich teilweise wieder vom Wald zurückerobert. Die Knochen der eiszeitlichen

Großsäugetiere Wollnashorn und Mammut kamen vor allem bei der Vertiefung und Verlegung des Emscherlaufes vielfach zum Vorschein, daneben aus Tundra- und Steppenzeiten die von Ren und Moschusochsen, Riesenhirsch und Elch, Steppenwisent und Ur, Höhlenlöwe und -hyäne und im Bergland vom Höhlenbär. Aus den Zwischeneiszeiten stammen auch die Funde der frühesten Geräte, wie sie neuerdings zwischen Essen und Bottrop aus dem Kanalbett in großer Zahl geborgen werden konnten, als Hinweis auf die ersten menschlichen Bewohner; Steinwerkzeuge des Neandertalers und wahrscheinlich auch seines Vorgängers, des Steinheimer Menschen.

Nach der letzten Eiszeit, vor etwa 12 000 Jahren, war zwischen den drei Nebenflüssen des Rheins, die das heutige Industrierevier begrenzen und gliedern – der Ruhr im Süden, der Emscher in der Mitte, der Lippe im Norden – nur eine karge Tundra zurückgeblieben, die sich bei weiterem Zurückweichen des Eises allmählich in eine grasbewachsene Steppe verwandelte. Mit fortschreitender Erwärmung siedelten sich dann Birken, Kiefern, Haselsträucher, Eichen und schließlich Hainbuchen und andere Laubbäume an. Funde von Steinbeilen, Topfscherben, Hausgrundrissen und Gräbern zeigen, daß sich der Mensch schon im 4. Jahrtausend hie und da in diesem lichten Waldgebiet ansiedelte. Genauere Kunde über diesen Raum geben später die römischen Quellen. Mitte des 1. Jahrhunderts v. Chr. eroberte Caesar Gallien, als dessen Grenze der Rhein galt. Die Römer begannen sich bald für das rechtsrheinische Gebiet zu interessieren und stießen von ihrem befestigten Lager Castra Vetera (dem heutigen Xanten) lippeaufwärts mehrfach vor, wobei sie sogar die Elbe erreichten und auch das spätere Ruhrgebiet vorübergehend zur römischen Provinz machten. Freilich nur für wenige Jahre, denn mit der Niederlage des Varus im Teutoburger Wald (9 n. Chr.) wurden die Römer auf den Rhein zurückgeworfen. Die rechtsrheinischen Germanenstämme haben in den folgenden Jahrhunderten ihrerseits mehrfach Einfälle in die römische Provinz am Niederrhein unternommen. Als dann im 4. Jahrhundert innere und äußere Schwierigkeiten den römischen Staat schwächten und schließlich zum Zusammenbruch brachten, war es ein Bund germanischer Stämme, der als Franken das römische Erbe übernahm. Einer der zum Stammesverband der Franken gehörenden Teilstämme waren die Brukterer, die mehrere Jahrhunderte auch das Essener Stadtgebiet besiedelten. Reste eines ihrer Dörfer wurden in Essen-Überruhr vor wenigen Jahren ausgegraben. Zu der römi-

Germanen und Römer an der Ruhr

schen Erbschaft, die die Franken übernahmen, gehörte auch die christliche Religion. Als nach langen Kämpfen schließlich das Frankenreich im Gebiet des heutigen Frankreich fest begründet dastand, wandte sich die fränkische Politik dem rechtsrheinischen Germanien zu, das inzwischen vom sächsischen Stammesbund beherrscht wurde. Das fränkische Vordringen war verbunden mit einer Missionierung der noch heidnischen Sachsen. Da jedoch letztere weder die fränkische Oberherrschaft anerkennen noch die christliche Religion annehmen wollten, kam es zu langen, wechselvollen Kämpfen. In dieser Zeit wurde auf einem steilen Felsplateau über dem linken Ruhrufer, südlich der späteren Stadt Werden die Alteburg angelegt, wohl als Bollwerk der fränkischen Eroberer gegen die Sachsen. Die Alteburg kann als das älteste Bauwerk im Essener Raum gelten. Ausgrabungen zeigten, daß diese mächtige Verteidigungsanlage stellenweise 3 Wälle und Gräben aufwies. Die inneren waren durch bis zu 2 m dicke und 4 m hohe Mauern aus Ruhrsandstein geschützt. Doch scheint die Alteburg ihren Zweck nicht lange erfüllt zu haben. Rotgeglühter Sandstein und Schiefer, sowie Reste verkohlter Eichenbalken zeigen, daß sie erobert, niedergebrannt und eingerissen worden ist, und zwar spätestens wohl 50 Jahre nach der Erbauung. Wenig später wurde unmittelbar östlich der Alteburg eine weitere umwallte Verteidigungsanlage errichtet, die „Herrenburg". Es scheint jedoch nicht, daß sie jemals in Funktion getreten ist, denn nach dem Sieg Karls des Großen über die Sachsen bei Verden an der Aller im Jahre 804 gehörte auch das gesamte heutige Essener Gebiet fest dem Frankenreiche an.

In die Zeit der Auseinandersetzungen zwischen Franken und Sachsen mag auch die Anlage eines durch Palisaden und Gräben, später durch Mauern befestigten Platzes auf einem sanften Höhenrücken westlich der Bernequelle fallen, die als Gründungskern der Stadt Essen anzusehen ist. Südlich dieser Burganlage führte der Hellweg, die wichtigste Ost-West-Verbindungsstraße dieser Zeit, vorüber – wie ihr heutiger Nachfolger, die B 1 – und wurde dort von einer aus Norden kommenden Handelsstraße gekreuzt. Entlang dieser Straße drangen die fränkischen Eroberer nach Osten vor. Ihnen folgten Missionare und Mönche, die alsbald allenthalben Kirchen und Klöster gründeten, die heidnischen Bewohner zum Christentum bekehrten, den Anbau der Feldfrüchte intensivierten und das Handwerk förderten.

2. Kapitel
Das tausendjährige Damenstift

Am Anfang der Geschichte Essens steht, nach Karl Martell und Karl dem Großen, die Gestalt eines bedeutenden, kraftvollen geistlichen Mannes aus sächsischem Hochadel: des Bischofs *Altfrid* von Hildesheim. Altfrid kam um das Jahr 800, also kurz nach der Unterwerfung Sachsens durch Karl den Großen, vermutlich auf dem fränkischen Reichshof Asnidhi zur Welt. Das kleine Landgut, das dazu gehörte, war möglicherweise im Besitz seiner Eltern.

Zwischen 845 und 847 dürfte Altfrid in Rom gewesen sein, um im Auftrag seines Vorgängers auf dem Hildesheimer Bischofsstuhl, des Bischofs Ebo, dessen Ansprüche auf das Erzbistum Reims zu verfechten. Bei Papst Sergius II., vermutet man, erwarb er Reliquien der wundertätigen Brüder Kosmas und Damian, die bei den Christenverfolgungen des römischen Kaisers Diokletian den Märtyrertod starben; sie sind die Schutzheiligen des Essener Münsters.

851 wurde Altfrid Bischof des jungen sächsischen Bistums Hildesheim – ein Sachse nun auf dem Bischofsstuhl in dem von den Franken unterworfenen Land; wie es scheint, ein gelungener Versuch Ludwigs des Deutschen, die sächsische Aristokratie an das Frankenreich zu binden. In Hildesheim begann Altfrid sogleich mit dem Bau eines Domes. Ein Jahr später legt er an seinem Geburtsort Asnidhi, da, wo sich die nun überflüssige Burganlage Karl Martells befunden hatte, den Grundstein zu der Münsterkirche, die nach drei Zerstörungen (946, 1275 und 1943) und vielen Verwandlungen heute die Kathedrale des Ruhrbischofs ist. Beide Kirchenbauten bestritt Altfrid aus eigenen Mitteln.

Das Münster war die Stiftskirche einer Frauenkongregation, die Altfrid wahrscheinlich zur gleichen Zeit in Essen gründete. Er wollte damit seiner Arbeit eine private Initiative hinzufügen, nämlich den Töchtern seiner adligen Stammesgenossen zu einer frommen und standesgemäßen Erziehung und zu einem ebensolchen Unterhalt verhelfen; dazu kam wohl der Wunsch, für sich und seine Verwandten Eigentum und eine würdige Grabstätte zu schaffen. Nur „Jungfrauen aus edelfreien Geschlechtern", das heißt aus dem sächsischen Hochadel, konnten in das Stift aufgenommen werden. Das blieb so die ganzen nahezu tausend Jahre lang, in denen es existierte. Die Höchstzahl der Stiftsdamen (oder Kanonissen) wurde von Altfrid auf 50 festgesetzt, doch scheinen es mehr als 27 (im 13. Jahrhundert) nie gewesen zu sein.

Es handelte sich bei alldem nicht um ein Nonnenkloster, sondern um ein sogenanntes freiweltliches Stift, eine im Frankenreich verbreitete Einrichtung. Die Stiftsdamen legten kein Gelübde ab und lebten nicht nach einer Ordensregel. Wohl gab es eine strenge Hausordnung und in der Frühzeit eine gewisse Abtrennung von der Außenwelt. Aber die Stiftsdamen trugen keine geistliche Tracht; nur zum Gottesdienst und bei Prozessionen erschienen sie in einem weißen Chorrock mit einem schwarzen Seidenmantel darüber. Sie konnten ihr Privateigentum behalten. Sie durften sogar, wiewohl dies nicht erwünscht war, die Stiftsgemeinschaft jederzeit wieder verlassen und in diesem Fall auch heiraten.

Nur die Äbtissin, die an ihrer Spitze stand – zur ersten ernannte Altfrid seine Schwester *Gerswida* –, legte das Gelübde der Keuschheit und Ehelosigkeit ab. Die Seelsorge und den Gottesdienst versahen Kleriker (auch Kanoniker genannt), deren Zahl später auf 20 festgesetzt wurde (12 Priester und 8 Diakone).

Der Zehnte
für die Äbtissin Materiell wußte Altfrid das Stift dadurch zu sichern, daß er seinen bedeutenden kirchlichen und politischen Einfluß zugunsten seiner Gründung aufbot. Erzbischof Gunthar von Köln (Amtszeit 858 bis 863) wies dem Stift „den Zehnten" in einem Gebiet zu, das im Norden und Süden von Emscher und Ruhr, im Westen und Osten von der heutigen

✠ Altfredus hilaenesheimensis eps . sub.

Altfrids Unterschrift

Stadt Oberhausen und dem Leithebach am Ostrand des jetzigen Stadtgebiets begrenzt wurde. Mit anderen Worten: Der seit dem 6. Jahrhundert von der Kirche erhobene und von Karl dem Großen bestätigte Anspruch auf ein Zehntel aller landwirtschaftlichen Erträge kam in diesem Gebiet dem Stift Essen zugute. Die Äbtissin übte in dem gleichen Areal die geistlichen Hoheitsrechte aus.

Von besonderem Nutzen für das Stift war es, daß Ludwig der Deutsche, König des Ostfränkischen Reiches von 843 bis 876, Altfrid zu seinen nächsten Vertrauten zählte. Etwa seit 860 war Altfrid der wichtigste Ratgeber und Unterhändler des Königs, sein Begleiter und Bevollmächtigter. Er bewerkstelligte die Verständigung zwischen Ludwig und seinem Bruder Karl dem Kahlen, König des Westfrankenreichs, wobei die östliche Hälfte Lothringens an Ludwig fiel. Der Vertrag zu Meersen (870) trägt Altfrids Unterschrift. Bischof Hinkmar von Reims, der bedeutendste Ratgeber Karls des Kahlen, sagte über Altfrid, dieser sei ihm an Schlagfertigkeit überlegen, denn er sei ein Sachse und dadurch mit natürlichem Scharfsinn begabt.

Ludwig der Deutsche oder sein Sohn Ludwig III. bedachten Altfrids Frauenstift mit großzügigen Schenkungen an Grund und Boden, die teilweise weit von Essen entfernt lagen. Gegen Ende des 9. Jahrhunderts besaß das Stift auf diese Weise zahlreiche Güter am Hellweg (im Westen bis nach Duisburg, im Osten bis nach Unna), bei Recklinghausen, bei Hamm, in der Eifel, an der Lahn und sogar in der heutigen holländischen Provinz Overijssel (östlich der Zuidersee). Dazu kamen zehn Weingüter an Rhein, Ahr und Mosel, darunter Godesberg und Königswinter.

Die holländischen Güter lieferten Eier, Käse und Fisch, besonders Heringe, von denen in der Fastenzeit pro Woche 1800 Stück verzehrt wurden. Von den westfälischen Besitzungen kamen Roggen und Braugerste, Schweine und Hammel, Honig (der einzige Süßstoff) und Wachs (die einzige Lichtquelle); aus dem Erftland (westlich von Köln) schließlich Weizen.

Der Boden war Eigentum des Stiftes, verteilt auf Einzelhöfe (Hufen) in einer Größe von 20 bis 40 Morgen, die von hörigen Bauern in Erbpacht bewirtschaftet wurden. Gegen genau festgesetzte Abgaben und Dienstleistungen konnte der Bauer über Haus und Hof verfügen. Wenn er starb, verfiel die Hälfte seiner „fahrenden Habe" (Möbel, Kleider, Waffen) dem Stift.

Zwanzig bis hundert solcher Einzelhöfe unterstanden der Aufsicht eines Oberhofs, in dem ein Schultheiß die Aufsicht führte. Er saß über die Bauern zu Gericht, und er hatte dafür zu sorgen, daß die Wagen mit den Lebensmitteln und die Herden pünktlich nach Essen in Marsch gesetzt wurden. Dem Stift waren (nach einer späteren Statistik) wöchentlich im Winter 12 Schweine, im Sommer 24 Hammel zu liefern – woraus folgt, daß es den ganzen Sommer über Tag für Tag Hammelfleisch zu essen gab, außer freitags und mit seltenen Abwechslungen durch Wild und Geflügel oder durch Lachse, Hechte und Aale, die in der Ruhr gefangen wurden. Die anderen Hauptnahrungsmittel waren Roggenbrot und Grütze oder Fladen, aus Hafer und Gerste bereitet.

Leben hinter doppelten Mauern Die Stiftsdamen, denen dieser eintönige Überfluß zugute kam, wohnten in einem Gebäudekomplex, der sich nördlich an die Münsterkirche anschloß. Der noch heute vorhandene Kreuzgang führte zum gemeinsamen Schlafsaal (dem *dormitorium*) und dem Speisesaal (*refectorium*). Daneben lagen die Vorratsräume, die Schule, der Karzer (mit dem besonders junge Kanonissen bei Verstößen gegen die Zucht Bekanntschaft machten) und die Wohnungen der leitenden Stiftsdamen. Dies waren neben der Äbtissin die *Pröpstin* (ihre Stellvertreterin), die *Dechantin* (die das religiöse und sittliche Leben der Kanonissen überwachte, die Aufsicht über das Dormitorium führte, leichtere Strafen verhängen, aber auch Urlaub bis zu sechs Wochen gewähren konnte) sowie die

Grundriß des Essener Stiftsbezirk im frühen Mittelalter

20

Scholastikerin, die die Schule leitete. Dieser engere Wohnbereich und geweihte Raum, das *claustrum*, war von einer Mauer umschlossen.

Außerhalb dieser Mauer gab es zwei Backhäuser, ein Brauhaus, ein Schlachthaus, einen Gemüsegarten und eine Wassermühle, die von der Berne getrieben wurde, einem in der Innenstadt jetzt unterirdisch verlaufenden Nebenflüßchen der Emscher. Im Mühlenteich wurden Fische gehalten. Dazu kamen noch die Häuser der Kleriker, des Gesindes und der adeligen Dienstmannen, die die militärische Bewachung versahen. Die ganze Siedlung war von einem Befestigungswall, später von einer Mauer umgeben und wurde daher volkstümlich als „die Burg" bezeichnet.

Die Urzelle des Stifts war die kleine *St.-Quintins-Kapelle*, die zwischen 835 und 852 als Gotteshaus des Landguts Asnidhi entstanden sein muß und in der Frühzeit der Altfrid-Gründung, bis zur Fertigstellung des Münsters, als Stiftskirche diente. Die erste Äbtissin, Altfrids Schwester Gerswida, wurde in ihr beigesetzt. 1817 wurde die Kapelle abgebrochen.

Das Münster selbst war nach achtzehnjähriger Bauzeit vollendet. Am 8. Juli 870 wurde es geweiht, und am 26. September des gleichen Jahres berichtete Altfried in Köln den dort versammelten drei rheinischen Erzbischöfen, er habe auf seinem kleinen Landgut Essen eine Kirche gebaut, die der Jungfrau Maria und den Märtyrern Kosmas und Damian gewidmet sei. Ebenso unterrichtete Altfrid die Erzbischöfe von der Gründung des Stifts.

Wie sah sie nun aus, die *Münsterkirche*, die zu den ältesten und kunsthistorisch merkwürdigsten Kirchen Deutschlands zählt und die nach mancherlei Wandlungen tausend Jahre später noch Ausstrahlung genug besaß, um das wärmende Herz der Industriemetropole Essen zu werden? Sie war für heutige Begriffe von bescheidenen Maßen und gedrungener, robuster Gestalt, für damalige aber ein mächtiger Bau, ja eine Prunkkirche, zu deren Errichtung es geschulter Statiker, Steinsetzer und Bauleute bedurfte. *Altfrids Münster*

In seinem Grundriß war das Münster eine dreischiffige Kreuzbasilika. Dazu kamen zwei Nebenchöre, die sich zum Querschiff öffneten. Der gesamte Kirchenraum, der sich dem Auge beim Eintritt aus der Vorhalle darbot, war einschließlich der Altarnische 34 Meter lang und etwas über 19 Meter (im Querschiff 20 Meter) breit, wovon 8,70 Meter auf die Breite des Mittelschiffs entfielen.

Dem schon verhältnismäßig reich gegliederten Innenraum stand, wie im frühchristlichen Kirchenbau üblich, eine wenig durchgebildete, vergleichsweise grobe Außenfront mit kleinen Rundbogenfenstern gegenüber. Die klobigen Mauern, aus Bruchsteinen und Ruhrsandstein gefügt, waren an den Fundamenten in Lehm gepackt, weiter oben durch einen gelblichen Mörtel verbunden und zwischen 85 und 125 Zentimeter dick. Über 1100 Jahre, drei Zerstörungen und zahlreiche Umbauten hinweg haben sich Reste der Grundmauern so weit erhalten, daß eine Rekonstruktion der alten Stiftskirche möglich ist. An der Breite des karolingischen Kirchenbaus hat sich bis heute nichts geändert, in der Länge sind nur der Ost- und der Westchor hinzugekommen.

Das erste Münster zu Essen

Im Jahre 946 zerstörte ein Brand das Münster mit Ausnahme der Grundmauern, wobei auch das in der Kirche aufbewahrte Stiftsarchiv vernichtet wurde. Zwischen 947 und 965 wurde die Kirche wieder aufgebaut und gleichzeitig nach Ost und West erweitert (der sogenannte früh-ottonische Erweiterungsbau; die ottonische Zeit heißt nach den Kaisern Otto I., Otto II. und Otto III., die von 936 bis 1002 regierten). Im Westen trat an die Stelle der kleinen Vorhalle ein mächtiger Vorbau mit einem gedrungenen, quadratischen Mittelturm, an den sich, ihn überragend, zu beiden Seiten zwei schlanke, runde Treppentürme anlehnten. Die bis dahin turmlose Kirche war nun auf einmal mit drei Türmen, wenn auch von mäßiger Höhe, versehen und hatte ihr Schwergewicht nach Westen, der heutigen Kettwiger Straße zu, verlagert. In den Treppentürmen wurden Glocken aufgehängt – eine Neuerung, die aus den Klöstern Nordafrikas nach Norden, im 8. Jahrhundert erstmals nach Deutschland vorgedrungen war; nun hallten die Glocken auch über Asnidhi und riefen zum Gebet.

In dieser zweiten Form nach dem Brand von 946 war dem Münster indessen ebenfalls kein langes Leben beschieden. Die in den Wieder- *Das Meisterwerk der Theophanu* aufbau einbezogenen Mauern des 9. Jahrhunderts wurden langsam morsch, Teile der Kirche stürzten ein. Für die tatkräftige Äbtissin *Theophanu* (Amtszeit 1039 bis 1058), eine Enkelin Kaiser Ottos II. und der aus Byzanz stammenden Kaiserin Theophanu, scheint dies ein willkommener Anlaß gewesen zu sein, unter Verwendung der alten Fundamente einen Neubau von unerhört kompliziertem Grundriß aufzuführen und den sterbenden ottonischen Baustil aufs höchste zu verfeinern.

Über diesen spät-ottonischen Neubau, die dritte Gestalt des Münsters (Bauzeit etwa 1040 bis 1055), schreibt Walther Zimmermann in seinem

Das Münster der Theophanu (Rekonstruktionsversuch)

Spezialwerk über Essens alte Kirche: „Der Architekt gehört zu den bedeutendsten deutschen Baumeistern. Er geht auf Rhythmisierung der Raumfolgen aus und verbindet mit ihr eine Klarheit der geometrischen Ordnung in einem Erfindungsreichtum, wie er nur den großen Meistern beschieden ist. Seine Lösungen sind von der Sauberkeit einer schwierigen Fuge oder mathematischen Formel. Dies zeigen vor allem Westbau und Krypta, die in ihrem Reichtum der Raumerscheinung in der damaligen Baukunst nicht ihresgleichen haben." Und vom Westwerk meint der

Freiburger Kunsthistoriker Hans Jantzen, es sei „eines der seltensten Architekturgebilde des Abendlandes".

Das Westwerk, das schon im 10. Jahrhundert aus drei Türmen bestanden hatte, verlor seinen Charakter als bloßer Eingangsbau; es wurde, nach dem Vorbild der karolingischen Pfalzkapelle in Aachen, zu einem weiteren Chor umgestaltet, der mit einem halben Sechseck den Petersaltar umschloß. Darüber erhob sich eine Empore und noch eine im nächsthöheren Geschoß, bis der Mittelturm in ein achteckiges Glockengeschoß überging. Auch die früher runden Treppentürme wurden jetzt achteckig ausgeführt; an Höhe blieben sie im Gegensatz zum Bau des 10. Jahrhunderts hinter dem Mittelturm zurück. Der charakteristische Westbau der Theophanu überstand den Brand von 1275 und die Bombenzerstörungen des Zweiten Weltkriegs. Er bestimmt noch heute, 900 Jahre später, das Gesicht des Münsters und zeugt im Herzen der brausenden Ruhrmetropole stumm von der Kultur und dem Lebensgefühl einer versunkenen Zeit.

Der spannungsreichen Raumverschachtelung des Kircheninnern entsprach nun auch eine reichgegliederte Außenfront, die besonders in den großen Fenstern des 12,65 Meter hohen Mittelschiffs schon ein wenig von der Durchbrechung und Auflösung der Fassaden vorwegnahm, wie sie vom 12. Jahrhundert an die Gotik zu einem ihrer Stilmittel machte.

Die gotische Kirche Der Neubau von 1050 zeigte 200 Jahre später wieder Zeichen des Verfalls. Im Jahre 1246 bat der Kölner Erzbischof Konrad von Hochstaden um Almosen für den Wiederaufbau des Essener Münsters, das vom Einsturz bedroht sei. Zwei Jahre später legte Konrad den Grundstein zum Kölner Dom.

Im Jahre 1275, während sich die Restaurierungsarbeiten in Essen mühsam voranschleppten, brannte das Münster zum zweitenmal aus. Erhalten blieben der Westbau und wiederum Altfrids Grundmauern. Auf ihnen wurde die vierte Münsterkirche errichtet: die gotische, wie wir sie heute kennen. Sie bestand aus Bruchstein, außen grau bemalt, mit weißen Fugen, die den Eindruck von Quadern erwecken sollten.

Aus der karolingisch-ottonischen Basilika wurde nun eine Hallenkirche nach dem Vorbild der 1283 eingeweihten Elisabethkirche in Marburg an der Lahn; wie überhaupt Meister *Martin*, der den Bau bis 1304 leitete, in Marburg und Köln geschult worden zu sein scheint. Während bei der Basilika das Mittelschiff die Seitenschiffe überragt,

*Das elfhundertjährige Münster zu Essen mit dem berühmten Westwerk aus der Regierungszeit
der Äbtissin Theophanu*

Die Goldene Madonna aus dem Essener Münsterschatz – die älteste erhaltene rund-plastische Madonnenfigur des Abendlandes

Der siebenarmige Leuchter im Langhaus des Essener Münsters, das heute eine gotische Form hat

Die Abteikirche in Essen-Werden – im Vordergrund
Verkehrsführung nach der beendeten Stadtteilsanierung

Die neunhundertjährige Luciuskirche in Essen-Werden, älteste Pfarrkirche nördlich der Alpen

*Die Ruine der Isenburg
bei Essen-Rellinghausen über
der Ruhr, errichtet im
13. Jahrhundert*

*Ruine einer romanischen
Burganlage in
Essen-Burgaltendorf*

Schloß Borbeck (1744), einst die bevorzugte Residenz der Fürstäbtissinnen von Essen

Die Kapelle des Stifts-Waisenhauses in Essen-Steele, erbaut 1765–1769

Franziska Christina von Pfalz-Sulzbach, vorl. Fürstäbtissin von Essen (1726–1776) mit ihrem Hofmohren.
Nach einem Gemälde von H. Schmitz im Stifts-Waisenhaus zu Essen-Steele

Die neunhundertjährige Nikolaus-Kapelle (ehemalige Stiftskirche) in Essen-Stoppenberg

so daß es sein Licht aus hochgelegenen Fenstern erhalten kann, werden bei der Hallenkirche die Seitenschiffe zur Höhe des Mittelschiffs angehoben. Alle drei Schiffe haben nun ein gemeinsames Dach, und in den Hauptraum strömt Tageslicht nur noch aus den Seitenräumen.

Warum Meister Martin die Bauleitung im Jahre 1304 niederlegte, wissen wir nicht. Sein namentlich nicht bekannter Nachfolger hat den im Stil der französisch-rheinischen Gotik begonnenen Neubau in westfälischer Tradition karg und gedrungen fortgesetzt. Robert Jahn spricht in seiner *Essener Geschichte* von einer „großen Halle von schwerem, gleichmäßigem Gang in den untersetzten Proportionen eines erdgebundenen Körpers; einem Bau, der im Vergleich zu dem sprühend lebendigen Westwerk ein ausgesprochen westfälisches Raumgefühl zeigt".

So hat sich Essens Grenzlage – einst zwischen Franken und Sachsen, später, bis heute, zwischen dem Rheinland und Westfalen, schließlich zwischen dem Kohlenpott im Norden und den lieblichen Hügeln des Rheinischen Schiefergebirges im Süden – auch in seinem Herzstück, dem Münster, ausgeprägt, das spätottonische, frühgotische und bäuerlich-westfälische Elemente zu einer spannungsreichen und reizvollen Einheit bindet.

Nach dem gotischen Neubau von 1300 fanden an der Stiftskirche keine *Die Bischofs-* einschneidenden Veränderungen mehr statt. 1439 wurde über der *kathedrale* Vierung ein hoher hölzerner Turm mit spitzer Haube und Uhr errichtet. Er wurde 1650 „mit Blei renoviert und darauf die Uhrglock, ad drei Mann hoch ungefähr, elieviert". Seit 1955 ragt er wieder, wiewohl ohne Uhr, schmal an seinem alten Platz auf.

In der Bombennacht vom 5. zum 6. März 1943, fast genau tausend Jahre nach der ersten Zerstörung, brannte die Kirche zum drittenmal aus. Dem Wiederaufbau nach dem Krieg gingen von 1951 bis 1953 umfangreiche Grabungen zur Erforschung der Baugeschichte voraus, ehe die alten Fundamente wieder zugebaut oder beseitigt wurden. Bei der Inthronisation des Ruhrbischofs am 1. Januar 1958 war das Münster zum erstenmal wieder in seiner ganzen Ausdehnung zugänglich.

Es hat heute die gleiche Gestalt wie zu Beginn des 14. Jahrhunderts, mit dem achteckigen Turm der Theophanu aus dem 11. Jahrhundert und Mauerresten von Altfrids Stiftskirche aus dem 9. Jahrhundert, an deren Grundriß sich in den drei Schiffen nichts geändert hat.

Altfrid, der Bischof von Hildesheim, der Gründer des Stifts Essen, der große sächsische Ratgeber des Frankenkönigs Ludwig der Deutsche, starb 874 am Tage Mariä Himmelfahrt. In seinem Münster zu Asnidhi, dessen Vollendung er vier Jahre zuvor hatte erleben können, wurde er beigesetzt. Sein Hochsarg steht noch heute in der Krypta.

Viel hat das Münster in diesen 1100 Jahren erlebt: Andacht und Entweihung, Brände und Kriege, in seinem Bannkreis Aufstieg, Verfall und neue Blüte. Fränkische Krieger, kölnische, clevische, spanische, brandenburgische, burgundische, italienische, niederländische und hessische Landsknechte, französische, pfälzische, preußische, amerikanische und englische Soldaten haben es teils besichtigt, teils bewundert, teils geplündert. Der Qualm des Kohlenpotts hat seine Mauern gebeizt. Nicht mehr seine Türme, sondern weit höhere Bürohäuser bestimmen die Stadtsilhouette. Aber es ragt durch die Zeiten und kündet von der Beständigkeit im Wandel. Essen weiß, wo sein Herz schlägt.

3. Kapitel
Die Odyssee der silbernen Bibel

Aber das Münster ist nicht die älteste Kirche im jetzigen Essen und das Frauenstift nicht die früheste geistliche Gründung. Der südlichste Stadtteil der heutigen Metropole, *Werden* an der Ruhr, hat als Burg und als Stift eine noch längere Geschichte.

Wie Essen eine Stiftung des Bischofs Altfrid von Hildesheim, so ist Werden eine Gründung des späteren Bischofs *Liudger* von Münster. Liudger (auch Ludger oder Ludgerus) kam zwischen 742 und 744 als Sohn eines friesischen Edelings im holländischen Utrecht zur Welt und genoß seine Erziehung an der dortigen Klosterschule, an der schon Bonifatius gewirkt hatte. Die Jahre 769 bis 772 verbrachte er an der Missionsschule im englischen York und war dann bei den Friesen (die Bonifatius im Jahre 754 erschlagen hatten) in der Mission tätig. 777 wurde Liudger in Köln zum Priester geweiht. 784 zog er nach Rom, anschließend verbrachte er zwei Jahre im Benediktinerkloster Monte Cassino. 792 ernannte Karl der Große ihn zum Leiter der Missionsarbeit im „westlichen Sachsen" (das heißt in Westfalen), 804 oder 805 verlieh ihm der Kaiser das Bistum Münster.

In dem Bestreben, seine Arbeit durch ein bleibendes Werk zu krönen, suchte Liudger, ähnlich wie ein halbes Jahrhundert nach ihm Altfrid, einen geeigneten Platz für eine Klostergründung. Die Mittel dazu erhielt er durch Schenkungen und Opfergaben sowie aus dem Erlös der Ausstellung der Reliquien, die er aus Italien und England mitgebracht hatte.

Nach längerem Suchen erwarb Liudger 796 Grund „auf dem Werd", *Liudgers* was soviel wie „Uferland" (nämlich an der Ruhr) bedeutet und bald in *Kirche* die lateinische Form *Werethina* umgewandelt wurde. Dort, unweit der Ruine der Alten Burg von Werden (vgl. Seite 14), errichtete er zwischen 796 und 800 ein Kloster, das Missionare für die Sachsen heranbilden sollte. Die Mönche waren anfänglich vor allem Friesen und Sachsen; erzogen wurden sie in angelsächsischer Tradition.

801 begann Liudger mit dem Bau der Klosterkirche, die später meist *Abteikirche* genannt wurde. Ursprünglich hieß sie Salvator- oder Erlöserkirche, denn sie war Jesus sowie Maria und Petrus geweiht, von denen Liudger Reliquien aus Rom mitgebracht hatte. Nach ihrem Stifter wurde und wird sie auch Ludgeruskirche genannt (die heutige kirchenamtliche Bezeichnung lautet *Propsteikirche St. Ludgerus*). Das Gotteshaus war, wie später seine Schwesterkirche in Essen, eine dreischiffige Basilika, jedoch ohne Querhaus. Den Zeitgenossen fiel es vor allem dadurch auf, daß es bunte Glasfenster erhielt – im 9. Jahrhundert eines der frühesten Zeugnisse der Glasmalerei.

Liudger starb im Jahre 809. Schon bald wurde der Bischof als Heiliger verehrt. Wie Altfrid von Hildesheim hatte er den Wunsch, nicht an seinem Bischofssitz, sondern in seinem selbstgeschaffenen geistlichen Zentrum bestattet zu werden. In der Abteikirche wurde um 830 das Grabgewölbe fertig. Es ist noch heute erhalten, und Liudgers Steinsarg steht in ihm.

Die erste Weihe der Kirche ist aus dem Jahre 875 überliefert; der Bau wäre demnach erst fünf Jahre nach dem Essener Münster vollendet worden, obwohl dieses ein halbes Jahrhundert später begonnen wurde. Offenbar handelt es sich 875 aber schon um die Einweihung eines Erweiterungsbaus. Von einer Fertigstellung läßt sich andrerseits auch 875 nicht sprechen, da von 877 bis 943 im Westen ein großer Anbau unternommen wurde. Er bestand aus dem in Liudgers Plan schon vorgesehenen gedrungenen, burgähnlichen Marienturm mit zwei niedrigeren seitlichen Treppentürmen und darüber hinaus aus einem weiteren, zunächst völlig selbständigen Kirchenraum, der einen eigenen Namen – *Peterskirche* – erhielt. Die Peterskirche, 943 geweiht, diente als Pfarrkirche für die Bewohner des Sprengels Werden und zugleich als Gerichtsstätte.

In den Jahren 1119 und 1256 wurde die Abteikirche durch Brände schwer beschädigt. Nach dem zweiten Brand wurde sogleich mit einem Neubau begonnen, der die im wesentlichen unversehrte Peterskirche unter dem Marienturm hinweg in das Lagerhaus der Abteikirche einbezog, womit ein einheitlicher Innenraum von 43 Metern Länge und 19 Metern Breite entstand. Außerdem kam ein Querhaus hinzu, mit einem achteckigen Turm auf der Vierung, der den alten Marienturm weit überragte. Die neue Abteikirche, wie wir sie noch heute sehen, war das letzte große Bauwerk der Spätromanik im Rheinland, wobei sich in den Gewölben und an der Westfassade schon gotischer Einfluß geltend machte.

1275, als das Essener Münster zum zweitenmal ausbrannte, das dann im gotischen Stil wiedererstand, wurde die neue Werdener Abteikirche konsekriert. Die Weihe vollzog im Auftrag des Erzbischofs von Köln der *Doctor universalis* Graf Albert von Bollstädt, genannt *Albertus Magnus*, ehemaliger Bischof von Regensburg, Lehrer des Thomas von Aquin und bedeutendster Philosoph und Naturwissenschaftler seiner Zeit.

Im 19. und im 20. Jahrhundert wurde die Abteikirche renoviert. Den Zweiten Weltkrieg überstand sie unbeschädigt; dadurch wirkt sie weit älter als Essens Münster. Wuchtiger ist sie ohnehin.

Die Leitung des Klosters Werden übernahm nach Liudgers Tod sein Bruder, dem weitere Mitglieder der Familie nachfolgten. Erbstreitigkeiten verstärkten das Bestreben der Mönche, das Eigentumsrecht der Liudger-Familie abzuschütteln. Auf ihr Drängen hin nahm der ostfränkische König Ludwig III. (Regierungszeit 876 bis 882 als Nachfolger Ludwigs des Deutschen) das Benediktinerkloster Werden im Jahre 877 unter die königlichen Schutzklöster auf. Damit genoß das Kloster Immunität und Gerichtsbarkeit (vgl. Seite 40), und seit 931 durften die Mönche ihren Abt selbst wählen.

Schutzkloster des Königs

Auch als Kulturzentrum schuf sich Werden einen bedeutenden Ruf. Schon Liudger scheint mit der Anlage einer Klosterbibliothek begonnen zu haben, zu der er vermutlich neun angelsächsische Handschriften des 8. Jahrhunderts beisteuerte (sie sind teilweise erhalten). Die Mönche unterhielten eine weithin berühmte Schreibstube. Noch 1939 gab es in deutschen und ausländischen Bibliotheken 80 Werdener Handschriften, überwiegend aus dem 9. bis 12. Jahrhundert.

Das Prunkstück der Klosterbibliothek war der *Codex Argenteus*, die silberne Bibel der Westgoten. Es gibt nicht viele Bücher auf der Welt, deren Entstehung und deren Weg so viele historische und religiöse Verflechtungen widerspiegeln: die germanische Völkerwanderung, die Christianisierung der Goten, den Zusammenbruch des Weströmischen Reichs, die Missionierung der Sachsen, den Dreißigjährigen Krieg. Entstanden auf dem Balkan, abgeschrieben in Norditalien, von dort wahrscheinlich nach England verschlagen, heute aufbewahrt in Schweden und dazwischen acht Jahrhunderte lang in der Klosterbibliothek zu Werden an der Ruhr – auf kein Buch trifft wohl mehr die Weisheit des lateinischen Grammatikers Terentianus Maurus zu, daß Bücher ihre Schicksale haben: Habent sua fata libelli.

Es lohnt sich, den Weg des Codex Argenteus genauer nachzuzeichnen.
Im 2. Jahrhundert n. Chr. zog der große germanische Stamm der Goten
von seiner Heimat an der Ostsee bis ans Schwarze Meer. An der Nord-
westküste dieses Meeres, in der Gegend der heutigen Stadt Odessa, ließen
sich die Westgoten, weiter östlich in Südrußland die Ostgoten nieder.
Im 3. Jahrhundert eroberten und plünderten die Goten die Balkanhalb-
insel und die heutige Türkei. In deren Ostteil, damals Kappadozien
genannt, kam etwa im Jahr 311 als Sohn eines Goten und einer in gotischer Gefangenschaft aufgewachsenen Kappadozierin ein Knabe zur
Welt, der den Namen *Wulfila* (griechisch Ulfilas) erhielt. In der römischen Großstadt Nikomedia (heute Ismid, unweit Istanbul) wurde er
341 zum Bischof der gotischen Christen geweiht. Vierzig Jahre lang
missionierte und lehrte er unter den Westgoten auf dem Balkan. Im
Jahre 383 starb er in Konstantinopel.

Einen großen Teil seines Lebens hatte Wulfila in den Dienst eines
gewaltigen Werkes gestellt: Er übersetzte die Bibel aus dem Griechischen
in die gotische – und damit zum erstenmal in eine germanische – Sprache.
Dazu mußte er überhaupt erst eine Schrift erfinden, ein Alphabet, das er
aus griechischen und lateinischen Buchstaben sowie aus einigen Runen-
zeichen ableitete.

Mit der Fixierung ihrer Sprache spielte Wulfila für die Goten eine
ähnliche Rolle wie Luther für die Deutschen am Beginn der Neuzeit.
Über die Auslegung einzelner Bibelstellen stand er in Korrespondenz
mit dem Kirchenlehrer Hieronymus, der 382 damit begann, die früh-
lateinischen Bibelübersetzungen zusammenzufassen und zu revidieren
(woraus die *Vulgata* entstand).

Als Wulfila starb, waren die Hunnen in das Land der Goten ein-
gefallen. Die Ostgoten unterwarfen sich ihnen, die Westgoten wurden
nach Westen abgedrängt: 401 waren sie in Italien, 414 zogen sie nach
Spanien weiter. 489 fielen auch die Ostgoten in Italien ein. Von 471 bis
526 herrschte über sie *Theoderich*. Wahrscheinlich geschah es im Auftrag
oder zu Ehren dieses Königs, daß Wulfilas Bibeltext im 6. Jahrhundert
in Oberitalien in einer Prunkausgabe abgeschrieben wurde: in silbernen
und goldenen Buchstaben auf purpurrot gefärbtem Pergament, mit
einem kunstvollen Silbereinband versehen – die silberne Bibel. Dieser
Codex Argenteus ist das älteste überlieferte Schriftdenkmal einer germanischen Sprache. Das Gotische muß damals durch Missionare übrigens auch ins heutige Deutschland vorgedrungen sein: Unsere Wörter
Kirche und *Samstag* sind gotischen Ursprungs.

Auf eine nicht mehr zu klärende Weise, vermutlich jedoch schon durch
Vermittlung Liudgers, der ihn aus Monte Cassino oder, wahrschein-
licher, von der angelsächsischen Missionsschule York mitgebracht haben
könnte, kam der Codex Argenteus nach Werden. So merkwürdig wie
diese Tatsache ist die weitere, daß die Werdener Mönche im Lauf des
Mittelalters offenbar vergessen haben, welchen Schatz ihre Bibliothek
enthielt. Vielleicht spielte dabei der Umstand mit, daß Wulfila dem
arianischen Christentum anhing, das im Jahre 325 auf dem Konzil zu
Nicäa zugunsten der Lehre des Athanasius von der Göttlichkeit Christi
verworfen wurde und sich nur noch bei einigen germanischen Stämmen
bis ins 7. Jahrhundert hielt; die Werdener Mönche mögen Wulfila also
als einen Ketzer betrachtet haben. Jedenfalls wurde die gotische Bibel,
in stark beschädigtem Zustand, erstmals 1542 wieder an das Tageslicht
gezogen.

Aber schon bald darauf, jedenfalls noch vor 1600, verkaufte das Kloster
den Codex Argenteus an Kaiser Rudolf II., einen leidenschaftlichen
Kunstsammler, so daß die silberne Bibel nach Prag in den Hradschin
kam. Dort erbeuteten sie 1648 die Schweden und sandten sie mit anderen
Schätzen an ihre Königin Christine nach Stockholm. Der königliche
Bibliothekar schickte den Codex nach Holland zu seinem Onkel, dem
dort lebenden Heidelberger Germanisten Franciscus Junius, der das
Werk 1665 mit wissenschaftlichen Anmerkungen publizierte.

Auf dem Rücktransport nach Schweden sank das Schiff, und die
Gotenbibel lag in ihrem Holzkasten längere Zeit im Meer. 1669 endlich,
nach einer Odyssee von über 1100 Jahren, erreichte die silberne Bibel die
Universitätsbibliothek der mittelschwedischen Stadt Uppsala, wo sie
noch heute liegt – ein Fragment von 187 Blättern (statt ursprünglich
336), das vor allem aus umfangreichen Bruchstücken der vier Evangelien
besteht. Die Purpurfarbe ist blaß geworden, die Silberschrift weithin
zersetzt.

Daß der Codex Argenteus im 9. Jahrhundert ausgerechnet nach
Werden kam, ist für die damaligen Verhältnisse durchaus nicht so
absonderlich, wie man heutzutage glauben möchte – heute, da Werden
ein idyllischer Stadtteil von Essen ist, der es vor seiner Eingemeindung
(1929) als Stadt nie über 14000 Einwohner brachte. Vor 1100 Jahren
war Werden eine der großen Abteien des karolingischen Reichs, das
Mutterkloster von Helmstedt, eines der wenigen geistlichen und
geistigen Zentren in Deutschland, eine Pflanzstätte des nach Osten vor-
dringenden Christentums.

Manche Anzeichen sprechen dafür, daß ein anderes berühmtes Zeugnis für die Christianisierung der Germanen in Werden nicht nur aufbewahrt worden, sondern dort sogar entstanden ist: der *Heliand*. Seiner lateinischen Vorrede zufolge erhielt ein nicht genannter und bis heute nicht identifizierter Dichter um das Jahr 830 von Kaiser Ludwig dem Frommen (Regierungszeit 814 bis 840), dem Vater Ludwigs des Deutschen, die Anregung, die Bibel in ein altsächsisches Gedicht zu verwandeln. Der Verfasser übersetzte also die Bibel nicht einfach in die altsächsische Sprache, sondern er erzählte sie in Stabreim-Versen nach, wobei er auch die Charaktere und die Verhältnisse veränderte, um die Heilsgeschichte dem ungelehrten Volk nahezubringen, das mit Begriffen wie Palästina keine Vorstellung verband. So wurden Christus zu einem germanischen König und seine Jünger zu dessen adligen Gefolgsmännern.

Für Werden als Entstehungsort dieses bedeutendsten Denkmals der altsächsischen Sprache gibt es wohl Anhaltspunkte, aber keine Beweise: Das Kloster Werethina wurde drei Jahrzehnte vor dem Entstehungsjahr des Heliand (830) gegründet, Liudger war durch die Missionsschule von York gegangen, und der Heliand-Dichter hat sich vermutlich auf ein angelsächsisches Vorbild gestützt. Mit großer Wahrscheinlichkeit sind jedoch mindestens die Handschriften des Heliand in Werden entstanden; dies läßt sich aus gewissen, in anderen Quellen überlieferten Schreibgewohnheiten der dortigen Mönche schließen. Die beiden erhaltenen Handschriften werden in London und München aufbewahrt. Der Münchner Germanist Johann Andreas Schmeller war es auch, der dem Heliand (altsächsich für Heiland) 1830 erst diesen Namen gab und ihn der Öffentlichkeit zugänglich machte.

Werden war nicht nur ein Mittelpunkt der Mission und der religiösen Literatur, es wurde bald auch die bedeutendste Kirchenstätte im Ruhrland. Neben die Abteikirche mit ihrem Anbau, der Peterskirche, traten bald die *Clemenskirche* (volkstümlich Borner Kirche), geweiht 957, ein schlichter Bau, der in den Berghang eingeschnitten war (im 19. Jahrhundert abgerissen), und gut hundert Jahre später die *Luciuskirche* (oder Neue Kirche). Sie wurde im Jahre 1063 konsekriert und im 12. wie im 15. Jahrhundert umgebaut: eine gedrungene Hallenkirche mit einem westlichen Hauptturm und zwei östlichen Flankentürmen, ein nicht großes, aber klobiges Bauwerk mit harten Konturen – das trutzigste und in mancher Hinsicht eindrucksvollste Stück Mittelalter, das auf Essener Boden erhalten ist.

Werden an der Ruhr (Stich von Merian 1646)

Der Name Luciuskirche macht noch einmal den starken englischen
Einfluß auf die Sachsenmission im allgemeinen und auf das Kloster
Werden im besonderen deutlich: Sie trägt ihn nach dem legendären
angelsächsischen König Lucius (um 200 n. Chr.), angeblich dem
gleichen, der später der erste Bischof von Chur in Graubünden wurde
und dort den Märtyrertod starb. Die Werdener Luciuskirche kann
ferner für sich in Anspruch nehmen, das älteste Kirchengebäude in
Deutschland zu sein, das ausschließlich für den Pfarrgottesdienst erbaut
wurde; verglichen mit den Bischofs-, Märtyrer- und Klosterkirchen ist
die Pfarrkirche, die Hauptkirche der Gemeinde eines Sprengels, eine
relativ späte Einrichtung.

Aber es sind im heutigen Essener Raum nicht nur Essen und Werden, *Steele und*
die auf eine über tausendjährige Vergangenheit zurückblicken. Als *Rellinghausen*
Dörfer des 1. Jahrtausends sind unter anderen bezeugt: im Stift Essen
Altenessen (im Norden an der Emscher), *Altendorf* (im Westen, einst am
Hellweg) und *Karnap* (jenseits der Emscher im äußersten Norden des
heutigen Areals); im Stift Werden *Heisingen* (auf der Halbinsel, die die
Ruhr östlich des heutigen Baldeneysees bildet) und *Fischlaken* (am Süd-
ufer dieses Sees).

Im Osten, südlich des alten Dorfes *Kray* und unweit einer alten Burg
in *Steele-Horst* (am Ostrand des jetzigen Essen) hielt der fünfundzwanzigjährige König Otto I. im Mai 938 einen Hoftag „auf dem

Steele", das heißt auf einem Steilhang ab, der vermutlich der Kirchberg war und im Herzen der späteren Gewerbestadt *Steele* lag, die 1929 zu Essen kam. Dort saß Otto, der zwei Jahre zuvor den Thron bestiegen hatte, zu Gericht über Herzog Eberhard von Franken, der sich seiner Herrschaft nicht hatte fügen wollen. Eberhard erhielt Vergebung – erwies sich aber als undankbar, denn ein Jahr später beteiligte er sich an einem Aufstand gegen Otto und fiel im Gefecht von Andernach am Rhein. Außerdem wurde auf dem Hoftag zu Steele eine Frage des sächsischen Erbrechts entschieden, und zwar durch die damals nicht seltene Methode eines Zweikampfs. Um aber die streitenden Adligen nicht der Gefahr des Getötetwerdens auszusetzen, wurde das Duell von gemieteten Kämpfern ausgetragen.

In *Rellinghausen* an der Ruhr (südöstlich von Essen), einem erstmals im 9. Jahrhundert erwähnten Dorf, gründete die Essener Äbtissin Mathilde 998 ein Jungfernstift für die Töchter des niederen Adels (da Asnidhi ja den Fürstinnen und Gräfinnen vorbehalten war). Die Äbtissin von Essen stand auch dem Stift Rellinghausen vor, während später eine Essener Stiftsdame dort das Amt der Pröpstin versah.

Der Streit von Stoppenberg Als Filialkirche des Essener Münsters erbaute die Äbtissin Schwanhild auf dem *Stoppenberg* (Stufenberg) nordöstlich von Essen die Nikolauskapelle, eine romanische Basilika, die 1073 geweiht und seit dem 12. Jahrhundert kaum noch verändert wurde. Sie ist klein, aber wuchtig und durch ihre Hügellage weithin sichtbar; das Mittelalter spiegelt sich in ihr heute so unmittelbar wie nur noch in der Luciuskirche zu Werden.

Im 12. Jahrhundert gründete der 1120 entstandene Orden der Prämonstratenser in Stoppenberg ein Doppelkloster für Männer und dienende Frauen. Im 13. Jahrhundert wurde es ein reines Nonnenkloster, im 15. Jahrhundert gaben die Frauen die Nonnenregel auf und erklärten sich zu Stiftsdamen. Sie hatten ihre Rechnung freilich ohne die Äbtissin von Essen gemacht, die 1460 einen drastischen Versuch unternahm, diese Überheblichkeit ihrer geistlichen Untertanen zu durchkreuzen.

Am 14. September 1460, dem Fest der Kreuzerhöhung, pflegte auf dem Stoppenberg eine Umtragung der Reliquien stattzufinden, die „Stoppelheiligenprozession". Dazu erschien die Äbtissin *Sophia von Gleichen* und forderte die Klosterfrauen auf, den Nonnenschleier anzulegen. Als die Mehrzahl der eigenmächtigen Stoppenberger Stiftsdamen dies ablehnte, setzte sich die Äbtissin mit denjenigen Jungfrauen, die noch den Schleier trugen, gewaltsam an die Spitze der Prozession. Beim anschließenden Gottesdienst ließ es sich der Prediger, ein Essener Kanoniker aus dem Gefolge der Äbtissin, nicht nehmen, gegen die Entschleierten zu wettern, worauf ihm zugerufen wurde, er solle endlich aufhören, niemand habe ihn hergebeten. „Tacete!" donnerte der Kanonikus zurück. „Fatuae estis, ad posteriora virgis corrigendae essetis!" (Was zu deutsch heißt: „Schweigt, ihr Albernen! Man sollte euch den Hintern versohlen.")

Da sie an Ort und Stelle nichts ausrichten konnte, verklagte die Äbtissin die selbstherrlichen Stiftsdamen vor einem päpstlichen Gericht. 1488 erreichten die Damen jedoch in Rom ihre Anerkennung als Kanonissen gleich denen von Essen, allerdings unter der Bedingung, daß sie ihr weißes Prämonstratenserinnen-Gewand beibehielten. Vorsichtshalber vernichteten die Jungfrauen von Stoppenberg alle Urkunden, die an ihre klösterliche Vergangenheit hätten erinnern können.

So war der Raum der heutigen Metropole Essen schon vor tausend Jahren vielfältig besiedelt, landwirtschaftlich wie geistlich erschlossen und mit Klöstern, Stiften und bedeutenden Kirchen versehen. Das sächsische Stift Essen und die fränkische Abtei Werden waren religiöse Mittelpunkte, Vorposten des Christentums am Westrand des Sachsenlands, zu dessen Christianisierung und damit Eingliederung ins Frankenreich sie entscheidende Beiträge leisteten.

Die Bredeneyer Prozession

Obwohl früher zeitweilig durch die Stammesgrenze zwischen Sachsen und Franken, noch heute durch die Sprach- und Volkstumsgrenze zwischen Westfalen und dem Rheinland getrennt (denn nur juristisch und erst seit der preußischen Zeit wird auch Essen dem Rheinland zugezählt), bestand zwischen Essen und Werden seit alters ein innerer Zusammenhang und ein herzlicher Kontakt. Essen feierte Werdens Gründer Liudger (dessen Sippe möglicherweise mit der Altfrids verschwägert war), Werden das Fest der Essener Schutzpatrone Kosmas und Damian.

Ja, regelmäßig einmal im Jahr fand zwischen Essen und Werden eine förmliche und feierliche Begegnung statt, und zwar jeweils am Montag vor Himmelfahrt. An diesem Tage unternahmen die Stiftsdamen, Kanoniker und Scholaren von Essen und Rellinghausen und die Mönche von Werden eine Bittprozession, bei der die Essener das silberne Altarkreuz aus dem Münster und die Goldene Madonna, das Symbol des Stifts (vgl. Seite 46), mit sich führten. Die drei Gruppen trafen sich auf Werdener Territorium vor der Markuskapelle in *Bredeney* über der

Ruhr (heute Essens renommiertester Wohngegend) und sangen gemeinsam ein Hochamt. Nach dem Gottesdienst bewirtete die Essener Äbtissin
die Mönche und Kanoniker, der Abt von Werden die Stiftsdamen.

Am Markuspfad in Bredeney steht seit 1962 ein Granitblock mit einer
Kupfertafel, die die Goldene Madonna von Essen und Bischof Liudger,
den Gründer von Werden, zeigt. Sie sind von der Inschrift umrahmt:
In Unitate Pax Essen – Werden (In Einigkeit Essen – Werden).

Die Einigkeit war, wenn auch nicht ohne Schmerzen, vollends 1929
hergestellt, als die Städte *Werden* und *Steele* zusammen mit zahlreichen
weiteren Gemeinden der Stadt Essen angeschlossen wurden. Das heutige
Essener Areal deckt sich fast genau mit den einstigen Hoheitsgebieten
des Stiftes Essen und der Abtei Werden. Nur daß es die beiden geistlichen Fürstentümer jahrhundertelang nicht über zusammen 12 000 bis
14 000 Einwohner brachten, während 1929 im großen Essen 650 000
Menschen lebten; heute sind es 710 000. In der Industriemetropole aber
ruhen in ihren elfhundertjährigen Kirchen noch heute Bischof Altfrid
von Hildesheim und Bischof Liudger von Münster, die Väter dieser
Stadt.

4. Kapitel
Das Städtchen der Theophanu

Von Kirchen, Stiften und Klöstern war bisher viel die Rede. Wann und wie ist aber eigentlich *die Stadt* Essen entstanden? Nun, sie hat sich zunächst recht langsam und mühselig von einem bloßen Anhängsel des Stifts zu einer Marktsiedlung und noch später zu städtischer Selbständigkeit entwickelt, die sie dem Stift in zum Teil erbitterten Auseinandersetzungen abtrotzen mußte. Standen Essen und Werden religiös und kulturell im mittelalterlichen Deutschland in vorderer Reihe, ja gehörte Essen um das Jahr 1000 zu den mächtigsten Stiften des Reiches – als Siedlung und Handelsplatz nahm Essen keinen allzu schwungvollen Anlauf.

Freilich gab es noch im 11. Jahrhundert in Deutschland eigentlich nur *Deutschlands* zwei bedeutende Städte: die Römergründungen, Bischofssitze und *Städte* Kaiserpfalzen Köln und Regensburg. Aber größer als Essen waren auch Handelsplätze wie Dortmund, Soest, Hamburg und Haithabu (eine Wikinger-Niederlassung beim heutigen Schleswig, die 1050 zerstört wurde), die Pfalzen Aachen, Duisburg, Speyer, Worms und Frankfurt, Heinrichs I. Burgen Goslar und Merseburg, Bischofssitze wie Mainz und Trier, auch Münster und Hildesheim. Dortmund war 1005 und 1016 die Stätte von Reichsversammlungen.

Ein Marktrecht ist für Essen erst für das Jahr 1041 bezeugt. Damals verlieh König Heinrich III. bei einem Besuch in Essen der Äbtissin *Theophanu* das Recht, einen sechstägigen Markt abzuhalten, und zwar alljährlich vor und nach dem Fest der Schutzpatrone Kosmas und Damian am 27. September. Allerdings scheint es sich dabei nicht um die erstmalige Verleihung, sondern um die Bestätigung eines schon älteren Marktrechts gehandelt zu haben, dessen Ursprung uns nicht exakt überliefert, wahrscheinlich aber schon im 10. Jahrhundert zu suchen ist. Werden erhielt das Marktrecht im Jahre 974.

Der älteste Essener Jahrmarkt war anscheinend die neuntägige „freie

Kirmes" zum Kirchweihtag des Münsters, dem 8. Juli, dem Tag des heiligen Kilian. Der sechstägige Jahrmarkt zum Fest von Kosmas und Damian Ende September wäre demnach dank der Gunst Heinrichs III. als zweiter Markt hinzugekommen. Vom 13. Jahrhundert an traten daneben noch die Märkte zum Fest der 11 000 Jungfrauen (dem 21. Oktober), zu Sankt Georg und zu Mariä Himmelfahrt.

All diese Jahrmärkte fanden auf dem Burgplatz statt, also innerhalb der Stiftsummauerung. Dennoch gaben sie einen entscheidenden Anstoß dazu, daß außerhalb dieser Mauern aus der kleinen Siedlung der stiftshörigen Handwerker eine Art städtischen Gemeinwesens wurde. Zunächst, im 10. Jahrhundert, lebten in der „Vorstadt" nur die Bäcker und Metzger, die Schuhmacher, Sattler, Gerber und Kürschner, die Schreiner und die Schmiede, die das Stift zur Befriedigung seiner eigenen Bedürfnisse brauchte, die auf seinem ummauerten Grund von fünf Hektar (50 000 Quadratmeter) jedoch keinen Platz mehr fanden. Allmählich wurden diese Handwerker darüber hinaus für die Bewohner der Umgebung und für durchreisende Kaufleute tätig.

Von Flandern zur Ostsee Essen lag ja am Durchgangsweg vom Rheinland und von Flandern nach Sachsen und zur Ostsee, und auch der Handel des Ostseeraums mit Italien lief zum Teil über den alten Hellweg. Nach Osten brachten die Kaufleute Tuche, Südfrüchte, Wein und Weihrauch, nach Westen als Rückfracht Pelze, Hanf, Kupfer und Silber. Für diese durchreisenden Händler entstanden in der Vorstadt Herbergen, gerade auf halbem Weg zwischen den bedeutenderen Plätzen Duisburg und Dortmund. Auf den Essener Jahrmärkten machten die Kaufleute gute Geschäfte, denn zu den kirchlichen Festen, an denen die Märkte stattfanden, strömte das Volk von weit her auf den Burgplatz. Das Münster war berühmt, das Stift war reich – so reich, daß beispielsweise die von den Stiftsbesitzungen gelieferten Lebensmittel bei weitem nicht verzehrt werden konnten und die Äbtissin die Überschüsse auf dem Markt verkaufen ließ.

So wurde es allmählich für mehr und mehr Kaufleute – unter ihnen Juden, Italiener und Friesen – interessant, im Schatten der Stiftsmauern seßhaft zu werden. Sie zogen weitere Handwerker nach sich. Auch außerhalb der Burg, auf dem Hügel am Knick des Hellwegs, entstand ein Marktplatz, auf dem nunmehr Wochenmärkte veranstaltet wurden. Um den Marktplatz herum bildete sich ein Gewirr von engen Gassen und Plätzen, an dem im 11. Jahrhundert schließlich etwa hundert Häuser mit 400 bis 500 Einwohnern standen, vielleicht insgesamt von

Palisaden umgeben, bewohnt von Kaufleuten, Handwerkern, ihren Knechten und Gesellen und als Oberschicht von den Dienstmannen der Äbtissin, deren Häuser sich dadurch auszeichneten, daß sie einen Hof, einen Viehstall und einen Kornspeicher besaßen.

Der Mittelpunkt dieses Marktfleckens war die *Gertrudiskirche*, geweiht der heiligen Gertrud von Nivelles, die von Reisenden, Wanderern und Kaufleuten als Nothelferin angerufen wurde. Das Kirchlein auf dem Marktberg, ursprünglich eine frühromanische Basilika mit niedrigen Gewölben, ist erstmals im Testament der 1058 verstorbenen Theophanu bezeugt (der Erbauerin des Münsters in seiner dritten, aufs höchste verfeinerten Gestalt); wann es errichtet wurde, läßt sich nicht mehr feststellen, ebensowenig, ob es zunächst für die Gutsherrschaft und die Bauern des stiftischen Viehhofs oder von vornherein für die Marktsiedlung erbaut wurde, die zwischen den Stiftsmauern und dem nördlich gelegenen Viehhof entstand. *Die Marktkirche*

Jedenfalls aber wurde die Gertrudiskirche zur eigentlichen Stadt- und Bürgerkirche, zum ersten Mittelpunkt des weltlichen Essens. In ihrem Turm kauerte der Stadtwächter und hielt Ausschau nach Feuer und Feinden. Allmählich führte sich für sie der Name *Marktkirche* ein (den sie 1890 auch offiziell erhielt, weil am Viehofer Platz eine neue Gertrudiskirche entstanden war). Im 13. Jahrhundert wurde sie zu einer gotischen Hallenkirche umgebaut. 1440 erhielt sie eine große Uhrglocke, nach der das ganze Städtchen sich richtete. In der Reformation spielte die Marktkirche eine wichtige Rolle, von der noch ausführlich die Rede sein wird (Seite 89 ff.). In der gleichen Bombennacht zum 6. März 1943, der das Münster zum Opfer fiel, wurde sie zur Hälfte zerstört, 1952 ein verkleinerter Neubau eingeweiht.

Vor diesem Kirchlein also, auf dem Marktplatz, auf dem auch der Pranger stand sowie ein Brunnen, der an Markttagen lebende Fische aufnahm, schlug das Herz des Handelsstädtchens Essen. Die Kaufleute lebten auf dem Grund und Boden der Äbtissin, in einer Art Erbpacht wie die hörigen Bauern, jedoch zu weit günstigeren Bedingungen — als ein freier Stand, der den besonderen Schutz des Königs genoß.

Speziell während der großen Jahrmärkte wurden den Kaufleuten vom König Privilegien gewährt: Wer den Marktfrieden störte, hatte mit erhöhten Bußen im Schnellgericht zu rechnen. Während der Dauer des Marktes und auch bei der An- und Abreise wurde der Kaufmann vor straf- und zivilrechtlicher Verfolgung durch andere Herren oder für frühere Vergehen geschützt. Damit begann der Aufstieg des neuen Kaufmanns- und Bürgerstandes in Deutschland, der im 12. Jahrhundert schon zu erheblicher Macht gelangte und in der großen Zeit der Hanse schließlich die Feudalherren an Reichtum und Einfluß überflügelte. Auch die Essener Äbtissinnen bekamen dies zu spüren, aber sie wehrten sich mit Feuer und Schwert.

Die Äbtissin war insofern Herrin der Stadtsiedlung, als ihr der gesamte Grund und Boden gehörte und sie kraft königlicher Verleihung die Zoll- und Münzhoheit besaß. Im Namen des Reiches ließ sie für ihr Territorium die Münzen prägen, die am Marktort allein gültig waren. Wer anderes Geld mitbrachte, mußte es umtauschen und dafür eine Wechselgebühr erlegen. Die älteste erhaltene Essener Münze ist ein Silberpfennig, der auf der einen Seite das Wort ASNID, auf der anderen ein Kreuz mit der Aufschrift CONRADUS IMPERATOR zeigt. Damit ist König Konrad II. gemeint, der von 1024 bis 1039 regierte – ein weiterer Anhaltspunkt dafür, daß das von Heinrich III. im Jahre 1041 verliehene Marktrecht offensichtlich nicht das erste war.

Des Königs Vögte Ihre Hoheitsrechte mußte die Äbtissin von Essen ebenso wie der Abt von Werden mit einem *Vogt* teilen, und zwar seit der Übernahme der beiden kirchlichen Korporationen in das Reichseigentum. Zur Reichsabtei wurde Werden 877 (vgl. Seite 29), Essen zu einer nicht überlieferten Zeit, jedoch nicht lange vor oder nach 900. Das bedeutete: Der König machte das Stift oder Kloster zur königlichen Eigenkirche, zum Reichsgut. Für die Äbtissin und den Abt brachte das weitgehende Rechte und Pflichten mit sich. Das Stift unterstand dem Schutz des Königs und genoß *Immunität*, das heißt, es hatte seine eigene Gerichtsbarkeit, und es zog die Abgaben seiner Untertanen zu seinen eigenen Gunsten ein. (Das Wort „Immunität" wurde auch noch in einem ganz anderen Sinn verwendet, nämlich für den ummauerten Stiftsbezirk, die Stifts- oder Burgfreiheit, in der die Äbtissin das Hausrecht ausübte.)

Unter den Pflichten standen im Vordergrund, einen Beitrag zum königlichen Heer zu leisten und den König mit seinem Hofstaat kostenlos zu beherbergen und zu bewirten, wenn er sich auf der Durchreise befand: Heinrich I. war 927, wahrscheinlich auch 928 und 935 in Essen, Otto III. 993, Heinrich III. 1041. Für das Heer mußte das Stift eine Mannschaft von schwerbewaffneten Reitern (Reisigen) stellen; ein erheblicher Teil der Dienstmannen der Äbtissin bestand demnach aus Berufssoldaten.

Dieses kleine Heer ins Feld zu führen, in Friedenszeiten seine Aufstellung und Ausrüstung zu überwachen und gleichzeitig für den militärischen Schutz der Stiftsbewohner zu sorgen, war eine der beiden Hauptaufgaben der Vögte; ihre andere bestand darin, im Namen des Königs die weltliche Gerichtsbarkeit auszuüben. Der Vogt war also eingesetzt, um die Rechte des Königs wahrzunehmen, ein adliger Mittelsmann zwischen dem Staat und seinen kirchlichen Grundherren; er half die Macht der Kirchen zugunsten des Reiches mobilisieren.

Ursprünglich wurde der Vogt vom König bestellt. Kaiser Otto der Große erweiterte jedoch die Privilegien für Essen 947 und für Werden 983 dahin, daß sie den Vogt selbst wählen durften, zumeist aus der Verwandtschaft von Abt und Äbtissin. In Essen und Werden gab es je zwei Vögte: einen für das zusammenhängende Stiftsgebiet, einen zweiten für den weit verstreuten, bei Essen bis nach Holland und Hessen reichenden auswärtigen Grundbesitz.

Seit der Mitte des 11. Jahrhunderts etwa wurde die Vogtei erblich: Die Familie der Grafen von Berg und Altena stellte die Vögte von Werden, die um die Mitte des 12. Jahrhunderts zugleich Vögte von Essen wurden und damit eine bedeutende Macht erwarben. Den Machtansprüchen der Äbtissin standen sie ähnlich im Wege wie später die aufstrebende Stadtsiedlung vor den Toren der Burg, die sich zeitweilig sogar mit den Vögten gegen die Äbtissin verbündete.

Wie rücksichtslos manche von ihnen schon vorher mit ihrer Macht umgingen, zeigt das Beispiel des lothringischen Pfalzgrafen Ezzo, des Vogtes über die linksrheinischen Güter von Essen. Er forderte von Kaiser Otto III. die Hand seiner Schwester Mathilde, die im Stift Essen erzogen wurde. Als der Kaiser Schwierigkeiten machte, verschwägerte sich Ezzo angeblich gewaltsam mit ihm, indem er Mathilde mit einem Heer aus dem Stift herausholte.

Mathilde war die Tochter der aus Byzanz stammenden deutschen Kaiserin Theophanu und die Mutter der späteren Essener Äbtissin Theophanu. Sie selbst war zur zukünftigen Äbtissin von Essen bestimmt, ehe sie von der Klosterpforte weg geheiratet wurde. Statt ihrer erhielt ihre und Kaiser Ottos III. nicht allzu gut beleumundete Schwester *Sophia* dieses Amt, und zwar im Jahre 1011 durch König Heinrich II., der sich auf diese Weise dafür revanchierte, daß die Kaisertochter zu seiner Wahl beigetragen hatte. Heinrich setzte sich damit über das verbriefte Recht der Stiftsdamen hinweg, ihre Äbtissin selbst zu wählen. Die engen Bindungen Essens an das sächsische Kaiserhaus brachten dem Stift also nicht nur Vorteile.

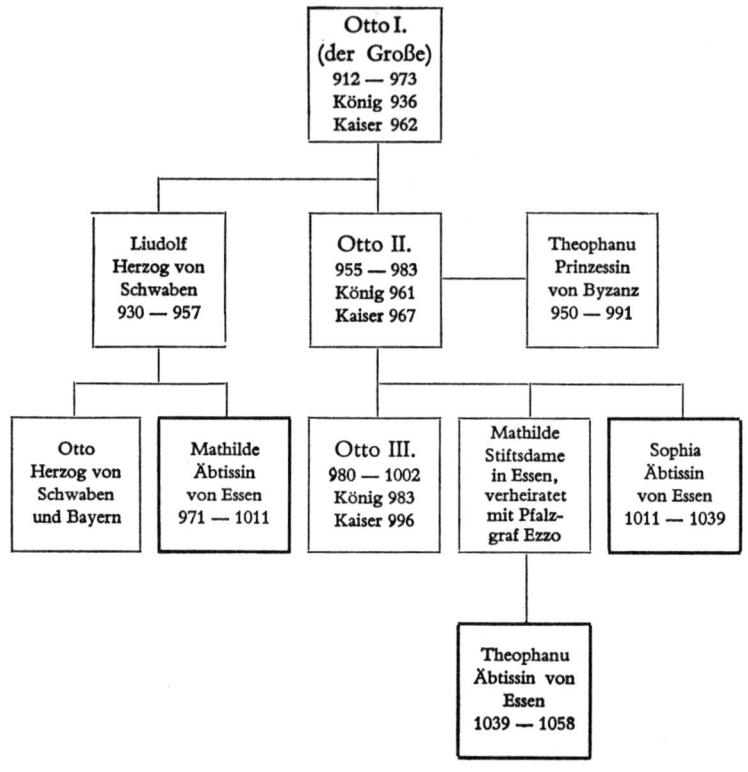

Otto I.
(der Große)
912 — 973
König 936
Kaiser 962

Liudolf
Herzog von
Schwaben
930 — 957

Otto II.
955 — 983
König 961
Kaiser 967

Theophanu
Prinzessin
von Byzanz
950 — 991

Otto
Herzog von
Schwaben
und Bayern

Mathilde
Äbtissin
von Essen
971 — 1011

Otto III.
980 — 1002
König 983
Kaiser 996

Mathilde
Stiftsdame
in Essen,
verheiratet
mit Pfalz-
graf Ezzo

Sophia
Äbtissin
von Essen
1011 — 1039

Theophanu
Äbtissin von
Essen
1039 — 1058

Wenn die Wahl der Äbtissin frei war, ging sie so vor sich: Im Münster versammelten sich alle Kanonissen und Kleriker. Vertrauenspersonen stellten geheim die Meinung der Wähler fest. Kam eine Einigung zustande, so wurde eine „Wählerin" ernannt, die im Namen des ganzen Stiftskapitels die Äbtissin zu benennen hatte. Stimmte die Gewählte zu, so wurde sie zu einem Sessel vor dem Hochaltar geleitet und versprach dort unter Eid, die Rechte und Besitztümer der Kirche treu zu wahren. Daraufhin wurde dem Volk die Wahl verkündet.

Direkt dem Papst unterstellt Ihr geistliches Amt ausüben konnte die Äbtissin indessen erst, wenn der Papst die Rechtmäßigkeit der Wahl festgestellt, von der Gewählten einen besonderen Gehorsamseid gefordert und einen Bischof angewiesen hatte, ihr das Gelübde der Ehelosigkeit abzunehmen und ihr Schleier und Hirtenstab zu überreichen. Die unmittelbare Einschaltung des

Papstes ging auf die sogenannte *Exemtion* („Herausnahme") zurück, das heißt auf die erstaunliche Tatsache, daß es dem Frauenstift Essen gelungen war, keinen Bischof über sich zu haben, sondern direkt der päpstlichen Jurisdiktion zu unterstehen.

947 (oder 951) schied Essen aus dem Bistum Hildesheim aus, dessen Eigenkirche es bis dahin gewesen war, wie dies der Absicht Altfrids entsprochen hatte. Das führte jedoch häufig zu Schwierigkeiten mit den Erzbischöfen von Köln, in deren Diözese Essen lag. 1182 wurde dem Abt von Werden die Befreiung von der erzbischöflichen Jurisdiktion erteilt. Der Anspruch der Äbtissin von Essen, ebenfalls eine bischofsähnliche Stellung zu erhalten, war insofern schwerer durchzusetzen und in hohem Grade ungewöhnlich, als nach kirchlichem Recht eine Frau die Jurisdiktion – das Recht zur Ordnung des kirchlichen Gemeinschaftslebens – weder erhalten noch ausüben kann. Es mußte also ein Mann als „Jurisdiktionsträger" dazwischengeschaltet werden. Diese Funktion erfüllte ein Kanoniker des Frauenstifts, der daraufhin den Titel *Hofkaplan* führte.

Ein solcher Hofkaplan ist erstmals für 1164 bezeugt. 1307 focht der Kölner Erzbischof die Sonderstellung der Äbtissin an, die nun vom Papst eine schriftliche Bestätigung ihres Ausnahmerechts erbat. Sie wurde 1382 mit einer Bulle Papst Urbans VI. gewährt.

Die Gräfinnen und Fürstinnen, ja Kaisertöchter, denen diese bischofsähnliche Äbtissin vorstand, führten, mit Nonnen verglichen, ein freies Leben. Sie hatten meist Vermögen und bezogen eine ständige kirchliche Zuwendung von auskömmlicher Höhe, die Präbende oder Pfründe. Später erwarben sie das Recht, ein eigenes Haus zu bewohnen, Ferien zu machen, aus der Stiftsgemeinschaft auszutreten. Dennoch war nach heutigen Vorstellungen ihr Tageslauf hart. Er begann um drei Uhr morgens mit der Frühmette und endete um neun Uhr abends mit dem letzten der Meß- und Stundengebete, für die sich im Lesen, Singen und Psalmodieren zu üben eine der wichtigsten Tätigkeiten der Kanonissen war.

Wie ernst sie ihr Leben führen sollten, zeigt auch ein erhaltener *Der Katalog* Essener Beichtspiegel, vermutlich aus dem 10. Jahrhundert. Dieser *der Sünden* Katalog häufig vorkommender Sünden, anhand dessen sich die Stiftsdamen und anderen Bewohner Essens auf die Beichte vorbereiteten, reicht vom Totschlag bis zum bloßen Übermut. Sünder sind die Kanonissin, die ihre Gebetszeiten nicht einhält, der Priester, der ge-

43

weihte Speise verschüttet, der Lehrer, der seine Schüler vernachlässigt, der Schüler, der seinen Meister nicht ehrt, der Bauer, der seinen Zehnten nicht pünktlich oder nicht ehrlich abliefert. Zahlreich sind die Möglichkeiten, gegen das Fastengebot, die Sonntagsheiligung, die Andacht im Gottesdienst, die Ehrfurcht gegenüber dem Priester zu verstoßen. Verpönt sind Jähzorn, Haß und Übermut, das Schreien und das Fluchen, Völlerei, Trunkenheit und Fleischeslust.

Mit einer Schinkenkeule als Sinnbild der Sünde ließ sich die Äbtissin alljährlich in der Weihnachtszeit aufwiegen – ein seltsamer, wohl aus dem alten Germanien stammender Brauch, der vielleicht als ein Opfer für die Seelen der Toten zu verstehen ist. Denn der Waagebalken stand auf dem Friedhof der Kanonissen, und die Äbtissin sprach Gebete für die Seelen der Abgeschiedenen.

Am Silvesterabend versammelten sich die Kanonissen nacheinander bei der Pröpstin, in der Kämmerei, im Speisesaal und bei der Äbtissin und wurden jedesmal mit Kuchen und Wein bewirtet. Die Küchenknechte des Stifts zogen vor die Häuser der Stiftsdamen und Kanoniker und baten um Gaben. Durch die Straßen der Marktsiedlung tobten unterdessen Sänger und Tänzer.

Die farbigsten Feierlichkeiten gab es zum Osterfest: Aus Essen stammt das älteste geistliche Spiel unter Mitwirkung von Frauen, das uns in Deutschland überliefert ist. Am Karfreitag wurde auf der Empore des Westwerks ein Zelt errichtet, in dem ein Schrein als Sinnbild des Heiligen Grabes stand. Darin lagen Reliquien Jesu, die Karfreitagshostie und ein Evangelienbuch mit einem Deckel aus Elfenbein und Gold, das die Leidensgeschichte enthielt. Auf den Schrein wurde ein verhülltes silbernes Kreuz gelegt. In der Nacht zum Ostersonntag versammelten sich Stiftsdamen und Kanoniker im Münster, entzündeten Kerzen und zogen, nachdem das Kreuz aufgerichtet und das Grab geöffnet worden war, in einer Schreitprozession durch Kirche und Abtei, wobei an sieben Stellen Bußpsalmen gebetet wurden. Nach der Frühmesse liefen zwei als Engel gekleidete Kanoniker, zwei weitere als Petrus und Johannes und drei Stiftsdamen als Marien auf die Orgelbühne im Westchor und stimmten einen Wechselgesang über die Auferstehung Jesu an.

Prozessionen wie die zu Ostern führten durch das Atrium, „Paradies" genannt, auch in die benachbarte *Johanneskirche*, die nach dem Münsterbrand von 946 zunächst als Notkirche errichtet wurde, vielleicht unter dem Namen St.-Walburgis-Kapelle. Im 13. Jahrhundert wurde die Kirche St. Johann Baptist erweitert und zur Pfarrkirche für die weltlichen Stiftsbewohner gemacht. Im 15. Jahrhundert erhielt sie durch einen völligen Umbau (beendet 1471) ihre heutige, ein wenig grobschlächtige Form. Ihre Sandsteinquader sind brüchig geworden und mit Ziegelsteinen ausgeflickt. Da sie dem Münster unmittelbar vorgelagert ist und einen höheren Turm als dieses hat, wird sie von Fremden oft für das Münster selbst gehalten.

Bei großen Prozessionen wurden die vier vergoldeten, reich mit Perlen und Edelsteinen geschmückten Vortragekreuze mitgeführt, die zu den Prachtstücken des *Münsterschatzes* gehören und an Kostbarkeit und künstlerischem Wert „ohne Parallele in den Schatzkammern des christlichen Abendlandes sind" (Victor Elbern, *Der Münsterschatz in Essen*). Ist das Münster selbst eine zwar altehrwürdige, baugeschichtlich ungewöhnlich interessante, im Detail bewundernswerte, aber doch keine überragend große und berühmte Kathedrale – der Münsterschatz mit seinem verschwenderischen Goldreichtum hat in Europa nicht viele Gegenstücke. Weit mehr als im Münster spiegelt sich in ihm die Tatsache, daß drei Kaisertöchter und -enkelinnen Äbtissinnen von Essen waren und eine vierte dort Stiftsdame, daß sie viel von der Kultur und dem Reichtum ihrer deutschen und byzantinischen Verwandtschaft in das Stift zwischen Ruhr und Emscher trugen und in den Wäldern Westfalens einen Abglanz kaiserlicher Macht hinterließen.

Der Münsterschatz

Die Prunkstücke des Münsterschatzes gehen auf die Äbtissinnen *Mathilde* (971 bis 1011), eine Kusine der von Pfalzgraf Ezzo entführten Kanonisse Mathilde, und *Theophanu* (1039 bis 1058) zurück, die Enkelin der gleichnamigen Prinzessin von Byzanz. Unter ihnen hatte das Stift auch seinen größten Grundbesitz und seinen stärksten politischen Einfluß. Zeitlich zwischen ihnen stand Theophanus schon erwähnte Tante Sophia (1011 bis 1039), die sich jedoch um ihr Stift wenig kümmerte. Nach Theophanu waren es nicht mehr die ersten Familien des Reiches, aus denen die Essener Äbtissinnen hervorgingen.

Mathilde, Enkelin Ottos des Großen, wurde schon mit zweiundzwanzig Jahren Äbtissin, obwohl sie nach den Stiftsstatuten vierzig hätte sein müssen, und versah ihr Amt vierzig Jahre lang. Als sie starb, wurde in die Annalen des Frauenstifts Quedlinburg, einer Gründung ihres Großvaters, eingetragen: „Der Tod raffte einen Edelstein aus dem Diadem des Königshauses dahin."

Von den vier Vortragekreuzen mit ihrem reichen Goldfiligran ist mindestens das älteste und wertvollste, das sogenannte *Otto-Kreuz*, unter Mathilde entstanden. Es trägt als Inschrift ihren Namen und den ihres Bruders Otto, Herzog von Schwaben und Bayern. Am 1. Januar 1958 wurde es dem Ruhrbischof bei seiner Inthronisation vorangetragen.

Mathilde stiftete dem Münster ferner den monumentalen *siebenarmigen Leuchter*, eine Nachbildung jenes Leuchters, der seit 100 v. Chr. den Tempel Salomons in Jerusalem schmückte, 70 n. Chr. von den Römern geraubt wurde und auf dem Triumphbogen des Titus in Rom abgebildet ist. Er besteht aus Bronze, die einst vergoldet und mit Bergkristallen verziert war. Zwei Meter breit und über zwei Meter hoch, stand und steht er im Mittelschiff des Münsters. Seine Ornamente deuten auf einen byzantinisch geschulten Künstler. Mathildes Tante, die Kaiserin Theophanu, und ihr griechisches Gefolge hatten ja das deutsche Kaiserhaus nicht nur im Lebensstil, sondern auch künstlerisch, musikalisch und liturgisch mit byzantinischen Einflüssen durchdrungen.

Die Goldene Madonna — Ebenfalls aus Mathildes Zeit dürfte Essens berühmte *Goldene Madonna* stammen, die älteste erhaltene Madonnenfigur des Abendlandes. Die Holzskulptur der sitzenden Muttergottes mit dem Jesuskind ist mit funkelndem Goldblech überzogen. Aus ihren emaillierten Augen blickt sie ein wenig starr, eine strenge Himmelskönigin, das Herrschaftssymbol des Münsters. Bei großen Prozessionen wie der nach Bredeney (vgl. Seite 35) wurde sie mitgeführt. Die Madonna trägt eine mit Perlen und Edelsteinen besetzte goldene Lilienkrone, eines der größten Meisterwerke der ottonischen Goldschmiedekunst. Alljährlich am Lichtmeßtag wurde sie einst damit gekrönt.

Schließlich geht auf Mathilde wahrscheinlich die goldene, reich verzierte Scheide zu dem Schwert zurück, mit dem einst Kosmas und Damian enthauptet worden sein sollen; es wurde der Äbtissin bei feierlichen Anlässen als Herrschaftszeichen vorangetragen und ist in Essens Wappen eingegangen.

Als die größte Kostbarkeit des Münsterschatzes galt der große *Goldschrein* für die Gebeine des heiligen Markus. Mathilde ließ den Schrein beginnen, Theophanu ihn vollenden. 1794 sollte er vor den anrückenden Franzosen gerettet werden: Die Goldplatten wurden vom Holzgehäuse abgerissen und nach Steele gebracht, dabei unsachgemäß behandelt und schließlich eingeschmolzen.

Erfreulich und erstaunlich genug, daß die anderen Schätze des Münsters die zahllosen Kriege und Plünderungen überstanden, denen Essen, wie so viele deutsche Städte, unterworfen war – auch die Monstranzen und Reliquienschreine, die Kreuze, Kelche und Broschen, die Theophanu und einige ihrer Nachfolgerinnen in gotischer Zeit dem Münsterschatz hinzufügten; auch das Westwerk des Münsters, mit dem Theophanu sich ein ins 20. Jahrhundert hineinragendes Denkmal setzte. So reich war das Stift zu ihrer Zeit – so ärmlich noch das Städtchen vor den Toren, für das Heinrich III. der Theophanu 1041 das erweiterte Marktrecht verlieh.

Aber das Städtchen holte auf. Nach zahllosen Spannungen und Streitigkeiten, ja sogar bewaffneten Auseinandersetzungen zwischen Stadt und Stift wuchs es über das Stift hinaus, und im 19. Jahrhundert entfaltete es sich so mächtig, daß es die Geschichte des geistlichen Fürstentums Essen aus dem öffentlichen Bewußtsein in Deutschland fast völlig verdrängt hat. Sein erster Verbündeter gegen den Machtanspruch der Äbtissin war der Erzbischof von Köln.

5. Kapitel
Die Kölnischen kommen

Das Stift Essen hatte Köln zum Feind – das heißt die Stadt, die im ganzen Mittelalter Deutschlands größte und lange Zeit auch seine prächtigste und mächtigste war; zum Feind jedenfalls den Kölner Erzbischof, dessen Jurisdiktion sich die Äbtissin mit Erfolg entzogen hatte und dessen territorialen Ansprüchen das Stift im Wege stand. Reihum mit dem großen Köln, mit den eigenen Vögten und mit der Stadtsiedlung Essen oder mit zwei von den dreien auf einmal in Zwietracht zu leben, war zuviel des Risikos. Das Stift bekam es zu spüren.

1114 erhob sich das nördliche Rheinland unter Führung Kölns gegen Kaiser Heinrich V. Die Kölnischen und ihre Verbündeten verheerten bestimmt Dortmund und wahrscheinlich Essen. Der Krieg zwischen Kaiser und Erzbischof war erst 1121 beendet.

1225 ließ der Vogt von Essen und Werden, Graf Friedrich von Berg-Altena-Isenberg, den Erzbischof von Köln und Reichsverweser, *Graf Engelbert von Berg*, in einem Hohlweg bei Gevelsberg (in der Nähe des heutigen Wuppertal) ermorden. Die Essener Äbtissin war diesmal mit dem Erzbischof von Köln, also nicht mit dem Mörder, sondern mit dem Ermordeten verbündet. Sie hatte sich vermutlich mit der Bitte um Schutz vor den Übergriffen des Vogtes an den Erzbischof gewandt, der gern die Gelegenheit wahrnahm, die Macht des Vogtes zu brechen.

Köln hatte seine Augen schon lange auf die geistlichen Territorien an der unteren Ruhr gerichtet, weil sie die Landverbindung zwischen den rheinischen und den westfälischen Besitzungen des Erzbischofs unterbrachen. Auch beanspruchte Engelbert selbst die Vogtei über sämtliche Stifte und Klöster in seiner Diözese. In Soest verhandelte der Erzbischof im November 1225 drei Tage lang mit dem Vogt, dem Sohn eines Vetters von ihm, um eine gütliche Einigung herbeizuführen. Dies mißlang, und auf der Rückreise wurde Engelbert erschlagen.

In Nürnberg feierte der vierzehnjährige deutsche König Heinrich VII. gerade seine Hochzeit mit Margareta von Österreich, als ihn die

Kunde vom gewaltsamen Tod des Erzbischofs und Reichsverwesers, seines Erziehers und Vormunds, ereilte. Er hielt sofort Gericht über den Vogt, der in Abwesenheit des Totschlags für schuldig befunden und geächtet wurde. Als ein Ritter aus Heinrichs Gefolge dagegen Einspruch erhob, weil es sich um Tötung im Handgemenge handle, entstand ein Tumult, bei dem achtundvierzig Menschen von einer einstürzenden Treppe erschlagen wurden. Graf Friedrich von Isenberg, Vogt von Essen, wurde später gefaßt und hingerichtet, seine Burgen dem Erdboden gleichgemacht, seine Besitztümer von den Nachbarherren an sich gerissen. Sein Opfer, Graf Engelbert von Berg, einer der bedeutendsten Männer seiner Zeit, wird in Köln als Heiliger verehrt.

Heinrich VII. setzte für Essen und Werden einen Vogtei-Verweser ein, *Die Reichsmacht* womit er verhinderte, daß Köln die Oberhoheit über sie gewann. Sechs *schrumpft* Jahre später, im Jahre 1231, erließ er im Einvernehmen mit seinem fast ständig in Italien residierenden Vater Friedrich II. das sogenannte *Fürstenprivileg*, das den weltlichen und geistlichen Fürsten die uneingeschränkte Gerichtsbarkeit übertrug und damit auch die Landeshoheit der Reichsabteien Essen und Werden anerkannte. Die Vogtei wurde als Institution zwar beibehalten, der Vogt verlor aber sein wesentlichstes Vorrecht, nämlich die weltliche Gerichtsbarkeit (die ihm in Essen die Äbtissin teilweise allerdings schon vorher entwunden hatte). Die Äbtissin von Essen und der Abt von Werden, kirchlich nur dem Papst unterstellt, waren nun Reichsfürsten und weltlich niemandem als dem König oder Kaiser untertan. Fast 600 Jahre lang gab es zwei deutsche Staaten mit Namen Essen und Werden, 110 Quadratkilometer und 70 Quadratkilometer groß. Sie bedeckten zusammen das Areal, das heute Essen heißt.

Der formell bestätigten Unabhängigkeit konnte sich die Essener Äbtissin zunächst freilich nur dreizehn Jahre lang erfreuen. Denn es kam der Erzbischof von Köln mit seinen Truppen. Er hieß *Konrad von Hochstaden*, amtierte von 1238 bis 1261, half im Zusammenspiel mit dem Papst drei deutschen Gegenkönigen in den Sattel und krönte sie, war der mächtigste Mann in Deutschland und legte den Grundstein zum Kölner Dom, in dem er begraben liegt. Eine Aufgabe wie die Unterwerfung des Stifts Essen erledigte er mit der linken Hand.

1239 wurde Kaiser Friedrich II. von Papst Gregor IX. in Bann erklärt. Die Reichsgewalt in Deutschland schrumpfte noch weiter zusammen. Im gleichen Jahr stellte der Vogt von Werden dem Erzbischof ein Haus zur Stationierung kölnischer Soldaten zur Verfügung. Konrad von Hochstaden verfolgte das von dem ermordeten Erzbischof Engelbert angestrebte Ziel, eine Landverbindung zu den kölnischen Besitzungen in Westfalen herzustellen, mit rücksichtsloser Machtpolitik weiter und dehnte es auf die totale Einverleibung der beiden Ruhrstaaten in den kölnischen Herrschaftsbereich aus.

Konrad von Hochstaden zieht gegen Essen Im Frühjahr 1244 brach der Erzbischof mit seinen Truppen zum Feldzug gegen Essen und Werden auf. Er zwang die Neu-Isenburg bei Bredeney über der Ruhr, errichtet von den Söhnen des hingerichteten Vogts Friedrich von Isenberg, zur Übergabe und zog in Essen ein. Der Äbtissin stellte er als Vogt und Platzkommandanten einen kölnischen Grafen zur Seite. Im Laufe des Sommers besetzte er die restlichen Teile Westfalens, die noch nicht in kölnischer Hand gewesen waren.

1245 erklärte Papst Innozenz IV., der Nachfolger Gregors IX., den bereits gebannten Kaiser Friedrich II. für abgesetzt. 1246 wurde mit Hilfe Konrads von Hochstaden der neunzehnjährige Heinrich Raspe, Landgraf von Thüringen, zum Gegenkönig gewählt. Schon 1247 krönte Konrad, unermüdlich in der Zerstörung der restlichen Kaisermacht, den zwanzigjährigen Wilhelm von Holland zum nächsten Gegenkönig. Im gleichen Jahr übernahm der Kölner Erzbischof, als der von ihm eingesetzte kölnische Vogt starb, selbst die Vogtei von Essen. Das Land Essen hatte seine Unabhängigkeit damit praktisch eingebüßt.

1248 trat der Abt von Werden seinen gesamten Grund und Boden mit Ausnahme seiner Wohnung und seines Gartens an den Erzbischof ab. Die Unterwerfung der Ruhrstaaten war besiegelt. Im gleichen Jahr, auf der Höhe seiner Macht, begann Konrad in Köln mit dem Bau eines Domes von so riesigen Dimensionen, daß er nach 200jähriger Bauzeit 400 Jahre lang ein Torso blieb.

Als Aufsichtsbehörde für Essen und Werden setzte Konrad einen kölnischen Drost (eine Art Amtmann oder Landrat) ein, der auf der Neu-Isenburg residierte und Gerichts-, Polizei-, Militär- und Münzgewalt ausübte. Der mächtige Erzbischof von Köln starb 1261, nicht ohne vier Jahre zuvor noch einem dritten deutschen Gegenkönig, Richard von Cornwall, zur Macht verholfen und ihn gekrönt zu haben. Unter Konrads beiden Nachfolgern änderte sich an der Herrschaft Kölns über Essen nichts.

Ein Hoffnungsschimmer für die Äbtissin war die Wahl des Grafen *Rudolf von Habsburg* zum deutschen König im Jahre 1273. Damit endete eine Epoche, die historisch als das Interregnum, in Schillers Ballade über Rudolf I. (*Der Graf von Habsburg*) als „die kaiserlose, die schreckliche Zeit" bezeichnet wird. Die Äbtissin und ihr Kapitel wählten Rudolf 1275 – dem Jahr, in dem das Münster zum zweitenmal ausbrannte – eilends zum Vogt von Essen; der König delegierte jedoch die ihm dadurch zugewachsene Befugnis – auf den Erzbischof von Köln.

Dessen Macht wurde erst 1288 in der Schlacht bei Worringen (heute einem Stadtteil Kölns) gebrochen: Die Bürger der Reichsstadt Köln schlugen im Bunde mit dem rheinischen und westfälischen Adel das Heer ihres machtgierigen Erzbischofs entscheidend und erkämpften sich ihre städtische Freiheit.

Graf Eberhard von der Mark, Herr über Hamm und Altena und Erzfeind der Kölner Erzbischöfe, stürmte und schleifte die Neu-Isenburg, den Sitz des kölnischen Drosten.

König Rudolf I. übertrug dem Grafen Eberhard daraufhin die Vogtei über Essen auf Lebenszeit. Sie blieb in seiner Familie bis zu deren Aussterben (1495). Der Vertrag von 1290, der die Einzelheiten regelte, gab der Äbtissin die Gerichtsbarkeit, die Polizei-, Militär- und Münzhoheit und damit die Landesherrschaft zurück. Der greisen Äbtissin *Bertha von Arnsberg*, die ein Jahr nach Antritt ihres Amtes den kölnischen Einmarsch erlebt hatte, widerfuhr sechsundvierzig Jahre später, zwei Jahre vor ihrem Tod, die Genugtuung, sich wieder in ihre alten Rechte eingesetzt zu sehen.

Schon 1291 allerdings holte Köln zu einem neuen Schlag gegen Essen aus: Auf Betreiben des Erzbischofs wurde gegen die noch amtierende Bertha von Arnsberg die Äbtissin *Mathilde von Rennenberg* eingesetzt. Sie residierte in Köln und übte keine tatsächliche Macht aus, erreichte jedoch, daß Berthas 1292 rechtmäßig gewählte Nachfolgerin *Beatrix von Holte* auf ihre Bestätigung durch den Papst siebzehn Jahre warten mußte (der sogenannte *Erste Äbtissinnenstreit*). Erst als in der *Soester Fehde* Cleve 1449 über Köln siegte und Köln durch seinen Verzicht auf Soest das Interesse an einer Landbrücke nach Westfalen verlor, erlosch der kölnische Drang nach Essen.

Ein Ärgernis für das Stift jedoch, das in der kölnischen Zeit seinen Anfang nahm, wirkte weiter, auch als Köln längst ungefährlich geworden war: das Bestreben der Stadt Essen, sich von der Äbtissin unabhängig zu machen. Konrad von Hochstaden hatte der Stadt eine mächtige Starthilfe gegeben.

Kaum war er nämlich in Essen eingerückt, als er die Bewohner der
Marktsiedlung sei es ermunterte, sei es zwang, ihr Städtchen mit einer
Befestigung zu umgeben. Für ihn wurde es dadurch zu einer kölnischen
Feste, für die Einwohner zu einer Burg, wie es sich damals für eine
Stadt gehörte, und darüber hinaus zu einer sichtbar umschlossenen
Gemeinde, die gegenüber dem Stift damit an Macht gewann.

In der überlieferten Urkunde von 1244 beruft sich „die Gesamtheit
der Dienstmannen und Bürger von Essen" allerdings ausdrücklich auf
die Zustimmung der Äbtissin (wie auch des Vogts, der freilich schon ein
Kölner war). Der Stadtwall zog sich um ein Areal, das sechsmal so
groß war wie die Marktsiedlung des 11. Jahrhunderts – teils, weil das
Städtchen im 12. Jahrhundert, wie viele seiner Art in Deutschland, einen
beträchtlichen Aufschwung genommen hatte und räumlich entsprechend
gewachsen war, teils, um Platz für künftige Einwohner und wohl auch
für kölnische Truppen freizuhalten. Die Stiftsfreiheit lag innerhalb der
Stadtbefestigung, jedoch an ihrem Ostrand und so, daß die östliche
Stiftsmauer zugleich einen Teil des Stadtwalls bildete.

Grundriß Essens nach der Befestigung von 1244

Essen hatte nun von Norden nach Süden etwa einen Kilometer, von Westen nach Osten 600 Meter Ausdehnung. Dieses Areal hieß später die *Altstadt.* Sie wurde im Zweiten Weltkrieg fast völlig zerstört, hat aber manche ihrer engen Gassen und manche reizvolle Platzverschachtelung (etwa Markt – Kornmarkt – Flachsmarkt – Kopstadtplatz) bis heute bewahrt – und damit etwas von einer alten, gewachsenen Stadt, deren Atmosphäre sich wohltuend auf die Menschen legt. Ja die Altstadt ist, über alle Umwälzungen des 19. Jahrhunderts hinweg, das Zentrum von Essen geblieben, obwohl eine Verlagerung der geographischen, geschäftlichen oder kulturellen Stadtmitte in stürmisch wachsenden Großstädten sehr häufig ist (am bekanntesten die „West-Wanderung" in Berlin, die lange vor dem Ersten Weltkrieg einsetzte).

Dem städtischen Recht unterstand nicht nur das umwallte Gebiet von knapp einem halben Quadratkilometer, sondern auch das umliegende Ackerland im Umkreis von 1,1 Kilometern um die Marktkirche, das sogenannte Weichbild, rund 3,8 Quadratkilometer groß. (Es wurde im Lauf der Jahrhunderte auf 8,8 Quadratkilometer erweitert, jene bescheidene Größe, auf die das amtliche Essen bis 1897 beschränkt blieb.) Etwa ein Drittel der Bürger besaß Acker- oder Gartenland vor den Toren, das meist kleiner als zehn Morgen war und vor allem der Selbstversorgung mit Milchprodukten und Gemüse diente.

Die Stadtbefestigung scheint anfänglich aus hölzernen Palisaden bestanden zu haben, wie sie vielleicht die kleine Marktsiedlung des 11. Jahrhunderts schon einmal umschlossen. Ihren Verteidigungswert bezogen die Palisaden vor allem aus der Hügellage des Städtchens und den rundum fließenden Bächen, die der Stadt zu teilweise Steilufer hatten und nun zu einem Stadtgraben verbunden wurden.

Der Stadtwall war von vier Toren durchbrochen: im Westen vom Limbecker, im Norden vom Viehofer, im Osten vom Steeler und im Süden vom Kettwiger Tor. Die Tore waren die Mündungen der vier Hauptstraßen, die sich auf dem Marktplatz kreuzten und das Stadtinnere in vier Quartiere einteilten, zwei große, aber zunächst nur teilweise bebaute im Westen und zwei schmale, aber dichtbesiedelte im Osten. Die Stadtviertel wurden *Bauerschaften* genannt. An ihrer Spitze stand der Bauermeister, der für Ordnung und Reinlichkeit zu sorgen und bei Geburten, Hochzeiten und Todesfällen die Stadt zu vertreten hatte. Die vier alten Tore spiegeln sich noch heute in vier Essener Straßennamen wider.

Ein weiteres Tor, im Volksmund schnöde *arslock* genannt, wurde auf

Kosten der Bürger eigens für die Dienstmannen der Äbtissin, die außerhalb der Stiftsfreiheit wohnten, errichtet, um ihnen einen kurzen Zugang zum Stift zu ermöglichen. Wie überhaupt die Urkunde von 1244 anschaulich die damaligen Standesunterschiede schildert. Von ihrem lateinischen Original ist nur der Anfangssatz erhalten: „Nos universitas ministerialium et civium Asnidensium..." Das Stadtarchiv besitzt jedoch eine plattdeutsche Version aus dem 15. Jahrhundert, die in Übersetzung folgendermaßen lautet:

Dienstmannen
und Bürger „Wir, die Gesamtheit der Dienstmannen und der Bürger zu Essinde, bezeugen und tun kund allen Leuten, daß wir, angesichts des Status dieses Landes, mit Zustimmung unserer Frau Berta, der Äbtissin, und ihres Konvents und der Dienstmannen und Bürger, vermittels des guten Willens des Vogtes, eins geworden sind, daß die Stadt Essinde soll befestigt werden, zu Ehren der heiligen Jungfrau Maria und der heiligen Märtyrer Kosmas und Damian, zum Nutzen der Äbtissin und des Konvents, vorbehaltlich der Rechte der Dienstmannen und Bürger, in dieser Weise, daß ein jeglicher Dienstmann möge in der Stadt eine Wohnung haben frei von allen Abgaben, solange er selbst oder sein Gesinde darin wohnen.

Und die Bürger sollen auf ihre Kosten den Dienstmannen eine Pforte bauen, nicht schlechter als die anderen Pforten, zum Nutzen der Kirche und der Dienstmannen, zwischen unserer Frau der Äbtissin Teich und der Mühle vom hohlen Stein, davon die Dienstmannen die Schlüssel haben sollen, da ein- und auszugehen nach ihrem Willen.

Und wenn die Bürger oder Dienstmannen von ihren Feinden geschädigt würden, diesen Schaden ist die eine Partei der anderen nicht zu beheben schuldig, doch sonst soll einer dem anderen Rat, Hilfe und Gunst beweisen. Fortmehr, falls Zwietracht wegen einiger Sachen zwischen uns entstünde, die sollen die zwölf Geschworenen der Stadt mit kluger Überlegung schlichten, so ihnen nützlich dünkt, und welche Partei der Satzung der Geschworenen ungehorsam wäre, der Partei soll die Gesamtheit in dem Punkte entgegen sein. Und diese Geschworenen sollen sein sechs Dienstmannen und sechs Bürger.

Und falls jemand durch den Graben an seinem Land geschädigt würde, so sollen dieselben Dienstmannen angemessene Entschädigung bewilligen für die, die den Schaden gehabt haben. Ferner, niemand von den Dienstmannen hörigen Leuten soll daran arbeiten ohne seines Herrn Willen..."

Und die vorgenannte Festung sollen die Bürger machen auf ihre Kosten und auch die Nachtwache und Hut, also daß die Äbtissin, der Konvent und die Dienstmannen dessen ledig und frei sind. Doch sollen die Dienstmannen gestatten ihren hörigen Leuten, mit dem gemeinen Volk an diesem vorgeschriebenen Werk zu arbeiten, doch so, daß der Dienstmannen Güter und Leute ohne weitere Beschwerung bleiben sollen, wie sie es bis hierhin gewesen sind. Auch die Bürger sollen ihr Recht genießen, das sie bis auf diese Zeit gehabt haben.

Und auf daß dieser Abmachung, die wir einträchtig zu bewahren und zu halten vorgenommen haben, niemand von uns böslich entgegen sein möge, haben wir diese Urkunde schreiben lassen und mit Anhängung des Siegels unserer Stadt bekräftigt. Auch haben wir dazugetan, daß niemand von den Dienstmannen soll von der Stadt abgestoßen oder daraus vertrieben werden um irgendwelcher Art Schuld, solange er bereit ist, sich vor der Äbtissin gegen die zu rechtfertigen, die über ihn klagen."

Es gab also in der Stadt vier Klassen. Als oberste die *Dienstmannen* der Äbtissin, auch Ministerialen genannt: Herren, die ein Gut als Lehen bekamen und den bewaffneten Schutz des Stiftes besorgten. Viele von ihnen wurden in den Ritterstand erhoben. In der Stadt wohnten sie kostenlos, brauchten sich weder am Bau der Mauer noch am Wachdienst zu beteiligen, führten aber zusammen mit den Bürgern die Aufsicht, indem sie von den zwölf Geschworenen sechs stellten.

Der zweite Stand war der der *Bürger*, das heißt im wesentlichen der Kaufleute und der Handwerker, soweit die letzteren nicht stiftshörig waren. Die beiden unteren Klassen wurden von dem *gemeinen Volk* (den Knechten, Mägden und Gesellen der Bürger) und von den *Stiftshörigen* (Handwerkern und dem Gesinde der Dienstmannen) gebildet.

Die Bürger werden in der Urkunde zwar erst an zweiter Stelle genannt, durften es aber wohl als einen Fortschritt werten, daß sie in der Zahl der Geschworenen (im übrigen Deutschland damals meist „Ratmannen" genannt) schon gleichberechtigt neben den Rittern standen. Die Rolle der Dienstmannen verringerte sich überdies allmählich: Teils zogen sie sich auf ihre Güter zurück, teils verbanden sie sich durch Heirat mit dem Kaufmannsstand oder nahmen selbst einen Handel auf, während gleichzeitig Kaufherren zu Dienstmannen der Äbtissin aufrückten und die Reichen unter ihnen sich in jedem Fall als Patrizier fühlten, als die eigentliche Oberschicht.

Anfänge der Selbstverwaltung

Die zwölf Geschworenen, von denen die Urkunde von 1244 spricht, waren die Gerichts- und Verwaltungsbehörde der Marktsiedlung. Einer solchen bedurfte es nun in der Tat, weil die neue Funktion als kölnische Festung der Stadt eine Reihe strenger Pflichten auferlegte: Wall und Graben mußten gebaut, unterhalten und ständig bewacht werden, Vorräte an Lebensmitteln und Waffen waren anzulegen und zu überwachen, und zu diesem Zweck wurden eine Art städtischen Verpflegungsamts sowie ein Schmiedeamt eingerichtet.

Werdens Kampf mit dem Abt Während die Bürger von Essen der Urkunde von 1244 zufolge die Oberhoheit der Äbtissin ausdrücklich anerkannten und Kosmas und Damian, die Schutzpatrone des Stifts, im Stadtsiegel führten, benutzte die noch kleinere Marktsiedlung *Werden* zwölf Jahre später die verworrene politische Lage, um sich der Herrschaft des Abtes ganz zu entziehen. Hier war der Abt der Parteigänger des Kölner Erzbischofs und der Vogt, Graf Otto von der Mark, sein erbitterter Gegner. Obwohl eigentlich zum Schirmherrn der Abtei bestellt, bestätigte der Vogt den Bürgern, daß sie frei und vom Abt unabhängig seien und bei der Verteidigung ihrer Freiheit auf seine, des Vogtes, Hilfe rechnen könnten. Zur Verwaltung setzte der Vogt acht Bürger als Richter und Schöffen ein. 1317 gelang es dem Abt jedoch, mit dem Vogt einen Vertrag abzuschließen, der ihn wieder in seine Rechte als Landesherr einsetzte. Der Vertrag sah ferner die Errichtung einer Stadtbefestigung vor, die aus einer Ringmauer mit Graben bestand.

Essen hatte durch die kölnischen Wirren weniger Unabhängigkeit von der Äbtissin gewonnen als Werden vom Abt und konnte daher auch weniger verlieren, als die Äbtissin 1290 vom König Rudolf I. ihre landesherrlichen Rechte zurückerhielt. Die Stadt huldigte dem Vogt des Königs und der Äbtissin des Stifts, die den Schulten vom Viehhof zum Stadtschultheiß bestellte.

Freilich, ganz in die alte Rolle eines bloßen Stiftsanhängsels fiel die Marktsiedlung nicht zurück. Sie hatte sich erheblich vergrößert und mit einer Befestigung umgeben, sie zählte reiche Kaufherren zu ihren Bürgern, sie war eine *Stadt*. Bald rang sie sogar darum, eine Reichsstadt zu werden, aber ganz wurde sie es nie. Zwietracht und Zwist standen zwischen Stift und Stadt und hinderten beide ein halbes Jahrtausend lang, sich frei zu entfalten – bis schließlich Napoleon und Preußen dem Stift den Garaus machten und Männer wie Dinnendahl und Krupp die Stadt, die auf Kohlen stand, ins Industriezeitalter stießen.

II
Der vierhundertjährige Krieg

1. Kapitel
Die unfreie Reichsstadt

Am 18. März 1336 – in Deutschland regierte Kaiser Ludwig der Bayer, in Florenz lebte Boccaccio, vom Gangestal aus kroch die Große Pest auf Europa zu, der bis 1350 mehr als ein Drittel aller Europäer zum Opfer fiel – stellten die Ratmannen der Stadt Essen eine Urkunde aus, die den von der Äbtissin eingesetzten Stadtschultheiß nicht mehr erwähnte, obwohl er bis dahin den Vorsitz im Stadtrat innehatte. An die Spitze der Stadtverwaltung traten zwei von den Ratsherren gewählte Bürgermeister.

Die Stadt hatte es gewagt, sich selbst zu verwalten und sich von einem Instrument der Bevormundung durch die Äbtissin frei zu machen. Die Huldigung an die 1327 gewählte Äbtissin *Kunigunde von Berg* hatte die Stadt bereits stillschweigend unterlassen. In beidem drückte sich nicht nur die steigende Macht der Stadt, sondern auch das sinkende Ansehen des Stiftes aus, dessen Äbtissinnen längst nicht mehr aus dem Kaiserhause, sondern aus der Verwandtschaft der umliegenden Landesfürsten stammten und deren Hausmachtpolitik dienen sollten.

Kurz nach diesem selbstherrlichen Akt beschloß die Stadt, ihre Palisaden von 1244 durch eine feste Mauer mit vier Toren und mehreren Türmen zu ersetzen, worüber eine Kostenabrechnung in lateinischer Sprache aus dem Jahre 1347 vorliegt. Eine Mauer zu haben – das war ja bis ins 19. Jahrhundert das entscheidende Abzeichen der Stadt. Unter großen Opfern an Geld und Dienstleistungen brachten die Bürger sie zustande. Mit Tausenden von Karrenladungen wurden die Steine, der Sand, der Kalk herangefahren. Die Maurer und Steinmetzen mußten immer wieder durch Zulagen und Belohnungen für die Arbeit gewonnen werden, und am blauen Montag bekamen sie obendrein Geld zum Vertrinken.

Wie schon zur Zeit der Palisaden war jeder Einwohner zum Wachdienst an der Mauer verpflichtet; nur die angesehensten Bürger konnten

Stadtmauer und Landwehr

59

davon befreit werden. Die Wohlhabenden hatten statt dessen Pferd und Harnisch für Roß und Reiter bereitzuhalten. Die Torwachen waren mit Armbrusten ausgerüstet. Für jedes der vier Stadttore wurde ferner schon 1371 eines jener groben, frühen Pulvergewehre beschafft, die man *Donnerbüchsen* nannte.

Außer der neuen Stadtmauer hatte die Bürgerschaft auch die sogenannte *Landwehr* zu bewachen, einen Wall mit einer Dornenhecke und schlagbaumbewehrten Durchlässen für Mensch und Vieh, der in einem langen Oval den überwiegenden Teil des geistlichen Fürstentums Essen einhegte. Münster und Abtei waren also durch vier Mauern und Wälle von der Außenwelt abgeschirmt: die Landwehr, die Stadtmauer, die Mauer um die Stiftsfreiheit innerhalb der Stadtmauer und die Mauer um das Klaustrum innerhalb der Stiftsfreiheit (vgl. Seite 21). Die Stadt Essen wurde von der stiftischen Landwehr umschlossen, schloß aber ihrerseits mit der Stadtmauer den unmittelbaren Hoheitsbereich der Äbtissin ein – eine Verschachtelung der Territorien auf engstem Raum, die allein schon den Kampf der Äbtissin um die Wahrung ihrer Position verständlich macht. Auch politisch und wirtschaftlich wäre das Stiftsland ohne seinen Kern, die Stadt, bedeutungslos geworden.

Karl IV.
stiftet Verwirrung Dreißig Jahre nach dem Bau der Mauer – deren letzter Turm 1865 fiel – gelang der weltlichen Siedlung Essen ein weiterer Sprung nach vorn. Am 24. November 1377 bestätigte Kaiser Karl IV. (Regierungszeit 1346 bis 1378), der auf der Durchreise von Dortmund nach Frankreich Gast der Äbtissin war, er habe aus den ihm vorgelegten Briefen seiner Vorgänger die Erkenntnis gewonnen, daß die Stadt Essen von alters her unmittelbar dem Reich unterstehe. „Nicht unbedachtsam und irrtümlich, sondern mit voller Überlegung, aus sicherer Kenntnis und kaiserlicher Machtvollkommenheit" bestätige er der Stadt daher ihre Privilegien. Wer die Stadt in der Ausübung ihrer Rechte beeinträchtige, werde sich schwere kaiserliche Ungnade zuziehen. Die benachbarten Landesherrn wurden ausdrücklich aufgefordert, die Stadt gegen jeden Angriff auf ihre Reichsunmittelbarkeit zu verteidigen.

Das war ein merkwürdiger und in sich widerspruchsvoller Vorgang. Denn unstreitig war Essen *nicht* von alters her eine Reichsstadt – keine jener Städte also, die es wie Nürnberg, Lübeck, Köln oder Dortmund verstanden hatten, sich als eine Zwergrepublik aus dem Territorium des Landesherrn herauszuheben und als *Reichsstand* gleichberechtigt neben den Kurfürsten und Herzögen zu stehen, niemandem als dem Oberhaupt

Konrad Heinrich Kopstadt, Bürgermeister von Essen 1821–1833

Franz Dinnendahl, Erbauer der ersten Dampfmaschine des Ruhrgebietes

*Essen 1790: Ein
Städtchen von 3500
Einwohnern, weit
entfernt von seiner
mittelalterlichen
Größe und seiner
späteren Dynamik*

*Das letzte Stück der
alten Stadtmauer von
Essen: Der Heckings-
turm bei seinem
Abbruch im Jahre
1865*

Ein großes Bürgerhaus des 18. Jh.: Das Haus Ascherfeld, dem die Wittib Friedr. Jod. Krupp sel. entstammt. Sie besaß eine Eisenhütte und ermöglichte ihrem Enkel Friedrich Krupp die Gründung der Gußstahlfabrik (Aufn. von 1899)

Alfred Krupp (1812–1887), der Gründer des Stahl-Imperiums, 61 Jahre lang an der Spitze der Fabrik

Alfred Krupps Maschinenhalle 9, damals die größte der Erde

Eine der riesigen Schiffskurbelwellen, mit denen Alfred Krupp den Weltmarkt beherrschte

Essen 1890: Blick vom Rathausturm auf die Schlote der Krupp-Fabrik

Essens erster Hauptbahnhof, in Betrieb genommen 1862

Der zweite Hauptbahnhof, erbaut 1902, im Zweiten Weltkrieg zerstört

Friedrich Alfred Krupp (1854–1902),
der dritte Firmenchef

Friedrich Grillo (1825–1888), neben Alfred Krupp
der bedeutendste Industrielle Essens im 19. Jahrhundert.

Ernst Heinrich Lindemann,
Bürgermeister von Essen 1859–1868

Gustav Hache,
Oberbürgermeister von Essen 1868–1886

des Reiches untertan (eine Sonderstellung, wie sie noch heute Hamburg und Bremen genießen). Die Stadt kann keine andere Urkunde vorgelegt haben als die von 1290, in der König Rudolf I. zwar die Huldigung Essens an seinen Vogt würdigte, im übrigen aber die Äbtissin ausdrücklich wieder in ihre Rechte als Landesherrin, also auch als Herrin über die Stadt Essen einsetzte (vgl. Seite 51). Wollte der Kaiser einen früheren Zustand bestätigen, so konnte es sich also nicht um die Reichsunmittelbarkeit handeln; wollte er diese aber der Stadt nunmehr verleihen, so durfte er sich gerade nicht auf frühere Urkunden berufen.

Der Fall wird noch seltsamer dadurch, daß derselbe Karl IV. seiner Gastgeberin, der Äbtissin *Elisabeth von Nassau*, gerade fünf Jahre zuvor auf deren Drängen hin bescheinigt hatte, sie sei Landesherrin mit Gerichts- und Münzhoheit auch über die Stadt Essen; ein Bürger, der die Äbtissin in der Ausübung ihrer Rechte beeinträchtige, könne mit einer Geldstrafe von hundert Mark Feingold belegt werden. Zur Begründung wurde dieselbe Urkunde Rudolfs I. herangezogen, aus der die Stadt Essen mit dem Einverständnis desselben Kaisers das Gegenteil, nämlich ihre Selbständigkeit, herauslas. Ein so krasser Widerspruch — „nicht unbedachtsam und irrtümlich, sondern mit voller Überlegung" — kann wohl keiner Seite verborgen geblieben sein.

Die Stadt konnte sich bei dieser Sachlage kaum einbilden, nun wirklich als Freie Reichsstadt anerkannt zu sein. Aber sie war wohl damit zufrieden, durch die Bestätigung, die sie 1377 vom Kaiser erhielt, den Vorteil wieder durchkreuzt zu haben, den die Äbtissin ihrerseits 1372 durch die gegenteilige Bestätigung Karls IV. erlangt hatte. Denn Elisabeth von Nassau stützte auf ihren Erfolg von 1372 die Forderung, daß die Stadt wieder der Äbtissin huldige, was seit 1327 unterblieben war. Dieses Ansinnen führte zu Empörung und Unruhen in der Bürgerschaft. Als sich nun der Kaiser in Essen aufhielt, wurde er von den Bürgern bedrängt, ihnen eine Urkunde auszustellen, die der Stadt lediglich die Möglichkeit geben sollte, die Huldigung auch in Zukunft zu unterlassen.

Karl IV. seinerseits, der ein guter Rechner war — hatte 1349 den Gegenkönig Günther von Schwarzburg durch Geld zum Verzicht bewogen und verkaufte in Italien mehrfach den Titel „Reichsvikar" (soviel wie Reichsverweser) —, Karl IV. also hatte keine Bedenken, der Stadt Essen „aus sicherer Kenntnis" und gegen teure Bezahlung ihre Reichsunmittelbarkeit zu bestätigen.

Sein Sohn und Nachfolger, König Wenzel (Regierungszeit 1378 bis 1400), verfuhr noch einmal ebenso. 1379 bescheinigte er den Essener

Bürgern auf deren Wunsch und gegen hohe Gebühr in einem Brief aus Prag: „Auf Grund von mancherlei Privilegien, die unsere Vorgänger dem Bürgermeister, den Ratsherren und der Gesamtheit der Bürger der Stadt Essen verliehen haben, erkennen wir an, daß die Bürger und die Stadt unmittelbar dem Heiligen Römischen Reich untertan sind." 1380, neun Monate später, bestätigte derselbe König der Äbtissin ihre Landesherrschaft über die Stadt.

Der Kompromiß von 1399

1398, als Wenzel sich im Rheinland aufhielt, scheint die Äbtissin – noch immer Elisabeth von Nassau – eine Klage gegen die Stadt wegen Erschleichung von Privilegien angestrengt zu haben. Was aus der Klage geworden ist, wissen wir nicht; für die Stadt dürfte sie jedoch ein Grund gewesen sein, im Februar 1399 mit der Äbtissin einen Vergleich abzuschließen, den sogenannten *Scheidbrief*. Darin erkannte die Stadt die Äbtissin als Landes- und Gerichtsherrin an, während die Fürstäbtissin sich nunmehr förmlich bereit erklärte, auf einen Huldigungsakt der Stadt zu verzichten, der diese Anerkennung manifestiert hätte. Im Entwurf des Vertrags ersetzte Elisabeth von Nassau – sie amtierte 42 Jahre lang, von 1370 bis 1412 – die Worte „Bürgermeister und Rat von Essen" durch die Formulierung „Der Rat der Stadt Essen", weil sie nicht wahrhaben wollte, daß die Bürger seit 1336 ihren eigenen Meister wählten.

Die schriftliche Fixierung einer so geringen Selbständigkeit wurde der Stadt durch kleine wirtschaftliche Zugeständnisse schmackhaft gemacht. So erhielt sie die bis dahin dem Stift vorbehaltene Befugnis, Schankkonzessionen zu erteilen; die dafür vom Magistrat erhobene Gebühr – die Wein-Akzise – wurde eine wichtige städtische Einnahmequelle, ja das Rückgrat der Stadtfinanzen. Mehrere Stiftsdamen und Kanoniker hatten in der „Burg" einen Weinausschank aus eigenen Weingütern betrieben, ein Recht, das ihnen auch für die Zukunft verbrieft wurde. Das Stift verminderte ferner seinen Einfluß auf den Lebensmittelmarkt, den die Äbtissin dadurch kontrolliert hatte, daß die Mühlen von ihr als Lehen vergeben wurden; nun belehnte sie einen in der Stadt lebenden Dienstmann mit der „Mühlengerechtigkeit". 1375 hatten die erbosten Bürger eine abteiliche Mühle Stein für Stein abgetragen. Das war nun überflüssig.

Daß der Einfluß der Äbtissin auch seine Vorteile hatte, erfuhr die Stadt vier Monate nach der Unterzeichnung des Scheidbriefs, im Juni 1399: Papst Bonifatius IX. verlieh dem Essener Münster ein Ablaßprivilegium, wonach jeder, der am Sonntag, Montag oder Dienstag nach Mariä Himmelfahrt in der Kirche seine Beichte ablegte, den gleichen Ablaß erhielt wie die Besucher der Markuskirche in Venedig am Fest der Himmelfahrt Christi. Dem Jahrmarkt, der seit dem 14. oder 15. Jahrhundert mit dem Fest Mariä Himmelfahrt verbunden war, strömten auf diese Weise von weit her viele zusätzliche Kunden zu.

Die Stellung der Äbtissin wiederum wurde dadurch geschwächt, daß die Grafschaften Mark und Cleve, östlich und westlich von Essen, nach dem Tod des letzten Grafen von Cleve im Jahre 1368 zusammenwuchsen, so daß die geistlichen Fürstentümer Essen und Werden nun von einem ungleich mächtigeren weltlichen Territorium umschlossen waren und ihren bis ins 11. Jahrhundert spürbaren politischen Einfluß vollends einbüßten.

Der Zweite Äbtissinnenstreit

1426 kam es überdies zum *Zweiten Äbtissinnenstreit*: Die elf Stiftsgeistlichen (Kanoniker) wählten eine andere Äbtissin als die Stiftsdamen, deren Zahl inzwischen auf zehn zusammengeschrumpft war. (1459 gab es sogar nur noch sieben Stiftsdamen gegenüber sechzehn Klerikern.) Unter den Kanonikern befanden sich bereits mehrere Söhne wohlhabender Essener Bürger. Nach achtjähriger Fehde, bei der es außerhalb der Stadtmauern zu zahlreichen blutigen Überfällen der Parteigänger aufeinander und innerhalb zu einer gewaltsamen Besetzung der Abtei mit Hilfe von Essener Bürgern gekommen war, setzte sich schließlich die von den Stiftsdamen gewählte Äbtissin durch.

1469 gelang es der Stadt, nach Kaiser Karl IV. und König Wenzel auch Kaiser Friedrich III. (Regierungszeit 1440 bis 1493) zur Bestätigung ihrer Reichsunmittelbarkeit zu bewegen. Nach bewährtem Muster bescheinigte der Kaiser drei Jahre später der Äbtissin ebenfalls ihre Privilegien, mit dem Unterschied allerdings, daß von der Stadt Essen darin nicht die Rede war. Als Friedrich III. im Jahre 1475 mit seinem Heer am Rhein stand, eilte die resolute *Sophia von Gleichen* – dieselbe, die den Stiftsdamen von Stoppenberg wieder den Schleier aufzwingen wollte (vgl. Seite 34) – ins kaiserliche Lager und bat um eine Bestätigung ihrer Landeshoheit über die Stadt, „aus Anlaß der Verletzung der Stiftsprivilegien durch Menschen, die sich dabei auf vermeintlich von Kaiser und Reich erworbene Freiheiten stützen". Was Sophia erlangte, war jedoch nur das Recht, im ganzen Stift Essen einen Wegzoll für Pferde, Kühe und Ochsen zu erheben.

Zweimal nun widerfuhr der Stadt wenigstens die Genugtuung, vom

Kaiser wirklich als Reichsstadt behandelt zu werden: 1488 erhielt sie direkt von der kaiserlichen Kanzlei die Ladung, Friedrich III. 32 Gulden zur Finanzierung seines Feldzugs gegen Flandern zu überbringen, und kurz darauf wurde die Stadt zum Reichstag nach Frankfurt eingeladen. Die unmittelbare Beteiligung am Reichsaufgebot von 1488 war für die Stadt Essen die erste über ein Papier hinausgehende Bestätigung ihrer Unabhängigkeit von der Fürstäbtissin und daher ein von der Stadt später noch oft zitiertes Beweismittel. 1493 schickte der Magistrat der Äbtissin einen Brief zurück, weil er „an den Rat *Unserer* Stadt Essen" adressiert war, während es doch „an den Rat *der* Stadt Essen" heißen müsse.

Der Dritte   Zu den bis dahin schwersten Unruhen im Stift kam es 1489 mit dem
Äbtissinnenstreit   *Dritten Äbtissinnenstreit*, der Mord, Raub und Brand über Essen brachte. Die Mehrzahl der Stiftsdamen wählte *Irmgard von Diepholz*, eine Minderheit zusammen mit den zahlenmäßig überlegenen Kanonikern *Meina von Oberstein* zur Äbtissin, die Schwester eines späteren Erzbischofs von Köln. Meina, die in Borbeck residierte, erhielt bald die Bestätigung durch Kaiser und Papst, Irmgard focht die Wahl an und setzte sich mit Gewalt in den Besitz der Abteigebäude und des Münsters.

Der Essener Stadtrat verhielt sich neutral, sympathisierte jedoch ebenso wie die Mehrzahl der Bürger mit Irmgard. Die von Kaiser und Papst bestätigte Meina war unbeliebt, weil ihre Wähler, die Kanoniker, als hochmütig galten und einige von ihnen durch eine weltliche und sündhafte Lebensführung – mit Pomp und Weibern – Anstoß erregten.

1491 brachen, wie es im Essener Stadtschreiberbuch heißt, „Aufruhr und unredliche schnöde Händel" aus. Der Erzbischof von Köln verhängte das *Interdikt* über Essen, das heißt das Verbot, Gottesdienste abzuhalten; die Anwendung dieses geistlichen Zuchtmittels zu machtpolitischen Zwecken verstärkte den Haß der Bürger auf Meina und die Kölnischen. Die Anhänger Irmgards, der von der Mehrheit der Stiftsdamen gewählten Äbtissin, zogen unter dem Läuten der Münsterglocken auf den Marktplatz und wiegelten das Volk gegen Meina und ihren Parteigänger auf, den Dechanten Arnold Platte. Dieser war im Auftrag des Kölner Erzbischofs nach Essen gekommen, um die Unruhen beizulegen, wurde vom Volksmund aber als „Straßenschänder und Mordbrenner" gekennzeichnet.

Der Ratmann Johann Schriver schrie: „Wir wollen sie heute nacht heimsuchen, die Herren, die zur Frau Äbtissin (Meina) halten, bis wir

im Blute waten. Wer ein guter Bürger ist, der folge mir!" Im Haus des
Kölner Abgesandten und dem eines besonders verhaßten Kanonikers
wurden Türen und Fenster eingeschlagen, und dann wurde geplündert.
Zur Beruhigung der Gemüter ließ eine Tante Irmgards ein großes Faß
Bier anfahren, an dem sich das Volk bis drei Uhr morgens auf offener
Straße labte.

Politische Gliederung des heutigen Ruhrgebiets im 15. Jahrhundert

1493 – Kolumbus war gerade zum zweitenmal nach Amerika unter-
wegs – stürmte und plünderte ein mit Irmgard verwandter Graf die
Residenz der abwesenden Äbtissin Meina, Borbeck. In Essen wütete
die Pest. Viele Bürger flohen, Gesindel sammelte sich in der Stadt.

Schließlich rief Meina, die Äbtissin der Kanoniker, den Vogt des
Stifts um Hilfe an, Herzog Johann II. von Cleve, bei den Zeitgenossen
berühmt wegen seiner dreiundsechzig unehelichen Kinder. Obwohl als
Vogt ohnehin zum Schutz des Stifts verpflichtet, gelang es ihm, für

seine Hilfe eine teure Bezahlung einzuhandeln: 1495 ernannten Meina und ihr Stiftskapitel Johann und seine Nachkommen zum Erbvogt über Essen. Das Stift und die Stadt (die dem Vertrag beitrat) gewährten dem Herzog das sogenannte Öffnungsrecht, das heißt die Vollmacht, Essen im Kriegsfall als Heerlager zu benutzen; nur mit Mühe konnten sie die noch weitergehende Forderung zurückweisen, eine ständige clevische Besatzung nach Essen zu legen.

Der Vertrag selbst kam allerdings unter dem Druck einer Besatzung zustande: „Anno 1495 ist das Gold verdunkelt und die herrliche Farbe verwandelt", heißt es in der Stadtchronik; „das Silber ist zu Schlacke geworden. In diesem Jahre ist der Vertrag mit dem Herrn Herzog Johann von Cleve geschlossen worden, auf Druck des Herzogs und eher aus Furcht als aus freiem Willen. Er hatte etwa 400 Reiter und 300 Soldaten zu Fuß in der Stadt, die ließ er bei Paukenschall sich waffnen."

Der Dritte Äbtissinnenstreit selbst endete erst 1504: Irmgard, die Erwählte der Stiftsdamen, verzichtete auf ihre Ansprüche, wofür ihr Meina einen Teil der Einkünfte zugestand.

Unter clevischem Druck Militärisch hatte das Land Essen durch den Vertrag mit Cleve seine Selbständigkeit eingebüßt, auch seine politische Bewegungsfreiheit war auf ein Minimum zusammengeschrumpft. In Deutschland galt das Stift praktisch als ein Bestandteil der clevischen Mark. Die Mark und damit die Vogtei fielen 1609 an Brandenburg. Verwaltung sowie Gerichts- und Münzhoheit blieben jedoch bei der Fürstäbtissin; an ihrer staatsrechtlichen Stellung als einer Landesfürstin änderte sich nichts. Die Stadt verlor im übrigen weniger als das Stift: Im Vertrag von 1495 wurde die Hoheit über die Stadt nicht unter den Rechten der Äbtissin aufgeführt. Der Streit konnte weitergehen.

Schon 1496 buchte die Stadt einen weiteren Pluspunkt: Kaiser Maximilian I. (Regierungszeit 1493 bis 1519) stellte beim Reichskammergericht klar, der Vogteivertrag von 1495 ändere nichts daran, daß „sein Stift" und „seine Stadt" Essen der Kaiserlichen Majestät unmittelbar unterworfen seien. So nahm das Durcheinander seinen Fortgang.

„Für zwei Reichsunmittelbarkeiten", schreibt Robert Jahn, „reichten die bescheidenen Kräfte des kleinen Landes wahrhaftig nicht hin, und ebensowenig besaß das Bürgertum des Städtchens Essen Schwergewicht genug, um seinerseits die Führung des Landes übernehmen zu können ... War schon der Zwergstaat Essen ein Zustand, den die Entwicklung der benachbarten größeren Territorien in eine Sackgasse geführt hatte, so daß er nicht einmal mehr der Anfeindung für wert gehalten wurde, so wäre ein freier Reichsstand des Städtchens Essen innerhalb dieses Zwergstaats erst recht sinnlos gewesen."

Sinnlos vielleicht – erreichbar trotzdem. Das zeigte, wenigstens einige Jahrzehnte lang, die Reformation.

2. Kapitel
Der schwarze Bernstein

Abseits der Politik bereiteten sich in Essen und Werden inzwischen große Dinge im kleinen vor.

Aus dem Jahre 1317 ist zum erstenmal bezeugt, daß man in Essen *Kohle* verwendete: In einer neu errichteten Herberge für Bettelmönche sollten die Brüder „den Winkel vor der Mägdekammer zum Ablegen von Holz und Kohlen haben". Kohle – das war etwas für die Armen. Mit ihrer Förderung konnte man nicht reich werden, es war mühsam, sie zu entzünden, es stank nach Schwefel, wenn sie endlich brannte; in England wurde ihre Verwendung im 12. Jahrhundert verboten, weil sie die Luft verpestete.

Auch das demgemäß spärliche Interesse an der Kohle war erst spät erwacht. Bergbau gibt es zwar schon seit fünf Jahrtausenden, aber in der Antike galt er nur den Edelerzen: Kupfer, Zinn, Silber, Gold. Kohle war wohl seit dem Altertum bekannt, aber nur in der Form der *Holz-kohle*, die mit dem Aufkommen des Eisens eine wichtige Rolle übernahm: Sie war über ein Jahrtausend lang der einzige bekannte Brennstoff, der die für das Schmelzen und das Schmieden des Eisens nötige Hitze lieferte. Zum Heizen wurde in Deutschland im Mittelalter außer Holz nur das früheste Produkt der Verkohlung – Torf – verwendet.

Steinkohle als Brennmaterial scheint, von ungewissen Nachrichten aus dem alten China abgesehen, erstmals im 9. Jahrhundert in England gebraucht worden zu sein. In Mitteleuropa ist die erste Benutzung 1113 durch das Kloster Klosterrode bei Kerkrade in der holländischen Provinz Limburg nachweisbar. Wann in den Ländern Essen und Werden zum erstenmal ein Bauer einen Brocken aus jenen fettigen schwarzen Gesteinsadern brach, die einigen von ihnen das Pflügen erschwerten, wann er entdeckte, daß der Brocken brennbar war und daß es sich lohnen könnte, mehr davon ins Haus zu holen – das ist nicht überliefert. 1317 war die Kohle jedenfalls bereits als Heizmaterial für die Armen eingeführt – es mußte also eine Art Bergbau geben.

Bergbau: Der Begriff besagt ganz wörtlich, daß bis in die Neuzeit lediglich Berge die Chance boten, daß man in ihnen Erz oder Kohle fand, weil meist nur die Gesteinsabbrüche von Gebirgsauffaltungen eine Ader zutage treten lassen; er bedeutet ferner, daß auch allein der Berg mit seiner natürlichen Entwässerung zum Tal dem Bergmann den Kampf mit dem Grundwasser ersparte, der in der Frühzeit der Industrialisierung zu den größten Problemen des Bergbaus gehörte.

Auch im Essener Raum trat das rund 3000 Meter dicke kohleführende Gebirge, über dem sich die heutige Stadt erhebt, nur dort ans Tageslicht, wo das Gelände hügelig war: an den Ruhrhängen. Von dort aus senkt sich das Gebirge, dessen Kohleschichten insgesamt etwa 80 Meter dick sind, mit einer Neigung von 1,5 bis 2 Grad ständig nach Norden ab, so daß es an der Emscher schließlich unter einer bis zu 700 Meter dicken Mergelschicht begraben ist. Sättel und Mulden, die von Südwesten nach Nordosten verlaufen, durchbrechen das sonst regelmäßige Gefälle. Oft begünstigten sie den Bergbau, oft narrten sie den Bergmann.

Eigentümer der Kohle war keineswegs der, auf oder unter dessen Grund und Boden sie gefunden wurde. Vielmehr beanspruchte etwa seit dem 11. Jahrhundert der Kaiser oder König das *Bergregal*, das heißt sein Anrecht auf alle Bodenschätze. Friedrich I. (Barbarossa) kodifizierte dieses neue kaiserliche Hoheitsrecht 1158 (also vor dem Anbruch der Kohlenzeit in Deutschland) in den sogenannten Ronkalischen Beschlüssen (*Constitutio de regalibus*, ausgearbeitet auf den Ronkalischen Feldern, einem deutschen Heerlager am Po).

Bergregal und Bergzehnt

Vom 13. Jahrhundert an übertrug das Reich das Bergregal auf die Landesherren. Die Äbtissin von Essen wurde 1349 von Kaiser Karl IV. mit diesem Hoheitsrecht beliehen. Das bedeutete, daß der Finder von Kohle bei der Äbtissin erst die Erlaubnis beantragen mußte, sie zu fördern. Er erhielt sie, wenn er sich verpflichtete, den sogenannten *Bergzehnt*, also den zehnten Teil der geförderten Menge, an die Äbtissin abzuführen.

So wurde also spätestens im 14. Jahrhundert im heutigen Essener Raum mit dem Abbau von Kohle begonnen (erste Erwähnung in Werden: 1397) – einem übelriechenden, aber billigen Heizmaterial für die Armen. Der Abbau war zunächst meist ein Nebenerwerb für die Landbevölkerung: Einige Männer, selten mehr als zehn, gruben dort, wo die Kohle zutage trat, einen senkrechten Schacht, ein sogenanntes Pütt, und fuhren die Kohle auf Karren nach Hause oder in die Stadt.

Seit 1371 trat neben den Armen auch der Magistrat als Käufer auf, allerdings wohl nur für die Wachstube, während das Ratszimmer mit Holz beheizt wurde. Eine Karrenladung Kohle (vermutlich etwa sechzehn Zentner) kostete vier Schilling, den achten Teil eines Talers. 1386 wurden zum erstenmal Kohlen nach auswärts verfrachtet: in Ruhrkähnen von Essen über Duisburg nach Wesel.

Gegen Ende des 15. Jahrhunderts hatte der Kohlenbergbau schon einen etwas größeren Umfang angenommen: Essener Kohle wurde auch nach Köln (das sich für den Fall einer Belagerung mit Brennstoff eindeckte) und nach Düsseldorf verschifft. Außerdem ergab sich für die Kohle ein zusätzlicher Absatzmarkt: Nicht nur, daß sie als Heizmaterial allmählich in die Bürgerhäuser vordrang – sie eroberte vor allem die Schmieden, in denen bis dahin mit Holzkohle gearbeitet worden war. 1389 unternahmen die Schmiede von Dortmund einen Ausfall aus der belagerten Stadt, um sich Steinkohlen zu beschaffen. Genau hundert Jahre später, 1489, ist zum erstenmal bezeugt, daß die Stadt Essen für den Amboß im Büchsenhaus drei Karrenladungen Steinkohlen kaufte.

1556 berichtete der Chemnitzer Mineraloge Georg Bauer unter dem damals beliebten Pseudonym *Agricola* in seinem zu Basel erschienenen Buch *De re metallica* vom Kohlenbergbau „in Vestofalia ad Essenam oppidum", in Westfalen bei der Stadt Essen.

1575 erließ die Essener Äbtissin, 1598 der Rat der Stadt die erste *Bergordnung*. Damit wurden außer dem Bergzehnt, den die Äbtissin schon seit 1349 erhoben hatte, auch das Mutungsrecht, die Lehnsgebühren und das Wegegeld geregelt. 1593 entschloß sich die Äbtissin, in der „Burg" einen Kohlenvorrat anzulegen – womit die Kohle ihre Anrüchigkeit als Brennstoff der Armen endgültig verloren hatte.

Dazu trug der Umstand bei, daß trotz der großen Wälder Westfalens das Holz rar zu werden begann. Im Siegerland wurde seit dem 15. Jahrhundert immer mehr Eisenerz gefördert, weil das Schmiedehandwerk einen mächtigen Aufschwung nahm; sowohl zur Verhüttung wie zum Schmieden des Eisens wurde Holzkohle verwendet – und damit allmählich in solchen Mengen gebraucht, daß das Ende der westfälischen Wälder abzusehen war. Mehr unter dem Druck dieser Notwendigkeit, als weil sie die Steinkohle vorgezogen hätten, stellten sich die Schmiede um. Schmelzöfen anders als mit Holzkohlen zu heizen, gelang dagegen erst 1740 in England und 1796 in Oberschlesien.

In Werden machte sich der Abt *Heinrich Duden* (Amtszeit 1573 bis

70

1601) um die Förderung des Bergbaus verdient. Er versuchte Ordnung in den Kohlenabbau zu bringen und rief zur Bildung von *Gewerkschaften* auf: Nicht ein Bürger, sondern mehrere gemeinsam beantragten beim Landesherrn die Schürferlaubnis, beuteten die Grube genossenschaftlich aus und führten den Bergzehnt ab. Diese Eigentümer hießen *Gewerken* (im Unterschied zu den Bergleuten, Knappen oder „Bergknaben", die gegen Lohn für sie arbeiteten) und ihr Zusammenschluß „Gewerkschaft" (die im Gegensatz zu dem heute überwiegenden Wortsinn also gerade nicht die Arbeitnehmer, sondern die Arbeitgeber repräsentierte).

Eine Gewerkschaft, deren Gründung für 1566 in Bredeney überliefert ist, hatte als Gewerken den Abt von Werden, einen Kohlenhändler aus Mühlheim, einen Bredeneyer Bauern und zwei ehemalige Knappen aus Eschweiler bei Aachen, wo der Kohlenbergbau einen höheren Stand als in Essen hatte. Mit Ausnahme des Abtes arbeiteten alle Gewerken selbst in der Kohlengrube. Der Lohn, den sie für sich festsetzten, wurde nicht ausbezahlt, sondern als Kapital in die Genossenschaft eingebracht; Gewinn und Verlust wurden gleichmäßig verteilt. Der Abt erhielt als Landesherr zwar den Zehnten vom Verkaufserlös, mußte aber dem Kapital eine Summe beisteuern, die dem Arbeitslohn entsprach.

In Werden wie in Essen gingen fortschrittliche Gewerkschaften im 16. und 17. Jahrhundert dazu über, die primitiven Kohlengruben zu tiefen Schächten auszubauen, mit Haspeln, an denen die Kohleneimer

Schächte und Göpel

heraufgezogen wurden, und teilweise schon mit Abzugsstollen für das Grundwasser, die in Verstümmelung des lateinischen Wortes *aquaeductus* „Ackeldrüft" genannt wurden. Zu den senkrechten *Steilschächten* traten schräg hinabführende *Schleppschächte*. Zur Förderung aus solchen Schächten wurden zunehmend Pferdegöpel eingesetzt (von Agricola 1556 beschrieben) – die einzige von der Wasserkraft unabhängige Arbeitsmaschine, die es bis zur Erfindung der Dampfmaschine gab; meist aus einem Balken bestehend, den ein Pferd Stunde um Stunde im Kreis um eine Achse ziehen mußte.

Welchen Stand die Bergbautechnik hatte, wieviel man aber andererseits über das damals noch neuartige Gut „Kohle" ausdrücklich mitteilen zu müssen glaubte, schilderte im Jahre 1616 anschaulich der Essener Bürger Johannes Ursinus in seinem hinterlassenen handschriftlichen Entwurf einer *Historia Westphaliae seu veteris Saxoniae*:

„Kohlgruben oder Kohlberge: deren hat es in Westfalen, sonderlich aber im Stift Essen, der Grafschaft Mark und anderswo unterschiedlich viel. Daraus werden die schwarzen Bernsteine oder, wie man gerechter nennt, Steinkohlen wunderlicher Weise und mit großer Mühe und nicht ohne sonderliche Gefahr der Bergknaben Leben gegraben oder gebrochen.

Ich sahe in meinem Vaterland, dem Stift Essen, nachdem für etlich hundert Jahren unsere Vorfahren das Erdreich dieser Steinkohlen halber eröffnet, daß man dieser Zeit die alten Gruben oder Pütte wieder ausräumet und selbige weiter etliche viel Klafter tiefer hinuntersenket, dieses sie dann ein Unterwerk nennen – welches an etlichen Orten zum dritten Male geschehen, also daß sie diese Steine zum ersten und anderen Male in der Erden, und endlich zum dritten Male oben der Erden und also aus einer schier unglaublichen Tiefe herausarbeiten."

Über die Gefahr von Grundwassereinbrüchen schreibt Ursinus, sie bestehe vor allem dann, „wenn die Bergknaben, wenn sie an den Ort geraten, da vor Zeiten ausgekohlt und deshalben voller Wasser steht, mit ihrem Keile da unvorsichtig hindurchhauen oder arbeiten, daß gleichsam in einem Hau das ganze Werk unter Wassers stehet und alle Personen, so unter der Erden arbeiten, im Augenblick zugrund gehen, es sei denn, daß sie ihr Leben durch wunderseltsame Mittel darausbringen".

Auch Qualitätsunterschiede kannte man schon: „Die Kohlen, welche der Luft am nahesten gebrochen werden, sind nicht so gut als die andern, die man tiefer herausbohrt... Die allerniedrigsten oftmals allzu schwer und hart sind, also daß sie wie ein Ziegel an dem Feuer stehen und schwerlich verbrennen, und einen unlieblichen Geruch oder Stank und Dampf von sich lassen, der den Alten und denen, so engbrüstig sind, fast übel bekommt, Krankheit und Podagra verursacht – darum die, so zwischen den beiden gegraben werden, sind die besten."

Bei alledem konnte noch im 17., ja im 18. Jahrhundert keine Rede von planmäßiger Förderung, exakter Vermessung und geregelten Arbeitverhältnissen sein. Die Gewerkschaften bauten die Kohle planlos ab, wo sie sie gerade fanden, beschäftigten als „Bergknaben" Bauern oder Landarbeiter, die im Winterhalbjahr Zeit übrig hatten, und waren oft in Streitigkeiten über die Abgrenzung ihrer Anrechte verwickelt. Dabei kam es sogar zu Schlägereien unter Tage, wenn die Stollen zweier Konkurrenten aufeinanderstießen oder wenn ein Mitbewerber um das Flöz, der sich benachteiligt fühlte, gar mutwillig einen Schacht zu dem darunterliegenden Stollen der anderen Gewerkschaft grub. *Schlägereien unter der Erde*

Stollen, die an den Ruhrhängen waagerecht in die Kohle, in den Berg hineingetrieben wurden – das war ein technischer Fortschritt, der nach dem Dreißigjährigen Krieg aufkam (der seinerseits eine Zeit des Verfalls und des wilden Raubbaus gewesen war). Aus den Stollen wurde zunächst nur diejenige Kohle gefördert, die sich vor und über dem Bergmann befand; der Abbau nach unten hätte ja erschwerten Abtransport und die Gefahr, auf Grundwasser zu stoßen, bedeutet.

Daß ein Kohlenabbau großen Stils erst an der Schwelle des 19. Jahrhunderts in Gang kam, hatte im wesentlichen vier Ursachen:

1. Der Bedarf an Kohle blieb so lange gering, bis einmal die Dampfmaschine und die Eisenbahn sich ausbreiteten, zum anderen die Hochöfen auf Steinkohlen umgestellt wurden. Die Industrie verbrauchte später, im 19. Jahrhundert, und verbraucht noch heute ungleich mehr Kohle als die privaten Haushaltungen.
2. Wäre der Bedarf indessen größer gewesen, so hätte er gar nicht ohne weiteres gedeckt werden können: Zu einer ergiebigen Ausbeutung der Kohlenflöze bedarf es großer Pumpen zum Absaugen des Grundwassers; solche Pumpen konnten erst mit Hilfe der Dampfmaschine betrieben werden.
3. Selbst wenn die Förderung höher gewesen wäre, so hätte doch eine rationelle Möglichkeit gefehlt, die Kohle abzutransportieren. Die Ruhr konnte nur von kleinen Kähnen befahren werden, und auch dies nur bei bestimmten Wasserständen; die Wege waren für große

Wagenlasten zu schlecht. So wurde die Kohle in Karren oder auf dem Pferderücken befördert. Ein Pferd trug etwa drei Zentner.

4. Die Dürftigkeit der Transportverhältnisse war wiederum kein Zufall, sondern die Folge davon, daß die Zwergstaaten Essen und Werden als Überbleibsel des Hochmittelalters noch jahrhundertelang in eine längst verwandelte Zeit hineinragten. Auch beim damaligen Bedarf und mit den damaligen technischen Mitteln hätte erheblich mehr Kohle gefördert und abgesetzt werden können; Äbtissin und Bürgermeister kamen aber nicht auf die Idee, darin etwas Erstrebenswertes zu sehen.

So wuchs den Städten und Ländern Essen und Werden auch dann noch kein Reichtum zu, als man die Schätze der Karbonzeit endlich entdeckt hatte und zu heben begann. Mehr als ein halbes Jahrtausend lang, in dem der „schwarze Bernstein" schon verwendet wurde, blieb Essen ein Aschenbrödel.

3. Kapitel
Die Büchsenmacher und Mijnher Krop

Was gab es im Jahre 1581 in Essen, worüber sich der Umwelt zu berichten lohnte? Das Stift und das Münster; guten Weizen, Kaufleute, Weber, Schmiede, Büchsenmacher und Kohlen. So jedenfalls sahen es der Kölner Dechant Braun (Bruyn) und der Zeichner Hogenberg im dritten Band ihres 1583 erschienenen Werkes *Civitates orbis terrarum* (Städte des Erdkreises), der frühesten Schilderung Essens durch und für Nicht-Essener, die uns überliefert ist, und zugleich einer Bestandsaufnahme der deutschen Städte, auf die sich der Baseler Kupferstecher Matthäus Merian (1593 bis 1650) bei seinen berühmteren Städtebildern weithin stützte. Braun schreibt:

„Essen, eine Reichsstadt (?) unter dem Schirm des Herzogs von Berg gelegen, ist von wegen ihres Nonnenklosters und Cnönckstifts" (Cnönkken: volkstümlicher Name für die Kanoniker) „fürtrefflich, welches Alfridus, der vierte Bischoff zu Hildesheim, von seinen väterlichen Gütern bauen lassen, daß 52 geweiheter Jungfrauen unter einer

Aus dem Städtebuch von Braun und Hogenberg (1581)

75

gottesfürchtigen Äbtissin darinnen in der Gottesfurcht sollten unterwiesen und angehalten werden; desgleichen auch 20 Canonici, unter dem Abt daselbst, nach der Regel, als Cnöncken zusteht, lebeten. Dieselbe Abtei hat eine Freistatt inne, vornehmlich der Ort drinnen, so die Burg heißt. Es hat etliche Höfe dabei, welche unter dieser Äbtissin Gebiet gehören. Liegt eine schöne Kirch drinnen... Der umliegend Boden trägt köstlich gut Getreid und Weizen, daher denn das schöne weiße Brot kommt, das man so hoch hält.

Die Bürger treiben auch in fernen Landen Kaufmannschaft, etliche sind Weber oder treiben Schmiedewerk. Wie dann nicht bald ein Ort zu finden sein soll, da man mehr allerlei Büchsen macht denn eben allhier. Sie haben Brunnen genug, und gibt das Land herum allenthalben die schwarzen Steinkohlen, insonderheit aber bei Steel an der Ruhr. "

Arkebusen und Musketen Der einzige Superlativ, den die Autoren verwenden, gilt den *Büchsen*. Darunter verstand man ursprünglich sämtliche Feuerwaffen, später Schußwaffen mit gezogenem Lauf, heute ein hochwertiges Gewehr für Jäger und Scharfschützen. Die Büchsen – im Essener Dialekt: Bussen – waren fast dreihundert Jahre lang eine Spezialität der Essener Schmiede, die den Namen des Städtchens bis nach Spanien und nach Rußland trugen.

Günstige Voraussetzungen für ein blühendes Schmiedehandwerk boten die Eisenerzvorkommen im nahen Sauerland und Siegerland, die zahlreichen Stadtbäche mit der Möglichkeit, Hammerwerke zum Schmieden, Bohren und Schleifen von ihnen treiben zu lassen, und die gute Versorgung mit Schmiedekohlen – erst aus den Wäldern, dann aus den Gruben.

Im Sauerland wurde bereits das hochwertige Osemund-Eisen hergestellt, eine frühe Form des Stahls. In Essen wurde es zu Platten gehämmert, zu Läufen geschmiedet, gebohrt, geschliffen, mit Schlössern und Schäften versehen.

Nach der ersten Erwähnung der Büchsenmacherei im Jahre 1470 – Dortmund bestellte in Essen Arkebusen – und dem Zusammenschluß der Essener Schmiede in einer Gilde, dem Schmiedeamt, wurde 1519 von Bürgermeistern, Stadtrat und Schmiedegilde beschlossen, in Essen dürften nur solche Gewehre „bereitet" werden, die auch in der Stadt geschmiedet worden seien.

Man wollte also unbedingt erreichen, daß der gesamte Arbeitsgang von der Stahlplatte zur fertigen Büche dem einheimischen Handwerk vorbehalten blieb, während früher auch rohgeschmiedete Läufe von auswärts bezogen worden waren.

In einer Verordnung von 1544 wurde außerdem bestimmt, daß mit jeder Büchse, bevor sie Essen verließ, zweierlei geschehen mußte: Zwei vom Rat der Stadt vereidigte Gewehrprüfer, ein Ratmann und ein Gildebruder der Schmiede, hatten „ohne Ansehung der Person und Sache" ein Probeschießen vorzunehmen, und in den Lauf waren als Gütemarke das Zeichen des Schmiedemeisters und das Schwert des Essener Stadtwappens („Essend swertteyken") einzuschlagen. Wer eine Büchse ohne diese amtliche Prüfung verkaufte, war mit Ausstoßung aus der Schmiedegilde und aus der Bürgerschaft bedroht.

Die Produktion lag in den Händen von Werkstattbesitzern, die meist mehrere Schmiede beschäftigten: *Laufschmiede*, die die Läufe schliffen, bohrten und prüften; *Bereiter*, die Schrauben, Gewinde und das Visier anbrachten; *Schloßmacher*, die die Gewehrschlösser herstellten, „stark von Federn, gut und ganz daß sie voll Feuer geben"; und die sogenannten *Ladenmacher*, die den Schaft herstellten und anbrachten.

Das gute Eisen, die tüchtigen Schmiede und die rigorose Qualitätskontrolle bewirkten, daß das kleine Städtchen Essen mit den großen Waffenschmieden Nürnberg, Augsburg, Wien in Konkurrenz treten, ja sie mitunter ausstechen konnte.

1581 wurden dem Prinzen von Parma Büchsen für sein Regiment im Wert von 14090 Talern geliefert.

1592 rüsteten Essener Schmiede die Truppen des spanischen Königs mit Schußwaffen für 35295 Gulden und noch dazu 15 Fähnlein Landsknechte aus.

1620, zwei Jahre nach Ausbruch des Dreißigjährigen Kriegs, führte Essen 15000 Arkebusen, Musketen und Pistolen aus. (Die *Arkebuse* oder Hakenbüchse, im 15. Jahrhundert entstanden, war das älteste Infanteriegewehr. Es wog fünf bis sieben Kilogramm und verschoß aus glattem Lauf Bleikugeln von 30 bis 45 Gramm Gewicht. Die *Muskete*, im 16. Jahrhundert eingeführt, war eine schwere Büchse von sieben bis zehn Kilogramm Gewicht, die zum Schießen in einen Gabelstock gelegt werden mußte.)

1646 berichtete ein Zeitgenosse: „So siehet man auch, daß in der Stadt Essen eine unbeschreibliche Menge Gewehr verfertigt werden, welches der Stadt ein großes einbringt." (C. Klock, *Politisch-historischer Traktat.*) Da die Stadt auf jede ausgeführte Büchse eine Abgabe (Akzise) erhob, waren ihre Einnahmen aus diesem blühenden Gewerbezweig in der Tat beträchtlich: Sie stiegen von 38 Gulden im Jahre 1565 auf 937 Gulden im Jahre 1620. Andererseits unterstützte der Magistrat die Schmiede durch Handgelder, um ihnen die Finanzierung großer Aufträge zu ermöglichen.

Solche Einnahmen und das mit der Gewehrproduktion verbundene internationale Ansehen wollte sich auch die Äbtissin nicht entgehen lassen – weshalb sie in ihrem Ländchen, jedoch außerhalb der meist aufsässigen Stadt Essen von 1618 an eine weitere Büchsenfabrikation durch zahlreiche Privilegien förderte: in *Steele*. Die Steeler Schmiedegilde gewann ebenfalls großen Ruf. Als Gütezeichen schlug sie drei verschlungene Ringe in die Läufe ein – zufällig denen ähnlich, die später das Firmenzeichen von Krupp wurden.

Die Gewehre von Essen und Steele wurden zu den Rheinhäfen transportiert und von dort aus in alle Himmelsrichtungen verschifft. Abnehmer waren vor allem Spanien und die Niederlande (das heißt beide Parteien im Niederländischen Freiheitskrieg zugleich), Rußland und Polen, Dänemark und Brandenburg. In vielen Regimentern dieser Länder waren Essener Schmiede als Waffenmeister tätig.

Es läßt sich nicht leugnen, daß die kriegerischen Zeiten des 16. und 17. Jahrhunderts dem Aufblühen des Essener Gewerbes sehr nützlich waren: 1567 bis 1585 Freiheitskampf der Niederlande, 1618 bis 1648 Dreißigjähriger Krieg, 1655 bis 1660 Nordischer Krieg, 1701 bis 1714 Spanischer Erbfolgekrieg. Dabei sollte man nicht übersehen, daß es in jenen Zeiten kein Volk und keine Glaubensrichtung gab, die im Waffenhandwerk etwas Inhumanes gesehen hätten; die blutigsten Kriege wurden ja gerade im Namen der Religion geführt.

Wenn die plündernde Soldateska durch Essen zog, wie mehrfach während des Dreißigjährigen Krieges, so erlitt auch das Handwerk freilich Rückschläge; 1629 wurden nur 752 Musketen hergestellt. Aber es war wohl so, wie *Johannes Liphausen*, von 1615 bis 1618 Schüler der Essener Stiftsschule und später Pfarrer von Gladbeck, in seinen *Denkwürdigkeiten* sarkastisch berichtet:

„Wann schon Essen bei etzlichen tausend Seelen mitnichten eine ausnehmend große Stadt ist, auch die Inwohner sich mehrstenteils vom Äckerbau und von der Viehzucht ernähret, so blühet doch auch das Gewerbe nit schlecht, insonderheit die Werkstätten für Arkebusen und sonstiges Schießgewehr. Solches Gewerbe aber hat der essendischen Bürgerschaft wohl mitnichten harte Bedruckung, aber doch nit selten arge Greuel erspart, angesehen die sauberen Waffengesellen wohl alles mögen ruinieren, nit aber die Waffenschmieden, und wohl alles mögen morden, nit aber jene, so ihnen das Mordsgerät müssen schaffen. Also judizier ich auch getrost, daß die Stadt auch in späteren Tagen mehr Kriegsgewinn denn Kriegsruin wird erfahren."

Wozu anzumerken wäre, daß Liphausen wohl recht weit in die Zukunft, aber kaum bis 1918, geschweige denn bis 1945 blicken konnte.

Nicht alle Schmiede übrigens widmeten sich der Gewehrherstellung. Auch andere Eisenwaren wurden produziert, und die Stadt versuchte, weitere Gewerbe in ihren Mauern heimisch zu machen: Ein Scherenschmied und ein Harnischmacher erhielten städtische Förderung, zogen jedoch wieder fort; ein Färber ließ sich 1456 in Essen nieder, dem das ausschließliche Recht zur Ausübung seines Berufs zugesichert wurde.

In dem Maße, wie das Büchsenmacherhandwerk aufblühte, büßte ein anderer, bis dahin wesentlicher Essener Erwerbszweig an Bedeutung ein: die Spinnerei, Tuchmacherei und Leineweberei. Das städtische Wollamt setzte 1406 seine ersten Statuten fest. Der Meister durfte danach höchstens zwei Webstühle betreiben, an denen er abwechselnd mit Kindern und Knechten arbeitete. Das Spinnen besorgten überwiegend Frauen. Im 16. Jahrhundert breitete sich die Tuchmacherei in Werden aus, das nach dem Dreißigjährigen Krieg Essen in diesem Gewerbezweig weit überflügelte.

Neben dem Handwerk hatte schon seit Jahrhunderten der Handel in Essen die entscheidende Rolle gespielt – die Marktsiedlung war ja vor allem durch die Niederlassung von Kaufleuten entstanden. Zu der alten Bedeutung der Stadt als Warenumschlagplatz am Hellweg kam im 16. Jahrhundert nun der Handel mit den in Essen produzierten Feuerwaffen hinzu, wobei die internationale Kundschaft der Essener Schmiede eine breite Schicht von Kaufleuten ernähren half. *Blühender Handel*

Außer auf Waffen und andere Schmiedeerzeugnisse erstreckte sich der Handel vorwiegend auf westfälische Stoffe, feine flandrische Tuche und Rheinwein, der aus Köln und Bonn kam. Handelspartner waren vor allem Köln und Wesel, ferner Brügge, Lübeck und andere Hafenstädte an Nord- und Ostsee bis nach Riga und Reval. Zahlreiche rund um die Ostsee ansässige Kaufmannsgeschlechter, von Lübeck bis Nowgorod, trugen den Namen *van Essende* oder *de Essende* und zeigten damit ihre oder ihrer Ahnen Herkunft an (Braun und Hogenberg: „Die Bürger treiben auch in fernen Landen Kaufmannschaft...").

Im 14. Jahrhundert wurde Essen Mitglied der *Hanse*, trat jedoch als solches wenig in Erscheinung, da es unter dem „Vorort" Dortmund stand. Immerhin war die Stadt auf diese Weise in das weite Handelsnetz der Hanse einbezogen, das von Schottland bis nach Rußland und Italien reichte.

Die genossenschaftliche Vereinigung der Essener Kaufleute war die seit dem 14. Jahrhundert bezeugte *Kaufgilde*. In Gilden schlossen sich sowohl die Kaufleute wie ursprünglich die Handwerker zusammen. Eine klare sprachliche Scheidung unterblieb dabei häufig. Im 16. Jahrhundert gab es in Essen folgende Gilden und Zünfte:

Die Kaufgilde, unterteilt in die große Gilde der reichen Kaufherren, in deren Händen der Fernhandel lag, und die Kleine Gilde der Krämer und handeltreibenden Handwerker; die Fette Gilde der Fetthändler, Fleischer und Kolonialwarenhändler; die Bäckergilde; die Schmiedegilde (auch Schmiedeamt genannt); das Schreineramt, Wollamt, Leinenamt, Schneideramt, Hutmacheramt, Pelzeramt, Schusteramt.

Krupp zieht zu In das Register der Großen Kaufgilde ließ sich 1587 ein gewisser *Arndt Krop* aufnehmen, der sich später Arndt Krupe nannte. Die Krops waren ebenso wie die bald darauf nach Essen zuwandernden Huyssens und Klockes eine alte holländische Kaufmannsfamilie, die vermutlich aus Gendringen (westlich Bocholt) stammte. Die drei Familien scheinen einander schon vor ihrer Ankunft in Essen gekannt zu haben, und dort verschwägerten sich die Krops mit den Huyssens wie mit den Klockes. Die drei Geschlechter waren bald die einflußreichsten der Stadt.

Arndt Krupe handelte mit Kolonialwaren, die über Holland aus Übersee kamen, mit Wein und Schnaps, aber auch mit Vieh und mit Eisenwaren, auf die sich sein Geschäft schließlich konzentrierte, so daß er einen Nagel schmiedete und dem Schmiedeamt beitrat. Krop alias Krupe, von dem man nicht weiß, ob er arm oder reich in Essen ankam, starb 1624 als Ratsherr, Stadtkämmerer, mehrfacher Hausbesitzer und einer der wohlhabendsten Bürger der Stadt.

Gekommen war er, ebenso wie die Huyssens und die Klockes, auf der Flucht vor dem Katholizismus, zu dem die Grafschaft Berg, in der Gendringen lag, zurückgekehrt war. Als überzeugter Lutheraner wanderte er aus und ließ sich dort nieder, wo das Luthertum noch stark war, in der katholischen Äbtissin evangelischer Stadt Essen.

80

4. Kapitel
Wein, Kühe und Gesang

Das Städtchen, in dem sich all dies abspielte, hatte um 1400 etwa 3000 und zu Beginn des 17. Jahrhunderts, als das Schmiedehandwerk blühte, rund 5000 Einwohner – ein Höchststand, auf den bald der Rückgang durch den Dreißigjährigen Krieg folgte. Er wurde erst zwei Jahrhunderte später wieder erreicht und 1820 endlich übertroffen. Verglichen mit Deutschlands größter Stadt um 1500 – Köln (35000 Einwohner) –, aber auch neben Lübeck, Augsburg und Nürnberg, neben Hamburg und Danzig, neben Erfurt, Ulm und Breslau war Essen allenfalls eine Mittelstadt. In Westfalen lag es im Schatten von Dortmund, Soest und Münster (mit 12000 bis 17000 Einwohnern).

Die Bewohner Essens waren überwiegend Westfalen, mit Zuzug aus dem Rheinland und aus Holland und einem alten Stamm jüdischer Wechsler, wie ihn jede Stadt besaß. Ein Drittel der Männer hieß mit Vornamen *Hinrich* oder *Johann*, die häufigsten Frauennamen waren *Elisabeth* und *Margarete*, Nachnamen unter anderen *Potgeiter*, *Hemelstöter* oder *van Büderike*; von vornehmen Bürgern wurden sie gern ins Lateinische übersetzt. Im übrigen sprach – und schrieb – man westfälisches Platt, das dem Holländischen weit näher als dem Hochdeutschen ist. „Wie hebbet utgeven van der stat gelde..." begann beispielsweise die städtische Haushaltsabrechnung. Das Schriftdeutsche fing erst im 17. Jahrhundert an, sich durchzusetzen, nachdem die Reformation die erste Bekanntschaft mit dieser schwerverständlichen Sprache vermittelt hatte. Wenn der pfiffige Stiftsschüler Johannes Liphausen recht hat, so sprach noch zu seiner Zeit (1618) die Äbtissin ein seltsames Kauderwelsch aus lateinischen, französischen und plattdeutschen Brocken.

Die Oberschicht der Stadt wurde von den Kaufherren gebildet, den Mitgliedern der Großen Kaufgilde, die nicht so sehr ein gewerblicher Zweckverband als vielmehr eine Art Club der Reichen war. Die ehemalige Oberschicht, die *Dienstmannen* der Äbtissin, war im Laufe des 15. Jahrhunderts vollends in der Bürgerschaft aufgegangen. Eine

Sonderstellung nahmen nur noch Geistliche und Beamte des Stifts ein, soweit sie außerhalb der Stiftsfreiheit in der Stadt wohnten: Sie waren von allen Abgaben befreit.

Den zweiten Stand bildeten die übrigen Bürger, also im wesentlichen die Handwerksmeister und kleinen Kaufleute. Unter ihnen standen die Handwerksgesellen, Knechte und Mägde; auch sie jedoch frei in dem Sinne, daß sie ihren Herrn verlassen konnten. Daneben wird es noch Hörige gegeben haben: solche, die aus dem stiftischen Umland in die Stadt zogen und keinen Anlaß sahen, ihre Abhängigkeit von der Äbtissin gegen die städtische Freiheit einzutauschen.

Die Macht der Großen Kaufgilde Die kleinen Bürger setzten eine erstmals für 1409 nachgewiesene Kontrollbefugnis gegenüber dem herrschenden Stand der Kaufherren durch: Sie bildeten den Rat der *Vierundzwanzig*, der bei der Abrechnung über die Stadtfinanzen von Bürgermeistern und Stadtrat hinzugezogen

Das Rathaus von Essen in der Gestalt, die es von 1438 bis 1840 hatte

wurde. Das Gremium, das man auch die *Gemeindevorsteher* nannte, konstituierte sich aus den je zwei Aufsehern der vier Stadtviertel, Bauerschaften genannt (vgl. Seite 53), den Meistern der vier damaligen Gilden (Kaufgilde, Fette Gilde, Schmiedegilde, Wollamt) und zwölf Vertretern der übrigen Handwerker. Sie waren Rechnungsprüfer und mußten „in wichtigen Sachen, daran der Stadt und Gemeinde gelegen, insonderheit mit Versetzen, Verpfänden, Einlösen oder Veräußern der Stadtgüter oder was sonsten hochwichtig vorfallen möchte", *gehört* werden. Seit Mitte des 16. Jahrhunderts gab es nur noch zwölf Gemeindevorsteher, was nichts daran änderte, daß sie weiter „die Vierundzwanzig" genannt wurden.

Weder die Vierundzwanzig noch die Zwölf konnten jedoch verhindern, daß alle Ratsherren weiterhin aus dem Kreis der Großen Kaufgilde stammten und ihr Amt meist ohne reguläre Wahl lebenslänglich innehatten; nur aus ihrer Mitte wählten sie die beiden Bürgermeister, und zwar ohne Mitwirkung der Gemeindevorsteher.

Die dauernde Herrschaft weniger Familien, auf die das hinauslief, wurde erst 1602 durch eine neue Wahlordnung wenn auch nicht beendet, so doch mit halbwegs demokratischen Vorzeichen versehen. Die Gilden und Zünfte bestimmten neun Wahlmänner, die „Vierundzwanzig" weitere zwei. Dieses elfköpfige Kollegium wählte die vierzehn Ratsmitglieder, zu welchem Zweck es, wie die Kardinäle bei der Papstwahl, solange in die Ratsstube eingeschlossen wurde, bis eine Einigung zustande gekommen war.

Der Umtrunk, der darauf folgte, gehörte zusammen mit der ausgiebigen Bewirtung wichtiger Gäste in den städtischen Weinhäusern zu den wesentlichen Posten des Stadthaushalts; bis zu einem Sechstel der Jahresausgaben entfielen darauf. Dazu kam die Instandhaltung der Stadtbefestigung, des Straßenpflasters und des Rathauses, die Bezahlung des Stadtschreibers, des Turmwächters und der livrierten Stadtdiener, das gelegentliche Mieten eines Pferdes für Botenritte nach Mülheim oder Köln sowie einige Zinsen und Pachtgebühren. Die Einnahmen bestanden überwiegend aus Vermietungen und Verpachtungen von Häusern, Verkaufsbuden, Weiden und Fischteichen und aus den Gebühren, die neu aufgenommene Bürger zahlen mußten. Seit 1399 bildete dann die Wein-Akzise die wichtigste Einnahmequelle (vgl. Seite 62).

Soziale Belastungen ruhten nicht auf der Stadt. Für Kranke und Bedürftige zu sorgen, blieb der Kirche oder der privaten Initiative überlassen. Am Kopstadtplatz stand seit Anfang des 14. Jahrhunderts ein aus

Bürgerspenden errichtetes Hospital, das mehr Herberge und Altersheim als Krankenhaus war; es dürfte außerhalb der „Burg" das einzige Gebäude von einiger Größe außer dem Rathaus gewesen sein. Das Rathaus, am selben Platz wie heute, war ein Steinbau mit stark vergitterten Fenstern im Erdgeschoß und sehr hohen Giebeln, seit 1483 auch mit einer Glocke, die die Ratmannen zur Sitzung oder die Bürgerschaft zur Versammlung rief.

Im übrigen bot sich Essen dem Auge zwar von fern mit seinen Mauern und Türmen als eine hübsch gelegene Stadt, im Inneren aber als eine reine Händler- und Handwerkersiedlung dar, nach heutigen Maßstäben eigentlich als ein großes Dorf – mit Fachwerkhäusern und engen, gewundenen Gassen (zwar gepflastert, doch ohne Bürgersteige), durch die der städtische Kuhhirt die Bürgerkühe auf die Gemeindeweiden trieb.

Die Wohnhäuser hatten ein bis zwei Stockwerke und meist ein Strohdach, das gegen Feuersgefahr mit Lehm verstrichen wurde. Nur Amtsgebäude und die Häuser der Reichen besaßen Schieferdächer, nur bei ihnen auch war das meist mit Ochsenblut rot gestrichene Fachwerk mit Stein (statt mit Lehm) gefüllt.

Bei arm und reich diente als zentraler Wohnraum die Diele, in der der Herd mit einem offenen Holzfeuer stand. Im Rauchfang hingen Speckseiten und Würste. Die Möbel waren grobe Zimmermannsarbeit. Als Geschirr wurden Zinnbecher und Holzteller verwendet. Fast jeder Bürger hatte eine Kuh und dazu Hühner oder Gänse und Enten unterm Dach. Holzstöße, Misthaufen, Schweinekoben zierten das Straßenbild. Nur Kohlenschlacke und Schmiedeabfälle auf die Straße zu werfen, war verboten. Den Straßenabschnitt vor seinem Haus hatte jeder Bürger bei Strafe von zwölf Pfennigen (mehr als dem Tagelohn eines Handwerkers) selbst reinzuhalten. Die Stadtverwaltung beschränkte sich darauf, den Marktplatz zu säubern, und auch das nur an Markt- oder Feiertagen.

Inmitten von soviel Schmutz und Enge, wie sie die deutschen Städte des Mittelalters nun einmal kennzeichneten, drängten sich an den Markttagen Hunderte von Menschen, oft von Pferden oder Kühen zur Seite geschoben oder über Mistlachen springend. Gerade die belebtesten Straßen waren noch durch Verkaufsbuden eingeengt, die zu den Märkten von der Stadt gegen ein Standgeld vermietet wurden. Solche Buden drängten sich zumal in den Nischen der Marktkirche. Gegenüber, neben dem Rathaus, lagen die Fleischhalle und die Läden der Bäcker und Fischhändler.

Steinkohlen-Kraftwerk Karnap

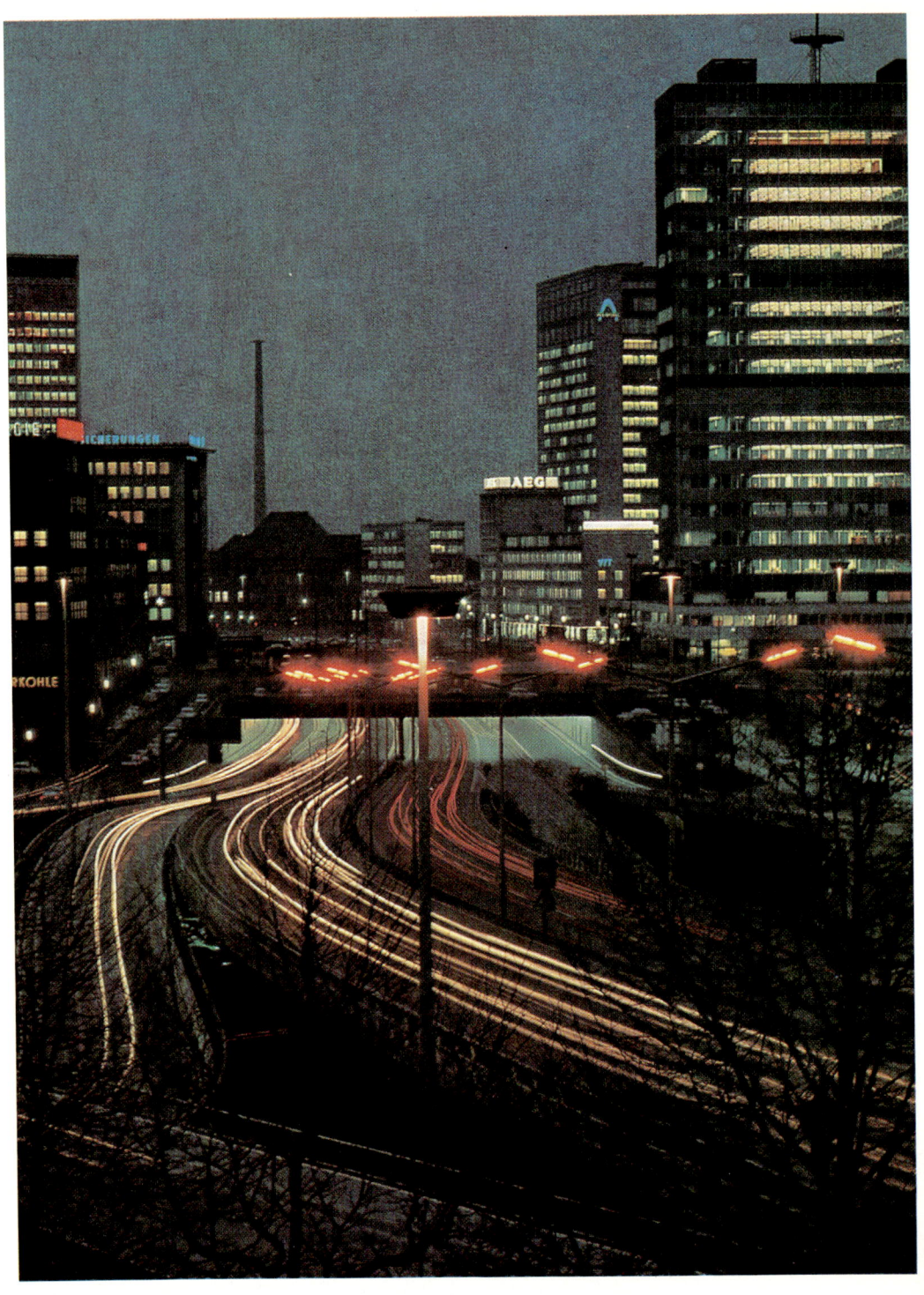

Stadtautobahn Ruhrschnellweg mit Tunnel-Einfahrt

Über die angebotenen Waren übte die Stadt eine strenge Kontrolle aus. Städtische Prüfer untersuchten Güte, Preis und Gewicht von Fleisch und Brot, die Haltbarkeit und Farbbeständigkeit von Tuchen, die Legierung der Zinnwaren. Schlecht legiertes Zinngeschirr wurde ohne Entschädigung beschlagnahmt und eingeschmolzen. *Der Magistrat mischt sich in alles ein*

Das Marktleben war ursprünglich an Sonntagen lebhafter als an Werktagen, entsprechend der historischen Herkunft der Märkte von den Kirchweih- und anderen Festen. 1473 entschloß sich der Magistrat, an Sonntagen die Stadttore für die Wareneinfuhr zu schließen und den Verkauf auf Lebensmittel zu beschränken — während gleichzeitig die Bäckergesellen ermahnt wurden, das Raufen, Singen, Springen, Ballschlagen und Steinwerfen zu unterlassen. Seit 1501 blieb der Markt an Sonntagen geschlossen.

An die Tür der Marktkirche wurden die städtischen Bekanntmachungen angeschlagen. An einer Ecke des Marktes stand der Pranger, an dem Übeltäter entweder der spottlustigen Menge zur Schau gestellt oder mit Ruten ausgepeitscht wurden.

Die Wirtshäuser waren meist zugleich Brauereien und Bäckereien. Außer von Durchreisenden wurden sie im allgemeinen nur von Männern besucht, die hier abends ihr Bier tranken und ihre langen Pfeifen schmauchten. An Markttagen mischte sich in das Hämmern der Schmiede und das Schnattern der Gänse der Lärm, den die „Ausrufer" der Wirtshäuser und der Marktbuden vollführten, wenn sie die Güte von Bier und Wein, von Fleisch oder Tuchen anpriesen.

Die Polizeistunde war im Sommer auf 21 Uhr, im Winter gar schon auf 20 Uhr festgesetzt. Wer danach noch ohne Laterne auf der Straße angetroffen wurde, mußte eine Geldstrafe zahlen, ebenso jeder, der sich in trunkenem Zustand in der Öffentlichkeit zeigte, zumal wenn dies am Vormittag geschah. An Sonntagvormittagen blieben die Gasthäuser den Einheimischen versperrt.

Sogar wieviel einer im Wirtshaus verzehrte, war dem Rat der Stadt keineswegs gleichgültig. Hochzeiten durften nicht länger als einen Tag gefeiert werden, bei Taufen mußten sich die Frauen auf Kuchen, die Männer auf Wein „und ein bis zwei Schinken" beschränken, bei einem Leichenschmaus war für jede Schüssel Essen eine Abgabe von zwei Pfennigen an die Stadt zu entrichten.

Viele der beliebtesten Volksvergnügungen, an denen im Mittelalter niemand Anstoß genommen hatte, wurden 1473 verboten: so das Herumziehen und Singen zur Fastnacht, das Aufpflanzen von Maibäumen vor den Fenstern tugendhafter Bürgerstöchter oder die St.-Blasius-Jagd am 3. Februar, bei der Kinder, Knechte und Gesellen ehrbare Bürger umzingelten und nur gegen Geld freiließen. Der Stadtrat fühlte sich nicht nur für die Aufrechterhaltung der Ordnung, sondern auch für die Wahrung von Zucht, Sitte und Herkommen verantwortlich.

Gebilligt war dagegen das große Schützenfest zu Pfingsten, das mit einem Umzug begann. Es gab mehrere, jeweils nach Gilden und Ämtern gegliederte Schützengesellschaften, die, wie damals üblich, im Leben der Stadt eine wichtige Rolle spielten.

Der
große Brand
von 1438

Diese kleine Stadt der kleinen Häuser und kleinen Freuden, der starren Zunftregeln und Ratsvorschriften, der wohlhäbigen Kaufleute, der fleißigen Schmiede und der Kuhbesitzer wurde im Schreckensjahr 1438 ein Raub der Flammen. Neben der Pest – sie suchte Essen unter anderem 1439, 1450 und 1483 heim – und plündernden Soldaten war die Feuersbrunst eines der drei großen Schrecknisse der deutschen Stadt im Mittelalter: Aus Holz gebaute, mit Stroh gedeckte, Wand an Wand stehende Häuser mit einem offenen Feuer in der Diele mußten einfach von Zeit zu Zeit abbrennen.

Wohl wurde dem Feuerschutz höchste Aufmerksamkeit gewidmet: Der Turm der Marktkirche war Tag und Nacht mit einem Wächter besetzt, der fast soviel wie der Stadtschreiber verdiente; in jeder der vier Bauerschaften gab es einen Nachtwächter, der Alarm schlagen konnte und die Bürger stündlich ermahnte, Feuer und Licht zu verwahren; der Gebrauch von Fackeln statt Laternen bei abendlichem Ausgang war verboten; vor dem Rathaus hielten ständig mehrere Stadtknechte Wache, die sich im Winter an Pfannen mit glühenden Kohlen wärmten; und im Rathaus gab es ein Arsenal von ledernen Wassereimern.

Auch eine Wasserleitung wurde 1434 angelegt, damit in jedem Fall Trink- und Löschwasser vorhanden sei, selbst wenn die Stadtbäche zuwenig Wasser führten oder wegen einer feindlichen Belagerung nicht zugänglich wären: Von einer Quelle auf der Lindenhöhe südlich von Essen wurde das Wasser in ausgehöhlten Erlenstämmen unterirdisch zu fünf Zapfstellen in der Stadt geführt – eine für die damalige Zeit bedeutende und rühmliche Anlage.

Aber auch damit war die Katastrophe nicht zu verhindern. Nachdem 946 und 1275 schon das Münster ausgebrannt war, legte im September 1438, vier Jahre nach dem Bau der Wasserleitung, eine Feuersbrunst etwa die Hälfte von Essen in Asche, zerstörte das Hospital, beschädigte die Marktkirche und das Münster und warf die Stadt in ihrer wirtschaftlichen Entwicklung weit zurück.

Die Stiftsimmunität wurde vom Feuer nur am Rande betroffen. Außer dem Münster und der Johanneskirche mit Paradies und Kreuzgängen enthielt freilich auch die „Burg" keine Gebäude, deren Zerstörung für Essen nach heutigen Maßstäben ein großer Verlust gewesen wäre. Die langgestreckte Abtei im Osten war ein grober Steinbau, um dessen Verschönerung sich die Äbtissinnen gar nicht mehr bemühten, da sie seit 1339 überwiegend im Schloß Borbeck (fünf Kilometer nordwestlich der Altstadt) residierten.

„Die Abtei, allwo in jenen Tagen die Frau Äbtissin Wohnung genommen, schien mir wohl eine schlichte und schier armselige Behausung für eine hochgeborene Fürstin zu sein", schrieb Liphausen über die Zustände von 1618. „Sonsten bringet insonders der Hof Ihrer fürstlichen Gnaden, das hochadelige Damenkapitel und das ehrwürdige Collegium der zwanzig Kanonichen mancherlei schauwürdig Leben und festlich Gepränge inner und außer der Kirchen."

Innerhalb der Stiftsfreiheit lagen ferner die meisten der Wohnhäuser der Stiftsdamen und Kleriker, Kurien genannt. Im 19. Jahrhundert, nach der Auflösung des Stifts, wurden sie großenteils von reichen Essener Bürgern bezogen.

Das Städtchen Werden brannte 1498 völlig nieder, sechzig Jahre nach Essen. Braun und Hogenberg wußten 1581 über Werden zu berichten: „Die Bürger zu Werden ziehen viel Viehes, daher auch ihre meiste Nahrung; wie auch aus den fruchtbaren Äckern und Feldern, sehr hohen und waldechten Bergen, auf welchen bisweilen unglaubliche Herden Schweine zu sehen; daher dann die Westphälische Schüncken in der Menge kommen... Die Bächlein, so von den Bergen herunterfallen, geben ein gar lieblich angenehmes Geräusch. So haben sie wegen der vorbey fließenden Ruhr gute Gelegenheiten zu ihren Sachen und bekommen daraus gute Fisch und sonderlich faiste und wohlschmekkende Ael. Beyde Gestad der Ruhr seyn allda mit einer steinern Brücken vereiniget; und hat der Landsfürst daselbst auch ein Schloß."

Die Einwohnerzahl Werdens dürfte im 16. Jahrhundert rund tausend betragen haben. Doch war Werden eine regelrechte Stadt, seit 1317 mit einer Mauer umgeben, nur ohne Ehrgeiz, es den Reichsstädten gleichzutun. Seine Lage im engen Tal der Ruhr mit seinen steil aufragenden

Dat arme
Stetken
Werden

Ufern war und ist zwar malerisch, für Handel und Verkehr aber ein Hemmnis. Keine große Straße berührte den Ort, die Ruhr mit ihren vielen Windungen und dem stark wechselnden Wasserstand ließ nur einen beschränkten Bootsverkehr zu. Führte der Fluß nach der Schneeschmelze Hochwasser, so riß er nicht selten die erstmals im 11. Jahrhundert erwähnte Werdener Ruhrbrücke weg. Demgemäß gab es in der Stadt keinen reichen Kaufmannsstand, sondern überwiegend Handwerker, Krämer und Ackerbürger. In Eingaben an den Vogt pflegte der Rat Werden schüchtern als „dat arme stetken" zu bezeichnen.

Ärmer und kleiner als Essen war es in der Tat, aber Häuser und Menschen waren heller, bunter und fröhlicher, hier im alten Frankenland mit dem rheinischen Dialekt, als sieben Kilometer weiter nördlich in Essen, wo einst die Sachsen und nun die Westfalen wohnten. Bis heute haben sich ja in Werden, über das die Industrialisierung wie der Bombenkrieg gnädig hinweggegangen sind, viele mittelalterliche Gassen und malerische Häuschen erhalten. Es ist noch immer ein altes und freundliches, ein gleichsam zeitloses Städtchen, das sich da an den Ruhrhängen hinaufzieht; es ist einer der vielen Gründe zum Staunen, die der Fremde im heutigen Essen findet.

Am 27. März 1561, vierundvierzig Jahre nach dem Anschlag der 95 Thesen an die Schloßkirche von Wittenberg und fünfzehn Jahre nach Luthers Tod, überreichte der Rat der Stadt Essen, mit Zustimmung der „Vierundzwanzig", der Äbtissin *Maria von Spiegelberg* die formelle Erklärung, er gedenke an seinem im Januar gefaßten Beschluß festzuhalten, wonach in der Marktkirche der Kirchengesang in deutscher Sprache eingeführt worden war.

Hinter dieser unscheinbaren Feststellung verbargen sich zwei Entscheidungen von großer Tragweite. Erstens: Die Reformation hatte Essen erobert. Zweitens: Die Stadt nahm in einem kritischen Augenblick der Geschichte für sich das ihr seit zwei Jahrhunderten immer wieder bestätigte und durchkreuzte Recht in Anspruch, eine Reichsstadt zu sein; nur Reichsstände durften ja nach dem Augsburger Religionsfrieden von 1555 die Konfession ihrer Untertanen bestimmen. Religionskampf und weltlicher Machtkampf waren untrennbar verfilzt. Der Krieg zwischen Stadt und Stift ging in die entscheidende Runde.

Die ersten Vorboten der Reformation waren lutherische Prediger gewesen, die 1524 in Essen unbehelligt aufgetreten zu sein scheinen. 1534 predigte in der Stadt der Hofprediger des evangelischen Kurfürsten von Sachsen. 1543, als sich die Reformation in Dortmund und Duisburg durchsetzte, verlangte die Essener Bürgerschaft – vertreten vor allem durch die „geringen Bürger" – die Einsetzung eines Predigers der neuen Lehre in der Marktkirche und belagerte das Rathaus, in dem der widerstrebende Rat tagte, einen vollen Tag lang. Unter dem Druck ihres Hungers erklärten sich die Ratsherren schließlich bereit, Verhandlungen mit den Klerikern des Stifts aufzunehmen. Aber noch im selben Jahr entschied das *Reichskammergericht* auf Grund einer Klage der Äbtissin, es seien „begangene Frevel und gewaltsame thaten, Predicanten, die das Evangelium wie zu Soest und Wesel predigen, in sanct Gertruden Kirch zu setzen, wiederumb abzustellen".

Obwohl beim „gemeinen Volk" die Unzufriedenheit mit der noch
einmal bewiesenen Vorherrschaft der Äbtissin wie mit dem Lebenswandel ihrer Kanoniker groß war, kehrte in Essen eine Zeitlang Ruhe
ein. Vom Weihnachtsabend des Jahres 1560 wird dann vermeldet, „das
gemeine, besonders das junge Volk" habe die Christpsalmen in deutscher
Sprache gesungen, „mit solchem Eifer und Ernst, daß sie bis in die späte
Nacht darin verharrt und schwerlich aus der Kirche nachhause gehen
wollen, weil sie ein besonderes Vergnügen, Freude und Trost in den
christlichen Weihnachtsliedern befunden, daß sie die in ihrer Muttersprache hätten und verstünden", wie es in einer Chronik heißt.

Diesmal war der Rat auf seiten der Neuerer. Zwei Wochen nach
Weihnachten, im Januar 1561, wurde der deutsche Gesang in der
Marktkirche durch Ratsbeschluß gutgeheißen und formell eingeführt,
zwei Monate später der Äbtissin die erwähnte Erklärung dazu übermittelt. Tatkräftig trieb der Magistrat die Reformation weiter voran.
Er suchte nach einem lutherischen Prediger und fand ihn nach manchen
Widrigkeiten in dem Pfarrer *Heinrich Barenbroch* (auch Kempensis
genannt), der im April 1563 in der Kapelle des Hospitals unter ungeheurem Andrang seine erste Predigt hielt und am 2. Mai in der Marktkirche das Abendmahl „in beiderlei Gestalt" austeilte.

Im November 1563 unternahm der im Auftrag der Kanoniker weiterhin in der Marktkirche wirkende Predigermönch zusammen mit dem
Küster und dem Schulmeister einen letzten Versuch, das lateinische
Tedeum zu singen. Aber der Stadtschreiber *Laurenz Büssenschmid*, seit
1560 die treibende Kraft der Reformation in Essen, und mehrere Ratsherren übertönten ihn mit lautem Gesang des deutschen Tedeums und
sperrten den Mönch in die Sakristei, von wo die Äbtissin ihn in die
„Burg" führen ließ, ohne etwas gegen den Rat zu unternehmen. In der
Stadt Essen hatte die Reformation gesiegt. Die evangelische Stadt
umschloß nun eine katholische Stiftsfreiheit und war ihrerseits von
katholischem Stiftsland umgeben – denn *das Land* Essen hatte sich ja
nach der Religion seiner Landesherrin, der Äbtissin, zu richten.

Der Äbtissin, *Irmgard von Diepholz*, wurde allerdings nachgesagt, sie
selbst habe zum Luthertum geneigt. Ihr Vater und ihr Bruder waren
eifrige Protestanten, und im Äbtissinnenkatalog heißt es von ihr, sie sei
„weder warm noch kalt gewesen und dadurch in schlechte bestaltnüß
mit der Religion gerathen". Hätte sie sich jedoch offiziell der neuen
Lehre angeschlossen, so hätte sie nach den Bestimmungen des Augsburger Religionsfriedens ihr Amt und ihren Stand verloren.

So geschah es wohl nicht so sehr aus religiöser Überzeugung, wenn
Irmgard – streitbar wie ihre gleichnamige Großtante, die im Dritten
Äbtissinnenstreit unterlag – sich 1567 entschloß, die Stadt Essen beim
Reichskammergericht zu verklagen. Da sie nach außen hin katholisch
blieb, mußte sie auch entsprechend handeln. Da sie Landesherrin bleiben
wollte, mußte sie ihre Rechte gegen die aufsässige Stadt verteidigen.
Zu dem alten Kampf um die Macht im Lande Essen kam die Befürch-
tung der Äbtissin, in einer evangelischen Reichsstadt eine katholische
Gefangene zu sein.

1568 lief der Prozeß „wegen strafbarer Verletzung der Privilegien
des Stifts" beim Reichskammergericht in Speyer an. Und wer sich unter
den Heutigen je über eine schleppende Prozeßführung geärgert oder
gewundert haben sollte, der kann in diesem Prozeß „Essen contra Essen"
seinen Trost finden. Während er lief, fanden der achtzehnjährige
Freiheitskampf der Niederlande, der Dreißigjährige Krieg und die
beiden ersten Nordischen Kriege statt; in Deutschland regierten sechs
Kaiser, von Maximilian II. bis zu Leopold I.; in Frankreich vier Könige,
von Heinrich III. bis zu Ludwig XIV.; in Peru wurde der letzte Inka
hingerichtet, auf der Halbinsel Manhattan die Stadt Neu-Amsterdam
gegründet, die heute New York heißt; die Engländer faßten in Indien
Fuß, die Kosaken eroberten ganz Sibirien; Papst Gregor XIII. führte
den nach ihm benannten Kalender ein, Galilei erfand das Fernrohr,
Pascal die Addiermaschine, Newton das Spiegelteleskop – der Prozeß
des Zwergstaats Essen gegen das Städtchen Essen dauerte an.

Das Stift wurde in dieser Zeit von neun verschiedenen Äbtissinnen
regiert, unter denen Irmgards Nachfolgerin, *Elisabeth von Mander-
scheid-Blankenheim* (1575 bis 1578), allgemein als Calvinistin galt,
jedenfalls nichts zur Wiederherstellung des Katholizismus unternahm –
obwohl sie bei ihrem Amtsantritt beschworen hatte, zu überlegen, „wie
in der statt Essen die alte wahre Religion wieder einzubringen und zu
erhalten sey". Im Gegenteil, unter Brechung ihres Gelübdes schied sie
1578 aus dem Stift aus und heiratete. Die Äbtissin *Margareta-Elisabeth
von Manderscheid-Gerolstein* (1598 bis 1604) bekannte sich sogar offen
zum Calvinismus, der auch hundert Meter weiter, in der Stadt Essen,
etliche Anhänger hatte, von den lutherischen Ratsherren aber weit
erbitterter verfolgt wurde als der Katholizismus.

Den Dreißigjährigen Krieg benutzte dagegen die energische Äbtissin
Maria Clara von Spaur zu dem Versuch, den Katholizismus in der Stadt
mit Waffengewalt wieder durchzusetzen (wovon im nächsten Kapitel

die Rede ist). Der Prozeß Essen contra Essen nahm unter strengen und lauen Äbtissinnen seinen Fortgang.

Das oberste Gericht des Deutschen Reiches in Speyer, dessen Mitglieder den Rang von Fürsten erhielten, stützte sich nur auf Urkunden und Schriftsätze. Urkunden besaßen die streitenden Parteien ja genug, von den einander ausschließenden Bestätigungen an, die Kaiser Karl IV. 1372 dem Stift und 1377 der Stadt erteilt hatte; und an schreibfreudigen Advokaten fehlte es ebensowenig wie an Versuchen, die Advokaten der Gegenseite und die Richter zu bestechen. Die Wirren des Dreißigjährigen Krieges zwangen das Gericht zu mehreren Umzügen, Akten gingen verloren, immer höher stieg die Flut der unerledigten Prozesse.

Goethe, der 1772 als dreiundzwanzigjähriger Advokat fünf Monate lang am Reichskammergericht (zu seiner Zeit in Wetzlar) tätig war, berichtet in *Dichtung und Wahrheit* (III. Teil, 12. Buch) anschaulich über die Mühsal des Gerichts im 17. Jahrhundert und seine Anfälligkeit für Bestechungen:

„Bei der bald vermehrten, bald verminderten Anzahl der Assessoren, bei manchen Unterbrechungen, bei Verlegung des Gerichts von einem Ort an den andern mußten ... die Akten ins Unendliche wachsen. Nun flüchtete man in Kriegsnot einen Teil des Archivs von Speyer nach Aschaffenburg, einen Teil nach Worms, der dritte fiel in die Hände der Franzosen, welche ein Staatsarchiv erobert zu haben glaubten und hernach geneigt gewesen wären, sich dieses Papierwusts zu entledigen, wenn nur jemand die Fuhren hätte daran wenden wollen.

Bei den westfälischen Friedensunterhandlungen sahen die versammelten tüchtigen Männer wohl ein, was für ein Hebel erfordert werde, um jene sisyphische Last vom Platze zu bewegen. Nun sollten fünfzig Assessoren angestellt werden, diese Zahl ist aber nie erreicht worden: man begnügte sich abermals mit der Hälfte, weil der Aufwand zu groß schien; allein hätten die Interessenten sämtlich ihren Vorteil bei der Sache gesehen, so wäre das ganze gar wohl zu leisten gewesen. Um fünfundzwanzig Beisitzer zu besolden, waren ungefähr einhunderttausend Gulden nötig; wie leicht hätte Deutschland das Doppelte herbeigeschafft! Der Vorschlag, das Kammergericht mit eingezogenen geistlichen Gütern auszustatten, konnte nicht durchgehen: denn wie sollten sich beide Religionsteile zu dieser Aufopferung verstehen? Die Katholiken wollten nicht noch mehr verlieren und die Protestanten das Gewonnene jeder zu inneren Zwecken verwenden. Die Spaltung des

Reichs in zwei Religionsparteien hatte auch hier, in mehrerem Betracht den schlimmsten Einfluß...

Denkt man sich aber, was dieses Gericht ohne solche Hindernisse, ohne so störende und zerstörende Bedingungen hätte sein können, so kann man es sich nicht merkwürdig und wichtig genug ausbilden. Wäre es gleich anfangs mit einer hinreichenden Anzahl von Männern besetzt gewesen, hätte man diesen einen zulänglichen Unterhalt gesichert, unübersehbar wäre bei der Tüchtigkeit deutscher Männer der ungeheure Einfluß geworden, zu dem diese Gesellschaft hätte gelangen können...

Aber weit entfernt von so großen Wirkungen, schleppte das Gericht, außer etwa eine kurze Zeit unter Karl V. und vor dem Dreißigjährigen Kriege, sich nur kümmerlich hin. Man begreift oft nicht, wie sich nur Männer finden konnten zu diesem undankbaren und traurigen Geschäft. Aber was der Mensch täglich treibt, läßt er sich, wenn er Geschick dazu hat, gefallen, sollte er auch nicht gerade sehen, daß etwas dabei herauskomme. Der Deutsche besonders ist von einer solchen ausharrenden Sinnesart, und so haben sich drei Jahrhunderte hindurch die würdigsten Männer mit diesen Arbeiten und Gegenständen beschäftigt."

Goethe fährt fort: „Die Beurteilung der Wichtigkeit einer Sache vor der andern ist, bei dem Zudrang von bedeutenden Fällen, schwer, und die Auswahl läßt schon Gunst zu; aber nun trat noch ein anderer bedenklicher Fall ein. Der Referent quälte sich und das Gericht mit einem schweren verwickelten Handel, und zuletzt fand sich niemand, der das Urteil einlösen wollte. Die Parteien hatten sich verglichen, auseinandergesetzt, waren gestorben, hatten den Sinn geändert. Daher beschloß man, nur diejenigen Gegenstände vorzunehmen, welche erinnert wurden. Man wollte von der fortdauernden Beharrlichkeit der Parteien überzeugt sein, und hiedurch ward den größten Gebrechen die Einleitung gegeben: denn wer seine Sache empfiehlt, muß sie doch jemandem empfehlen, und wem empföhle man sie besser als dem, der sie unter Händen hat? Diesen, ordnungsgemäß, geheimzuhalten, ward unmöglich: denn bei soviel mitwissenden Subalternen, wie sollte derselbe verborgen bleiben? Bittet man um Beschleunigung, so darf man ja wohl auch um Gunst bitten: denn eben daß man seine Sache betreibt, zeigt ja an, daß man sie für gerecht hält. Geradezu wird man es vielleicht nicht tun, gewiß aber am ersten durch Untergeordnete; diese müssen gewonnen werden, und so ist die Einleitung zu allen Intrigen und Bestechungen gegeben...

Seit 166 Jahren hatte man keine ordentliche Visitation zustande gebracht; ein ungeheurer Wust von Akten lag aufgeschwollen und wuchs jährlich, da die siebzehn Assessoren nicht einmal imstande waren, das Laufende wegzuarbeiten. Zwanzigtausend Prozesse hatten sich aufgehäuft, jährlich konnten sechzig abgetan werden, und das Doppelte kam hinzu."

Seinen historischen Abriß schließt Goethe mit den hintersinnigen Worten: „Es war auffallend, wie der monstrose Zustand dieses durchaus kranken Körpers, der nur durch ein Wunder am Leben gehalten ward, gerade den Gelehrten am meisten zusagte. Denn der ehrwürdige deutsche Fleiß, der mehr auf Sammlung und Entwicklung von Einzelheiten als auf Resultate losging, fand hier einen unversiegbaren Anlaß zu immer neuer Beschäftigung, und man mochte nun das Reich dem Kaiser, die kleineren den größeren Ständen, die Katholiken den Protestanten entgegensetzen, immer gab es, nach dem verschiedenen Interesse, notwendig verschiedene Meinungen und immer Gelegenheit zu neuen Kämpfen und Gegenreden."

Das Urteil von 1670 So also kam es, daß das Urteil im Prozeß Essen contra Essen 102 Jahre lang auf sich warten ließ. Es erging am 4. Februar 1670 und beginnt mit folgenden Sätzen:

„In Sachen weyland Frauen Irmgart, jetzo Frauen Anna Salome, Abtißinnen zu Essen, Klägerinnen an einem
  wider Bürgermeisters, Rath und ganze Gemeinheit der Stadt Essen, Beklagten andern Theils, ist zu Recht erkandt:
A. daß gemeldete Frau Klägerinne und ihre nachfolgende Abtißinnen zu Essen vor der Beklagten ordentliche *Obrigkeit* und rechte Landsfürstinne zu erklären
B. und Beklagte, auch gantze Stadt Essen, als *Unterthanen* und ein Glied dessen Fürstlichen Stiffts eine Abtißinne daselbsten davor zu halten und zu erkennen, auch allen gebührenden Gehorsamb in Gebott und Verbott zu leisten, zu condemniren und zu verdammen seye."

Diese scheinbar klare Entscheidung – die Äbtissin ist die Obrigkeit, die Stadt ist ihr untertan – wurde nun jedoch dadurch verwischt, daß die Stadt „bey ihren hergebrachten Rechten ... zu schützen, zu manuteniren und lassen seyn". Als hergebrachte Rechte der Stadt wurden unter anderem aufgeführt: Die Stadt braucht der Äbtissin nicht zu huldigen, kann den Magistrat selbst bestimmen und darf über die Religion entscheiden. Die am Kammergericht in 102 Jahren „auffgelauffenen Gerichts-Kösten" wurden beiden Parteien gleichmäßig auferlegt.

Das Ergebnis der über hundertjährigen Anstrengungen also: Es blieb alles so, wie es von 1377 bis 1560 gewesen war. Die Äbtissin wurde als Landesherrin anerkannt, die Stadt zwar als Glied des Stifts bezeichnet, jedoch in ihren hergebrachten Rechten belassen. Ihr Anspruch, eine Reichsstadt zu sein, war zwar verworfen; aber bei Luthers Lehre zu bleiben, um die es 1561 gegangen war, wurde der Stadt zugebilligt, weil es sich um eines ihrer hergebrachten Rechte handelte. So wurde Essen zur *civitas mixta* erklärt, zur *Freistadt* oder eigentlich „gemischten Stadt", wonach es weniger als eine Reichsstadt, aber mehr als eine Landstadt war, „wegen sonderbarer habender und hergebrachter Oberherrlich- und anderer Gerechtigkeiten denen Reichsstädten beynahe ähnlich zu schätzen".

Des Heiligen Römischen Reiches Fürstin und Äbtissin in Essen, Frau zu Breisig, Huckard und Rellinghausen (so ihr Titel seit 1661) nahm das Urteil an – die Stadt nicht. Sie legte Revision ein, die nach weiteren hundert Jahren verworfen wurde.

Auch damit war der seit 1377 schwelende Streit aber nicht beendet. Der preußische Beamte Justus Gruner schrieb am Ende des 18. Jahrhunderts: „Den höchsten Schutz erhält das Land von dem König von Preußen, welcher Erbvogt und Schirmherr des Stiftes und der Stadt Essen ist. Beide letztere aber liegen, wegen der Herrschaft und Regierungsweise, in einem zwar längst entschiedenen, aber dennoch immer fortwährenden Streite. Das Stift behandelt nämlich die Stadt als eine Munizipalstadt; diese aber hält sich für reichsfrei. Die langen desfallsigen Streitigkeiten sind durch ein Urteil des Reichskammergerichts dahin bestimmt, daß die Äbtissin des Stiftes als Landesfürstin und Obrigkeit der Stadt erklärt ward, diese aber ihre vielen hergebrachten Privilegien behielt, *über deren mehrere oder mindere Ausdehnung nun ein fortwährender Krieg stattfindet.*"

6. *Kapitel*
Die Spanier kommen

An Kriegen litten Essen und Werden ohnehin nicht Mangel. Schon lange vor dem Dreißigjährigen Krieg führte die Glaubensspaltung fremde Truppen ins Land.

1584 besetzten die Spanier, aus den Niederlanden kommend, diejenigen Teile Westfalens, die zu dem protestantisch gewordenen Erzbischof von Köln hielten, und zogen auch in Essen ein. Wie sie hausten, teilte ein Stiftsfräulein im März 1584 der abwesenden Äbtissin in einem Brief mit, in dem es heißt:

„Unser armes Stift und dessen Angehörige werden mit täglichen Plünderungen, Rauben und Brandschatzen in äußerstes Verderben gesetzt, daß wir weder Heller noch Pfennig zu bekommen wissen. Nicht allein wird die Wintersaat verdorben und die Sommersaat verhindert, sondern auch noch unser Haus Borbeck und andre adlige Häuser haben sie inne, verwüsten und verderben alles und haben dergestalt gehauset, als ob wir Unchristen und abgesagte Feinde wären."

Bis 1609 blieb Westfalen Schauplatz der Kämpfe zwischen Spaniern und Holländern. 1590 wurden Steele und Schloß Borbeck erobert und geplündert. 1592 rüsteten die Essener Schmiede unerschrocken die spanischen Truppen mit Schußwaffen für 35295 Gulden aus (vgl. Seite 77). 1598 führten die Spanier die Freie Stadt Aachen gewaltsam zum Katholizismus zurück, getreu dem Befehl, „Ihrer Majestät Rebellen zum Gehorsam zu bringen und die Ketzer auszurotten".

Am 20. Dezember 1598 rückten die Spanier zum zweitenmal in Essen ein. „Sie haben das stifft Essen und Werden gar ausgeplündert und großen Schaden gethan, auch in Essen spanische Reuter gelegt", heißt es in einem zeitgenössischen Bericht. Die Essener Stadtchronik vermeldet: „Das Stift Essen ist verdorben und verarmt, so zwar, daß ein Teil der Hausleute verlaufen, ein anderer vor Hunger und Angst gestorben ist ... Zwischen Ruhr und Lippe sind solche Schandt und Muthwillen geübt, daß es nicht auszusprechen."

Café am Glockenspiel

Kettwiger Straße

Vor den Toren lauerten spanische Horden und plünderten Kaufmannszüge aus. In den Emscher-Niederungen raubten sie „300 fette Schweine nebst einer Menge Pferde, Kühe und Schafe". Als die Spanier im April 1599 abzogen, von den Bürgern mit Zehrgeld für dreizehn Tage ausgestattet, ließen sie die Pest zurück – „daß bei der damaligen betrübten Einsamkeit hin und wieder die Straßen der Stadt gleich einem Kirchhof, mit grünem Gras oder Rasen bewachsen gewesen".

Die Äbtissin klagte: „Das hispanisch Kriegsvolk hat in der Stadt den ganzen Winter über gelegen zu meinem und der armen Leut großen Verderb. Diejenigen, so itzo von dem Allmächtigen mit Tod aus diesem Jammerthal abgefordert werden, sein viel glücksamer dann die, welche in dieser elenden Zeit länger in der Welt leben und noch so viel Elend und Jammer, so sich täglich zuträgt, sehen und hören müssen."

Äußerlich kehrte nun für siebzehn Jahre Ruhe ein, und das Büchsenmacherhandwerk machte bis 1620 immer bessere Geschäfte. Aber der Kampf um den rechten Glauben verschärfte sich. 1605 gelang es den vereinten Bemühungen des päpstlichen Nuntius, des Kurfürsten von Köln und der clevischen Regierung, gegen die durchweg evangelischen Stiftsdamen (es waren nur noch drei) zum erstenmal nach vierundvierzig Jahren wieder die Wahl einer streng katholischen Äbtissin durchzusetzen, der Gräfin *Elisabeth vom Berge*. Die katholische Partei hatte gedroht, die Wahl einer evangelischen Äbtissin würde sie „durch eine spanische Expedition mit großem Beschwer der Untertanen abstellen". Andrerseits war Elisabeth eine Kusine des niederländischen Oberfeldherrn Prinz Moritz von Oranien, der, obwohl Calvinist, im Fall ihrer Wahl das Stift mit Durchzügen und Einquartierungen soweit wie möglich zu verschonen versprach. So fand Elisabeth die Zustimmung beider Parteien, und das Stift wurde zu einem Ausgangspunkt der Gegenreformation.

1609 starb kinderlos Herzog Johann Wilhelm von Cleve, Vogt über Essen und Werden. Sein Land und damit auch Essen gerieten in den Machtkampf zwischen Protestantismus und Katholizismus: zwischen den Neffen und Erben des verstorbenen Herzogs, des evangelischen Kurfürsten von Brandenburg und des später katholischen Pfalzgrafen von Pfalz-Neuburg; schließlich überhaupt zwischen der Partei der protestantischen deutschen Landesfürsten (im Bunde mit Frankreich und den Niederlanden) und der katholisch-kaiserlichen Liga, die vor allem aus den habsburgischen Landen Spanien und Österreich bestand.

Die Gegenreformation

Noch ehe die Gegensätze zum offenen Austrag kamen, errang der Katholizismus in Essen und Werden 1614 einen weiteren bedeutenden Erfolg: Bei der Neuwahl der Äbtissin und des Abtes kamen zwei fanatische Katholiken ins Amt – in Werden *Hugo Preutaeus*, in Essen Gräfin *Maria Clara von Spaur*, deren Bruder General in spanischen Diensten war. Sie berief Kapuziner ins Land, straffte die Verwaltung und hatte das erklärte Ziel, die Stadt Essen politisch und religiös wieder dem katholischen Stift einzuverleiben.

Das Verhältnis der Stadt zu ihr war gleich bei ihrem Regierungsantritt gespannt: Auf dem städtischen Mühlenteich lag ein stiftischer Wäschekahn, was der Magistrat zum Anlaß nahm, der Landesfürstin bürokratische Schwierigkeiten zu machen. „Hette man das Wesen mit dem Schiff bleiben lassen, o wie wol wär geschehen!" schrieb der lutherische Stadtpfarrer Eberhard Wittgen in seine Stadtchronik.

Aber auch bei mehr Entgegenkommen in Sachen Wäschekahn hätte sich ein Zusammenstoß zwischen Stadt und Stift ereignet. Schon im Jahr ihrer Wahl fuhr die Äbtissin häufig ins spanische Feldlager zu Wesel. Als sie bei der Rückkehr einmal in Begleitung von spanischen Reitern in Essen einritt, kam es zu einem Volksauflauf, bei dem zwei Bürger von den Spaniern erschossen wurden.

Im März 1616 erließ Maria Clara eine neue Religionsordnung, die für „alle und jeden ihres Stifts Essen Unterthan" verbindlich sein sollte. Danach war die Abhaltung „unkatholischer" Gottesdienste, der Besuch unkatholischer Schulen, der Besitz unkatholischer Bücher und überhaupt alles Unkatholische bei Strafe von zwanzig Goldgulden verboten. „Zum 1.ten verbieten wir bey straff und ungnad alle heimliche beisammenkunften mit lesen, lehren und winkelpredigen in den heusern oder sonsten, item, daß sich zu keinen uncatholischen örtern oder kirchen begeben, es sei mit anhörung der predig, oder sonst mit participation oder genießung deren sacramenten."

Durchsetzen konnte die Äbtissin diese Verordnung freilich nur bei den Bewohnern des Stiftslandes außerhalb der Stadt. Der Legat von Köln, der im Münster eine Firmung vornehmen sollte, mußte mit einem Geleit von katholischen Stiftsbauern durch die lutherische Stadt in die katholische „Burg" geführt werden. Unter dem Schutz von Soldaten aus dem katholischen Steele, die Gebet und Gesang jeweils mit Schüssen umrahmten, wagte Maria Clara auch eine Prozession zu unternehmen, die zum Schluß über den Marktplatz führte – „eine ungewonliche neue procession, fürhin niemals so gehalten", wie Pastor Wittgen schreibt.

Die Lage wurde noch verworrener dadurch, daß in Essen von 1616 bis 1618 eine Handvoll brandenburgisch-holländischer Soldaten gleichzeitig mit vierzehn spanischen Soldaten einquartiert war. Nach fast zweijährigem Waffenstillstand gelang es der siebenfachen spanischen Übermacht, die inzwischen auf zwei Brandenburger zusammengeschmolzene protestantische Heeresgruppe aus der Stadt zu jagen. Die Spanier blieben noch bis 1621.

1618, nachdem Essen schon vierunddreißig Jahre lang in kriegerische Auseinandersetzungen verwickelt gewesen war, brach der *Dreißigjährige Krieg* aus. 1620 erreichte die Essener Gewehrproduktion ihren Höchststand, und bis 1622 blieb die Stadt von den Schrecken des Krieges im großen und ganzen verschont. *Der Dreißigjährige Krieg*

1623 lagen von Januar bis Juli spanische Truppen in Essen, was die allzu bekannten Aufregungen, Willkürlichkeiten, Bedrückungen und Kontributionen mit sich brachte. Als sich im Dezember desselben Jahres ein neuer spanischer Heerhaufen auf der Suche nach Winterquartieren durch Westfalen wälzte, faßten die Bürger von Essen den verzweifelten Beschluß, den katholischen Landsknechten die Quartiere zu verweigern. Die Stadttore wurden geschlossen und unter dem Läuten der Glocken die Mauer mit allen waffenfähigen Männern besetzt. Aber die Belagerung dauerte nur wenige Stunden:

„Ist Don Cordova mit etlichen Stucken Geschütz und etlichen Regimenter davor geruckt und solche mit Gewalt angefangen zu beschießen; wie nun 14 Schüß hinein geschehen, haben die Bürger angefangen umb Gnad und zu parlamentieren gebetten, also sich gutwillig ergeben; darein dan 11 Company zu Fuß und 6 Company zu Roß gelegt, und vor jedem Schuß 1000 Reichsthaler von der Stadt gefordert worden." (*Mitteilungen zur Frankfurter Ostermesse 1624.*)

1625 kam die nächste spanische Einquartierung, von 1625 bis 1627 lagen burgundische, also wiederum katholische Truppen in Essen, das dennoch eine lutherische Stadt blieb. 1626 ließ die Äbtissin den Münsterschatz und „zwei Weinfässer voll mit iren principall cantzlaisachen" zu den Jesuiten nach Köln schaffen.

1628 aber, als der Sieg der katholischen Heere nahe schien, holte Maria Clara zum großen Schlag gegen „die zelotisch-evangelische und höchst feindliche Stadt" aus. Sie erwirkte bei Kaiser Ferdinand II. ein sogenanntes Restitutionsmandat, wie es damals viele katholische *Die Äbtissin im Angriff*

Landesherren erhielten und das 1629 zum allgemeinen kaiserlichen *Restitutionsedikt* erweitert wurde. Danach hatten die Protestanten alle seit 1552 eingezogenen Stifte, Klöster, Kirchen und Kirchengüter herauszugeben, und gleichzeitig wurde den katholischen Landesherren die Rekatholisierung ihrer Untertanen anempfohlen.

Nun kam es freilich darauf an, ob die Fürstäbtissin Mittel und Wege fand, das kaiserliche Mandat gegen die aufrührerische Stadt Essen durchzusetzen. „Es war daher keine besondere Bosheit, überhaupt nichts aus dem Rahmen des damals Üblichen Fallendes, sondern der durch die Umstände gebotene und vom kaiserlichen Mandat-Erteiler wohl auch erwartete Schritt" (Jahn), daß Maria Clara zur spanischen Regentin der Niederlande, der Infantin Isabella, nach Brüssel fuhr und um militärische Hilfe bat.

Am 27. April 1628 trafen fünf Kompanien Italiener unter Don Leonardo Mola in Essen ein, mit dem Befehl, „Abbatissae Willen zu confirmieren und deren Befehl zu exercieren". Die Bürger unter Einschluß der beiden evangelischen Pastoren wurden unter anderem dadurch schikaniert, daß sie den Soldaten Verpflegung und Pferdefutter nicht nur stellen, sondern auch „in eigener Person holen und zutragen" mußten, also nicht ihr Gesinde damit beauftragen durften.

Am 1. Mai ließ Maria Clara allen Bürgern die Waffen abnehmen und verlangte die kirchlichen Geräte zurück, die 1563 aus der Marktkirche ins Rathaus geschafft worden waren. Die beiden lutherischen Prediger wurden aus dem Stiftsland gewiesen, nachdem sie sich geweigert hatten, ihrem Glauben abzuschwören. Viele Bürger gaben ihnen das Geleit bis zur Grenze, wofür sie zu einer gemeinsamen Geldstrafe von hundert Goldgulden verurteilt wurden. Andere Pastoren schlichen sich verkleidet in die Stadt und nahmen in Kellern oder Ställen die verbotene evangelische Taufe vor.

Am 6. Mai schritt die Äbtissin mit ihren Klerikern durch ein Spalier italienischer Landsknechte von der Johanneskirche zur Marktkirche und nahm wieder von ihr Besitz. Die Kanzel wurde ausgepeitscht, auf daß die Ketzerei aus ihr entweiche.

Ein Vierteljahr später, am 27. August 1628, erwirkte der Rat der Stadt seinerseits ein kaiserliches Mandat, wonach die fremde Besatzung abziehen und der Stadt ihr Schaden ersetzt werden sollte, und zwar mit Rücksicht auf den beim Reichskammergericht schwebenden Prozeß. Aber da die Italiener dennoch in der Stadt blieben, gab es für den Magistrat keine Möglichkeit, seine kaiserlich verbrieften Ansprüche durchzusetzen. Im Gegenteil, die Äbtissin ging noch einen Schritt weiter: Am 9. September setzte sie den lutherischen Stadtrat ab und ernannte an seiner Stelle katholische Ratsherren — „da auch sogar alles mußte katholisch sein, daß man auch des Scharfrichters Knecht, dem Abdecker, bei Verlust seines Amtes solches befohlen hat".

Am 13. November 1628 erlebte die unermüdliche Maria Clara von Spaur ihren größten Triumph: Der katholische Stadtrat verzichtete in aller Form auf den Anspruch, daß Essen eine reichsunmittelbare Stadt sein solle (obwohl der Prozeß beim Reichskammergericht noch zweiundvierzig Jahre weiterlief). Die Bürger wurden bedrängt, zum katholischen Glauben überzutreten. In einer spanisch abgefaßten Bittschrift der lutherischen Bürgerschaft an die Infantin Isabella heißt es: „Die Äbtissin wendet jegliche Gewalt und Impertinenz zum Verderben der erbarmungswürdigen Bittsteller an, mit Hilfe des Kriegsvolks, das sie von Eurer Hoheit mißbräuchlich erlangt hat." Die Schuldenlast der Stadt durch die spanischen und italienischen Kontributionen war auf 80 000 Reichstaler angestiegen.

Im April 1629 zogen die fünf Kompanien Italiener ab — und am 4. November rückten achtzehn Kompanien Holländer in Essen ein; nach fünfmaliger „papistischer" Besatzung im Dreißigjährigen Krieg zum erstenmal eine protestantische. Die Äbtissin floh nach Köln. Die Stadt selbst hatte, da sie als Verbündete Brandenburgs galt, nur die herkömmlichen Ärgernisse und Gewalttätigkeiten einer Einquartierung von Landsknechten zu erdulden; im katholischen Stiftsland wie im kurz darauf besetzten katholischen Werden aber kamen Abgaben und Erpressungen hinzu, die die Gemeinden an den Rand des Ruins brachten.

Die Holländer kommen

1630 zog wieder ein evangelischer Magistrat ins Essener Rathaus ein. In einer Eingabe an den Kaiser klagte er: „Die Stadt ist völlig verarmt, der Kredit erschöpft, der Handel steht still, da allenthalben die Gläubiger der Stadt Bürger in Arrest nehmen lassen. Garnison- und Kontributionskosten dauern fort, wie die grausame Atrocität und unchristliche Härte, so die innegehabten Garnisons mit gründlichem Verderb und Beraubung der ganzen Bürgerschaft leider verübt. Mit bangem Seufzen und blutigen Tränen zu beklagen der Verlust, den die Bürgerschaft durch die Plünderung erlitten an Gold, Silber, Geschmeide..." Die Gewehrproduktion war auf ein Zehntel des Standes von 1620 zurückgegangen, nahm allerdings von 1632 bis 1646 nochmals einen Aufschwung.

Dazu kamen neue religiöse Mißhelligkeiten: Die Holländer, die die

wieder katholische Marktkirche zunächst als Truppenquartier benutzten, gehörten ja dem mit dem Luthertum verfeindeten anderen
protestantischen Bekenntnis an, dem Calvinismus. Als die Besatzung
sich anschickte, die Marktkirche zu ihrer Garnisonkirche zu machen,
bedrängten die lutherischen Bürger den Magistrat, die alte Reforma-
tionskirche wieder für die lutherische Gemeinde in Besitz zu nehmen.

Dies gelang. Am 5. Mai 1630 hielt Pastor Wittgen seinen zweiten
Einzug in die Marktkirche, „unter dem continuierlichen Läuten des
Glöckchens auf dem Chor, in zierlicher Ordnung gefolgt von den beiden
Bürgermeistern, dem ganzen Rat, den Herren Vorstehern, Gilde- und
Amtsmeistern samt ihren Deputierten". Seitdem ist die Marktkirche
evangelisch geblieben – obwohl 1631 wieder kaiserliche Truppen Essen
besetzten, und zwar nicht weniger als siebzehn Kompanien des gefürch-
teten Reitergenerals Graf Gottfried Heinrich zu Pappenheim, der kurz
zuvor zusammen mit dem kaiserlichen Generalissimus Graf Tilly
Magdeburg erobert hatte. Maria Clara kehrte sofort aus Köln nach
Essen zurück. Am 18. September jedoch zogen die Pappenheimer wieder
ab, nachdem sie in der Nacht zuvor „mit Fressen und Saufen und Geld-
erpressen die Bürger elendig geplagt". Tags zuvor hatte sich die Äbtissin
erneut nach Köln begeben; sie kehrte nie wieder nach Essen zurück und
starb in Köln 1644.

In seinem *Deutschen Reisebuch durch Hoch- und Niederdeutschland*,
das 1632 in Straßburg erschien, wußte M. Zeiller inmitten so turbulenter
Zeiten über Essen nichts anderes zu berichten als: „Essen, Essendia, eine
Stadt und kaiserlich freiweltliches Stift im Herzogtum Bergen, und
unter selbigen Schutz, dessen Frau Äbtissin ein Stand des Reichs ist.
Hat eine Freiung: und sind vor diesem nur Fürstin, Gräfin und Freiinnen
in solches Kloster aufgenommen worden, und vielleicht noch, so sich
verheiraten mögen. In der Stadt sollen unterschiedliche Religionen sein,
und werden allerlei Schußbüchsen allda gemacht; wird auch schönes
weißes Brot daselbst gebacken."

Die Schweden   Im Mai 1632 zogen schwedische Abteilungen in die Ruhrgegend, ver-
kommen   schonten jedoch die Stadt Essen und richteten sich dafür in Werden
häuslich ein. „Bet, Kinder, bet! Morgen kommt der Schwed!" Nicht
ohne Grund blieb der alte Kindervers in Werden bis ins 19. Jahrhundert
lebendig. Auf den abwesenden Abt von Werden, Hugo Preutaeus,
richtete sich der Haß der Schweden, weil er in seinem Glaubenseifer
1631 mit dem Schwert in der Faust an der Eroberung Magdeburgs durch

die Kaiserlichen teilgenommen und dann im Dom der rauchenden Stadt zur Feier des Sieges das erste Hochamt zelebriert hatte.

Obwohl die Schweden mit Hilfe lutherischer Bürger in das Städtchen Werden eindrangen, wüteten sie dort wie nur je ein Landsknechtshaufen. Als sich vierhundert kaiserliche Söldner näherten, ergriffen sie die Flucht. Der Kommandeur der Kaiserlichen drohte den Werdenern furchtbare Vergeltung an, falls sie den Schweden noch einmal Hilfe leisten sollten. Im Januar 1633 wurde Werden zum zweitenmal schwedisch besetzt, doch gelang es diesmal dem einzigen zurückgebliebenen Stiftsherrn, sie gegen Zahlung von 60 Reichstalern zum Abzug zu bewegen.

Nachdem der Schwedenkönig Gustav Adolf in der Schlacht bei Lützen (November 1632) gefallen war, ließ 1633 sein Verbündeter, der protestantische Landgraf Wilhelm von Hessen-Kassel, Teile Westfalens sowie die Länder Essen und Werden besetzen. Sämtliche Einkünfte der beiden Stifte nahmen die Hessen für sich in Anspruch. In Werden ließen sie die Bleidächer der Abteikirche und der Luciuskirche abnehmen und zu Gewehrkugeln gießen. Aus der Abteikirche entfernten sie die katholischen Symbole und wiesen das Gotteshaus den Werdener Lutheranern zu. In Essen zerstörten sie das Abteihaus bis auf die Grundmauern. Stadt und Stift Essen mit ihren kaum 10 000 Einwohnern hatten im Sommer 1634 nicht weniger als 4000 hessische Dragoner mit 5000 Pferden zu versorgen. In der Stadt wurde als Gerichtsschreiber *Anton Krupe* eingesetzt, des Zuwanderers Arndt Krupe ältester Sohn.

Im Herbst 1636 endlich räumten die Hessen die beiden Stiftsländer, weil Truppen des kaiserlichen Generals Graf Götz im Anmarsch waren. Im November zogen diese in Essen ein – die siebente katholische Besatzung während des Großen Kriegs und die neunte insgesamt. Es waren zehn Kompanien Fußvolk und zwei Schwadronen Dragoner, die, wie es in der Stadtchronik heißt, „auf Discretion gelebt und nebst täglichem Fressen, Saufen und Banquetieren auch alle neu kleiden und ausmontieren müssen, haben das Hospital und die Münsterkirche geplündert. Und unter dem Vorwand, die Bürger zu disarmieren, mußte man ihnen alle Kisten und Kasten aufschließen, und was ihnen gut, war ihr Raub. Sie teilten die Stadt unter sich, brandschatzten die Bürger ihres Gefallens, und mußte ein jeder geben, was er nur aufbringen konnte. Dazu sie noch einige tausend Gulden von der Stadt gefordert und bis zu deren Bezahlung einige Herren des Rates und des Vorstands als Geiseln gefänglich mit nach Soest geschleppt, als sie im Anfang des 1637. Jahres in festo Epiphaniae ausgezogen."

Die letzten Jahre des Dreißigjährigen Krieges verliefen an der Ruhr
ein wenig ruhiger. Doch war der Große Krieg, der für Essen eigentlich
schon 1584 mit der ersten spanischen Besetzung begonnen hatte, für
die Stadt auch mit dem Westfälischen Frieden von 1648 noch nicht
beendet. Ein kaiserliches Regiment begehrte Aufnahme – sie wurde ihm
verweigert. „Deswegen Graf Woldemar mit seinem ganzen Regiment
Reiter samt einigen hundert Mousquetieren und zwei Feuermörsern die
Stadt belagert und beschossen und die dahin bezwungen, daß sie mit
ihnen capitulieren und neben dem Regimentsstab die Leibcompagnie
zu Pferd annehmen und die mit Futter und Mehl bis ins Jahr 1650
unterhalten müssen."

Im August 1650 zogen sogar noch weitere kaiserliche Truppen nach
Essen, und zwar diejenigen, die die Stadt Dortmund durch eine Zahlung
von 2000 Reichstalern losgeworden war. Erst im September erschienen
endlich die kaiserlichen Entlassungskommissare, entlohnten die Landsknechte und schickten sie fort.

Der offizielle Tag der Demobilisierung war der 9. September 1650,
der fortan als Feiertag begangen wurde. In der Kirchenordnung von
1664 heißt es dazu: „Wird auch jährlichs und alle Jahre ganz gefeiert
der erste Freitag nach dem neunten Tag Monats Septembris, zur immer-
währenden Gedächtniß des liebwerthen deutschen Friedens, da dann
auch der grundgütigste Gott diese durch vorgewesenen leidigen Krieg

Essen um 1650 (Stich von Merian)

leider ganz ruinierte und ausgewesene Stadt und Bürgerschaft im Jahre 1650 den 9. Septembris von der Kriegsdrangsal und Pressur befreiet hat."

Am 10. September 1650 feierte Essen das Friedensfest. Markt und Kirche wurden mit Zweigen und Girlanden, Rathaus, Kirche und Stadttore mit den Fahnen der Gilden geschmückt. Ein Bläserchor im Rathaus spielte abwechselnd mit einem Chor von Zinken und Posaunen auf dem Turm der Marktkirche. Unter Trommelklang marschierten die Bürger mit Gewehren durch die Stadt. Auf dem Markt schossen sie eine Salve und sangen Dankchoräle. Zusammen mit den unzähligen Leuten, die aus Werden und Mülheim, aus Dortmund und Duisburg, aus Bochum und Wesel nach Essen geströmt waren, schwärmten sie in lärmender Fröhlichkeit durch die überfüllten Straßen und feierten bei Bier und Wein im Licht von Teertonnen und Pechkränzen die ganze Nacht hindurch.

Was hatte der Dreißigjährige Krieg für Essen gebracht? *Bilanz*
Von den etwa 800 Häusern der Stadt waren nur noch rund 300 be- *des Verfalls*
wohnbar, die übrigen teils mangels Pflege verfallen, teils von Landsknechten demoliert, teils bei den Beschießungen von 1623 und 1649 zerstört. Die Bauern im Stiftsland waren so oft ausgeplündert worden, daß sie kaum noch Saatgut und Vieh besaßen. In den Wäldern gab es große Kahlschläge.

Die Finanzlage des Stifts war erbärmlich und die der Stadt verzweifelt. Die Kosten der Einquartierungen und die Kontributionen konnten nicht aus Vermögen, sie mußten aus Krediten bestritten werden. Anleihen wurden zunächst bei den führenden Familien – Beckmann, Brüning, Leimgard und Krupe – und den städtischen Stiftungen, später in der Form von Stadtobligationen bei Klöstern, Grundherren und Bürgermeistern vor allem im Raum Köln und Wesel aufgenommen.

Daß die Stadt sie überhaupt erhielt, war zum großen Teil dem Ansehen ihres Schmiedehandwerks zu danken, das durch den Krieg ja mehr Vorteile als Nachteile hatte. Für die Schulden haftete die gesamte Bürgerschaft mit Person und Habe. Bei Kriegsende war die Schuld auf 600000 Reichstaler angewachsen, bei einer jährlichen Gesamteinnahme der Stadt von 3000 Reichstalern – weniger, als allein für den Zinsendienst nötig gewesen wäre.

Dennoch hatten Essen und seine Bewohner an Leib und Gut weit weniger gelitten als viele andere deutsche Städte, ja als der Durchschnitt der deutschen Bevölkerung, die der Große Krieg halbierte. Die Erwerbsbasis der Stadt, das Schmiedehandwerk, war intakt.

Im Konfessionsstreit legte der Westfälische Friede den kirchlichen Besitzstand von 1624 als Norm zugrunde. Da die Stadt nur von 1628 bis 1630 zwangsweise rekatholisiert worden war, blieb sie nun evangelisch, auch ohne daß sie dazu als Reichsstadt hätte anerkannt werden müssen. 1655 mußte Essen unter dem Druck Brandenburgs allerdings auch den bis dahin hart unterdrückten Calvinisten die Freiheit der Religionsausübung und den Zugang zu allen städtischen Ämtern zugestehen. Essen war nun eine lutherische Stadt mit einer calvinistischen und einer katholischen Minderheit.

Politisch hatten sich die Länder Essen und Werden 1648 unter die Schirmherrschaft des Kurfürsten Friedrich Wilhelm von Brandenburg begeben, des Großen Kurfürsten (Regierungszeit 1640 bis 1688). Danach war die Vogtei über die beiden geistlichen Territorien nunmehr im Haus Hohenzollern erblich wie bis 1609 bei den Herzögen von Cleve.

Brandenburg machte von seiner überlegenen Macht einen ungleich stärkeren Gebrauch als früher Cleve; doch nominell und als Verwaltungskörper überlebten die beiden Zwergstaaten an der Ruhr auch den Dreißigjährigen Krieg und fristeten noch weitere anderthalb Jahrhunderte lang ein souveränes, wenn auch kümmerliches Dasein.

7. Kapitel
Das Ringelspiel um die Macht

Auch das Friedensfest von 1650, das für Essen einen sechsundsechzigjährigen Krieg (von 1584 bis 1650) beendet hatte, konnte der Stadt den Frieden nicht länger als fünf Jahre sichern. Zweiundvierzig Jahre lang, von 1646 bis 1688, stand mit Gräfin *Anna Salome von Salm-Reifferscheid* eine Äbtissin an der Spitze des Landes, die den katholischen Glauben und die Macht des Stiftes über die Stadt mit dem gleichen Eifer und der gleichen Härte auszudehnen versuchte wie die 1645 im kölnischen Exil gestorbene Maria Clara von Spaur – wobei sie ebenfalls nicht davor zurückschreckte, die aufsässige Stadt durch fremde Truppen zur Botmäßigkeit zu zwingen.

Schon als Vierundzwanzigjährige, von Stiftsdamen und Kanonikern einstimmig gewählt, ging Anna Salome zielstrebig daran, die Selbständigkeit der Stadt Zug um Zug einzuengen. Daß Essen eine evangelische Mehrheit hatte, konnte sie nach den Bestimmungen des Westfälischen Friedens nicht mehr durch ein Machtwort, sondern nur noch in mühevoller Kleinarbeit zu ändern suchen, und mit der städtischen Selbstverwaltung fand sie sich ab; unerbittlich aber verfolgte sie das Ziel, die Stadt zur Anerkennung der Fürstäbtissin als Landesherrin zu nötigen. Sie verlangte, daß der Stadtrat zur Hälfte aus katholischen Mitgliedern bestehe, damit er die Glaubenszugehörigkeit des ganzen Stiftslandes widerspiegle; sie forderte, daß die Erblichkeit der städtischen Gildemeister abgeschafft würde, weil diese den Zustrom junger Handwerker aus den Dörfern des Stiftslandes unterbanden; sie verlangte Mitsprache bei der Verwaltung des städtischen Hospitals – dies alles zunächst vergebens.

1655 ergriff Anna Salome zum erstenmal eine Gewaltmaßnahme gegen die Stadt: Sie verhängte eine Blockade für alle Kornlieferungen über Essen, nachdem der Magistrat seinerseits die Stiftsdamen hatte zwingen wollen, ihr Korn nur über einen Bezugsschein des städtischen Akzisepächters zu beziehen. Der Kurfürst von Brandenburg kam der Stadt zu

Hilfe, wofür er vom Rat der Stadt jedoch die Gleichberechtigung der Calvinisten einhandelte.

Da Lutheraner wie Katholiken den Calvinisten gleichermaßen abgeneigt waren, kam es 1656 zu einem Vergleich zwischen Stadt und Äbtissin, ja sogar zu einer Huldigung der Bürger an die Landesfürstin, die mit zwei Kutschen und achtzehn Reitern feierlichen Einzug in der Stadt hielt. Die frisch Versöhnten versammelten sich zu einem „herrlichen Gastmahl, da dann die Fürstin alle Herren Deputierten der Stadt hierzu einladen lassen und nach vielem Gesundtrinken zu allerseitigem Wohlergehen bei später Nacht geschieden wurde".

Vierundzwanzig Jahre vor dem Ende des Prozesses, der seit 1568 beim Reichskammergericht schwebte, hatte die Äbtissin also eine Huldigung erhalten, wie die Stadt sie seit langem unterlassen hatte und wie das spätere Urteil des Reichskammergerichts sie von der Stadt auch gar nicht forderte. Der seit über dreihundert Jahren schwelende Zwist zwischen Stadt und Stift, das endlose Wechselspiel von Ansprüchen, Streitigkeiten, Konzessionen und Vergleichen setzte sich mit einem grotesken Intermezzo fort.

Bauernsturm auf Essen Denn mehr als ein Zwischenspiel war die Versöhnung nicht. Kaum sechs Jahre nach dem Huldigungsfest, im März 1662, kam es dahin, daß die Äbtissin die Stadt von bewaffneten Stiftsbauern stürmen ließ. Den Anlaß dazu bot der Stadtsekretär *Matthias Krupp* (ein Enkel von Arndt Krupe): Er ließ an Anna Salome einen Brief zurückgehen, in dem sie einem in der „Burg" wohnenden Handwerker freies Geleit durch die Stadt versprach, die den Goldschmied wegen Beleidigung eines Bürgermeisters festnehmen wollte. Die Äbtissin forderte den Stadtrat auf, einen Schlichtungsausschuß zu benennen, dem jedoch der beleidigte Bürgermeister nicht angehören dürfe.

Der Rat lehnte das ab und rief die Bürger unters Gewehr. Daraufhin holte Anna Salome die Bauern ihres Landes zu den Waffen; sie zerschlugen die Schlösser der Stadttore mit eisernen Hämmern, verprügelten die Pförtner und Wächter, besetzten das Rathaus und die Marktkirche und schafften Bürgermeister und Stadtsekretär gewaltsam nach Schloß Borbeck. Die Stadtchronik meldet: „Mit Beilen und Hämmern haben sie die Limbecker Pforte geöffnet, die Pförtner jämmerlich zerschlagen. Großen Mutwillen haben sie in der Stadt verübt, auch den Bürgern vielfältige Drangsale und Molesten zugefügt und bedrohlich vernehmen lassen, die Stadt an vier Orten in Brand zu stecken..."

Weder die Stadtmauern von 1347 noch der Anspruch, eine Reichsstadt zu sein, befähigten das Städtchen Essen, sich gegen die Bauern des Ländchens Essen zu verteidigen. Vielleicht war es das Pech der Stadt, daß sie ihren militärisch erfolgreichsten Sohn zu den Holländern hatte ziehen lassen: Es war der 1604 in der Steeler Straße zu Essen geborene *Jan van Galen*, der 1652 das Kommando über die niederländische Mittelmeerflotte erhielt und 1653 den Engländern in der Bucht von Livorno eine schwere Niederlage beibrachte, wobei er tödlich verwundet wurde. Essens zweites Pech dabei ist, daß der einzige Bürger der Stadt, der vor den Familien Baedeker und Krupp lexikonreif wurde, im Großen Brockhaus überhaupt nicht und im Großen Meyer mit einem durch alle Auflagen mitgeschleppten Druckfehler an der für Essen entscheidenden Stelle, nämlich mit dem Geburtsort *Elsen* statt Essen, verzeichnet steht – ein Mißgeschick, das den Essener Chronisten Robert Jahn noch 1957 in eifernden Zorn versetzte. Der Seeheld ist in Amsterdam begraben; auf seinem Marmorsarkophag heißt es richtig: *Galen Essensi*.

Aus ihrer militärischen Hilflosigkeit wurde die unfreie Reichsstadt wiederum durch den Großen Kurfürsten befreit, der vor Schloß Borbeck, der Residenz der Äbtissin, zweihundert Soldaten aufmarschieren ließ und den sofortigen Abzug der Bauern aus Essen verlangte. Er erfolgte noch in der gleichen Nacht, nach einwöchiger schmählicher Besetzung. Statt dessen blieben ein halbes Jahr lang dreißig Brandenburger in der Stadt.

Acht Jahre nach diesem jüngsten Krieg zwischen Städtchen und Ländchen, 1670, erging dann das Urteil des Reichskammergerichts (vgl. Seite 94) – nicht ohne daß die seit 102 Jahren prozessierenden Parteien die Richter in Speyer in letzter Stunde noch mit Streitschriften traktiert hätten: „Summarische, dannoch beständige Remonstration und Beweistum, daß die Stadt Essen ein Immediat-Reichsglied sei", hieß sie bei der Stadt, „Recht muß doch Recht bleiben" bei der Äbtissin.

Gewonnen war mit dem Urteil nichts; es hatte ja beiden Seiten ihre Rechte verbrieft – und es führte sogar zu neuen kriegerischen Wirren. Da die Äbtissin als Landesherrin bestätigt war und sich somit für die Konfession ihrer Untertanen zuständig fühlte, und da sie dem Großen Kurfürsten ihre Hoheitsansprüche deutlich machen wollte, untersagte sie die Fortsetzung der Bauarbeiten an der in Essen entstehenden calvinistischen Kirche – in diesem Punkt der Unterstützung der überwiegend lutherischen Stadtbevölkerung gewiß. Als die Verhandlungen mit dem

Brandenburger und Franzosen

109

calvinistischen Kurfürsten ergebnislos blieben, ließ Anna Salome die Bauarbeiter von bewaffneten Stiftsbauern verjagen, worauf Friedrich Wilhelm Truppen nach Essen schickte.

Der brandenburgischen Streitmacht kam an der Ruhr ein Trompeter der Fürstäbtissin entgegen und forderte sie zum Rückzug auf. Die Brandenburger zeigten sich davon ebensowenig beeindruckt wie von dem nachfolgenden Aufgebot bewaffneter Bauern und einem Protestbrief des Magistrats. Stadt und Stift bekamen für ein halbes Jahr 330 Mann zur Einquartierung.

Die Fürstäbtissin gab nicht auf. Als Ludwig XIV. 1672 seinen Raubkrieg gegen Holland begann, sah sie eine neue Chance, zugleich gegen Brandenburg und die Stadt Essen vorzugehen. Am 26. März 1673 rückten vierundzwanzig Schwadronen französische Kavallerie von den Truppen des berühmten und berüchtigten Marschalls Henri Vicomte de Turenne in Essen ein; Turenne, der im Dreißigjährigen Krieg auf protestantischer Seite gekämpft hatte, war 1668 zum Katholizismus übergetreten.

Es ist nicht erwiesen, ob die Franzosen von Anna Salome gerufen worden waren wie 1628 die Italiener von Maria Clara von Spaur; nach evangelischer Darstellung wurden die Franzosen von der Äbtissin „listig in die Stadt geholt". Zweierlei steht jedoch fest: erstens, daß Anna Salome Verbindungen zu den Verbündeten der Franzosen hatte, dem Kurfürsten von Köln und dem Bischof von Münster; zweitens, daß sie die Anwesenheit der französischen Truppen in der Stadt mit wilder Entschlossenheit zur Verfolgung ihrer religiösen und machtpolitischen Ziele ausnutzte. Sie quartierte bei jedem der beiden Bürgermeister eine ganze Schwadron und bei jedem widerspenstigen Bürger zwanzig Reiter ein, und sie setzte die Bürgerschaft derart unter Druck, daß diese nun Anna Salomes alter Forderung entsprach, einen zur Hälfte katholischen Stadtrat zu wählen.

Der Pfarrer von Rellinghausen berichtete über die französische Besatzung: „Den 12. September (1672) lag Marschall Turenne mit seiner Armee hier herum in den Stiften Essen, Werden und Rellinghausen bei drei Wochen. Damals gingen alle Kornfrüchte darauf, welche teils ausgedroschen und verkauft, teils sonst elendiglich verfuttert und verstreut worden. Im Abzug ruinierten die französischen Völker unsere Kirche, verbrannten die Kanzel, den Altar größtenteils und die Bänke samt den Fenstern ebenfalls. – 1673 auf Palmsonntag kamen die französischen Völker in Essen, tribulierten die Bürger elendiglich, aber sie wurden mit nicht geringer Geldausgebung den Dienstag ihrer wieder los. Im Monat April und Mai zogen siebenmal französische Völker hier durch, welche eine unsägliche Summe Geldes kosteten. Den 17. Mai kam das burgundische Regiment, 30 Kompagnien stark, hier durch, die schlimmsten von allen. Selbige schlugen nicht allein in den Häusern die Fenster ein, sondern brachen das Stroh von den Dächern, schnitten die liben Früchte ums Dorf ab, und was am meisten zu beklagen, sie ruinierten unsere Kirche gänzlich.«

Dem unter Protest zurückgetretenen lutherischen Magistrat von Essen gelang es, bereits am 9. April 1673, zwei Wochen nach dem Einzug der Franzosen, beim Reichskammergericht ein Mandat an die Äbtissin zu erwirken, wonach in der Stadt der frühere Zustand wiederherzustellen und ihr vom Stift Schadenersatz zu leisten sei. Drei Jahre nach dem Urteil in dem hundertzweijährigen Prozeß mußte das Gericht schon wieder sprechen.

1674 waren Stadt und Stift im Zuge des Krieges gegen Ludwig XIV. von brandenburgischen Truppen besetzt. Der Große Kurfürst preßte an Geld aus dem Ländchen, was nur herauszuholen war, wobei er sich der hoffnungslosen Feindschaft zwischen Stadt und Stift geschickt zu bedienen wußte, indem er einen gegen den andern ausspielte. 1688 starb er, im gleichen Jahr auch seine machtlose, aber ihm an Talent und Entschlossenheit nicht nachstehende Widersacherin Anna Salome.

Weder der Streit zwischen der Äbtissin und Brandenburg-Preußen noch der zwischen Stift und Stadt war damit beendet. Das Land Essen hatte um diese Zeit zur Reichsarmee vierundvierzig Soldaten beizusteuern, eine Verpflichtung, die bis dahin in Geldzahlungen an Brandenburg abgegolten worden war (350 Reichstaler pro Monat im Jahre 1700). Um sich die Wehrhoheit nicht völlig entwinden zu lassen, rüstete die Äbtissin *Bernardina Sophia von Ostfriesland und Rietberg* (Amtszeit 1691 bis 1726) eine eigene Armee aus, fünfunddreißig Mann stark, da die *Stadt* Essen den Gegenwert der auf sie entfallenden neun Soldaten an Cleve zahlte. Die fürstlich-essendische Miliz in ihren nach dem Modell der bischöflich-münsterschen Truppen geschneiderten Uniformen pflegte freilich nicht nur außerhalb des Stiftslandes, sondern auch innerhalb, nämlich an den Stadttoren von Essen, »schimpflich abgewiesen« zu werden. Wagte sich gar ein Soldat der Äbtissin mit Waffen in die Stadt, so wurde er verhaftet.

Und das Ringelspiel ging weiter: 1727 wurde die neue (die vorletzte) Äbtissin, Prinzessin *Franziska Christina von Pfalz-Sulzbach*, von Stift

Die fürstlich-
essendische Miliz

111

und Stadt mit Paraden und Festen feierlich und herzlich eingeholt, als sie aus Thorn (bei Maastricht) kam, wo sie schon Äbtissin des dortigen Frauenstifts war. 1730 schickte sie pfälzisches Militär gegen die Stadt vor, das der König von Preußen durch seine Soldaten vertreiben ließ – „ein empfindliches Denkmal einer fatal- und notorischen Geschichte".

Der Siebenjährige Krieg brachte neue Nöte über Essen. In einer Denkschrift des Stadtrats an den Schirmherrn des Landes, Friedrich den Großen, heißt es: „Wir können nicht genug klagen, wie erschrecklich unsere arme Stadt bei letzterem Kriege mit- und hergenommen worden. Die französischen Truppen haben die unerhörtesten Lieferungen von Frucht und allerhand Viktualien von Uns erpresset ... Unser Landstädtchen ist nunmehr, nachdem die vormalen darin befindlichen blühenden Tuch- und Gewehrfabriken gänzlich weggezogen sind, fast völlig von seiner Nahrung entblößt und in eine decadence und Ohnmacht geraten..."

Den Frieden von Hubertusburg im Jahre 1763 feierte die Stadt, dem Preußenkönig von jeher mehr als der Äbtissin zugetan, mit einem mehrtägigen Fest, das zugleich dem 200. Jahrestag der Einführung der Reformation in Essen galt. In einem überlieferten Festgedicht läßt die Bürgerschaft die Kaiserin Maria Theresia, „König Friederich, das Wunder unserer Zeit" und den Magistrat hochleben; die Äbtissin kommt gar nicht vor.

1764 züchtigte Franziska Christina die Essener Kapuzinermönche, weil bei der Einweihung ihrer neuen Kirche der aus Münster gekommene Ordensvorsteher in seiner Festrede von der „kaiserlichen Reichsstadt Essen" sprach. Die Äbtissin ließ es sich nicht nehmen, den Kapuzinern „die vom Hof und vom Lande bishero aus Gnaden zugeflossenen Nutzbarkeiten" zu sperren und zwei Patres, die ihr später in Borbeck eine Bittschrift überreichen wollten, durchnäßt im Schweinestall warten zu lassen. Die Kapuziner erhielten erst dann wieder ihre Zuwendungen, als sie von der Kanzel herab erklärt hatten, Essen sei *keine* kaiserliche Reichsstadt.

1768 kam es zu einem Krieg zwischen Friedrich dem Großen, König von Preußen, und *Anselm Sonius*, Abt von Werden, weil die Bürger und die Preußen eine Pforte in der Mauer zwischen Stadt und Abtei aufheben, der Abt sie aber beibehalten wollte. Schließlich wurde die sechzehnköpfige Stiftsarmee von achtzig preußischen Soldaten überwältigt und in die Festung Wesel geschafft.

Zur letzten der achtundfünfzig Äbtissinnen, die seit Altfrids Schwester Gerswida über Essen herrschten, wurde 1776 *Maria Kunigunde*, Prinzessin von Polen und Litauen, Herzogin von Sachsen, gewählt, eine Enkelin Augusts des Starken und Kaiser Josephs I. Dies war jedoch keine späte Aufwertung des sterbenden Stifts, sondern offenbar der Versuch, einer häßlichen Prinzessin nach etlichen gescheiterten Heiratsplänen wenigstens zu standesgemäßen Einkünften zu verhelfen. Mit Nachhilfe ihres Bruders, des Kurfürsten von Trier, der Kaiserin Maria Theresia und erheblicher Bestechungsgelder wurde die Wahl Maria Kunigundes schließlich durchgesetzt.

Sie residierte weder in Essen noch in Borbeck, sondern meist im Schloß ihres Bruders in Koblenz – was zwar die Durchführung ihrer Verordnungen erschwerte, aber nicht bedeutete, daß sie an ihrem Land kein Interesse genommen hätte. Sie erließ eine Forstordnung zum Schutz der weithin kahlgeschlagenen Wälder; sie zahlte aus eigener Tasche 40 000 Reichstaler, um den Bau einer preußischen Landstraße zu ermöglichen, die Essen und Steele berührte; sie verminderte die Vielzahl der kirchlichen Feiertage und nahm sich des Schulwesens an. Maria Kunigundes Obersthofmeister schrieb von ihr: „Wer sie kennt, muß sie achten und lieben."

Mit der Sittlichkeit ihrer Untertanen hielt es die letzte Äbtissin streng. Für Steele, die größte Gemeinde des Stiftslandes außerhalb der aufsässigen Stadt Essen, erließ sie 1790 „zur Beibehaltung der guten Ordnung" ein neues Statut, das die Arbeit der Stadtverwaltung nicht nur bis ins letzte regelte, sondern während der Sitzungen der Stadträte auch „alles Trinken, Tobackrauchen und unartige Zanken" ausdrücklich verbot.

Der Essener Magistrat war ihr mit zahlreichen scharfen Verordnungen über die öffentlichen Sitten schon von 1683 bis 1719 vorangegangen. Er bekämpfte den „Geist der Zuchtlosigkeit", die „Sabbats-Greuel", worunter vor allem die bei den Bürgern beliebten Sonntagsräusche (mit anschließenden Raufereien) fielen, und den „Unzuchtsteufel", den noch keine Obrigkeit je hat ausrotten können. Ließen sich Männlein und Weiblein in nicht verheiratetem Zustand in einer gemeinsamen Kammer ertappen, so wurden sie im 16. Jahrhundert „am Prangel alhier uffm Markt öffentlich corrigirt, gegeißelt und mit Ruten gestrichen"; bei mildernden Umständen kamen sie mit dem Kehren des Marktplatzes davon. Im 17. Jahrhundert verhängte der Magistrat nur noch Geldstrafen, die dem Stadtfiskus recht wohltaten. War einer der Partner verheiratet, so wurden beide Ehebrecher zu vierundzwanzig Goldgulden Geldstrafe oder sechs Wochen Gefängnis verurteilt und anschließend aus der Stadt gewiesen. Die Überführung der Sünder fiel dadurch leicht, daß die Gassen eng waren und die Nachbarn seit 1590 sogar die Verpflichtung zur Anzeige hatten.

Heiraten konnten auch Volljährige nur mit Einwilligung ihrer Eltern. 1719 verordnete der Magistrat: „Daß niemand von dieser Stadt Bürgern und Einwohnern und deren Söhne und Töchter sich heimlich verloben oder verheiraten sollen ohne Wissen und Willen ihrer Eltern, Vormünder oder negster Blutsverwandten, bei Straff, daß nicht allein solche Verlöbniß und Trawung vernichtiget, sondern auch, welcher dagegen gehandelt, der Stadt auf Ewig entwehret seyn solle."

Der Familie wurde in solchen Fällen freigestellt, die Mitgift zu verweigern oder die Enterbung auszusprechen. Wer den heimlich Verlobten zur Trauung außerhalb Essens verhalf, war mit Gefängnis bedroht. Erlangten die Jungvermählten die nachträgliche Einwilligung ihrer Eltern, so mußten sie trotzdem „ihr Unrecht bey dem Magistrat depreciren, sich in hiesiger Kirchen zum dreymahl öffentlich mit anzeigen der ursachen proklamiren, von neuem durch priesterliche copulation einsegnen lassen" und außerdem eine Geldstrafe an den Magistrat zahlen.

Weit rücksichtsloser noch als im späten Mittelalter (vgl. Seite 85) griff die Stadtverwaltung in die nach unseren Begriffen private Sphäre ein; drei Verordnungen aus der ersten Hälfte des 18. Jahrhunderts gegen Verschwendung bei Hochzeitsfesten zeigen, wie weit der Magistrat in seiner Fürsorge ging. Um „bey gegenwärtige nahrlosen Zeiten alle unordnungen, so mit Fressen und Saufen begangen werden, billig zu hindern", ordnete der Magistrat an, daß nur Eltern, Geschwister, deren Kinder und die unmittelbaren Nachbarn zur Hochzeit geladen werden dürften. Die Namen der Gäste waren vorher im Rathaus einzureichen. Erschienen mehr als auf der Liste vermerkt, so hatte die Hochzeitsgesellschaft fünf Goldgulden Strafe zu zahlen. Musik und Tanz zur Hochzeit waren verboten. Wurden die Beschränkungen durch eine „Nachfeier" im Wirtshaus umgangen, so betrug die Strafe drei Goldgulden.

Pietisten und Jesuiten Solche Strenge wurde aus dem pietistischen Geist gespeist, der um 1700 auch in Essen Eingang fand und den bis dahin unbekümmerten Lebensgenuß der überwiegend lutherischen Bürgerschaft überlagerte.

Andrerseits betrachtete sich die Stadt, ein halb und halb unabhängiger Staat in Deutschland, nicht nur als die entscheidende weltliche, sondern auch als die höchste kirchliche Instanz: Der Magistrat setzte die Prediger ein und schrieb ihnen bis ins letzte vor, wie sie zu leben, ja sogar wie sie zu predigen hatten. Von aller „weltlichen Hantierung" sollten sie Abstand nehmen; dreimal im Jahr sollten sie alle Bürgerhäuser visitieren und nach der Frömmigkeit, der Sonntagsheiligung, dem Spiel und dem Saufen fragen; bei der Predigt sollten sie „ihre zuhörer zum fleißigen aufmerken und andacht offt mit allen umbständen erinnern und eyffer und andacht zum worte Gottes recommendieren, weil dann so viel sind, die fast immerhin schlaffen oder plaudern oder umbgaffen oder doch frembden und unnützen gedanken nachhängen".

Im Stift Essen übten die eigentliche Macht die *Jesuiten* aus, die Anna Salome 1665 ins Land gerufen hatte. Sie waren die Beichtväter der Äbtissinnen. Sie hatten die Schlüsselposten der Verwaltung besetzt. Sie besaßen 1750 nicht weniger als fünfundzwanzig Bauernhöfe. Sie verliehen gegen Zinsen Geld, insgesamt an die 14000 Reichstaler. Für 20000 Reichstaler bauten sie sich am Burgplatz als Residenz das schönste und größte Haus von Essen (das spätere Königliche Gymnasium). Als Papst Clemens XIV. den Jesuitenorden 1773 aufhob (Pius VII. stellte ihn 1814 wieder her), berichtete ein kaiserlicher Beamter aus Essen nach Wien: „Der Name Jesuiten ist in der Stadt und in der ganzen Gegend bei Geistlichen und Weltlichen, Katholiken und Protestanten (wenige Stiftsdamen ausgenommen) so verhaßt und kein Übel dieser Welt so groß, welches den die gute Fürstin am Seil führenden, sozusagen despotisch verfahrenden Patern nicht gewünscht wird."

Ursprünglich war den Jesuiten vor allem die Betreuung der Stifts- *Latein regiert* schule aufgetragen, die sich seit 1691 als Gymnasium bezeichnete. Die Stadt erhob daraufhin auch ihre schon 1564 gegründete lutherische Lateinschule zum Gymnasium; in ihr wurde mehr Wert auf Geschichte und Erdkunde gelegt als in der Jesuitenschule, während die lateinische Sprache an beiden Instituten im Mittelpunkt des Unterrichts stand.

Der Stundenplan des städtischen Gymnasiums umfaßte im 18. Jahrhundert wöchentlich fünfzehn Stunden Latein, neun Stunden Religion, zwei Stunden Griechisch und je eine Stunde Rechnen, Geometrie, Logik, Geographie und Geschichte, dazu eine tägliche Andacht und sonntags den Gottesdienst. 1787 wurde der Lehrplan des städtischen Gymnasiums reformiert: Es gab nun zwei Stunden Naturkunde und statt einer drei

Stunden Mathematik. Im Zuge des allgemeinen Verfalls gegen Ende des 18. Jahrhunderts ließen auch der Ruf der Schule und das Interesse der Bürger nach.

Zum jeweiligen Semesterschluß erschien in der lutherischen Schule der Stadtrat, um sich die lateinische Rede eines Schülers anzuhören, im Stiftsgymnasium die Äbtissin mit ihrem Hofstaat, um sich ein von den Schülern in lateinischer Sprache dargebotenes Theaterstück anzusehen, das den Sieg des Guten über das Böse zeigte. (Unter das Böse fielen auch die Protestanten.) Ein Versuch der Äbtissin, 1786 die allgemeine Schulpflicht einzuführen, scheiterte am Widerstand der Bauern.

Die reichen Bürger schickten ihre Söhne auf die Universität, nicht auf die katholische in Köln, sondern auf die lutherische in Rostock oder die calvinistische in Duisburg (das von 1651 bis 1818 Universitätsstadt war). Die Töchter erhielten oft nur Privatunterricht, wobei das Französische dem Lateinischen vorgezogen wurde. In den Essener *Allgemeinen Politischen Nachrichten* stand am 9. Januar 1800 folgende Anzeige zu lesen:

„Auch in diesem Jahre werde ich Privatunterricht im Französischen; in der Physik; Erdbeschreibung; Geschichte; Lehre vom Menschen und anderen nützlichen Kenntnissen erteilen. – Monatlich wird von jedem, wenn über 2 an einer Privatstunde Theil nehmen, 45 Stbr. bezahlt.

Heinrich, Prorektor."

Die ersten Zeitungen Die Bedürfnisse desjenigen Teiles der Bewohner von Stadt und Land Essen, die des Lesens kundig waren, wurden in Essen selbst durch eine Druckerei, einen Verlag, eine Buchhandlung und eine Zeitung befriedigt. 1614 erschien die erste Auflage des lutherischen Essendischen Gesangbuchs „zu Essen bey Johann Zeisse" – in der noch als schwierig empfundenen hochdeutschen Sprache; der erste Druck in Essen, der erwiesen ist.

1738 unternahm der Druckereibesitzer Johann Henrich Wißmann den ersten Versuch, in Essen eine Zeitung erscheinen zu lassen: Die *Neuesten Essendischen Nachrichten von Staats- und Gelehrten Sachen*. Sie erschien zweimal wöchentlich, enthielt keine Anzeigen und mußte auf Weisung des Magistrats bald von allen Gilden, Ämtern und Vereinigungen gehalten werden. In einer erhaltenen Nummer von 1742 berichtete die Zeitung aus Konstantinopel, Mailand, London und Brüssel sowie aus Bochum und Hattingen, preußischen Städten, in denen gerade die Beendigung des Ersten Schlesischen Kriegs durch Friedrichs Sieg bei Chotusitz „unter Trompeten und Paukenschall und Abfeuerung des groben Geschützes" gefeiert worden war.

Pfalm. 25.
Schlecht vñ recht daß behüte mich/
denn ich harre dein.

Gedruckt in des Heili-
gen Reichs Statt Essen / bey
Johann Zeisse/ In Verlegung
Arnold Krupen vnd Tile-
man Leimgarten.

Mehrfach wechselte die Zeitung den Besitzer und den Namen: Ab 1775 hieß sie *Essendische Zeitung von Kriegs- und Staatssachen*, ab 1799 *Allgemeine Politische Nachrichten*, aus denen 1883 die *Rheinisch-west-fälische Zeitung* wurde. 1775 ging das Blatt auf *Zacharias Baedeker* über, der später Fürstlich Essendischer Hofbuchdrucker wurde und 1796 in Essen die erste Leihbücherei gründete. 1798 übernahm sein Sohn Gott-schalk Dietrich Baedeker die Zeitung, dessen Firma in Essen noch heute als Buchhandlung existiert. Sein ältester Sohn Karl, geboren zu Essen am 3. November 1801, war der erste Essener, dessen Name weltberühmt geworden ist: Er gab 1829 in Koblenz den ersten jener Reiseführer heraus, die noch heute seinen Namen tragen.

Die Zeitung, die bezüglich ihrer Nachrichten aus Essen einer Zensur durch den Bürgermeister unterworfen war, wurde unter Gottschalk Diedrich Baedeker Gegenstand eines Aufruhrs: Der Redakteur hatte seine Genugtuung darüber ausgedrückt, daß es sich bei denjenigen Essenern, die sich bei den preußischen Soldatenwerbern gemeldet hatten, um „größtenteils leicht entbehrliche junge Leute" handle. Diese Wahrheit mißfiel den Bürgern so, daß sie die Druckerei zu stürmen drohten; die Formulierung wurde daher als ein Mißverständnis hingestellt.

Die Zeitung nahm auch Anzeigen auf. Der Herausgeber selbst inserierte am 3. April 1800:

„Öffentliche Warnung.

Am 1sten September 1798 nahm ich einen Lehrburschen, Namens Heinrich August Berlisky aus Wesel auf 4 Jahre in die Lehre, und setzte zugleich in den Lehrkontrakt fest, weil die Eltern keine hinlängliche Kaution leisten konnten, daß, im Falle er in diesen 4 Jahren seine Lehre verlassen würde, es mir freystehen sollte, ihn in jeder öffentlichen Zeitung als einen pflichtvergessenen Schurken erklären zu können; dieses wurde durch seine eigene und seiner beyderseitigen Eltern Unterschrift bewilligt. Am 23sten März verließ er, nachdem ich grade verreißt war, heimlich meine Offizin . . .

G. D. Baedeker
Hochfürstl. Essendischer Hofbuchdrucker."

Stellenanzeigen sahen um 1800 in Essen folgendermaßen aus:

„Ein Frauenzimmer von katholischer Religion sucht irgendwo bey einer Herrschaft als Kammerjungfer unter annehmlichen Bedingungen unterzukommen. Man kann ihren Nahmen und Wohnort in hiesiger Zeitungs-Expedition erfragen."

„Wenn jemand einen Mann sucht, der eine Rauch- und Schnupftabaks-Fabrik regelmäßig anzulegen und zu führen versteht, so kann derselbe das Nähere von ihm, in der hiesigen Zeitungs-Expedition erfahren."

Wie kleinstädtisch die Verhältnisse in Essen waren, zeigen Anzeigen wie diese:

„Es ist ein silberner Löffel, mit den Buchstaben A.M.O. gezeichnet, gefunden worden, der Eigentümer kann ihn in hiesiger Zeitungs-Expedition wieder bekommen."

Silberne Löffel, Kaffeekannen, Salzfässer müssen in der Tat sehr begehrt gewesen sein; denn sie gehörten zu den Gewinnen einer Geld- und Silberlotterie, die einem Essener Kaufmann 1781 vom Magistrat genehmigt wurde. Schon vorher gab es die städtische „Erste Neue Lotterie in der Kaiserlichen Freyen Stadt Essen, approbiret, privilegiret und von einem hochachtbaren Magistrat daselbst den 15. Juli 1772 beschlossen". Der Unternehmer war allerdings ein Schwindler, so daß die Stadt an Stelle des erhofften Beitrags zur Tilgung ihrer Schulden einen Schaden von 12000 Gulden begleichen mußte. 1798 kam als weiteres konzessioniertes Glücksspiel ein Zahlenlotto nach italienischem Vorbild hinzu: Aus neunzig Zahlen waren fünf auszuwählen; die Ergebnisse der *Stadt Essendischen Zahlen Lotterie* wurden wöchentlich in der Zeitung veröffentlicht. Der Anschluß an Preußen, der so vieles änderte, bedeutete auch das Ende der Essener Lotterien, da Preußen für seine 1763 gegründete Staatslotterie die Konkurrenz nicht wünschte.

8. Kapitel
Zwei verwunschene Zwerge

Mit dem Höchstgewinn in der städtischen Klassenlotterie, 10 000 holländischen Gulden, konnte man immerhin über Nacht ein wohlhabender Mann werden. Bürger, die erheblich reicher waren, als sie selbst mit dem Hauptgewinn hätten werden können, gab es freilich trotz des Dreißigjährigen Krieges, der hoffnungslosen Verschuldung der Stadt und des wirtschaftlichen Niedergangs im 18. Jahrhundert in überraschend hoher Zahl, darunter die Familien Krupp, Huyssen und Waldthausen. *Helene Amalie Krupp,* die Witwe des früh verstorbenen Friedrich Jodocus Krupp (die fünfte Krupp-Generation in Essen), führte die 1732 mit einem Kapital von 615 Reichstalern gegründete Kolonialwarenhandlung unter dem Namen *Wittib Friedr. Jod. Krupp sel.* zu solcher Blüte, daß sie bei ihrem Tode 1810 das für die damalige Zeit unerhörte Vermögen von 121 000 Reichstalern hinterließ.

Die Krupp-Familie Schon von Arndt Krupe an hatten die Krupps in Essen ständig eine bedeutende Rolle gespielt. Arndts Sohn Anton war Gerichtsschreiber (vgl. Seite 103), sein Enkel Matthias Stadtsekretär (vgl. Seite 108), ebenso sein Urenkel *Georg Diederich Krupp* (1652 bis 1747). Er wurde der reichste Mann der Stadt, zog sich aber durch die Verquickung der städtischen Schlüsselposition mit großen privaten Finanztransaktionen so viel Feindschaft zu, daß ihn der Rat der Stadt bei der preußischen Bezirksregierung in Cleve wegen Amtsmißbrauchs anzeigte. Georg Diederich Krupp wurde in mehreren Punkten schuldig gesprochen, ohne jedoch sein Amt, seine Macht und seinen Reichtum zu verlieren. Sein Bruder *Arnold Krupp* war Bürgermeister, sein Schwager Huyssen Gildemeister der Kaufgilde, und von den Ratsherren waren nicht weniger als sieben seine Vettern.

Henrich Wilhelm Krupp, Sohn des Bürgermeisters und Neffe des umstrittenen Stadtsekretärs, wurde wiederum Stadtsekretär, so daß diese zentrale Stelle der Stadtverwaltung 1748 seit hundert Jahren lückenlos in den Händen der Krupp-Familie lag. Sein Bruder Friedrich Jodocus war Stadtkämmerer; dessen Enkel Friedrich errichtete später die Gußstahlfabrik.

Die Brüder Justus und Wilhelm *Waldthausen* gründeten 1779 in Essen ein „Woll-Transito-Geschäft", dessen Umsatz binnen acht Jahren von 4 auf 213 Ballen stieg. Essens eigene Tucherzeugung war freilich gering (vgl. Seite 79), doch war der Bedarf erheblich und außerdem in Werden eine bedeutende Produktion konzentriert. Dagegen wurde im 18. Jahrhundert Leinen von Essen bis nach Amerika exportiert.

Der Handel, nicht die Produktion, stand im 18. Jahrhundert im Mittelpunkt des Erwerbslebens – wie schon im Städtchen der Theophanu; während im 16. und 17. Jahrhundert und wieder vom 19. Jahrhundert an Essen vor allem für seine Erzeugnisse aus Eisen und Stahl berühmt war. Die Stadt hatte die Funktion eines Verteilerplatzes, an dem die über Wesel, Ruhrort, Köln und Mülheim kommenden niederländischen und überseeischen Importe sich mit den Erzeugnissen des westfälischen Hinterlands kreuzten, vor allem Tuchen, Bändern und Eisenwaren.

Mit Essens einst berühmter Gewehrproduktion hatte es unterdessen ein trauriges Ende genommen. Nach dem Höchststand von 1620 und einer weiteren Blüte dieses Gewerbes zwischen 1632 und 1646 gab es in der zweiten Hälfte des 17. Jahrhunderts zwar immer noch einen lebhaften Absatz, der jedoch maximal ein Drittel des Umfangs von 1620 hatte, und nach einer letzten Blüte zu Beginn des 18. Jahrhunderts dann nur noch Niedergang. *Export in Büchsenmeistern*

Um „Handel und Wandel in gedeylichen Lauf zu setzen", hatte der Magistrat 1669 Kaufleuten und Handwerkern größere Freiheiten gegeben: so den Gewehrhändlern das Recht, „ein oder andere Knecht, um das Gewehr zu bereiden, auch die Schaften oder Laden zu machen, in ihr Haus zu setzen". Der Händler darf auch selbst produzieren, und zwar mit Hilfe von Lohnempfängern – ein Schritt in Richtung auf die kapitalistische Produktionsweise.

Die Schmiede freilich waren damit nicht einverstanden. Sie beschwerten sich: „Mancher Fürst, Herr oder auch Stadtmagistrat möchten wünschen und neben Verleihung vieler stattlicher Privilegien noch vieles spendieren, wenn sie nur solche wohlbestellte und numeröse Schmiedezunft, als die Essendische ist, in ihren Landen und territoriis haben könnten. Durch Verlierung eines Schmieds verliert die Stadt mehr als einen Kaufmann."

Die Kaufgilde hielt dem entgegen: „Der geringste Kaufgildebruder bringt der Stadt mehr als vier Schmiede. Bringen vielleicht die Schmiede in Kriegszeiten mehr ein, so ist das doch nur ein Käferleben; ein vornehmer Kaufmann bringt fast ein Viertel des Schmiedeamts ein."

Aber die Entwicklung zum Unternehmertum war nicht aufzuhalten. Der größere Betrieb setzte sich durch. Bei steigendem Produktionsumfang gab es 1645 in Essen vierzig Gewehrhersteller, 1695 nur noch acht. Ihre Erzeugnisse genossen weiter großen Ruf: Der Große Kurfürst holte sich aus Essen seinen „Hofbüchsenmeister", der vor allem Prunkwaffen als Geschenke für fremde Monarchen herstellte. Nach Dänemark, nach Wien wurden Essener Schmiede gerufen.

1702 wurde noch „vielfältig geklagt, daß verschiedene von denjenigen so am Gewehr arbeiten, sich des Saufens sehr ergeben", also nicht schlecht verdient zu haben scheinen. Aber schon 1705 bedauerte der Magistrat das Gegenteil: „Bei dem Gewehrhandel wird nicht das geringste profitiert, die Schmidt und so am Gewehr arbeiten haben müßige Hand, also deswegen abgang an nahrung, weil so sehr verarmt, daß auch diejenigen, so vormahlen bei ihrer Arbeit noch ein stück brot gehabt, etliche Jahre hero, weil garnichts zu tun gewesen, aus der armen mitteln haben erhalten werden müssen . . ."

Der härteste Stoß wurde den Essener Büchsenmachern 1722 durch König Friedrich Wilhelm I. von Preußen versetzt: Um die Gewehrproduktion im eigenen Lande zu haben, gründete er in Potsdam eine Gewehrfabrik, zunächst mit Hilfe von Fachleuten aus Lüttich. 1723 holte er sich dazu zwei Meister und zehn Gesellen aus Essen.

Kaffeemühlen statt Gewehre Von den Essener Gewehren ist um die Jahrhundertmitte auch noch in der ersten großen deutschen Enzyklopädie lobend die Rede, dem *Großen vollständigen Universallexikon aller Wissenschaften und Künste, welche bishero durch menschlichen Verstand und Witz erfunden und verbessert worden,* nach ihrem Verleger auch kurz *Zedlersches Lexikon* genannt. Er erschien von 1732 bis 1754 in Halle und Leipzig und war mit 68 Bänden damals die größte alphabetische Enzyklopädie der Welt. Über Essen heißt es darin:

„Essen, eine mittelmäßig gebaute Stadt . . . ist ziemlich klein, genießet aber große Freiheiten . . . Sie führt den Titul einer Reichsstadt, hat aber kein Votum und Sessionem auf dem Reichstage. Es wird darinnen gut Gewehr gemacht. Am meisten ist sie berühmt wegen eines ganz nahe darbei befindlichen kaiserlichen freien weltlichen Stifts . . ." Es folgen nun Ausführungen über Verfassung und Geschichte der Altfrid-Gründung. Werden ist ausführlicher behandelt, wobei als Besonderheit jedoch nur mitgeteilt wird: „Sonst kommen aus dieser Gegend die Westphälischen Schinken und geräucherten Würste in der Menge. "

Mit den Büchsenmachern ging es in dem Maße bergab, wie nach Preußen auch andere Großmächte sich daranmachten, ihre Feuerwaffen selbst herzustellen. 1755 klagte das Schmiedeamt, daß „durchgehends die Profession nur von geringen und schlechten Leuten erlernet" werde. 1764 wird noch einmal von einem „membreusen, aus mehr denn hundert Gliedern bestehenden Schmiedeamt" gesprochen; 1780 meinte der Kanonikus Biesten in seinem *Versuch einer Beschreibung des Kaiserlich freiweltlichen Stifts Essen:* „Die bekannten und beliebten Essendischen Gewehre veranlassen einen vorteilhaften Handel, der aber ehedem besser als jetzt geblüht. "

1803 gab es in Essen noch vier Gewehrproduzenten mit 97 Meistern, Gesellen und Lehrlingen. Pro Tag wurden fünf bis sechs Gewehre erzeugt, die hauptsächlich nach Amerika gingen. Von den ehemals sechzehn Bohrmühlen waren nur noch zwei in Betrieb. Die Gewehr-Akzise, einst neben der Wein-Akzise die wichtigste städtische Einnahmequelle, erbrachte 1803 noch ganze fünf Reichstaler und damit weniger als die Lumpen-Akzise.

Einen kleinen Ausgleich für das verdorbene Gewehrgeschäft bot die um 1700 von einem Holländer in Essen eingeführte Produktion von Kaffeemühlen, für die sich bald Abnehmer in weiten Teilen Deutschlands, Holland, Tirol, der Schweiz und sogar in Amerika fanden − überall dort nämlich, wohin der Essener Gewehrhandel Geschäftsverbindungen hatte. 1795 stellten über vierzig Meister − Schmiede, Kastenmacher und Kupferschläger − monatlich tausend bis viertausend Mühlen her.

Und der Kohlenbergbau? Seit dem Mittelalter hatte sich daran wenig geändert: Es gab keine Eisenbahn, die Kohlen brauchte und zugleich billig beförderte, und die Schmelzöfen wurden noch immer mit Holzkohle beheizt. Kohle wurde also auch an der Schwelle des 19. Jahrhunderts nur in den Schmieden und in privaten Öfen verfeuert, in Essen ferner zum Brauen und Branntweinbrennen. Während der preußische Staat 1738 in Bochum ein Bergamt errichtete und 1766 den Bergbau technisch, juristisch und finanziell der staatlichen Aufsicht unterstellte, waren die Zustände in den verwunschenen Ländchen Essen und Wer-

Bergbau wie im Mittelalter

den kaum anders als ein halbes Jahrtausend zuvor. Die „Kohlbergordnung", die der Essener Magistrat 1725 erließ, beschränkte sich im wesentlichen darauf, die Arbeitsbedingungen zu fixieren; so durfte keine Gewerkschaft mehr als vier Knechte beschäftigen, und jeder Knecht war täglich mit dreizehn bis fünfzehn „Stübern" zu entlohnen (1 Stüber = 12 Pfennig, 60 Stüber = 1 Taler). Der einzige staatliche Bergbeamte war der sogenannte Zehntläufer, der für die Äbtissin den Zehnten einzutreiben hatte. Wie es um die Abgrenzungen der Eigentumsrechte stand, zeigte anschaulich ein Inserat in den Essener *Allgemeinen Politischen Nachrichten* vom 2. Januar 1800:

„Warnung

Da der Herr Advokat Sauermilch... die Anzeige machte, daß gewisse anmaßliche Interessenten Willens wären, die Kohlflöze den Stupert und die Vierfußbank genannt, den 15ten Jenner 1800 öffentlich zu verkaufen so benachrichtiget endsbenannte Gewerkschaft hiemit das Publikum, daß sie mit obengedachten Interessenten in einem beim Wezlarischen Reichskammergericht anhängenden Rechtsstreite befangen sey, und auch daselbst in den Jahren 1792 und 1793 verschiedene unbedingte Strafbefehle, wodurch ihnen die Arbeit verbothen, ausgewirket haben. Man räumet Ihnen diesseits nicht das mindeste Eigenthum ein, warnet deshalb jeden Kauflustigen, und will sich wieder einen allenfalsigen Verkauf alles rechtliche vorbehalten haben.

Gewerkschaft auf dem Kunstwerke bei Billebrink."
Rellinghausen, den 27sten Dezember 1799

Kohlenschiffe auf der Ruhr Dennoch wurde der Kohlenbergbau in der zweiten Hälfte des 18. Jahrhunderts etwas lebhafter, vor allem durch ein überfälliges Unternehmen: Die *Schiffbarmachung der Ruhr*. Zwar gibt es schon aus dem 11. Jahrhundert Urkunden über Salztransporte auf dem Fluß, und auch Kohlen wurden bei geeignetem Wasserstand in Kähnen abtransportiert; größeren Verschiffungen standen jedoch die engen Flußschleifen sowie die fünfundzwanzig Stauwehre im Wege, die von Mühlenbesitzern angelegt worden waren. Die Kohlen wurden weiterhin überwiegend auf Pferde- und Eselsrücken oder auf Karren verladen und gingen über Wege, die bei Regen zum Teil mit Knüppeln, Sträuchern oder Stroh passierbar gemacht werden mußten – vor allem nach Mülheim, dem alten Zentrum des Kohlenhandels.

1738 bot der Leiter der preußischen Königlichen Glasmanufaktur in Königssteele, Albert Hünninghausen, an, er wolle die Ruhr auf seine

Kosten bis zur Mündung schiffbar machen, falls er dafür fünfundzwanzig Jahre lang das Schiffahrtsprivileg erhielte. Allein der Unterlauf der Ruhr führte aber durch die Territorien von vier verschiedenen Landesherren, und zwei von ihnen verweigerten dem Fabrikanten nach sechzehnjährigen Erwägungen die Erlaubnis. Es waren die Äbtissin von Essen und der Abt von Werden.

1770 gründete jedoch der neue Abt in Werden, *Anselm Sonius,* zusammen mit einem Kaufmann in Kettwig eine Schiffahrtsgesellschaft, die einen Pendelverkehr mit Kohlenkähnen von Wehr zu Wehr einrichtete. 1772 entstand in größerem Stil die *Neue Ruhrschiffahrts-Entreprise behufs Transports derer märkischer Kohlen,* deren sechsunddreißig Teilhaber aus Ruhrort, Duisburg, Cleve und Essen waren. Mit Unterstützung der preußischen Regierung wurde auf beiden Ufern ein sogenannter Leinpfad angelegt, auf dem Pferde die Kähne mit fünfzehn Tonnen Ladegewicht an einer langen Leine ziehen konnten, zunächst noch immer im Pendelverkehr. Erst 1780 waren in die sechzehn Wehre des Unterlaufs Schleusen eingebaut, so daß nun ein durchgehender Schiffsverkehr möglich war. Finanziert wurden die Schleusen unter preußischem Druck von den adligen Grundherren, die dafür ein Schleusengeld erheben durften.

Preußen hatte zunächst vor allem das Interesse, Salz aus den Salinen von Unna billig zum Rhein zu transportieren, dann auch Kalk, Steine, Holz und Kohlen aus der seit 1753 preußischen Grafschaft Mark (dem östlichen Anlieger des Ländchens Essen). Friedrich der Große, der nicht nur die Kartoffel, sondern auch die Kohle förderte, setzte 1764 einen Preis von fünfzig Talern für den aus, der vorschlage, wie die Eisenhämmer der Mark mit Steinkohle statt Holzkohle betrieben werden könnten, und seit 1780 ließ er in Berlin Kommißbrot in Öfen backen, die mit Steinkohle geheizt waren. Zum Leiter des preußischen Bergamts in Wetter an der Ruhr (das 1805 nach Essen verlegt wurde) rückte der sechsundzwanzigjährige Oberbergrat Reichsfreiherr Karl vom und zum Stein auf.

Von 1780 bis 1800 stieg der Kohlentransport auf der Ruhr um das Vierfache, von rund zweitausend Ruhrnachen besorgt, die 1800 insgesamt 267000 Tonnen Kohle beförderten. Davon kam jedoch der Hauptteil aus der preußischen Mark – und auch aus dem Land Werden weit mehr als aus dem Land Essen. Der Schiffahrtsweg war für die Kohle von so überragender Bedeutung, daß über die Abbauwürdigkeit eines Kohlenflözes vor allem seine Nähe zur Ruhr entschied. 1801 wurden in

Werden etwa 60000 Tonnen, in Essen 40000 Tonnen Kohle gefördert.

Die Zechen waren noch immer klein, nur die größten beschäftigten
mehr als zwanzig Knappen. Und auch an den Abbaumethoden änderte
sich nichts. Der preußische Beamte Justus Gruner schrieb 1802, das
Stiftsgebiet habe „einen sehr fruchtbaren Boden, welcher Getreide jeder
Art liefert, und Steinkohlengebirge hat, die aber bei weitem nicht ertragen, was sie könnten, indem sie nicht regelmäßig gegraben, sondern
nur nach dem jedesmaligen Interesse von unstudierten Praktikern will-
kürlich geraubt werden".

Voltaire in Westfalen So war Essen um 1800 ein hinterwäldlerisches Städtchen, in dem fast
nichts mehr an den Glanz des Stifts im Hochmittelalter und an das
blühende Gewerbe zu Beginn der Neuzeit erinnerte. Über die westfälischen Zustände im allgemeinen haben manche Ausländer im 18.
Jahrhundert vernichtende Urteile gefällt. So schrieb Thomas Lediard,
Sekretär beim britischen Gesandten in Hamburg, in seinen *Briefen eines
durch Westfalen und Niedersachsen reisenden Engländers* über Westfalen im Jahre 1727: „Ich bekam Armut und Elend in den häßlichsten
Gestalten zu sehen – ein Land, so voll davon als sonst irgendeins in
Deutschland."

Und der bissige Spötter Voltaire meinte in seiner *Beschreibung einer
Reise von Compiègne nach Potsdam* (nämlich an den Hof Friedrichs
des Großen, also 1750): „In großen Hütten, die sie Häuser nennen,
sieht man Tiere, die sich Menschen nennen und aufs herzlichste mit anderen Haustieren zusammenleben. Die Nahrung der Herren im Hause
ist eine Art schwarzer und klebriger Stein, der nach ihrer Auskunft aus
Roggen gebacken wird."

Sehr freundlich dagegen urteilte Goethe 1774 über Elberfeld (das
1929 mit Barmen zu Wuppertal verschmolzen wurde): „Glückliche
Tage verlebte ich in dieser betriebsamen Gegend; die Rührigkeit so
mancher wohlbestellten Fabriken erfreute mein Herz."

Was hatten dagegen die Zeitgenossen über Essen zu berichten? In
seinen *Ansichten einer Reise durch das Clevische und einen Teil des
Holländischen im Jahre 1794* schreibt der preußische Kriegs- und
Domänenrat Ch. F. Meyer: „Die freie, unter preußischem Schutz stehende Stadt Essen ist wenigstens noch einmal so groß als Steele, auch
besser gebauet, hat viel Gewerbe und führt in ihren Gegenden einen
weiten Handel mit Weinen und allen holländischen Waren. Allein da

der Stadtmagistrat zu viel willkürliche Gewalt haben soll, welche zu sehr mißbraucht wird, dergestalt, daß alle öffentlichen gemeinnützigen Geschäfte von dem Privatverhältnisse abhangen, so wird auch wenig zustande gebracht, der Ort bleibt unverhältnismäßig teuer, und die nötige Polizeiverfassung den Mitgliedern der Obrigkeit selbstsüchtig überlassen, in welcher Hinsicht viel Schmutz, schlechte Bauart, unansehnliche Häuser, elende Wirtshäuser und Überteuerung der Reisenden eine nicht unbekannte Sache ist."

So gut wie nichts hatten Stadt und Stift getan, um für brauchbare Straßen zu sorgen. Die Postverbindung bestand darin, daß seit 1698 Briefe und Pakete zweimal wöchentlich, im Winter einmal wöchentlich, mit dem Postkarren nach Wesel gefahren wurden, wo Anschluß an den preußischen „Hauptpostkurs" Memel–Cleve bestand. 1792 wird in Essen zum erstenmal ein Postamt erwähnt, wahrscheinlich von Thurn und Taxis betrieben. 1778 beantragte der Magistrat, den von Berlin kommenden „Weselschen Postwagen" über Essen zu leiten – vergeblich. Über die Postverhältnisse von 1800 gibt eine Anzeige in den *Allgemeinen Politischen Nachrichten* Aufschluß:

„Da mir ein Hochachtbarer Magistrat die Postboten-Stelle von Essen nach Mülheim gütigst verliehen haben, so mache ich dieses einem geehrten Publikum hiermit bekannt, mit der Bitte, alle dorthin zu bestellende Briefe und kleine Paquete jedesmahl spätestens Montags und Donnerstags Abends an meiner Behausung auf der Viehofer Straße zu senden. Da ich alle Kräfte aufbieten werde, um meine Sachen accurat und billig zu besorgen, so hoffe ich auch, daß man sich für die Zukunft bloß an mich wenden werde.   *Christian Enkner.*"

Das Kulturleben Essens erschöpfte sich darin, daß die Musik sich einer gewissen Pflege erfreute. Chöre, Bläserchöre und auch Instrumentalorchester traten bei vielen kirchlichen und weltlichen Feiern auf. Es gab einen Kantor, einen Organisten und ein aus der Bürgerschaft gebildetes *Collegium Musicum.* Auf Pfosten über einer Düngergrube am Steeler Tor lag ein sogenannter Theatersaal, in dem wandernde Schauspieltruppen Stücke wie „Der großmütige Seefahrer" aufführten, meist in Abwesenheit der oberen Stände. Doch wurde ausnahmsweise auch „Hamlet" oder „Minna von Barnhelm" gegeben. Schließlich gab es dank der Familie Baedeker eine Zeitung und eine Buchhandlung, die erheblich besser waren als in anderen Kleinstädten von vergleichbarer Ärmlichkeit. Die Äbtissin, deren Hof am ehesten ein geistiger Mittel-

Musik und Theater

punkt hätte werden können, fühlte sich von der Stadt ausgesperrt, ließ ihre Essener Residenz verfallen und lebte meist in Borbeck oder Steele.

„Das echte Abbild der Essener Geistigkeit ist die schwere, etwas gedrückte Erdfestigkeit der weiten Halle des Münsters, die unkomplizierte Breite der Marktkirche mit ihrem handfesten Turm, die Rechtkantigkeit der winkligen Fachwerkhäuser in der Stadt", schreibt Robert Jahn, „die derbe Genußfreudigkeit der Tavernen und der Amtsschmäuse, der rauhe Schlag des Schmiedehammers, der jähe Knall der Pulverladung beim Probieren der Gewehre, die grobe und poltrige Art des Köhlers, der ohne viel Dreinreden von oben her seine Kohlen grub, und der scharfe Geruch der Warenballen aus der Frankfurter Messe, aus Wesel, Amsterdam und Batavia; das Mißtrauen gegenüber allem, was erst schwer beredet werden muß, was die Kräfte sorgsam und haushälterisch abzuwägen und einzuordnen zwingt. Die rheinische Unbekümmertheit war hier so fremd wie die brandenburgisch-preußische Staatskunst des Einbaus aller Kräfte in ein überspannendes Ganzes oder wie der humanistische Erkenntnisdrang."

Mit den Augen eines Preußen So wird man das böse Bild, das der schon mehrfach kurz zitierte *Justus Gruner* von Essen entwarf, nicht falsch, sondern nur übertrieben nennen können – gefärbt von der Ungeduld eines preußischen Staatsbeamten gegenüber allem, was nicht perfekt verwaltet wird. Gruner, später Polizeipräsident von Berlin und von 1814 bis 1816 preußischer Generalgouverneur am Mittelrhein, weilte 1802, kurz vor dem preußischen Einmarsch, als Fünfundzwanzigjähriger „wenige Tage" in Essen, „wo Weisheit und Sittlichkeit nur wenige Freistätten haben", und berichtete darüber in seinem Buch *Meine Wallfahrt zur Ruhe und Hoffnung oder: Schilderung des sittlichen und bürgerlichen Zustandes Westphalens am Ende des 18. Jahrhunderts*:

„Wen aber der Genius der Freundschaft nicht unter seine Fittiche nimmt, der kehre um vor dieser Stadt, oder leiste Verzicht auf reine Freuden, sobald er sie betritt. Echte Geselligkeit ist hier fremd, wie echte Kultur und Humanität ... Auch allen Bequemlichkeiten des Lebens muß man in Essen entsagen. Schmutzigere Gasthöfe, schlechtere Bewirtung und gröbere Wirte trifft man in ganz Deutschland nicht an. Ein hamburgischer Packträger könnte hier für einen Mann von höflichem Weltton gelten ...

Schiefe, schlecht gepflasterte Gassen, altmodische, zum Teil verfallene Gebäude, Unreinlichkeit, Enge und Dunkelheit sind ihre (Essens)

Altertumsdokumente... Die Gassen sind beinahe schlimmer als die Landstraßen; man wagt – bei dem gänzlichen Mangel an Erleuchtung – abends oft im eigentlichsten Sinne des Wortes sein Leben bei einem Besuche, indem sich häufig gerade in der Mitte und an den Seiten des Weges große Pfähle finden, auf die man losrennen muß."

Diesem zerstörten äußeren Zustand entspreche der „innere zerrüttete öffentliche Zustand der Stadt und Stift Essen", meint Gruner und fährt fort: „Die Äbtissin ist zugleich Regentin des Landes, welches sich leider! nicht sehr wohl darunter befindet. Die Justiz wird sehr schlecht verwaltet, und an Polizei ist gar nicht zu denken. Die ganze Gegend wimmelt von Vagabunden und räuberischem Gesindel. So scheußlich die Kerker sind, so wenig helfen sie doch für die öffentliche Sicherheit. Vielmehr liegt diese ganz darnieder, und die Industrie geht nicht weiter, als zur Erschwingung der Abgaben erforderlich ist."

In der Stadt selbst sei es nicht besser: „Arme Diebe läßt man laufen, weil sie zuviel kosten würden und den Richtern die Sporteln nicht bezahlen könnten. Reiche aber straft man entweder mit Geld oder läßt sie nach vorhergegangenen Bestechungen entwischen."

Freundlicher, ja zum Teil begeistert, äußert sich Gruner dagegen über Werden. „Kaum glaubte ich, daß meine erschöpften Glieder mich noch weitertragen würden, als, gleich einer himmlischen Ahndung, ein kühler Wald uns umfing, der uns allmählich in eine Taltiefe führte und plötzlich sich öffnete; um uns, entzückt von Freude und Überraschung, mit neuer Labung und Stärke zu beseelen. Wie im vollen Reiz der prangenden jugendlichen Schönheit, von der sanften Glut der Scham errötend, traulich die Geliebte sich an den Busen des festeren, sie liebevoll schützenden Mannes lehnt – so lag, umflossen von dem hohen Schimmer der Abendsonne, die Stadt und Abtei Werden, hingelehnt an ein fruchtbar geschmückt sich erhebendes Gebirge, vor uns da. Zu ihren Füßen wälzte sich, wie wonnetrunken, der glühende Strom der Ruhr rauschend durch die ihn sanft einfassenden kühlen Wiesentäler. Neben uns hinab zog sich der waldige Berg in tiefe drohende Felsenklüfte; aus der Nähe und Ferne tönten Mühlenräder und Dorfglocken, auf dem Strome trieben sich eine Menge von Kähnen mit fröhlicher Eile zur Heimat zurück, am Ufer arbeiteten tausend Hände, mit zwiefachem Fleiße, die Tageslast zu vollenden...

Die Lebensweise der Mönche ist, bei den reichen Einkünften des Klosters, nicht sehr beschränkt. Indeß soll es aber doch einige gebildete

Werden, wonnetrunken

Köpfe unter ihnen geben, die ich aber nicht kennenlernte. Die Klosterbibliothek verdient übrigens keiner besonderen Erwähnung ...

Die Quadratmeile Land, welche das Werdensche Gebiet umfaßt, ist
einer der schönsten Striche des herrlichen Ruhrtals und gewährt ihren
Bewohnern einen ebenso angenehmen als segensreichen Aufenthalt.
Fruchtbare Wiesen und Felder, Kohlen- und Kalksteinbrüche sind auf
diesem kleinen Bezirke die Erwerbszweige, welche von der Natur ein
paar tausend Menschen dargeboten und von diesen fleißig benutzt werden. Die Einwohner sind arbeitsam, der Ackerbau blüht, und in der
Stadt Werden und dem Flecken Kettwig gibt es bedeutende Tuch-
und Wollenmanufakturen. Die Ruhr ist beständig mit kleinen handeltreibenden Fahrzeugen gefüllt, und überall stößt man auf das lachende
Bild eines tätigen Wohlstandes."

Die Straßen, die öffentliche Sicherheit und das Schulwesen findet
Gruner auch in Werden zu tadeln. Er schließt: „Im Durchschnitt
sind die Werdener wohlhabend und scheinen mit ihrem Schicksal zufrieden, was bei ihrer stetigen Tätigkeit und wenigen Bildung natürlich
ist. Auch haben sie es in der Tat noch besser als viele andere geistliche
Untertanen. Aber ein guter weltlicher Fürst würde diesen kleinen,
glücklich gelegenen Landstrich mit seinen fleißigen Bewohnern zu
einem Erdenparadies umschaffen, in dem ich mich dann ansiedeln
möchte, um der Natur an einem ihrer schönsten Altäre zu huldigen, den
jetzt unnatürliche Gelübde und Handlungen entweihen."

Ein Trost also für Lokalpatrioten: Selbst der bitter hassende Gruner
hätte sich im Raum der heutigen Stadt Essen — nämlich in Werden —
niederlassen wollen. Seinen Bericht über das damalige Essen schließt
der preußische Beamte mit den Worten: „Die bevorstehende Säkularisation und Teilung Deutschlands ist in der Tat für Essen ein Stern der
Hoffnung — der einzige, der Licht und Leben aufs neue über dieses tief
sinkende Ländchen wohltätig verbreiten kann. Möge es bald mit dem
vollen Glanze überstrahlen, den seine von der Natur schön geschmückte
Gegend verdient!"

Die Meinungen über die Annexion waren geteilt. Immerhin machte
sie einer fast hoffnungslosen Rückständigkeit und einem mehr als vierhundertjährigen Krieg ein Ende, in dem sich Stadt und Stift gegenseitig
aufrieben. Zwei winzige deutsche Länder hauchten ihren Lebensatem
aus. „Ein düsterer Traum von Verwesung und Finsternis", wie Gruner
meinte — ein Traum von himmlischer und irdischer Größe, wie einst
Altfrid und Theophanu ihn träumten, war ausgeträumt.

III
Schächte und Schlote

Essen 1892: Das Stadttheater wird eingeweiht

Die Kokerei der Krupp-Zeche Sälzer-Neuack (um 1900)

Die Goldgräberstadt von 1900: Kettwiger Straße am Bahnhof (oben) und an der St.-Johannes-Kirche (unten), links der Rathausturm

Der Kopstadtplatz im Jahre 1905, rechts das Vergnügungsetablissement „Colosseum"

Die Sünden der Väter: Kapuzinergasse 1910

...ich Zweigert, Oberbürgermeister von Essen 1886–1906

Wilhelm Holle, Oberbürgermeister von Essen 1906–1918

Die Herrschaft der Kohle: Zeche Victoria Mathias um 1910

Dr. Hans Luther (links),
Oberbürgermeister von
Essen 1918 bis 1924, später
Reichskanzler, und Dr.
Franz Bracht, Oberbürger-
meister von Essen 1924
bis 1932, später Reichsinnen-
minister

Im Ersten Weltkrieg auf
dem Essener Hauptbahnhof

Essen 1943: Bismarck im Feuersturm

Essen März 1945

*Essen 1949:
Die Krupp-Fabrik wird
eingeebnet. Links die
Generatoranlage, durch
Bomben zerstört; rechts
ein Fabrikschornstein, im
Zuge der Demontage
gesprengt*

*Essen 1947: Für sein
tägliches Brot muß man
Schlange stehen*

1. Kapitel

Die Preußen kommen

Am 3. August 1802 nahmen je zwei preußische Kompanien von den geistlichen Territorien Essen und Werden Besitz. Sie standen unter dem Oberbefehl des damaligen Generalleutnants und Gouverneurs der von Preußen annektierten westfälischen Lande, Gebhard Leberecht Blücher. Die Soldaten entwaffneten die elfköpfige fürstlich-essendische Armee, entfernten die Abzeichen des bisherigen Landesherrn von den Plätzen und öffentlichen Gebäuden – „mit Bescheidenheit", wie ihr Befehl lautete – und pflanzten den preußischen Adler auf.

Das Schicksal der beiden Zwergstaaten an der Ruhr war im Grunde schon 1795 mit dem *Baseler Frieden* besiegelt worden, in dem Preußen aus der antifranzösischen Koalition mit Österreich, England, Holland und Spanien ausschied und seine ohnehin in französischer Hand befindlichen linksrheinischen Besitzungen an Frankreich abtrat. In einem Geheimartikel des Friedensvertrages wurde Preußen dafür von Frankreich eine Entschädigung an rechtsrheinischem Land zugesagt, falls beim allgemeinen Friedensschluß das linke Rheinufer endgültig französisch werden sollte.

Es wurde französisch – im Frieden von *Lunéville* am 9. Februar 1801. Er beendete die französischen Revolutionskriege und praktisch auch die Existenz des Heiligen Römischen Reiches Deutscher Nation ebenso wie die der geistlichen Fürstentümer in Deutschland; denn er bestimmte, daß die erblichen Fürsten, die links des Rheins durch die französische Besitzergreifung Land verloren, im Inneren des Reiches dafür zu entschädigen seien. Napoleon wollte damit offenbar die deutschen Fürsten milde stimmen und zugleich diejenigen Reichsstände abgeschafft sehen, die bisher am treuesten zum deutschen Kaiser gestanden hatten, nämlich die geistlichen Länder.

Welcher Fürst womit entschädigt werden sollte, regelte der *Reichsdeputationshauptschluß* vom 25. Februar 1803. Der in Regensburg tagende Reichstag hatte im August 1802 eine Reichsfriedensdeputation eingesetzt (einen Ausschuß der Reichsstände, also der Landesherren). Diese Deputation beschloß, mit sechs Ausnahmen die Reichsunmittelbarkeit der Reichsstädte und mit drei Ausnahmen alle geistlichen Territorien aufzuheben, nämlich 22 katholische Bistümer, rund 80 Abteien und über 200 sonstige Klöster, vorwiegend in West- und Süddeutschland (die evangelischen Stifte Nord- und Mitteldeutschlands waren schon im Westfälischen Frieden von 1648 verweltlicht worden). Innerhalb der Territorien war die Enteignung des Kirchenguts gestattet, lediglich mit der Maßgabe, daß aus den beschlagnahmten Kirchengütern die Sorge für den Gottesdienst sowie für die bischöflichen Stühle und Behörden zu bestreiten sei.

Von dieser *Säkularisation* (Verweltlichung, Einziehung von Kirchengut durch den Staat) waren 90 000 Quadratkilometer deutschen Landes (mehr als die Fläche des heutigen Österreich) mit drei Millionen Einwohnern betroffen. Auf Preußen entfielen davon die Bistümer Hildesheim und Paderborn, die Stadt Münster mit dem östlichen Teil des Bistums, die Städte Erfurt, Mühlhausen, Nordhausen und Goslar sowie die Reichsabteien Herford, Quedlinburg, Elten, Essen und Werden. Von den 600 000 neuen Untertanen, die Preußen dadurch erwarb, trafen 13 000 auf das Land Essen und 7300 auf das Land Werden (davon 3519 auf die Stadt Essen, 2454 auf die Stadt Werden und 1459 auf die Stadt Steele).

Das Ende von Stift und Abtei Obwohl die Reichsdeputation diese Gebiete erst mit ihrem Hauptschluß von 1803 Preußen zusprach, erfolgte die Besitzergreifung bereits am 3. August 1802, wenige Wochen nach einem neuen Geheimvertrag mit Frankreich, der die Regensburger Beschlüsse vorwegnahm. Die Rechtsgrundlage des preußischen Einmarschs war also höchst anfechtbar. *Beda Savels,* „von Gottes Gnaden Abt des Kaiserlichen und des heiligen römischen Reiches freien und exempten Stifts Werden", legte feierlich Protest ein, die Essener Fürstäbtissin Maria Kunigunde war schon vor den französischen Revolutionsheeren nach Augsburg geflohen und hatte sich vor dem preußischen Einmarsch aus Berlin bestätigen lassen, daß sie lebenslänglich eine jährliche Abfindung von etwa sechstausend Talern bekommen werde.

Die beiden Essener Kapitel der Stiftsdamen und der Kanoniker wurden durch eine preußische Kabinettsorder vom 18. April 1803 (also immerhin *nach* dem Beschluß der Reichsdeputation) aufgehoben, die Stiftsgüter der preußischen Kriegs- und Domänenkammer in Hamm unterstellt. Die *Allgemeinen Politischen Nachrichten* berichteten darüber:

„Essen, den 5. Mai. Unter 2. d. M. wurde von der hier anwesenden Königlichen Spezial-Kommission, zuerst dem versammelten gräflichen Damenkapitel, und hiernächst dem zusammenberufenen Kanonichen-Kapitel, bekanntgemacht, daß des Königs Majestät, in Gemäßheit der Allerhöchst denenselben nach dem Reichsfriedensschluß vom 25. Februar zustehenden Disposition, beide Kapitel aufzuheben beschlossen hatten, jedoch dergestalt, daß die jetzigen Mitglieder derselben zeitlebens in dem Genuß ihrer bisherigen Einkommen verbleiben würden."

Der Stuttgarter Rechtslehrer Johann Jakob Moser hatte sich in seinem vierundzwanzigbändigen Werk *Neues deutsches Staatsrecht* (1766 bis 1782) noch gewundert: „Etwas ganz Besonderes ist es, daß in dem fürstlichen Stifft Essen die erste Classe deren Landstände aus lauter Frauenzimmern besteht." Nun war es mit diesem verwunderlichen Überbleibsel aus dem Mittelalter vorbei. Die letzte Fürstäbtissin von Essen, Prinzessin von Polen und Litauen, Herzogin von Sachsen, starb, sechsundachtzig Jahre alt, 1826 in Dresden.

Der Abt von Werden erhielt eine jährliche Pension von rund dreitausend Talern, die Mönche von dreihundertfünfzig Talern sowie das Recht, weiter im Abteigebäude zu wohnen. Sie wurden Weltgeistliche und übernahmen Pfarrer- oder Lehrerstellen. Bei geringeren Verwaltungskosten hatte das Stift Werden zur Zeit der Übergabe höhere Einnahmen als das Stift Essen – wohl eine Folge besserer Verwaltung, sparsamerer Hofhaltung und höherer Einkünfte aus dem Kohlenbergbau, in dem Essen ja zunächst eine geringere Rolle spielte (vgl. Seite 125). Der letzte Abt von Werden starb 1828 in Düsseldorf.

Die *Abteiliche Residenz* zu Werden war, abgesehen von den Kirchen, das prächtigste Bauwerk auf dem Boden des heutigen Essen, vor Schloß Borbeck (vgl. Seite 87), der Jesuitenresidenz am Essener Burgplatz (vgl. Seite 115) und dem 1765 erbauten Waisenhaus in Steele, das einen Residenzflügel für die Äbtissin enthielt. Die ehemalige Benediktinerabtei Werethina war zu Anfang des 18. Jahrhunderts abgebrochen und von 1745 bis 1794 unter vier verschiedenen Äbten durch einen großzügigen barocken Neubau mit prunkvollen Räumen ersetzt worden. Nachdem die preußische Verwaltung das zum Teil kostbare Inventar versteigert und die wichtigsten Bände der Klosterbibliothek nach Münster geschafft hatte, stand das Schloß bis 1811 leer. Dann wurde es

Zuchthaus und Tanzsaal

135

in ein preußisches Zuchthaus verwandelt, eine Funktion, die es bis 1928 beibehielt. 1946 nahm die Residenz die Folkwangschulen auf.

Das Abteigebäude in der Essener Burg war dagegen in so schlechtem Zustand, daß das 1805 von Wetter nach Essen verlegte westfälische Oberbergamt sich weigerte, es zu beziehen, und statt dessen in das ehemalige Wohnhaus der Stiftsdame Gräfin Rietberg einzog. An der Unbrauchbarkeit der Essener Residenz scheiterte auch der Plan, die Regierung der preußischen Provinz Cleve-Mark in Essen zu etablieren; sie kam nach Münster.

So wurde die Abtei, von der aus einst Kriege gegen die Stadt geführt worden waren, der Bürgerschaft eben dieser Stadt für Festlichkeiten freigegeben. In den *Allgemeinen Politischen Nachrichten* – die seit 1802 über den Titel den Vermerk „Mit Allergnädigster Königl. Preuß. Bewilligung" trugen – erschien am 26. Dezember 1805 nicht nur „Noch einiges von der Schlacht bei Austerlitz" (sie hatte vierundzwanzig Tage zuvor stattgefunden), sondern auch das Inserat:

„Mit hoher Bewilligung wird im Saal der vormaligen Abtei, Dienstags den 7ten Jenner, ein Maskenball statt haben. Für Ordnung, gute Musik, Beleuchtung und Bedienung wird bestens gesorgt werden. Anfang Abends 7 Uhr. Entree 24 Stbr. die Person. Masken sind vorrätig. G. Schmitt."

Die einzige preußische Maßnahme, die allgemein auf Zustimmung stieß, war, daß Essen 1803 an den preußischen Postkurs Berlin–Wesel angeschlossen wurde, worum der Magistrat der halben Reichsstadt Essen die preußische Regierung 1778 vergeblich gebeten hatte. Am 1. Juli wurde das Essener Postamt von Thurn und Taxis aufgehoben und das preußische Postregal eingeführt, und zwei Tage später konnte die Essener Zeitung berichten: „Vorgestern hatten wir das Vergnügen, zum ersten Mal den Berliner Postwagen hier durchfahren zu sehen, der ehemals bekanntlich seine Route durchs Münstersche nahm, nun aber wöchentlich zweimal von Wesel über Essen ... gehen wird."

Die Postkutsche wurde mit Musikkapellen empfangen und mit Blumen bekränzt, was den Postillion freilich nicht davon abhielt, auf den elenden Zustand der Wege im Essenschen zu schimpfen. Von 1833 an wurde die Strecke Berlin–Essen–Wesel sogar täglich befahren, ebenso die Route nach Düsseldorf; dazu kam viermal wöchentlich eine Verbindung nach Elberfeld.

Auch sonst tat die preußische Verwaltung manches Nützliche, aber *Strenge* Sympathie gewann sie damit nicht. Waren schon die Truppen recht *Bergordnung* kühl empfangen worden, so stieß die ungeduldige Fürsorge, die der straff organisierte preußische Staat seinen Untertanen angedeihen ließ, erst recht auf Ablehnung.

Verärgert war die katholische Mehrheit des Stiftslandes, die die Säkularisation als Unrecht empfand und sich einem überwiegend protestantischen Staat einverleibt sah.

Verärgert war, obwohl protestantisch, die Bürgerschaft der Stadt Essen, die einst Friedrich den Großen zu ihrem Helden erkoren hatte: Der Äbtissin hatte sie in ihrem vierhundertjährigen Krieg doch fast die Rechte einer Reichsstadt abgetrotzt, von dem hoffnungslos übermächtigen neuen Landesherrn aber wurde Essen zu einer Landstadt degradiert und, ebenso wie die Städte Steele und Werden, dem Steuerkreis Duisburg zugeschlagen.

Verärgert waren Bürgermeister und Magistrat, denn sie hatten – bei Untersagung der fälligen Neuwahlen – bis 1804 nach preußischem Reglement hart zu arbeiten und wurden dann durch preußische Beamte unter einem ortsfremden Stadtdirektor ersetzt.

Verärgert waren schließlich die Gewerken und Knappen der Kohlenbergwerke: Denn die Einrichtung eines Bergamts in Essen 1803 und die für die Stadt an sich so nützliche Verlegung des Oberbergamts von Wetter nach Essen im Jahre 1805 waren mit der Einführung der preußischen Bergordnung von 1766, also mit Kontrolle und Zwang verbunden. Dem Grundeigentümer wurde das Verfügungsrecht über die Zeche entzogen. Der Staat überwachte den technischen Grubenbetrieb, revidierte das Rechnungswesen, setzte eine Kohlentaxe fest und zwang die Bergleute zu Abgaben für die Knappschaftsversicherung – im ureigensten Interesse der Knappen zwar, aber mit Zwang verknüpft, typisch preußisch. Gewerken, die sich nicht fügen wollten, wurden durch Zwangseinquartierung mürbe gemacht.

Unter der starken Hand des Oberpräsidenten der westfälischen Kriegs- und Domänenkammern, Freiherrn vom Stein, waren die preußischen Reformen organisatorisch bereits 1804 im wesentlichen durchgesetzt. Ehe sie sich freilich praktisch bewähren konnten, zogen die Preußen wieder ab.

Der neununddreißigjährige Reitermarschall Joachim Murat, ein Schwa- *Französisches* ger Napoleons, wurde 1806 vom Kaiser der Franzosen zum Herzog *Zwischenspiel* von Berg ernannt. Gegen den Willen Napoleons, der im Interesse seiner Kontinentalsperre Wert auf gute Beziehungen zu Preußen legte, ließ Murat am 28. März 1806 seine Truppen in die preußischen Territorien Essen und Werden einmarschieren, weil er für die Industrie seines Herzogtums die dortigen Kohlenvorkommen brauchte. Zum ersten, nicht zum letzten Mal wurde damals aus Essens Bodenschätzen eine politische und militärische Konsequenz gezogen.

Die Bevölkerung begrüßte die französischen Eindringlinge als Befreier von den lästigen Preußen, und mehrere Kohlengewerken richteten in ihrem Ärger über das preußische System an den Marschall und neuen Landesherrn sogar eine Huldigungsschrift, in der es hieß: „Endlich hat die höchste Vorsehung uns des so lange erseufzten Glückes gewürdigt, uns mit einem neuen Herrscher, unserem teuersten, so milden als gerechten Landesvater zu begnadigen..." Die Buchhandlung Baedeker inserierte: „Bey Unterschriebenem ist zu haben: Porträt Sr. Kaiserl. Königl. Hoheit des Herrn Großherzogs Joachim von Berg, gestochen von Thelott. 1 Rthlr. 74 Stbr."

Der preußische Stadtdirektor allerdings weigerte sich, die Proklamation über die Besitzergreifung Essens durch Murat anschlagen zu lassen, und eine Woche später, am 4. April 1806, wurden die Plakate wieder entfernt – von einem preußischen Bataillon, das mit Pauken und Trompeten in Essen einrückte. Die Franzosen leisteten nicht etwa Widerstand, sondern legten nur Protest ein und äußerten anschließend den Wunsch, sich als preußische Kriegsgefangene betrachten zu dürfen. Die Preußen wiesen jedoch darauf hin, daß es zwischen Preußen einerseits und Berg und Frankreich andrerseits gar keinen Krieg gebe, die Franzosen also besser daran täten, mit den Preußen gemeinsam die Wache zu stellen. Nach einigem Zögern erklärten sich die Franzosen am 18. Mai dazu bereit. Ihre Quartiere bezogen die einstigen und künftigen Gegner vorsichtshalber in verschiedenen Stadtvierteln, mit dem Markt als Demarkationslinie und etlichen preußisch-französischen Wirtshausraufereien. Die Händel zwischen Reichsstadt und Äbtissin hatten eine würdige Fortsetzung gefunden.

Bald zogen die Franzosen ab, die Preußen blieben. Am 22. September 1806 schrieb der Zeitungsverleger Gottschalk Diedrich Baedeker in einem Privatbrief: „In unserer Gegend sieht es sehr kriegerisch aus; man hält den Krieg für unvermeidlich, doch ist unser Ländchen neutral und wird bis zur ausgemachten Sache von einem Ausschuß aus zwei preußischen und einem herzoglich-bergischen Commissarien verwaltet. Bräche der Krieg wirklich aus, so könnte dieses *interregnum* vielleicht von wichtigem Nutzen für uns seyn. Im Bergischen und Clevischen wird jetzt stark ausgenommen; es ist wirklich traurig, daß ein Teutscher die Waffen gegen die anderen ergreifen soll!"

Am 1. Oktober brachen die Feindseligkeiten zwischen Preußen und Frankreich aus. Am 14. Oktober zerschlug Napoleon die preußischen Armeen bei Jena und Auerstädt. Acht Tage später, am 22. Oktober, rückten französische und holländische Truppen in Essen ein, um das Land zum zweitenmal dem Großherzogtum Berg einzuverleiben. Am 30. Oktober erließ der großherzoglich-bergische Generalkommissar Graf von Westerholt-Giesenberg folgende Proklamation: *Das Groß-herzogtum Berg*

„Seine Kaiserliche Hoheit, der Großherzog von Berg, Prinz und Großadmiral von Frankreich, geruhten die Regierung der Länder Essen, Werden und Elten zu übernehmen und mir die Verwaltung derselben interimistisch anzuvertrauen. Ich darf von den mir bekannten patriotischen Gesinnungen aller Einwohner, vorzüglich aber der Beamtenschaft, erwarten, daß sie nach Kräften mein Bestreben, dasjenige herbeizuführen, was den Nutzen, die Ordnung und Ruhe dieser Provinzen befördert, unterstützen werden."

Die abermalige Neuordnung schien sich jedoch nicht sogleich durchzusetzen; jedenfalls erschien in den *Allgemeinen Politischen Nachrichten* vom 13. November 1806 folgender kurioser Aufruf:

„Wir sehen uns genöthiget, hierdurch öffentlich bekanntzumachen, daß der Chef des General-Stabes der Nordarmee, Herr General Boecop, auf ausdrücklichen Befehl Seiner Majestät des Königs von Holland, das Großherzoglich-Bergische hohe Finanzministerium benachrichtiget habe, daß die Lande Essen und Werden, als zum Großherzogthum Berg gehörig und der Verwaltung der Großherzoglichen Behörden überlassen zu betrachten seyen.

Großherzoglich-Bergische zur Besitzergreifung und Verwaltung der Lande Essen und Werden Allerhöchst verordnete Commission."
Essen, den 6ten November 1806

Marschall Murat wurde 1808 zum König von Neapel befördert, und Prinz Louis Napoleon, ein minderjähriger Neffe des Kaisers, trat in Berg an seine Stelle. Die Verwaltung lag in den Händen eines kaiserlichen Regierungskommissars in Düsseldorf. Sie wurde nach französischem

Vorbild streng zentralistisch aufgebaut; Essen war Hauptstadt eines Arrondissements, das in die „Kantone" Essen, Werden, Duisburg und Dinslaken zerfiel und seinerseits zum Rheindepartement gehörte. Hatten die Preußen die ständischen Einrichtungen des Mittelalters noch unangetastet gelassen, so hoben die Franzosen nun das Lehnsrecht und die Vorrechte des Adels auf, ebenso die Hörigkeit der Bauern sowie alle Gilden und Zünfte; sie führten Napoleons Zivilgesetzbuch und die bürgerliche Eheschließung ein.

Von den preußischen Einrichtungen dagegen beließ die französische Verwaltung gerade diejenigen, die den Bergwerksunternehmern so großen Ärger machten: das Bergamt und die Bergordnung, der von französischer Seite „langjährige, sehr glückliche Wirkungen" bescheinigt wurden. Waren unter preußischer Herrschaft Gewerken und Knappen wenigstens vom Militärdienst befreit, so hob das Großherzogtum Berg ohne Rücksicht auf die Kohlen Soldaten in großer Menge aus, die in Spanien und in Rußland für Napoleon kämpfen durften.

Und wieder
die Preußen

Am 19. Oktober 1813 wurde der Kaiser der Franzosen in der Völkerschlacht bei Leipzig geschlagen. Am 11. November marschierten wieder preußische Truppen in Essen und Werden ein, diesmal ein wenig freundlicher begrüßt als 1802. Zum provisorischen Generalgouverneur der wiedergewonnenen westfälischen Provinzen wurde ein eifriger preußischer Beamter und ausgezeichneter Kenner der Essener Verhältnisse ernannt: Staatsrat Justus Gruner. Er erhielt nun also Gelegenheit, Essen aus dem „düsteren Traum von Verwesung und Finsternis" zu reißen, in dem er die unfreie Reichsstadt 1802 angetroffen zu haben meinte.

Zunächst beschränkte er sich darauf, den französischen Verwaltungseinrichtungen neue Namen zu geben, »um jede gehässige Erinnerung auszulöschen und das öffentliche Vertrauen nicht länger durch fremde Formen zu beleidigen". Aus dem *Maire* wurde ein Bürgermeister, aus dem *Adjoint* ein Beigeordneter. Das Arrondissement Essen wurde in *Bezirk* umbenannt, sein Verwaltungssitz von Essen nach Dortmund verlegt. Essen wurde nun jedoch, im Unterschied zu 1802, Sitz eines Landratsamts. Die bürgerliche Eheschließung schaffte Gruner wieder ab.

Der Wiener Kongreß (September 1814 bis Juni 1815) sprach Preußen den größten Teil der späteren Rheinprovinz zu. Essen und Werden wurden Grafschaften, von denen Preußen formell am 15. April 1815 Besitz ergriff. „Und so, Ihr Einwohner dieser Länder", heißt es in einem Aufruf König Friedrich Wilhelms III., „trete Ich jetzt mit Vertrauen unter Euch, gebe Euch Euerm Vaterlande, einem alten deutschen Fürstenstamme, wieder, und nenne Euch Preußen!"

Die preußische Verwaltungseinteilung brachte für Essen eine folgenschwere Entscheidung: Die Stadt wurde, ebenso wie Werden, 1816 der preußischen Provinz Jülich-Cleve-Berg (Regierungssitz Köln) eingegliedert. Diese Provinz wurde 1822 mit der Provinz Niederrhein zur *Rheinprovinz* (Sitz Koblenz) verschmolzen. Während schon Bochum und Gelsenkirchen in der preußischen Provinz Westfalen lagen, gehörte die alte westfälische Stadt Essen von 1816 bis 1945 politisch zum Rheinland – und wird auch heute noch dazu gerechnet, weil im Bundesland Nordrhein-Westfalen die preußische Provinzgrenze von den *Landschaftsverbänden* Rheinland und Westfalen übernommen worden ist. Bis 1823 war Essen eigener Landkreis und gehörte dann bis 1857 zum Landkreis Duisburg. Ab 1857 war Essen wieder eigener Landkreis. Die Stadt Essen bildete ab 1873 einen eigenen Stadtkreis.

Da das Rheinland schon zwei Universitäten besaß (Köln und Bonn), Westfalen aber nur eine (Münster), mußte die 1961 beschlossene Ruhruniversität nach „Westfalen" kommen; so ist sie in Bochum entstanden.

Wo endet Westfalen?

2. Kapitel
Dinnendahls Feuermaschine

Es waren sechsunddreißig „auserlesene Pferde", mit denen die Industrie in Essen ihren Einzug hielt.

Die *Allgemeinen Politischen Nachrichten* vom 14. September 1808 berichteten:

„Am 13 d. wurde der zur hiesigen neu angelegten Feuermaschine gehörige Kessel, welcher circa 15 000 Pf. wiegt, und von einer solchen Größe ist, daß er beim Durchfahren des Limbecker Thores nur 3 Zoll Spielraum hatte, glücklich auf einem besonders dazu eingerichteten Wagen an seinen bestimmten Ort gebracht. Eine ungeheure Volksmenge begleitete diese Kesselfahrt. Die hiebey vorgespannten Pferde gehörten theils Overath, theils Siepmann, theils Vester und theils Kalthof; Overath aber, welcher sich diesen Kessel zu fahren übernommen hatte, brachte denselben, ohne etwas zu zerbrechen, noch binnen dreiviertel Stunden an den Ort seiner Bestimmung, welcher eine halbe Stunde von hier gelegen ist. Am mehrsten war zu bewundern: wenn nach einer kurzen Pause sich die Pferde etwas erholt hatten, dann auf das Wörtchen Nu! (welches Overath aus vollen Kräften rief) dieselben jedesmal zugleich anzogen, und sofort wurde die schwere Last ein Drittel des Weges über ungeackertes Land, und ohnerachtet, daß die Räder zwei bis drei Fuß in die Erde drangen, an Ort und Stelle gebracht."

Damit die Durchfahrt durch das Limbecker Tor überhaupt möglich war, mußte unter dem Torbogen das Straßenpflaster entfernt werden. Jahrelang blieb die Maschine das Ziel vieler Sonntagsausflügler. Die Zeche *Vereinigte Sälzer und Neuack*, auf der sie installiert war, hieß im Volksmund „die Feuermaschine".

Der Pferdetreck war der Auftakt zur Inbetriebnahme der ersten Dampfmaschine, mit der der Kohlenbergbau in Essen in größere Tiefen vorstoßen konnte, weil man dank der Absaugung des Wassers mit Dampfkraft nun endlich des Grundwassers Herr wurde. Es war der Auftakt zum großen Kohlenrausch.

Freilich hinkte Essen damit fünf Jahre hinter Werden, zwanzig Jahre hinter Oberschlesien, fünfunddreißig Jahre hinter dem Saargebiet und nicht weniger als hundertzehn Jahre hinter England her, dem Mutterland der Industrie. Es ist erstaunlich und gar nicht recht im öffentlichen Bewußtsein, *wie* lange nach Großbritannien auch Deutschland eine Industriemacht wurde und *wie* spät innerhalb Deutschlands jene heute in aller Welt bekannte und weithin sprichwörtliche Ballung von Zechen, Hütten und Fabriken entstand, die wir *Ruhrgebiet* nennen.

Dampf-pumpen für Bergwerke

Die erste funktionierende Dampfmaschine überhaupt wurde 1690 zwar in Deutschland gebaut, aber von dem französischen Physiker *Denis Papin*, als er Professor der Mathematik in Marburg war. 1698 erhielt der englische Bergwerksbeamte *Savery* ein Patent auf die erste Dampfmaschine, die aus einem Kohlenschacht Wasser fördern konnte. Der erste berühmte Hersteller einer großen Zahl brauchbarer Dampfmaschinen war der englische Schmied *Thomas Newcomen*, dessen Erzeugnisse seit 1711 in vielen Kohlenschächten Englands und Schottlands installiert wurden und so dazu beitrugen, England für ein Jahrhundert in die Werkstatt der Welt zu verwandeln. Newcomen baute sogenannte atmosphärische Dampfmaschinen, bei denen durch Abkühlung des Dampfes im Zylinder ein Sog entstand, der eine langsame, aber für Pumpzwecke brauchbare Bewegung hervorrief.

Dreiundsechzig Jahre lang, von 1698 bis 1761, waren die Dampfmaschinen reine Hilfsmittel des Bergbaus: Sie wurden ausschließlich dazu verwendet, Wasser oder später Kohle aus der Tiefe zu fördern. Von Anbeginn zeigte sich die Wechselwirkung von Kohle und Maschine: Die Maschine half die Kohlenförderung erhöhen, die Kohle heizte die Maschine. Je mehr Dampfmaschinen es gab, desto mehr Kohle *konnte* gefördert werden – *mußte* aber auch gefördert werden, schon um die Dampfmaschinen zu füttern. Der Kohlenverbrauch der frühen, groben Dampfpumpen war enorm: Um eine Leistung von tausend Kilowatt zu erzielen, braucht eine Dampfturbine heute weniger als eine halbe Tonne, während Newcomens Feuermaschinen über zehn Tonnen fraßen.

1761 wurde die erste Dampfmaschine in Betrieb genommen, die nicht dem Bergbau diente: eine Dampfpumpe für die Londoner Wasserversorgung. 1769 baute der Franzose *Cugnot* die erste Dampfmaschine, die sich selbst vorantrieb: einen feuerspeienden Straßendampfwagen. Von 1765 bis 1785 nahm dann der schottische Mechaniker *James Watt* an der Dampfmaschine so entscheidende Verbesserungen vor, daß er noch ein-

Watt und Bückling

mal als der Erfinder dieses Schrittmachers der industriellen Revolution gefeiert werden konnte. Nicht mehr der Unterdruck des abgekühlten, sondern unmittelbar der Überdruck des heißen Dampfes setzte nun die Kolben in Bewegung. Die Welt hatte ihre erste Hochleistungsmaschine. Sie arbeitete auch mit einer weniger billigen Kohle als der englischen rentabel, machte die Installierung in Fabriken lohnend und ließ sich schließlich auf Schienen stellen. Der Mensch verwandelte die Sonnenenergie, die in der Kohle vor Jahrmillionen aufgespeichert worden war, in Feuer zurück und vertausendfachte damit seine Kraft.

Friedrich der Große, schon seit 1764 Förderer der Kohle (vgl. Seite 125), schickte seinen Bergrat *Bückling* nach England, damit er Watts Dampfmaschine studiere; unter Bücklings Leitung wurde die erste Dampfmaschine in Deutschland gebaut und 1785 im Kupferbergwerk von Hettstedt bei Halle in Betrieb genommen. Maschinen, die aus England kamen, wurden (nach einem Versuch von 1722 in Kassel) 1773 im Saargebiet, 1788 im oberschlesischen Erzzentrum Tarnowitz, 1793 im alten Kohlenrevier von Aachen installiert. In Schlesien wirkte auch der erste deutsche »Kunstmeister«, der Dampfmaschinen in größerer Zahl herstellte (fünfzig Stück zwischen 1794 und 1825): August Holtzhausen.

Der Schweinehirt von Steele Der zweite war *Franz Dinnendahl*, der Stammvater der Essener Schwerindustrie. Sein Weg ist bezeichnend für die unsäglich mühsamen, oft zufälligen und von wenigen Männern auf eigene Faust unternommenen Anläufe, die die Industrie in Deutschland nehmen mußte.

Dinnendahl wurde 1775 als Sohn eines Müllers in Horst bei Steele (im Ostzipfel des heutigen Essen) geboren und wuchs in Steele auf. Über seine Kindheit berichtet er in dem hinterlassenen Fragment einer *Selbst-Biographie des Mechanicus Franz Dinnendahl in Essen:*

„Auf meine Erziehung und Bildung konnten meine Eltern durchaus nichts weiter verwenden, als daß sie mich in einer elenden Dorfschule notdürftig lesen und das Alphabet schreiben lehren ließen. Wegen ihrer Dürftigkeit mußte ich mir schon in meinem 12. Jahre durch Schweinehüten mein Brot verdienen. Indessen hatte ich von Kindheit an eine unwiderstehliche Neigung zur Mechanik. Daher schnitzte ich, während des Schweinehütens, allerlei in die Mechanik gehörige Sachen, zum Beispiel: kleine Öl-, Gerst- und Kornmühlen, Eisenhämmer, Wasserkünste, Pumpen und dergleichen. Allein eben dieses war auch die Ursache, daß ich von dem Bauer, dem ich als Schweinehirte diente, als ein zu diesem Geschäft untaugliches Subjekt entlassen wurde, weil ich über meine

Schnitzereien die Schweine vergaß und oft des Abends kaum halb so viele wieder mit nach Hause brachte, als ich des Morgens mitgenommen hatte. Ich mußte also wieder die Zuflucht zu meinen Eltern nehmen und mir mit Kohlenschieben etwas zu verdienen suchen..."

Mit sechzehn wurde Dinnendahl Bergmann, ging dann zu einem Zimmermann in die Lehre und arbeitete drei Jahre lang als Tischler und Baumeister – „als ein Umstand eintrat, der auf einmal meiner Neigung zur Mechanik neues Leben gab und auf mein weiteres Schicksal einen bedeutenden Einfluß hatte. Ich hatte nämlich... oft bis ein oder zwei Uhr nachts gearbeitet und mir nach und nach eine Wasserkunst im kleinen verfertigt. Da nun gerade damals in meiner Nähe in einem Kohlenbergwerk (der Zeche *Wohlgemuth* bei Kupferdreh) die Wasser nicht gewältigt werden konnten, und eine solche Maschine verfertigt werden sollte, so vertraute man mir die Erbauung derselben an, wiewohl es mir so viele Mühe kostete, mir dieses Zutrauen zu verschaffen, daß ich mehrere Bogen damit würde beschreiben müssen, wenn ich alle die Schwierigkeiten schildern wollte, die ich zu bekämpfen hatte, ehe ich meinen Zweck erreichte, weil die Gewerkschaft größtenteils aus Landleuten bestand, denen ich mehrere Tage lang im Felde hinter dem Pfluge nachlaufen mußte, um sie zu bewegen, mir die Erbauung dieses Kunstwerks zu überlassen."

Nach seinem ersten Erfolg erhielt Dinnendahl einen zweiten Auftrag für eine handbetriebene Wasserförderungsmaschine, „die ich dann auch zur Verwunderung des Publikums abermals zustande brachte". Entscheidend für Dinnendahls Weg wurde, daß er in seiner Eigenschaft als Zimmermann das Gebäude für die Dampfmaschine errichten sollte, die 1799 als erste des Ruhrgebiets auf Zeche *Vollmond* bei Bochum aufgestellt wurde. „Diese Maschine war nach dem alten Prinzip in Schlesien gebaut und sollte von einem gewissen Schuhmann aus der dortigen Gegend, der früherhin nur Maschinenwärter gewesen war und überhaupt wenig mechanisches Talent hatte, zusammengesetzt werden. Allein dieser Mann machte bei der Zusammensetzung mehrere Fehler, worauf ich denselben aufmerksam machte. Er sagte mir aber, daß dieses meine Sache nicht sei, und wies mich auf meine wiederholten Erinnerungen endlich mit groben Antworten ab, ohne die Fehler abzuändern."

In seiner unglaublichen Hartnäckigkeit ging der Zimmermann Dinnendahl daraufhin zum Leiter des Oberbergamts, berichtete ihm von dem Vorfall und erbot sich zugleich, die Maschine in Gang zu bringen.

Zeche
Vollmond

145

„Er erzählte mir aber dagegen, daß der damalige Herr Berghauptmann Bückling, der lange in England gewesen und dabei noch einen in mechanischen Arbeiten erfahrenen Mann mitgenommen hätte, nicht einmal imstande gewesen wäre, die erste Maschine in Gang zu bringen. Er riet mir, da ich nur ein gemeiner Zimmermann war und in einem Kittel zu ihm kam, also an, nur an meiner Arbeit zu bleiben. So sehr ich demselben auch versicherte, daß ich dennoch eine Feuermaschine zu bauen imstande wäre, wenn man mir nur Zutrauen schenken wolle, so schien ihm dieses dennoch unmöglich zu sein. Ich mußte also unverrichteter Sache abgehen, ging aber von da zu dem jetzigen Herrn Landesdirektor Freiherrn von Romberg. Diesem sagte ich, daß die Maschine nicht gehen würde, wenn die Fehler, welche beim Zusammensetzen von Schuhmann gemacht worden wären, nicht abgeändert würden. Obgleich ich nun zu diesem im leinenen Kittel kam und ihm bisher noch gar nicht bekannt gewesen war, so ehrte er doch gleich in mir den Menschen. Er hörte mir ganz aufmerksam zu, beobachtete mich genau und suchte mich durch seine Herablassung und Freundlichkeit zutraulich zu machen. Hierdurch ermuntert, wurde ich dreister" (noch dreister!), „teilte ihm, soweit ich bei meinem Mangel an Sprachkenntnis dazu imstande war, meine Ideen mit und hatte dadurch das Glück, mir sein Vertrauen zu erwerben."

Unter Dinnendahls Mithilfe wurde die Maschine tatsächlich in Gang gebracht. Nun hatte er auch beim Leiter des Oberbergamts Glück, der bei ihm eine noch ohne Dampfkraft betriebene „Wasserkunst" für die Zeche *Elisabeth* bei Hörde in Auftrag gab. „Ich erklärte ihm darauf ganz freimütig, daß das für mich eine Kleinigkeit sei, und daß ich, wenn künftig eine Feuermaschine zu bauen wäre, mich unterstände, auch eine solche zu verfertigen. Sosehr ihm dieses auch mißfiel, so faßte er (vielleicht wegen meiner Dreistigkeit) dennoch Zutrauen zu mir und gab mir auf der Stelle einen Brief an einen der Gewerken mit, worin er mich empfahl. So baute ich dann diese Wasserkunst, und es gelang mir damit so gut, daß sie jetzt nach fünfzehn Jahren noch immer gut geht."

Dampf für Kupferdreh 1801 gelang es dem Zimmermann tatsächlich, den Auftrag zum Bau einer Dampfmaschine zu bekommen – der ersten, die an der Ruhr entstand. Sie wurde von der Zeche Wohlgemuth bei Kupferdreh im damals noch souveränen Stift Werden bestellt, der gleichen, für die Dinnendahl seine erste „Wasserkunst" ohne Dampfkraft gebaut hatte. „Das ganze Personal am Märkischen Bergamte, besonders der Herr p. Crone, selbst fremde Bergleute, welche Dampfmaschinen zu sehen Gelegenheit gehabt hatten, zweifelten daran, daß ich ein solches Werk zustande bringen würde. Einige schwuren geradezu, daß es unmöglich sei, und andere prophezeiten mir, weil es mir als gemeinem Handwerker jetzt wohl ging, meinen Untergang, weil ich mich in Dinge einließ, die über meine Sphäre hinaus gingen. Freilich war es ein wichtiges Unternehmen, besonders, weil in der hiesigen Gegend nicht einmal ein Schmied war, der imstande gewesen wäre, eine ordentliche Schraube zu machen, geschweige andere zur Maschine gehörige Schmiedeteile, als Steuerung, Zylinderstange und Kesselarbeit pp. hätte verfertigen können oder Bohren und Drechseln verstanden hätte. Schreiner- und Zimmermannsarbeiten verstand ich selbst; aber nun mußte ich auch Schmiedearbeiten machen, ohne sie jemals gelernt zu haben."

Dinnendahl fährt fort: „Indessen schmiedete ich fast die ganze Maschine mit eigener Hand, selbst den Kessel; so daß ich ein bis eineinhalb Jahr fast nichts anders als Schmiedearbeiten verfertigte... Aber es fehlte auch an gut eingerichteten Blechhammern und geübten Blechschmieden in der hiesigen Gegend, weshalb die Platten zum ersten Kessel fast alle unganz und kaltbrüchig waren. Ebenso unvollkommen waren diejenigen Stücke der Maschine, welche die Eisenhütte liefern mußte; als Zylinder, Dampfröhren, Schachtpumpen, Kolben und dergleichen... Das Bohren der Zylinder setzte mir neue Hindernisse entgegen, allein auch dadurch ließ ich mich nicht abschrecken, sondern verfertigte mir auch eine Bohrmaschine, ohne jemals eine solche gesehen zu haben.

So brachte ich es also nach unsäglichen Hindernissen, die vielleicht manchen andern an meiner Stelle abgeschreckt haben würden, endlich so weit, daß die erste Maschine, nach altem Prinzip, fertig wurde (1803). Der Herr p. Crone hatte mir früher erzählt, daß der Herr Berghauptmann Bückling, obgleich er zwei Jahre in England gewesen wäre, seine erste Maschine dennoch nicht in Gang zu bringen imstande gewesen wäre, sondern erst wieder nach England zurückkehren und einen gewissen Richscherd (Richards) hätte holen müssen, von dem sie eigentlich in Gang gebracht worden wäre. Ich war deshalb bei der Erbauung meiner ersten Maschine gar nicht verlegen, und daß ich es auch nicht nötig hatte zu sein, erwies sich, als ich die Maschine zum erstenmal anließ, weil sie im ersten Augenblick ging, welches der jetzt noch lebende Geschworene Herr Engelhard, der dabei gegenwärtig war, wird bezeugen können."

1803 also, hundertfünf Jahre nach der ersten Dampfpumpe in einem englischen Kohlenschacht, wurde im Ruhrland die erste dort gebaute Dampfmaschine in Betrieb genommen. Erst als er fertig war, hörte Dinnendahl davon, daß es außer dem von ihm angewandten, hundertfünf Jahre alten Prinzip (Sog durch abgekühlten Dampf) schon seit Jahrzehnten ein neues, von Watt erfundenes Prinzip (Druck durch heißen Dampf) gab. Die nächste Maschine dieser Art, 1798 von Bergrat Bückling erbaut, stand in der Saline Königsborn bei Unna. „Ich ging also dahin, nahm die Maschine in Augenschein, und kaum hatte ich dieselbe eine Stunde betrachtet, so war ich mit derselben so bekannt, daß ich mich stark genug fühlte, eine ebensolche Maschine zu bauen."

In der Tat verfertigte der Mechanicus, der unter Mangel an Selbstvertrauen in keiner Minute seines Lebens zu leiden schien, 1803/04 für ein Bleibergwerk bei Aachen eine Feuermaschine, die sowohl nach der Methode Newcomen wie auch nach der Methode Watt betrieben werden konnte. Zwei weitere Dampfmaschinen baute er 1805 für Kalksteinbrüche in der Nähe von Düsseldorf.

Essen zieht nach Nun wurde auch Essen auf den „Kunstmeister" aufmerksam: Denn es drohte Kohlenmangel. In den vorhandenen Stollen war die Kohle seitlich und oben abgebaut, unter den Füßen aber so weit gefördert, wie das Grundwasser und die Handpumpen es zuließen. Das 1803 errichtete preußische Bergamt erkannte die Notwendigkeit, das Wasser mit Maschinenkraft abzusaugen und zum Tiefbau überzugehen.

„Ich wurde daher vom hiesigen wohllöblichen Bergamte aufgefordert, hier bei Essen ... eine 40zöllige Maschine zu bauen. Man setzte von seiten des wohllöblichen Bergamts, unter der Direktion des verstorbenen Herrn Cappel, einen Termin an, zu welchem alle Gewerke verabladet wurden. Auf dem Wege zu diesem Termin (ich wohnte damals noch in einem einsamen Dörfchen, Altendorf bei Hattingen) fiel mir ein, daß es vielleicht möglich sei, mit der anzulegenden 40zölligen Dampfmaschine zur Wältigung der Wasser auch zugleich eine etwa 12- bis 15zöllige Fördermaschine zu verbinden, womit man nicht allein die Kohlen um dreiviertel Unkosten weniger als bei den hier bekannten Förderungsvorrichtungen zu Tage bringen, sondern auch vermittelst derselben so viel fördern könne, als es der Debit erheische, wenigstens in jeder Schicht von acht Stunden 1000 bis 1500 Ringel" (75 bis 110 Tonnen). „In einer halben Stunde war dieses Projekt, wenigstens in meinem Kopfe, im

Reinen, ohne daß ich eine solche Förderungsmaschine jemals gesehen hatte.

Sobald ich in den Termin kam", erzählt Dinnendahl weiter, „schlug ich dieses dem Herrn Direktor Cappel vor; zeichnete demselben meine Ideen, soweit dieses mit einem Stückchen Kreide auf dem Tische geschehen konnte, vor und ergänzte das Mangelhafte einer solchen Zeichnung durch mündliche Erläuterungen, woraus freilich der Herr Direktor Cappel, wegen meiner damaligen Unvermögenheit, mich überall richtig auszudrücken, nur mit Mühe klug werden konnte. Indessen veranlaßte ich denselben doch dadurch, selbst über die Sache nachzudenken, und als er die Möglichkeit der Ausführung einsah, machte der Vorschlag dem guten Manne so viel Freude, daß er den Termin auf der Stelle vierzehn Tage weiter hinaussetzte ... Ich brachte nach vierzehn Tagen meine Zeichnung mit, nach welcher beide Maschinen aus einem Kessel ihre Dämpfe erhalten sollten. Mein Vorschlag wurde geprüft, angenommen und der Kontrakt geschlossen. Nach diesem Kontrakt sollte ich für die 40zöllige Wasserhaltungsmaschine 14000 und für die damit zu verbindende 15zöllige Fördermaschine 2800 Reichstaler erhalten.

Kaum aber war der Kontrakt abgeschlossen und bekannt geworden, als einige Revierbeamten so zweideutig und bedenklich von der Sache sprachen, die Unkosten, die Unausführbarkeit derselben und dergleichen mit so grellen Farben schilderten, daß durch sie auch die Gewerken verleitet wurden, die Zurücknahme des Kontrakts zu wünschen. Vielleicht wäre es auch dazu gekommen, wenn ich nicht das vollkommene Zutrauen des einsichtsvollen und braven Direktors, des Herrn Cappel, gehabt hätte."

Mit einer Kapitalhilfe der Wittib Friedr. Jod. Krupp sel. konnte Dinnendahl 1807 nach Essen übersiedeln und dort eine Maschinenfabrik mit sechzig Arbeitern gründen. Im gleichen Jahr starb Cappel – ein harter Schlag für den Mechanicus. Denn: „Die Schwierigkeiten, welche ich bei der Erbauung dieser Maschine zu bekämpfen hatte, gaben den Revierbeamten ... hinlänglich Stoff, sich an mir zu rächen. Auf alle mögliche Weise wurde ich von denselben bei den Gewerken und dem Publikum verkleinert und in Schatten gestellt. Dies war zum Beispiel der Fall, als die Maschine, welche ich nach dem Kontrakt binnen achtzehn Monaten fertig zu bauen mich verpflichtet hatte, später fertig wurde. Daß ich den ersten Zylinder fünfmal mußte gießen lassen, ehe derselbe die nötige Vollkommenheit hatte, indem noch niemals ein so großes Stück Arbeit

Der Tiefbau beginnt

auf der Eisenhütte gegossen worden, und derselbe bald zu hart war, bald zu viel Kiß hatte, bald zu enge, bald zu weit war; daß ich denselben aus drei Stücken zusammensetzen mußte, weil der Schmelzofen eine so große Masse von Eisen, als zum ganzen Zylinder erforderlich war, auf ein Mal nicht fassen konnte, und daß darüber, doch ganz ohne meine Schuld, mehr als elf Monate verlorengingen, das alles wurde nicht berücksichtigt... Die Maschine wurde endlich fertig" – und der Schacht der Zeche *Sälzer-Neuack* konnte auf zweiundvierzig Meter Tiefe getrieben werden. Doch mit allerlei Pannen, an denen er den Gewerken die Schuld gab, mit gedrückten Preisen und nur teilweise bezahlten Rechnungen hatte Dinnendahl neuen Ärger.

1808 nahm er einen Auftrag Napoleons an, eine Dampfmaschine zu liefern, mit der das dem Bau eines Forts bei Wesel im Wege stehende Grundwasser beseitigt werden sollte. Die Trockenlegung gelang so gut, daß Dinnendahl einen weiteren Auftrag für Metz erhielt, überall die Unterstützung der französischen Behörden fand und es langsam zu Wohlstand brachte. Er liebte es, die schweren Säcke mit den Talern auf dem Hausflur stehenzulassen, damit die Leute sie sehen konnten. 1809 und 1810 baute er wieder mehrere Bergwerks-Dampfmaschinen, 1816/17 stattete er die Zeche *Kunstwerk* mit zwei Wasserhaltungs- und zwei Fördermaschinen unter einem Dach aus, einer Anlage, „wenigstens in hiesiger Gegend einzig in ihrer Art".

1818 richtete Dinnendahl in seiner Maschinenfabrik eine Gasbeleuchtungsanlage ein, mit der er erneut großes Aufsehen erregte. *Hermann, Zeitschrift von und für Westphalen* berichtete darüber am 27. März 1818: „Aus 18 Pfd. guter fetter Steinkohle gewinnt Herr Dinnendahl so viel Gas und sammelt dasselbe in einen dazu eingerichteten Behälter, daß davon 16 bis 17 Lichter mehrere (4 bis 5) Stunden unterhalten werden können ... Die Lichtflamme ist hell und weiß, dem Tageslicht weit ähnlicher als die unserer Öl- und Talglichter, und der Lichtkegel ist stetig und flimmert nicht. Jeder, der es will, kann sich also nun im Vaterlande und in der Nähe davon überzeugen, daß es wahr ist, was Hr. Flashoff" (Franz Wilhelm Flashoff, Apotheker in Essen) „schon früher darüber gesagt, nämlich, daß das Steinkohlen-Gas zur Erleuchtung von ganzen Gebäuden und Zimmern sowie zur Straßenbeleuchtung mit geringem Kostenaufwande zu dem dazu nöthigen Apparat benutzt werden könne, und Herr Dinnendahl ist im Stande, diesen Apparat ebensogut, wie ein Engländer, dem Lokal und den Bedürfnissen gemäß, einzurichten. In den ersten 8 bis 10 Tagen war die Schmiede des Herrn Dinnendahl und der Hof um dieselbe jeden Abend voll Zuschauer, die sich an dem Anblick des schönen Lichts ergötzten und zugleich dem Mann ihren Beifall bezeugten, der, durch Herrn Flashoff dazu veranlaßt, diese wichtige Sache zuerst in Ausführung brachte."

Als 1820 die Eisenhütte, von der er seine Gußstücke bezogen hatte, dazu überging, selbst Dampfmaschinen herzustellen, zog Dinnendahl gleich, indem er seinerseits eine Gießerei anlegte und damit warb, daß bei ihm nicht mehr das Rasenerz von der Ruhr, sondern Bergerz vom Oberrhein und aus dem Siegerland verwendet werde. „Bergwerks- und Fabriken-Besitzern können wir uns demnach um so mehr empfehlen, da wir alle und jede Dampfmaschinen-Theile, so wir auch zu Cylindergebläsen, Walzwerken etc. von ein Viertel Pfund bis zu 12–14 000 Pfund in einem Gusse, nach jedem beliebigen Modell oder Zeichnung, rein und schön abzugießen und zu liefern im Stande sind."

1821 brannte Dinnendahls Fabrik in Essen nieder, so daß er den Betrieb in die Gießerei in Huttrop (östlich der heutigen Altstadt) verlegte. *Ende in Armut* 1826 starb der Pionier der Dampfmaschine, erst einundfünfzig Jahre alt, durch mancherlei Rückschläge seines einstigen Wohlstandes beraubt – da er als Kaufmann nicht so tüchtig wie als Techniker war und der Konkurrenz zweier bedeutenderer Unternehmen erlag: der Gutehoffnungshütte in Sterkrade, die Dinnendahl einst mit seinen Aufträgen über Wasser gehalten hatte, und der Maschinenfabrik von Friedrich Harkort in Wetter an der Ruhr. In Rellinghausen ist Dinnendahl begraben. Clemens Küster, ein späterer Mitinhaber der Firma Dinnendahl, schrieb 1863 über ihn:

„Wenn die heutige Industrie in unserer Gegend einen so hohen Aufschwung genommen hat, so würde es jeden Grundes entbehren, diesen den Leistungen und Bemühungen Dinnendahls zuschreiben zu wollen. Die Industrie, einmal erweckt, mußte durch die natürlichen Mittel, welche ihr im Ruhrgebiet auch heute noch zu Gebote stehen, sich erheben und einen Glanzpunkt erreichen, auch ohne die persönliche Einwirkung eines einzelnen Mannes. Aber die Behauptung wird man nicht bestreiten können, daß Franz Dinnendahl der erste war, der die bewegende Kraft der Neuzeit im Ruhrtal einbürgerte, daß er den Grund legte zu den großartigen Verhältnissen, die der Bergbau unserer Gegend durch Anwendung der Maschine erlangte."

Von den Zeitgenossen erkannten das freilich die wenigsten. Die *Kölnische Zeitung* schrieb 1818: „Eine Maschine macht oft die Arbeiten von tausend Menschen entbehrlich und bringt den Gewinn, den sonst alle diese Arbeiter teilen, in die Hände eines einzigen. Mit jeder abermaligen Vervollkommnung einer Maschine werden neue Familien brotlos; jede neuerbaute Dampfmaschine vermehrt die Zahl der Bettler, und es steht zu erwarten, daß sich bald alles Vermögen in den Händen einiger tausend Familien befindet und der übrige Teil des Volkes als Bettler in ihre Dienstbarkeit geraten werden. Muß nicht jeder Menschenfreund schmerzlich ergriffen werden von dem Gedanken, daß es dahin kommen kann und aller Wahrscheinlichkeit dahin kommen muß? Wir sind der Meinung, daß der Schaden, den unsere Gewerbe durch das englische Maschinenwesen erleiden, obwohl er sehr fühlbar ist, bei weitem leichter ertragen werden kann als der Druck, der aus dem Flor der zu sehr durch Maschinen vervollkommneten Fabriken erwachsen würde, die Deutschland mit drei bis vier Millionen Bettlern bevölkern würden."

3. Kapitel

Krupps Bankrott

Hier will ich, hingelehnt an eines Felsen Rand,
In heil'ger Eichen nächtlich dunklem Grau'n,
O holde Phantasie, an deiner Hand
Des schönen Ruhrtals Krümmung überschau'n!
Zu meinen Füßen rauscht, rings vom Gebüsch umkränzt,
Der Strom hinab. Durchs bunte Wiesental
Klingt er dahin; in seinem Spiegel glänzt
Des Waldes Grün, der Fels, der Abendröte Strahl.

So sang der Pfarrer von Kettwig, Krummacher, 1806 im *Westfälischen Anzeiger*. Die Ruhr, obwohl inzwischen von Kohlenschiffen befahren und von Kohlenstollen gesäumt, war noch immer ein idyllischer Fluß und das Gebiet zwischen Ruhr und Lippe ein Wald- und Ackerland, das keine Zuwanderer anzog und dessen erste Zechen, Eisenhütten und Feuermaschinen ihm noch lange nicht den Charakter einer lieblichen, nur mäßig bevölkerten Landschaft raubten. Das jetzige Essener Areal war 1816 von 21 500 Menschen besiedelt, was einer Bevölkerungsdichte von 114 Einwohnern pro Quadratkilometer entspricht – soviel wie heute im Lande Dänemark und weniger als damals schon im Lande Sachsen.

Das damalige Städtchen Essen hatte 4700 Einwohner, vermutlich weniger als um 1600 zur großen Zeit der Büchsenmacher. *Dortmund* war mit 4300 Bewohnern sogar noch kleiner und damit nur ein Schatten der blühenden Reichs- und Hansestadt des 14. und 15. Jahrhunderts, in der 17 000 Menschen lebten. Den ersten Platz in der Ruhrgegend nahm das alte Kohlenhandelszentrum *Mülheim* mit 5200 Einwohnern ein (zur Stadt erst 1808 erhoben); die heutigen Großstädte Gelsenkirchen, Oberhausen, Herne, Wanne-Eickel gab es noch gar nicht.

Weit bedeutender als die Städte zwischen Ruhr und Emscher waren die alten Textilzentren *Krefeld* (1805: 13 000 Einwohner) sowie *Elberfeld* und *Barmen*, das spätere Wuppertal (1807: zusammen 31 000 Einwohner). In *Düsseldorf* lebten 20 000 Menschen. *Köln* hatte mit 50 000 Bewohnern seine mittelalterliche Größe zwar übertroffen, war aber nicht mehr Deutschlands größte, sondern nur noch seine sechstgrößte Stadt (nach Berlin, Hamburg, Dresden, Breslau und Königsberg).

Mit einem Wort: Das, was heute unter dem Namen *Wirtschaftsraum Rhein-Ruhr* eine der größten Menschen- und Industrieballungen der Welt ist, hatte 1816 sein Schwergewicht abseits der Ruhr und spielte insgesamt in Deutschland eine relativ geringere Rolle als im Mittelalter. Wohl gab es schon eine deutsche Schwerindustrie – aber in Oberschlesien.

Die ersten Eisenhütten Dies, obwohl sich der Anlauf zur industriellen Revolution an der Ruhr keineswegs nur in Franz Dinnendahl widerspiegelte. 1741 wurde in Sterkrade an der Emscher (im heutigen Oberhausen) *Raseneisenstein* gefunden (auch Wiesenerz oder Sumpferz genannt): ein unreines Brauneisenerz, das sich auf moorigen Wiesen dicht unter dem Rasen bilden kann, wenn eisenhaltiges Grundwasser mit Sauerstoff in Berührung kommt. Schon von 1585 bis zum Dreißigjährigen Krieg war im Stift Werden Eisensteinbergbau betrieben worden. Nun aber, 1757, entstand bei Sterkrade die *St.-Antoni-Hütte*, das erste eisenschaffende Werk im Ruhrland. Als Kraftquelle benutzte sie Wasser, als Brennstoff Holzkohle.

Da das Sumpferz bei Sterkrade bald erschöpft war, erhielt die Hütte 1783 von der Essener Äbtissin die Erlaubnis, in Karnap zu schürfen. Von 1790 bis zur Säkularisation war die Äbtissin sogar selbst die Hüttenbesitzerin. 1808 wurde die St.-Antoni-Hütte mit dem ersten Essener Eisenwerk, der 1794 gegründeten Hütte *Neu-Essen*, und der Hütte *Zur Guten Hoffnung*, die von 1800 bis 1808 der Familie Krupp gehörte, zur Firma *Vereinigte Gutehoffnungshütte* verschmolzen. Im gleichen Jahr, in dem Dinnendahl die große Essener Feuermaschine installierte, nahm also auch eines der später größten Unternehmen der deutschen Montanindustrie seine Arbeit auf, mit drei Hütten in den heutigen Städten Oberhausen und Essen. Eisenverhüttung und Eisenindustrie, die seit dem 13. Jahrhundert vor allem im Siegerland und im Sauerland heimisch gewesen waren, wanderten nun auch nach Nordwesten, ins Land zwischen Emscher und Ruhr.

Ebenfalls 1808 wurde die Essener Gewehrfabrikation als französisches Unternehmen wieder ins Leben gerufen. Der allgemeine wirtschaftliche Niedergang, der in Deutschland von 1809 bis 1812 als Folge der napoleonischen Kontinentalsperre und der französischen Zollpolitik eintrat, brachte die Produktion allerdings bald aufs neue zum Erliegen, ebenso die Kaffeemühlen-Industrie (vgl. Seite 123). In Steele ging die Glashütte in Konkurs. Die Tuchmanufakturen in Werden und Steele verloren ihre Rohstoffzufuhren und ihre Absatzgebiete; von dreizehn Werdener Tuchfabriken im Jahre 1805 waren 1812 nur noch vier in Betrieb. Die Gutehoffnungshütte konnte sich jahrelang allein mit Hilfe der zahlreichen Aufträge Dinnendahls auf gußeiserne Maschinenteile behaupten.

Die Kohlenförderung ging, trotz Dinnendahls Maschinen, von 1806 bis 1811 ständig zurück. 1809 wurden im heutigen Essener Areal 200000 Tonnen Kohle gefördert, und zwar von 71 Zechen mit einer durchschnittlichen Belegschaft von 18 Mann. Im damaligen Essener Stadtgebiet hörte die Förderung 1811 ganz auf. Vom Aachener Revier wurde sogar „Abwerbung" betrieben: „Diejenigen Bergarbeiter, welche Lust haben, jenseits des Rheins, auf der Eschweiler-Kohlenzeche zu arbeiten, können sich sehr vortheilhafter Bedingungen versichern", heißt es in den Essener *Allgemeinen Politischen Nachrichten* vom 21. Februar 1811. „Ein angemessenes Reisegeld wird ihnen besonders vergütet werden."

Inmitten dieser Zeit des Niedergangs, der Konkurse, der Arbeitslosen *Englischer* und der Bettler; in einer Gegend, in der nach den Worten Dinnendahls *Gußstahl* „nicht einmal ein Schmied war, der imstande gewesen wäre, eine ordentliche Schraube zu machen" – ausgerechnet 1811 in Essen also gründete der fünfundzwanzigjährige *Friedrich Krupp* (von der siebenten Krupp-Generation am Platze) eine Werkstatt, die er stolz als „Fabrik zur Verfertigung des englischen Gußstahls und aller daraus resultierenden Fabrikate" bezeichnete.

Als er zwanzig war, hatte ihm seine Großmutter, die über alle Maßen tüchtige Wittib Friedr. Jod. Krupp sel., die Eisenhütte *Zur Guten Hoffnung* geschenkt. Als sie 1810 starb, hinterließ sie jedem ihrer drei Enkel ein Vermögen von 40 000 Talern, machte also nach heutigem Geld auch Friedrich Krupp zum Millionär. Als Friedrich mit neununddreißig Jahren starb, war er längst aus der Liste der Steuerzahler gestrichen, und die Gußstahlfabrik war bankrott. Niemand hätte einen Stüber darauf gewettet, daß sie einmal die größte der Welt werden sollte.

Friedrich Krupp war zunächst bei seiner Großmutter in die kaufmännische Lehre gegangen und erwarb sich dann auf der Eisenhütte in

Sterkrade einige technische Kenntnisse, wobei er auch mit dem stets unzufriedenen Kunden und säumigen Zahler Franz Dinnendahl in freundschaftlichen Kontakt kam. 1808 heiratete er und inserierte:

„Heyraths-Anzeige.
Unseren werthen Verwandten und Freunden machen wir unsere heute vollzogene eheliche Verbindung ergebenst bekannt, und empfehlen uns ihrer Freundschaft bestens.
Gutehoffnungs-Eisenhütte zu Sterkrath und Essen, den 10ten August 1808.
Friedrich Krupp
Theresia Krupp geb. Wilhelmi."

(Gleich darunter stand übrigens zu lesen: „Die Liebe – ein Hymnus von F. A. Krummacher. Preis 30 stbr. Den Freunden der bekannten Krummacherschen Muse braucht nur die Erscheinung dieses Gedichts angezeigt zu werden.")

Jung, unternehmungslustig und ein wenig leichtsinnig, wie er war, hatte Friedrich Krupp 1811 den Einfall, sich um eines der großen Geheimnisse seiner Zeit zu bemühen: den *Gußstahl*, den der englische Uhrmacher Benjamin Huntsmann um 1740 in Sheffield erfunden hatte – ein damals konkurrenzloses Material für Werkzeuge, Uhrenfedern, Prägestempel. Da die Engländer das Herstellungsverfahren nicht preisgaben, machte die 1806 verhängte Kontinentalsperre Napoleons gegen England den Gußstahl zu einem jener Artikel, für deren Herstellung auf

Der Flachsmarkt in Essen um 1800. Im zweiten Haus von links wurden Friedrich Krupp, der Firmengründer, und sein Sohn Alfred geboren.

dem europäischen Festland der Kaiser der Franzosen einen Preis aussetzte. Ein Ersatzprodukt für Rohrzucker sollte mit 200 000 Franken prämiiert werden; Gußstahl war Napoleon nur 4000 Franken wert.

Diese 4000 Franken werden es kaum gewesen sein, die den um ein Vielfaches reicheren Erben Friedrich Krupp reizten. Auch war unklar, ob der Preis nicht eher jenen Firmen in Lüttich, Solingen, Remscheid und Schaffhausen gebührte, die angaben, das Problem bereits gelöst zu haben. Aber der 25jährige spürte wohl, daß dem Stahl die Zukunft gehörte. *Schmelzbau in Altenessen*

Das Unglück führte ihm zwei Brüder namens von Kechel zu, ehemalige nassauische Offiziere, die angaben, das Geheimnis der Gußstahlbereitung zu kennen. Krupp machte sie zu Teilhabern, nicht wissend, daß ihre Kenntnisse lediglich aus einem Handbuch der Chemie stammten und daß sie bereits in der Eifel einen Unternehmer ruiniert hatten.

Zusammen mit zwei Arbeitern stellten die Brüder in einem von Krupp gemieteten Haus in der Weberstraße zu Essen die ersten Versuche an. Ohne Erfolge abzuwarten, baute Krupp 1812 auf einem Gelände in Altenessen, also außerhalb der damaligen Stadt, einen Schmelzbau und ein Hammergebäude, 1813 Nebenhäuser, Stall und Scheune. Bei der Firma Baedeker ließ er hundert repräsentative Preislisten für „Krupps besten britischen Stahl" herstellen. 1814 hatte er 30 000 Taler in die Fabrik gesteckt und durch den Verkauf von Eisenwerkzeugen, besonders Feilen, 1422 Taler eingenommen; Gußstahl erzeugte er nicht. Dennoch entschloß er sich erst unter dem Druck seiner Verwandten, die er um Kredite angehen mußte, den Gebrüdern Kechel den Laufpaß zu geben.

In die ohnehin mühsamen Anfänge Krupps fiel auch noch der Rückschlag, den für den Essener Raum und für viele deutsche Industriezweige der Zusammenbruch der französischen Kontinentalsperre im Jahre 1813 mit sich brachte, kaum daß man sich ihr unter Schmerzen angepaßt hatte: England überschwemmte den Kontinent mit billigen Eisen- und Stahlwaren von noch immer überlegener Qualität. Eine preußische Kommission, die 1814 einen Platz zur Anlage einer Gewehrfabrik suchte, lehnte Essen „als einen für diesen Fabrikzweig nicht geeigneten Ort" ab. 1824 wurde in der alten Hochburg der Büchsenmacher das letzte Gewehr hergestellt. (Krupp hatte inzwischen allerdings den ersten, wenn auch kleinen preußischen Auftrag zur Anfertigung von Bajonetten aus Gußstahl erhalten.) „Industrie und Handel sind namenlos unbedeutend", klagte der Essener Magistrat. Und 1826: „Handel und

Die erste Kruppsche Gußstahlfabrik in Altenessen (1812 bis 1839)

Fabrikwesen sind erbärmlich, und ein Haus stürzt nach dem anderen."

1815 kam Krupp durch Vermittlung Dinnendahls in den Genuß eines neuen Teilhabers, der Friedrich Nicolai hieß, sich im *Westfälischen Anzeiger* als „sehr nützliches Mitglied der menschlichen Gesellschaft" vorstellte und in der Tat im Besitz eines preußischen Patents für die Gußstahlbereitung war. Was ihm ebenfalls völlig fehlte, war die Kenntnis, wie sich Gußstahl in größeren Mengen rationell herstellen ließ. Krupp begann jedoch im Vertrauen auf den neuen Fachmann sogleich damit, weitere Schmelz- und Glühöfen zu bauen. Sie bekamen nichts zu tun. 1816 riefen beide Gesellschafter eine Prüfungskommission des Oberbergamts an, die schließlich feststellte, daß der Gußstahl Nicolais unbrauchbar und er selber des Schmelzens unkundig sei. Der Besitzer des preußischen Patents zur Gußstahlbereitung schied aus der Fabrik aus; die Prozeß- und Schadenersatzkosten konnte er nie bezahlen.

Am 30. Oktober 1816 – Krupp war nun alleiniger Eigentümer der Fabrik – wurde zum erstenmal Gußstahl an einen auswärtigen Kunden geliefert: die Vereinigte Gutehoffnungshütte in Sterkrade. Weitere Abnehmer Kruppscher Bohrer, Feilen und Drehmeißel in Essen, Iserlohn und Altena kamen noch im gleichen Jahr hinzu. 1817 erhielt Friedrich Krupp für seine Arbeit sogar eine öffentliche Anerkennung; das preußische Münzamt in Düsseldorf schrieb in einem Gutachten über den Kruppschen Gußstahl:

„Unter allen inländischen Stahlgattungen, womit in hiesiger königlicher Münze zur Anfertigung von Münzstempeln mannigfaltige Versuche angestellt worden sind, zeichnet sich der von dem Herrn Friedrich Krupp in Essen verfertigte Gußstahl besonders aus. Wir haben denselben zu dem hier oben angegebenen Gebrauch nicht allein vollkommen bewährt befunden, sondern daran auch solche Eigenschaften wahrgenommen, daß er in mancher Hinsicht dem sogenannten Huntsmannschen vorgezogen zu werden verdient. Dieses der Wahrheit gemäß bezeugend, wünschen wir, daß diese für die hiesige Anstalt so wichtige Entdeckung bald so gemeinnützig werde, als sie es verdient."

1819 jedoch wurden der Firma von vierzehn Stahlwalzen, die sie der Düsseldorfer Münze geliefert hatte, neun als unbrauchbar zurückgegeben. Der Umsatz an Gußstahl und Werkzeugen, der 1818 immerhin 1400 Taler erreicht hatte, sank 1819 auf 525 Taler ab. Die endlich erreichten Erfolge nämlich waren dem unermüdlichen Plänemacher in den Kopf gestiegen: In Altendorf (westlich der damaligen Stadt Essen) errichtete er 1818/19 mit unverhältnismäßig hohem Aufwand an Zeit und Geld eine Fabrikhalle mit acht Schmelzöfen – „schön und kostspielig", wie er selber sagte, und erst Jahrzehnte später wirklich ausgelastet.

Das neue Werk hatte den Vorzug, in der Nähe der mit Dinnendahls Dampfmaschine betriebenen Zeche *Sälzer-Neuack* zu liegen, was den Kohlentransport verbilligte. Da es auf dem neuen Gelände jedoch keine Wasserkraft gab und in Deutschland noch niemand daran dachte, Dampfmaschinen als Kraftquelle für Fabriken einzusetzen – in England wurde schon 1783 das erste Walzwerk mit Dampfkraft in Betrieb genommen –, blieb das wassergetriebene Hammerwerk in Altenessen, und die Gußstücke mußten von der einen zur anderen Fabrik gefahren werden.

Dennoch erreichte es Krupp, nachdem der in Jahrhunderten aufgehäufte Kruppsche Grundbesitz vollständig veräußert und die gesamte Verwandtschaft um Kredite angegangen worden war, daß von 1820 an die Einnahmen wieder stiegen, bis auf 4120 Taler im Jahr 1823 – was freilich keineswegs genügte, Verzinsung und Tilgung der Schulden zu decken. In Friedrich Krupps Todesjahr, 1826, ging der Umsatz wieder auf 1245 Taler zurück.

Ende in Armut 1824 hatte der vielgeprüfte, bereits kränkelnde Mann sein schönes Wohnhaus am Flachsmarkt zu Essen verpfänden müssen; er lebte seitdem mit Frau und vier Kindern im Aufseherhäuschen neben dem Schmelzbau, dem „Stammhaus", wie sein ältester Sohn Alfred es später

Die zweite Kruppsche Gußstahlfabrik in Altendorf (seit 1819). Links das „Stammhaus"

in trotzigem Stolz nannte und wie es noch heute heißt. Damals wurde Alfred von einem mitleidigen Onkel freier Mittagstisch gewährt.

Am 8. Oktober 1826, kaum zwei Monate nach Franz Dinnendahl und in Armut wie dieser, starb Friedrich Krupp, neununddreißig Jahre alt, im Aufseherhäuschen seines bankrotten Gußstahlwerks an Wassersucht. Er hinterließ eine darbende Familie, zehntausend Taler Schulden und zwei schweigende Fabriken, in denen sieben Arbeiter auf Arbeit warteten. Dinnendahl, der Schweinehirt, der den Bauern in der Ackerfurche nachlief, um sie von seinem technischen Genie zu überzeugen, und Krupp, der reiche Bürgerssohn, der sein gesamtes Vermögen verwirtschaftete – diese beiden Pioniere des Ruhrgebiets starben in Hoffnungslosigkeit.

Der amerikanische Journalist Norbert Mühlen, der 1960 eine zum Teil boshaft eingefärbte Geschichte des Hauses Krupp vorgelegt hat, bekundet wenigstens gegenüber dem Gründer des Werks eine gewisse Sympathie: „Friedrich Krupp versagte, weil er zu früh den Triumph des Stahls und der Großproduktion vorweggenommen hatte, der erst ein Vierteljahrhundert später kam. Wenn es ihm auch gelang, verschiedene technische Probleme der neuen Industrie zu lösen, so mußte er scheitern, wenn es ans Finanzieren, Verkaufen und Produzieren ging. Deutschland war noch nicht reif für den Aufstieg der Industrie, wie er ihm vorschwebte... Friedrich Krupp erlebte die Tragödie des verfrühten Pioniers, der in seiner Zeit keine Achtung findet. Aber seine Kinder ernteten die Vorteile seiner Torheit oder, wenn man lieber will, seiner Phantasie."

Mit mehr Erfolg als in seinem Stahlwerk war Friedrich Krupp, der *Licht* rastlose und ideenreiche, im öffentlichen Leben Essens tätig: 1812 wurde *nicht gefragt* er Mitglied des Gemeinderats und verstand es, sich bei einer so zeitraubenden und undankbaren Aufgabe wie der Einquartierung der in Essen durchziehenden französischen und preußischen Soldaten die Achtung der Bürgerschaft zu erwerben. Er übernahm das Amt des städtischen Brandoffiziers und reorganisierte die Feuerwehr, und 1823 reichte er einen detaillierten Plan ein, wie die halbverfallenen Stadtmauern als Steinbruch für die überfällige Pflasterung der Straßen verwendet werden könnten; in der Tat wurde ab 1824 so verfahren – wovon allerdings nur die Hauptstraßen profitierten.

In der Stadt, in der Krupp und Dinnendahl wirkten, herrschten ja noch immer Zustände, die sich mit den landläufigen Vorstellungen vom Beginn der industriellen Revolution an der Ruhr nur schwer vereinbaren lassen. Der Zustand der Gassen, die Misthaufen vor den Türen, das Diebsgesindel veranlaßten den Magistrat, 1807 zu bestimmen, „daß jeder Eingesessene, auch sonstige in der Stadt sich aufhaltende Person verbunden ist, nach 10 Uhr abends, wenn er auf der Straße geht, es seye im Dunkeln oder bei Mondschein, eine angezündete Laterne bei sich zu haben". Wer dagegen verstieß, wurde mit dreißig Stübern Strafe belegt oder in Arrest genommen.

1808 raffte sich der Magistrat zu dem Beschluß auf, „daß die Mistgruben vor den Häusern und an öffentlichen Straßen nicht geduldet werden sollen". Selbst an der Limbecker Straße, die auch damals eine belebte Geschäftsstraße war, pflegten die Wohnhäuser noch Scheunen zu haben und die Bürger Kühe und Schweine zu halten.

1809 wurden auf Drängen der bergischen Regierung dreißig Straßenlaternen angeschafft und im Dezember 1810 in Betrieb genommen. Sie sollten nur bis Februar brennen, aber auch dann nicht, „wenn Vollmond oder solch heller Mond sey, daß die Laternenanzündung lächerlich sein würde“. Im Februar 1811 wurde die städtische Straßenbeleuchtung wieder eingestellt, und zwar nicht nur bis zum Dezember, sondern bis 1843. Den hohen Kosten stand kein vergleichbar hohes Interesse der Bürgerschaft gegenüber. Die Laternen wurden abmontiert und verstaubten in einem Winkel des Rathauses, „zum Theil schon zertrümmert, als wenn der Fluch über sie ausgesprochen wäre“. Essen schlief.

Wenigstens lag die Kohlenförderung wieder höher als 1809: „Im Jahre 1824 waren...in den Fürstentümern (!) Essen und Werden von 114 Zechen 41 in Betrieb“, berichteten die *Allgemeinen Politischen Nachrichten* vom 12. Juni 1825, „welche mit 1037 Bergleuten 635 176 Scheffel Kohlen förderten.“

Und Leben herrschte an der Ruhr, an der Duisburg, Mülheim, Werden, Steele, Witten, Hagen lagen: 1820 gab es 3500 Ruhrkähne, die Kohlen, Holz, Kalk und Steine flußauf und flußab beförderten, gezogen von 500 Pferden. Doch am Ruhrtal beeindruckte die Zeitgenossen noch immer mehr die Lieblichkeit der Landschaft als der rege Verkehr:

„Die Ruhrgegend ist ungemein schön“, schrieb Johann Adolf Engels 1817 in seinen *Denkwürdigkeiten der Natur und Kunst in den Königlich Preußischen niederrheinischen westfälischen Provinzen*. „Aller Trübsinn verschwindet, wenn man diese Gegend mit einem Blicke überschaut, sie lächelt, wenn sie die Sonne bescheint, wie eine liebende Braut, wenn sie der Bräutigam begrüßt.“

4. Kapitel
Der Aufbruch: 1826 bis 1843

Von 1826 an — dem Todesjahr Franz Dinnendahls und Friedrich Krupps — mehrten sich die Zeichen dafür, daß auf Essen und das Land zwischen Ruhr und Emscher eine große Zukunft wartete. Das lag zunächst vor allem an drei Männern — Franz Haniel, Mathias Stinnes und Alfred Krupp — und an drei Ereignissen aus dem Bereich der großen Politik: der Gründung des preußischen Zollvereins, der Schaffung des Deutschen Zollvereins und der Abtrennung Belgiens von den Niederlanden.

1819 hatte Friedrich List, dreißigjähriger Professor der Staatswirtschaft in Tübingen, mit einigen Kaufleuten den *Deutschen Handels- und Gewerbeverein* gegründet, der dafür warb, die Zollschranken innerhalb des Deutschen Bundes aufzuheben, jenes lockeren Zusammenschlusses von vierunddreißig Monarchien und vier Freien Städten, der 1815 aus dem Wiener Kongreß als ein noch schwächerer Nachfolger des Heiligen Römischen Reiches Deutscher Nation hervorgegangen war. Zwischen 1819 und 1826 schloß Preußen Zollverträge mit denjenigen Zwergstaaten ab, die von seinem weitverstreuten Hoheitsgebiet umgeben waren.

Auf Betreiben des bedeutenden preußischen Finanzministers Friedrich von Motz (1775 bis 1830) kam 1828 der erste Vertrag zwischen Preußen und einem nicht von ihm umschlossenen Nachbarstaat, nämlich Hessen-Darmstadt, zustande, der sogenannte *Zollverein*; gleichzeitig mit dem *Süddeutschen Zollverein*, den Bayern und Württemberg bildeten. Am 1. Januar 1834 trat dann der *Deutsche Zollverein* ins Leben, dem die meisten deutschen Staaten angehörten — allerdings ohne Österreich und zunächst ohne die nordwestdeutschen Monarchien Hannover, Oldenburg, Braunschweig und Schaumburg-Lippe, die sich zum *Steuerverein* zusammenschlossen und erst 1851 dem Deutschen Zollverein beitraten. Dennoch wurde das Jahr 1834 zu einem Wendepunkt in der deutschen

Der Deutsche Zollverein

Wirtschaftsgeschichte: Der überwiegende Teil Deutschlands wuchs zu einem einheitlichen Markt zusammen, ähnlich wie es gegenwärtig mit den Kernländern Europas geschieht. Auf einem Gebiet, das größer war als heute die Bundesrepublik und die Sowjetzone zusammen, stellten sich der Kohle von der Ruhr keine Handelsschranken mehr in den Weg.

Ja, der beste Abnehmer für Ruhrkohle würde 1830 plötzlich ein Staat, der weder dem Deutschen Bund noch dem späteren Deutschen Zollverein angehörte: *Holland.* Das Vereinigte Königreich der Niederlande, 1815 vom Wiener Kongreß aus den Nördlichen und den Südlichen Niederlanden sowie dem Fürstbistum Lüttich gebildet, brach 1830 auseinander: Die Südlichen Niederlande und Lüttich rissen sich vom Haag los und nannten sich, nach dem nordgallischen Stamm der Belgen, *Belgien.* Innenpolitisch ging die Revolution auf die Unzufriedenheit von

Katholiken wie Liberalen mit dem Haus Oranien, außenpolitisch auf einen Kompromiß der Großmächte zurück: England und die deutschen Fürsten wollten die Angliederung Belgiens an Frankreich verhindern, Frankreich wenigstens wieder die Vereinigten Niederlande zerreißen, die der Wiener Kongreß gegen die französischen Interessen geschaffen hatte.

Damit war das dichtbesiedelte und gewerbereiche, aber an Bodenschätzen arme Holland von dem noch dichter bevölkerten und dabei kohle- und erzreichen Belgien abgetrennt, einem klassischen Land der Schwerindustrie, damals nach England, Frankreich und den USA und noch vor Deutschland dem bedeutendsten Kohle- und Stahlland der Welt. Da für die Holländer Belgien nun Ausland geworden war wie Preußen, ja da sie bis 1839 das abtrünnige Belgien mit militärischen und wirtschaftlichen Maßnahmen in die Knie zu zwingen versuchten, und da schließlich die Ruhr in den Rhein mündet und der Rhein in zahlreichen Armen durch Holland fließt – lag nichts näher, als daß die Nördlichen Niederlande ihre Kohlen seit 1830 aus Preußen bezogen, auf dem Wasserweg von der Ruhr sogar billiger als früher aus den belgischen Revieren.

Und nun waren es zwei Kohlenhändler von der Ruhr, die, um die holländische Nachfrage befriedigen zu können, mit eigenem Kapital selbständig zum Kohlenabbau übergingen und sich dabei jener revolutionären Methode bedienten, mit der das Ruhrgebiet ein großes Stück vorankam: dem Vorstoß in die große Tiefe. Diese Männer hießen *Franz Haniel* und *Mathias Stinnes.* Und obwohl sie beide nicht in Essen wirkten, wählten sie Essen für ihr Experiment. *Vorstoß in die Tiefe*

Haniel war der Inhaber einer 1756 gegründeten Rheinreederei und Kohlenhandlung in Ruhrort und Mitinhaber der 1808 entstandenen *Gutehoffnungshütte,* des größten Eisenwerks im Ruhrland; dafür eine eigene Kohlenzeche zu haben, bot ihm einen weiteren Antrieb. Dort, wo das Kohlengebirge zutage trat, im Süden an der Ruhr, gab es keine reichen Flöze mehr, und ein Mittel, die Kohle unter der Mergelschicht hervorzuholen, die sich nach Norden zu immer dicker über das Karbongebirge legt (vgl. Seite 12 und 69), hatte man noch nicht gefunden. Es wurden zwar Versuche unternommen, die Kohlenflöze von Süden her durch schräg abfallende Stollen unter der Mergeldecke hindurch zu verfolgen, doch scheiterten sie bald an der Länge und Tiefe der Stollen sowie an den Wassereinbrüchen.

1832 begann Haniel auf der Zeche *Franz* in Schönebeck (heute einem westlichen Stadtteil Essens, damals einem Dorf westlich von Essen am Stadtrand von Mülheim) mit seinem großen Versuch: ob man die Mergelschicht – die bröcklige und nasse Hinterlassenschaft jenes Meeres, das vor achtzig Millionen Jahren das Ruhrland bedeckte – von oben her durchstoßen könne. Dazu bedurfte es eines enormen Kapitalaufwands: Der Schacht mußte in jahrelanger Arbeit in die Tiefe getrieben, ausgemauert und schließlich mit einer starken Dampfmaschine von Grundwasser freigehalten werden – ohne daß man wissen konnte, ob man überhaupt oder ob man in einer noch zu bewältigenden Tiefe auf Kohlen stoßen würde.

Um einen Schacht zu bohren, wurde das Gestein mit der Hacke und kleinen Sprengladungen aus Schwarzpulver (das bei der herrschenden Nässe oft versagte) gelockert und zunächst mit der Hand auf Karren geladen. Als die Arbeiter die Brocken nicht mehr hinaufreichen konnten, luden sie sie in Kübel, die von einer einzylindrigen Dampfmaschine an einem Seil emporgezogen wurden. Über dem Schacht erhob sich ein hölzernes Fördergerüst, daneben standen Schuppen mit Werkstätten und eine kleine Ziegelei, die an Ort und Stelle das Material für die Ausmauerung des Schachts herstellte.

Haniels erste Versuche mußten 1834 und 1835 abgebrochen werden: Beim ersten Schacht wurde man des Wassers nicht Herr, beim zweiten war der Schacht im Verhältnis zu seiner Tiefe für den Grubenbetrieb zu eng. Der Ruhrorter Unternehmer ließ sich dadurch aber nicht entmutigen. Noch im gleichen Jahr 1835 verlegte er seine Versuche in die benachbarte Zeche *Kronprinz von Preußen*, ebenfalls in Schönebeck. 1836, als eine Tiefe von dreiundsiebzig Metern erreicht war, erfolgte ein Wassereinbruch, mit dem die Dampfmaschine nicht fertig wurde; dreißig Meter hoch stand das Wasser in der Grube. Eine zweite, stärkere Dampfpumpe mußte herangeschafft werden. Im Juli 1837 stieß Haniel in hundertzehn Metern Tiefe auf Kohle – auf Magerkohle jedoch, die damals nur den halben Handelswert der Fettkohle hatte und für seine Schiffswerft wie für die Gutehoffnungshütte überhaupt unbrauchbar war. „Ich darf versichern", schrieb Haniel, „daß mir die kostspieligen Anlagen des Dampfschiffbaues und des Puddlingswerkes, die ich veranlaßt und gegründet habe und bei denen meine mitbeteiligten Geschwister wegen der vielen Kosten besorgt waren, bei weitem nicht so viel Sorge wie der obige Bergbau gemacht haben. Dennoch möchte ich gern in meinem achtundfünfzigsten Lebensjahr den glücklichen Erfolg vieler Anstrengungen sehen."

Im Verlauf des Jahres 1837 stieß Haniel in hundertdreißig, in hundert-

neunzig und in hundertsechsundneunzig Meter Tiefe auf weitere Kohlenflöze, wobei über eine vierzig Zentimeter dicke Kohlenschicht schon
Freude herrschte: denn das dreitausend bis viertausend Meter dicke
Karbongebirge ist ja nicht nur unter der Mergelschicht begraben, die
im Norden Essens schließlich siebenhundert Meter Dicke erreicht, sondern auch innerhalb des schräg abfallenden urzeitlichen Gebirges sind
die Flöze nur dünne Schichten zwischen viel dickeren Lagen von Ton-
schiefer und Sandstein.

1838 war das wichtige Jahr, da zum erstenmal in der Geschichte des *Haniel*
Ruhrgebiets Kohle aus großer Tiefe, unter der Mergelschicht hervor, *scheitert*
gefördert wurde. Die Ausbeute war jedoch so gering und der Kohlenbedarf der Dampfmaschinen für die Wasserhaltung so hoch, daß nicht
weniger als vier Fünftel der geförderten Kohle dafür verwendet werden
mußten, die Dampfpumpen in Betrieb zu halten, ohne die der Abbau
nicht möglich gewesen wäre. Wenn fast die gesamte Kohlenförderung
dazu diente, sich selbst zu ermöglichen, so war freilich mit Mergelzechen kein Geschäft zu machen. Als 1840 das Schachtgestänge der
Dampfpumpe brach, stieg das Wasser in achtzehn Stunden neunzig
Meter hoch. Da auch die unteren Flöze nur Magerkohle enthielten,
endete das Unternehmen für Haniel mit einer finanziellen Katastrophe.
Er hatte in die Zechen *Franz* und *Kronprinz* 131 000 Taler gesteckt, nach
heutigem Geld also mehrere Millionen Mark und nach den damaligen
Kapitalverhältnissen ein noch ungleich größeres Vermögen.

1842, nach vier Jahren, wurde die Förderung auf Zeche *Kronprinz*
sogar vollends eingestellt, weil das Bergamt die Bewetterung – das heißt
die Zufuhr von Atemluft für die in der Tiefe arbeitenden Bergleute –
mangelhaft fand. Dem Tiefbau stellte sich ein weiteres Hindernis in den
Weg. Nach vier Jahren einer spärlichen Ausbeute stellte die erste Mergel-
zeche ihren Betrieb wieder ein.

Das Scheitern Haniels änderte jedoch nichts daran, daß die technische
Möglichkeit, Kohle unter dem Deckgebirge hervorzuholen, im Prinzip
erwiesen war. „Franz Haniel hat das Unternehmen des Durchteufens
der Mergelschicht unter großen Opfern als erster zu einem glücklichen
Ende gebracht", schreibt Friedrich Schunder (*Tradition und Fortschritt*). „Sein großes Verdienst liegt nicht so sehr in der gewiß kaum
zu unterschätzenden bergmännischen Leistung, sondern in seinem
Wagemut, seinem Durchhaltevermögen und seinem klaren Blick für die
zukünftige Entwicklung."

Inzwischen hatte ein anderer kapitalkräftiger Kohlenhändler die Initiative ergriffen: Mathias Stinnes aus Mülheim, der Großvater des berühmten Großindustriellen Hugo Stinnes (1870 bis 1924). Er begann 1840 auf der Zeche *Graf Beust* (nahe dem späteren Essener Hauptbahnhof) mit der Tiefbohrung, wobei er sich auf Haniels Erfahrungen stützte. Er fand die Mergelschicht hier nur neununddreißig Meter dick, stieß auf die begehrte Fettkohle und konnte 1842 – nach einem Kapitalaufwand von 49000 Talern – die Förderung aufnehmen, die sich bald rentierte, zumal da die Kohle unter dem Deckgebirge sich als die bessere erwies. Bis 1929 blieb die Zeche in Betrieb.

Dieser eindeutige Erfolg brachte sehr rasch die zahlreichen Spötter zum Verstummen und veranlaßte andere Unternehmer zur Nachahmung. Der Tiefbau schritt voran, der Bergbau konnte von der Ruhr nach Norden wandern, der Kleinbetrieb trat allmählich hinter der großen Kapitalgesellschaft zurück; begünstigt durch die Möglichkeit, Aktiengesellschaften zu gründen, die in Preußen durch ein Gesetz von 1843 geschaffen wurde. Immer mehr Kapital floß vom Rhein zum Land zwischen Ruhr und Emscher, und manches im Essener Kolonialwarenhandel angehäufte Vermögen wurde in eine Mergeldurchbohrung investiert.

Schon 1843, zwei Jahre nach dem Erfolg von Stinnes und ein Jahr nach dem Scheitern von Haniel, gab es im Raum Essen–Mülheim–Werden (neben etwa sechzig Zechen alten Stils) 20 Tiefbauzechen mit insgesamt 54 Dampfmaschinen für Wasserhaltung und Kohlenförderung, im westfälischen Teil des Ruhrgebiets 28 Mergelzechen mit 41 Dampfmaschinen. Eduard Hölterhoff schrieb 1841 in seiner *Vaterlandskunde* über Essen: „Auf einem der dortigen Kohlenlager ist eine 48zöllige, doppelt wirkende Feuermaschine eingelegt, welche als die größte auf dem Festlande in Europa gilt. Sie hat 120 Pferde Kraft und hebt aus einer Tiefe von 350 Fuß in der Minute 10 Kubikfuß Wasser. Die dasige Fördermaschine hebt aus gleicher Tiefe in der Stunde 150 bis 170 Scheffel Kohlen."

Stollen und Schächte, in denen die Förderung und Entwässerung mit hand- oder pferdegetriebenen Seilzügen erfolgten, blieben jedoch zunächst in der Überzahl; ja, es gab noch immer Bauern und Drei-Mann-Gewerkschaften, die sich im Nebenerwerb ein wenig Kohle aus den Ruhrhängen kratzten. Diese Zustände wurden durch das preußische Bergrecht konserviert, das nicht auf eine möglichst hohe Produktion, sondern auf die staatliche Festsetzung von Mengen, Preisen und Metho-

Förderturm einer Steinkohlenzeche in Essen-Altenessen

Industrieansiedlung in Essen-Altenessen

Neue Hauptverwaltung des größten deutschen Warenhauskonzerns, der Karstadt AG

Die Industrie- und Handelskammer und das Haus der Evangelischen Kirche

*Die Kettwiger Straße in der Essener Innenstadt – eine bedeutende Einkaufsstraße,
die dem Fußgänger vorbehalten ist*

Die Lichtwochen in Essen – zum 25. Mal

Nördlicher Bahnhofsvorplatz, links Hotel Handelshof und Haus der Technik

Haus der Erwachsenenbildung: Volkshochschule, Verwaltungs- und Wirtschaftsakademie,
Centre Culturel Français

Das neugebildete Berufsförderungszentrum

Die Kaufmännischen Unterrichtsanstalten der Stadt Essen im Bezirk Altstadt-Süd

Pädagogische Hochschule

Das Städtische Mädchen-Gymnasium Essen-Borbeck. Dieser Schulbau mit Turnhalle, Aula und Gymnastikraum ist der 100. Schulneubau nach dem Kriege in Essen

Ehemalige abteiliche Residenz Werden (1745–1785), sie beherbergt heute die Folkwangschulen

Folkwang-Hochschule für Musik, Theater und Tanz

Folkwangschule für Gestaltung: Fachgruppe Freie Grafik

den ausgerichtet war. Das Bergamt Essen/Werden äußerte 1841 sogar die Befürchtung, es werde durch die Mergelzechen zu einer Überproduktion von Kohle kommen, so daß dem Bergbau eine Katastrophe bevorstehe, wenn die Behörden nicht zu handeln verstünden.

Wie überhaupt die Kohle das Gesicht der Landschaft noch keineswegs verwandelt hatte. Die Zechenschornsteine ragten nur vereinzelt (und höchstens dreißig Meter hoch) aus einem nach wie vor ganz überwiegend bäuerlichen Land mit recht langsam wachsenden Kleinstädten hervor. Essen wuchs von 1816 bis 1840 lediglich um 1300 Köpfe, von 4700 auf 6000 Bewohner an. Noch immer blieb es an der Ruhr im wesentlichen bei dem heute kaum glaublichen Zustand, den der schlesische Schriftsteller und Weltreisende Fürst Hermann von Pückler-Muskau in einem Brief von 1826 schilderte, als er sich nach einem Besuch bei Goethe in Weimar nach England begab:

Zechen und Dörfer

„Die Gegenden, durch welche mein Weg führte, gehörten einer anmutigen und sanften Natur an, besonders bei Steele an der Ruhr, ein Ort, für den gemacht, der sich vom Getümmel des Lebens in heitre Einsamkeit zurückzuziehen wünscht. Nicht sattsehen konnte ich mich an der saftig frischen Vegetation, den prächtigen Eichen- und Buchenwäldern, die rechts und links die Berge krönen... Jedes Dorf umgibt ein Hain schön belaubter Bäume, nichts übertrifft die Üppigkeit der Wiesen, durch welche sich die Ruhr in den seltsamsten Krümmungen schlängelt."

Über Essen selbst vermeldete das *Neue rheinische Conversationslexikon* von 1833: „Essen, ummauerte Stadt an der Berne, ist Sitz eines Bergamts, Land- und Stadtgerichts. In 816 Häusern wohnen ungefähr 5350 Menschen. Die Stadt hat Tuch- und Leinenmanufakturen, Wollenzeugfärbereien, Vitriolsiederei, Gerbereien, Gewehr-, Eisen- und Stahlfabriken, in welchen letzteren Dampfmaschinen, Apparate zur Hausbeleuchtung, Gußstahl und anderes mehr fabriziert wird. Ferner Ackerbau und Handel mit Colonial- und Materialwaren, Wein, Wolle u. a., sieben Jahrmärkte, in der Nähe mehrere Steinkohlengruben."

Zweierlei vor allem ist an dieser lexikalischen Auskunft bemerkenswert: Essen wird noch immer als „ummauerte Stadt" bezeichnet, und der Name Krupp kommt, zweiundzwanzig Jahre nach der Gründung der Firma, gar nicht vor – sowenig wie in ähnlichen Werken von 1841 und 1847, als Alfred Krupp bereits einundzwanzig Jahre gewirkt hatte und dicht vor dem Weltruhm stand.

Was die Ummauerung der Stadt angeht, so muß sie 1833 schon recht lückenhaft gewesen sein: 1803 zwar noch einmal ausgebessert, damit der Magistrat auf alle Waren eine Tor-Akzise erheben konnte, wurde sie seit 1824 als Steinbruch für die Straßenpflasterung verwendet (vgl. Seite 161). Im gleichen Jahr fiel auch das Steeler Tor einer Straßenverlegung zum Opfer. Im ehemaligen Festungsgraben wuchs Gras, Kühe und Ziegen weideten darin; wie im Mittelalter gab es einen Gemeindehirten, der die Kühe und Schweine der Bürger durch die – entsprechend gezierten – Gassen trieb. Selbst 1847 wurden in Essen noch 387 Ställe und Scheunen gezählt.

Der Zustand der Straßen, die immer noch von Unrat, Heuhaufen, Holzstößen, Fässern und überhaupt allem, was man in der Wohnung nicht brauchen konnte, gesäumt waren, besserte sich 1828: Bürgermeister *Konrad Heinrich Kopstadt* erließ eine „Allgemeine Straßenordnung", die es verbot, Abfälle auf die Gassen zu werfen, sperrige Gegenstände auf ihnen abzustellen und am Straßenrand Düngergruben anzulegen.

Auch die Nachtwächter und die Brandwache auf dem Turm der Marktkirche gab es noch, sie bliesen stündlich ihre Hörner. Bürgermeister *Bertram Pfeiffer* hob 1840 rühmend hervor, „wie dem Unfuge des Bettelns und Stehlens dergestalt gesteuert worden, daß ersteres so gut als gar nicht mehr stattfindet". Viel buntes und oft zwielichtiges Volk zog durch die aufstrebende Kleinstadt, von Scherenschleifern, Kesselflickern, Korbflechtern über hessische Saison-Maurer, belgische Straßenpflasterer, slowakische Mausefallenkrämer bis zu Seiltänzern, Bärenführern, diebischen Zigeunern und Leierkastenmännern mit Äffchen und Flöhen.

1838 endlich wurde der Stadt eine furchtbare Last abgenommen, die seit hundertneunzig Jahren auf ihr lag: Nach langen Bemühungen des Bürgermeisters Pfeiffer erklärte sich der preußische Staat bereit, Essens Schulden aus dem Dreißigjährigen Krieg zu übernehmen. Sie hatten sich ursprünglich auf 600 000 Reichstaler belaufen (vgl. Seite 105) und waren bis 1700 durch Umwandlung, Zusammenlegung und allerlei Manipulationen auf 100 000 Reichstaler zusammengeschrumpft. 1803 erklärte Preußen sie zwar zur Staatsschuld, zog indessen die Stadt weiterhin zur Verzinsung und Tilgung heran. 1838 jedoch zahlte der Staat der Stadt 58 000 Reichstaler zur Abfindung der Gläubiger und Begleichung der Zinsrückstände. Der Magistrat atmete auf.

Von 1840 bis 1842 wurde sogleich ein neues Rathaus gebaut. Friedrich Philipp Funcke, der früheste Historiker Essens, meinte dazu in seiner 1851 erschienenen *Geschichte des Fürstenthums und der Stadt Essen:* „So ehrwürdig der düstere Anblick des kaum noch zu betretenden alten Rathauses war, und so tief es das Gepräge von Essens uraltem Dasein an sich trug, so mußte es doch, da es nun einmal nicht als leeres Denkmal der Vorzeit dastehen konnte, schon seines Verfalls wegen und als Verunzierung des Marktes abgetragen werden." Zusammen mit dem neuen Rathaus begannen auch andere klassizistische Gebäude die mit Schiefer verkleideten Fachwerkbauten zu verdrängen.

Das Königliche Gymnasium, 1819 aus der Verschmelzung der lutherischen Stadtschule und der katholischen Stiftsschule entstanden, hatte schon 1824 eine würdige Heimstatt erhalten: die ehemalige Jesuitenresidenz auf dem Burgplatz (vgl. Seite 115). Nicht nur der Gegensatz zwischen Katholiken und Protestanten, auch der einst viel härtere zwischen Lutheranern und Calvinisten verlor unter preußischer Herrschaft seine Schärfe: Die lutherische und die reformierte Volksschule wurden 1819 zu einer evangelischen (neben der katholischen) vereinigt. „Selbst die Geistlichen der verschiedenen Konfessionen standen sich freundlich und zuvorkommend zur Seite", schrieb Funcke. Das kulturelle Leben spielte sich im übrigen vorwiegend in Musik- und Gesangvereinen ab.

1841 wurden eine *Handelskammer* (gemeinsam für Essen, Werden und Kettwig) und die erste Sparkasse gegründet. 1843 leistete sich die Stadt einen Luxus, den sie 1811 schon einmal bereut hatte: Sie führte wieder eine Straßenbeleuchtung ein. Zweiundfünfzig Öllampen wurden an Seilen über die Straßen gehängt; sie brannten natürlich nur im Winter und vor der Zeit des Schlafengehens, bei Mondschein aber nie. Aus der Kennzeichnung Essens in dem 1834 erschienenen Buch *Deutschland* von C. J. Weber: „Stadt und Stift sind traurig und finster", war nun wenigstens das Wort „finster" getilgt.

Weit abseits vom großen Verkehr lag Essen, ja lag der Hauptteil des Ruhrgebiets freilich noch immer. Die deutschen Eisenbahnen nahmen keineswegs dort ihren Ursprung, wo Kohle und Eisen später ihre Hochburg hatten. Nur ein Kuriosum kann der Essener Raum für sich in Anspruch nehmen: den ersten deutschen Schienenweg überhaupt.

Wann eigentlich die Schiene erfunden wurde, läßt sich nicht angeben: Einfach deshalb, weil die Entwicklung in vielen Etappen über Jahr-

Schienen und Dampf-maschinen

hunderte hin erfolgte. Schon die Griechen versahen ihre Straßen dort, wo sie über Felsboden führten, mit sorgfältig ausgehauenen Rinnen als Gleise für die Wagenräder. Im 16. Jahrhundert kamen in mehreren deutschen Bergwerken (nicht an der Ruhr) Hohlgleise aus Holz oder Eisen auf, in denen die Förderwagen leichter geschoben werden konnten. Ausnahmsweise hatten diesen technischen Einfall die Deutschen vor den Engländern. In England wurden die eisernen Schienen im Lauf des 18. Jahrhunderts allmählich ihrer heutigen Form angenähert, nach wie vor zu dem alleinigen Zweck, Menschen oder Pferden das Ziehen von Kohlenwagen zu erleichtern.

Gegen Ende des 18. Jahrhunderts wurden in England zum erstenmal Dampfmaschinen mit der Schienenbahn kombiniert – jedoch in der Form, daß eine ortsfeste Maschine die Wagen mit Kette oder Seil über eine Steigung emporzog. 1804 stellte der Engländer Trevithick in Wales einen Dampfwagen auf Schienen; die Eisenbahn war geboren. Allerdings erwiesen sich die Schienen als zu schwach für die erste Lokomotive. Von 1813 an bauten schließlich Hedley und der in leichter Übertreibung als Erfinder der Eisenbahn gepriesene George Stephenson brauchbare Bergwerkslokomotiven.

Berühmt wurde Stephenson vor allem dadurch, daß es ihm gelang, die Öffentlichkeit für die Idee des Personentransports mit Dampfkraft zu gewinnen. 1825 fuhr zwischen Stockton und Darlington an der englischen Ostküste die erste Personeneisenbahn der Welt.

Noch während sie sich in Bau befand, erkannte *Friedrich Harkort*, Inhaber der bedeutendsten Maschinenfabrik des Ruhrgebiets (in Wetter an der Ruhr), die Zeichen der Zeit. Am 30. März 1825 – mehrere Jahre, bevor Friedrich List sich für die Schaffung eines deutschen Eisenbahnnetzes einsetzte – veröffentlichte er im *Hermann, Zeitschrift von und für Westphalen,* den ersten öffentlichen Aufruf zum Eisenbahnbau in Deutschland. Unter der Überschrift „Eisenbahnen. (Railroads.)" heißt es darin:

„Durch die rasche und wohlfeile Fortschaffung der Güter wird der Wohlstand eines Landes bedeutend vermehrt, welches Kanäle, schiffbare Ströme und gute Landstraßen hinlänglich bewähren ... Größere Vorteile wie die bisherigen Mittel, scheinen Eisenbahnen zu bieten." Nach einer Darstellung der englischen Projekte rechnet Harkort aus, daß eine Eisenbahn tausend Zentner Kohle in zweieinhalb Stunden von Elberfeld nach Düsseldorf schaffen könne, „mit einem Kohlen-Aufwande von 5 Scheffel für die Reise". Harkort schließt: „Möge auch im

Vaterland bald die Zeit kommen, wo der Triumphwagen des Gewerbe-
fleißes mit rauchenden Kolossen bespannt ist und dem Gemeinsinn die
Wege bahnt."

1827 wurde eine 1450 Meter lange, pferdegezogene Kohleneisenbahn *Erste*
vom Karl-Friedrich-Erbstollen zur Ruhr gebaut, der erste „englische *Eisenbahn*
Transportweg" (wie man damals sagte) außerhalb eines Bergwerks in
Deutschland. 1828 gründeten ein Schwager Harkorts, Kaufmann in
Barmen, und ein Arzt aus Steele einen Aktienverein, der Deutschlands
erste größere Eisenbahnstrecke in Angriff nahm: Sie führte von der
Zeche *Himmelsfürster Erbstollen* in Steele durch das Deilbachtal über
Kupferdreh nach Langenberg (am Südostrand des heutigen Essen).
1830 – im gleichen Jahr wie die zweite englische Personeneisenbahn, die
Liverpool und Manchester verband, die damals größten Industriestädte
der Erde – wurde die *Deilbachbahn* in Betrieb genommen. Zweck der
Bahn war es, den Absatz der Ruhrkohle ins Wuppertal und ins Ber-
gische Land zu fördern, in Gegenden also, die nicht von der Ruhr-
schiffahrt begünstigt wurden. In Langenberg wurde die Kohle auf
Pferdewagen umgeladen.

Wäre es nach den Unternehmern gegangen, so wäre die Deilbachbahn mit einer englischen Dampflokomotive betrieben und damit als
erste deutsche Eisenbahn berühmt geworden, und schon 1830 hätte sich
das Ruhrgebiet an die Spitze des industriellen Fortschritts in Deutschland gesetzt. Hier war jedoch das Königreich Preußen rückständiger
als die Königreiche Bayern und Sachsen: Friedrich Wilhelm III. verbot
den Dampfbetrieb, und die Züge von je zehn oder zwölf Kohlenwagen
(„Hunden") mußten von sieben Pferden gezogen werden.

Als Grund gaben die preußischen Behörden an, die erste englische
Lokomotive habe einen Menschen überfahren. Außerdem machte das
angebliche Gutachten eines Königlich-Bayerischen Obermedizinal-
kollegiums von sich reden, wonach die mit Dampfkraft erreichbare
Geschwindigkeit von fünfzig Stundenkilometern dem Gehirn schaden
müsse.

Die wahren Gründe scheinen jedoch andere gewesen zu sein. Die
Besitzer der Zechen, die nicht von dem Schienenstrang begünstigt wurden, fürchteten für ihr Geschäft. Die vielen Kohlentreiber, die auf den
Zechenbahnen die Wagen schoben oder die Pferde lenkten, fürchteten
für ihren Arbeitsplatz. Und vielleicht gab es auch grundsätzliche Widerstände beim Adel, von dem Louis Berger, ein Schwiegersohn Harkorts

und Mitglied der Fortschrittspartei, meinte, er fühle instinktiv, „daß die Lokomotive der Leichenwagen ist, auf dem Absolutismus und Feudalismus zum Kirchhof fahren". Harkort selbst schrieb 1833: „Die Generation nach uns wird sich wundern, wie es möglich war, daß ihre Väter so bedenkliche Gesichter bei einer so einfachen und nützlichen Sache schneiden konnten."

Saubere Hunde für den Prinzen Prinz Wilhelm von Preußen, ein Bruder des lokomotivenfeindlichen Königs, ließ es sich jedoch nicht nehmen, sich das Wunderwerk der pferdegezogenen Deilbachbahn mit Frau und Kindern anzusehen. In einem Sonderzug von dreißig Hunden, die gründlich gescheuert und mit Teppichen ausgelegt waren, fuhr die königliche Gesellschaft mit Honoratioren und Blasmusik 1831 durchs Deilbachtal hinab und an der Ruhr entlang zur Zeche. Der Prinz soll dazu gesagt haben: „Ich bin von der Ruhr auf den Hund gekommen und habe das schöne Essen stehenlassen."

1835 verkehrte zwischen Nürnberg und Fürth im Königreich Bayern die erste deutsche Eisenbahn mit Dampfbetrieb. 1837 folgte ihr im Königreich Sachsen die zweite, die Dresden mit Leipzig verband. Erst 1838 erhielt Preußen mit der Strecke Berlin–Potsdam einen dampfbetriebenen Schienenweg; die zweite preußische Eisenbahn verband 1841 Düsseldorf mit Elberfeld. Zwischen Ruhr und Emscher blieb es bei den Pferden. Die „deutsche Schlafmützigkeit", von der Harkort sprach, schien hier noch immer eine Heimstatt zu haben.

5. Kapitel
Der Besessene

Einer, der wenig schlief und dessen Werk mit der Eisenbahn zusammen wuchs, war Alfred Krupp – der Mann, der die väterliche Gußstahlfabrik 1826 als Vierzehnjähriger mit sieben Arbeitern und zehntausend Talern Schulden übernahm und sie 1887 als größte Stahlfabrik der Welt hinterließ, mit neunzehntausend Arbeitern bei einer jährlichen Produktion von 197000 Tonnen Stahl und 570000 Tonnen Kohle. Er wohnte 1826 im Aufseherhäuschen der Fabrik und 1887 in einem Palast, den er untertreibend „Villa Hügel" nannte. 1826 war er ein Kostgänger seines Onkels und ein Kind ohne abgeschlossene Schulbildung, 1887 einer der mächtigsten Männer Deutschlands und einer der reichsten der Welt – besessen von dem einzigen Ehrgeiz, Stahl zu machen.

Seine Arbeiter hüllte er in die Fürsorge eines unerbittlich strengen Vaters ein; seine freiwilligen Sozialleistungen übertrafen fast alles, was irgendein anderer Fabrikherr auf der Welt im 19. Jahrhundert zustande brachte; aber manche Gewerkschaftsfunktionäre sehen in ihm noch heute die Inkarnation des Bösen: jenes Unternehmers, der den Arbeitern Wohltaten erweise, solange sie aufs Wort parierten – zu dem einzigen Zweck, ihre Arbeitskraft bis ins Letzte auszubeuten. Krupp produzierte im Laufe seines Lebens 25000 Kanonenrohre und müßte doch nicht so sehr „Kanonenkönig" als vielmehr König der Eisenbahnen heißen.

So oder so: Alfred Krupp war eine der faszinierendsten Erscheinungen des 19. Jahrhunderts. Er ist einer der vier, fünf großen Industriebosse, von denen bei der Würdigung der industriellen Revolution in Geschichtsbüchern kommender Jahrhunderte die Rede sein wird. Er war der Pionier, der Essen vom Aschenbrödeldasein in den Weltruhm stieß. Bei seinem Tod arbeiteten fast zwanzig Prozent der Bewohner der Stadt in der Gußstahlfabrik, so daß über sechzig Prozent der Einwohnerschaft direkt von seiner Firma lebten. Aus der Vogelperspektive war Essen nur das Anhängsel eines weit größeren Industriegeländes, über das ein einzelner Mann unumschränkt regierte.

Als Friedrich Krupp am 8. Oktober 1826 gestorben war, verschickte
seine sechsunddreißigjährige Witwe folgende Geschäftsanzeige:

„Den geschätzten Handlungsfreunden meines verstorbenen Gatten
beehre ich mich die Anzeige zu machen, daß durch sein frühes Hin-
scheiden das Geheimnis der Bereitung des Gußstahls nicht verloren,
sondern durch seine Vorsorge auf unseren ältesten Sohn, der unter
seiner Leitung schon einige Zeit der Fabrik vorgestanden, übergegangen
ist; daß ich mit demselben das Geschäft unter der früheren Firma von
Friedrich Krupp fortsetzen, und in Hinsicht der Güte des Gußstahls, so
wie auch der in meiner Fabrik daraus verfertigten Waaren, nichts zu
wünschen übrig lassen werde. – Die Gegenstände, welche in meiner
Fabrik verfertigt werden, sind folgende: Gußstahl in Stangen von
beliebiger Dicke, desgleichen in gewalzten Platten, auch in Stücken,
genau nach Abzeichnungen oder Modellen geschmiedet, z. B. Münzstempel, Stanzen, Spindeln, Tuchscheerblätter, Walzen u. dgl., so wie
auch fertige Lohgärber-Werkzeuge.

Wittwe Therese Krupp, geb. Wilhelmi.“

Der vierzehnjährige Fabrikchef, Geschäftsführer, technische Direktor
und Lehrling Alfred Krupp machte sich ans Werk. Was er geerbt hatte,
waren immerhin die Kenntnis eines brauchbaren Verfahrens zur Gußstahlerzeugung und eine große Werkstatt, in der sich mehr davon
produzieren ließ, als zunächst abgesetzt werden konnte. Unter den
sieben Arbeitern befanden sich tüchtige Männer, so der Schmied, von
dem Alfred noch zu Lebzeiten seines Vaters angelernt worden war.

Auch wandten die Freunde und Verwandten der Familie, die der
pausenlosen Plänemacherei Friedrich Krupps mit zunehmendem Mißtrauen gegenübergestanden hatte, dem halbwüchsigen Sohn ihr Mit-
leid, ihren Rat und bald ihre Achtung zu, und manche von ihnen wurden
seine Kunden. Alfreds Mutter betrieb eine kleine Landwirtschaft, von
der sie mit ihren Kindern leben konnte, ein Onkel, Kaufmann in Essen,
nahm dem Vierzehnjährigen anfänglich den Schriftverkehr ab, und ein
Großvater schoß häufig die Löhne vor.

Alfred Krupp selbst versuchte mit eisernem Fleiß die Fabrik voranzutreiben. Er stand mit den Arbeitern vor den Öfen, am Hammer und
an der Drehbank; er schmiedete nachts, weil dann dem Hammerwerk
die Wasserkraft der Berne ohne Einbuße durch die bachaufwärtsgelege-
nen Mühlen zur Verfügung stand; er reiste zu Fuß oder auf geliehenem
Pferd nach Barmen und Solingen, nach Hagen und Altena, um von

alten Kunden Aufträge einzuholen und neue Kunden zu gewinnen. Zu billiges Material oder technische Fehler brachten Beschwerden und Rückschläge, aber immerhin erzielte die Gußstahlfabrik 1829 einen Umsatz von 3527 Talern, womit sie fast wieder den Stand von 1823 erreichte, Friedrich Krupps erfolgreichstem Jahr.

Im Winter 1829/30, als der Frost das wassergetriebene Hammerwerk stillegte, richtete der siebzehnjährige Unternehmer eine Dreherei und eine Schleiferei ein, die es ihm ermöglichten, die bis dahin immer nur halbfertig gelieferten Gußstahlwalzen fertig zu schleifen und zu härten. Die Umstellung auf Fertigfabrikate schuf die Grundlage für spätere Merkmale der Gußstahlfabrik: die Qualität ihrer Produkte und die Rentabilität ihres Betriebs.

1831 brachte es die Firma bereits auf neun Arbeiter. Die Münzen von Gotha und Eisenach kauften bei Krupp je ein Paar Ringwalzen für den hohen Preis von hundert Talern; daß sie ihn zahlten, war eine Anerkennung der Kruppschen Qualität. Härte, Feinheit und Haltbarkeit der Essener Stahlwalzen waren bald ohne Konkurrenz. Der Achtzehnjährige verkündete selbstbewußt: „Ich garantiere jede Walze, wenn ich sie selbst bearbeitet und gehärtet habe", und er berichtete später: „Da kam aber die Walze nicht aus meiner Hand und aus meinen Augen, und sonntags nahm ich sie unfertig mit ins Haus."

Im Februar 1832, als der Hammer wieder stillag, trat der Neunzehnjährige seine erste größere Reise an: Sie ging über Bonn und Wiesbaden nach Offenbach, wo er ein Lager für Gerbereiwerkzeuge einrichtete, und nach Pforzheim, Stuttgart und Heilbronn, wo er bei Goldschmieden und Juwelieren Aufträge für seine kleinen Gußstahlwalzen einholte. 1833 wuchs die Krupp-Belegschaft auf elf Arbeiter an.

1834 erkannte Alfred Krupp – gerade mündig geworden – sogleich die Chancen, die der am 1. Januar ins Leben getretene Deutsche Zollverein auch seiner Fabrik bot: Er unternahm in einem gemieteten Reisewagen, schwere Kisten mit Musterwalzen im Gepäck, eine zwölfwöchige Fahrt nach Württemberg, Bayern und Sachsen, sprach in Nürnberg mit den Ingenieuren der im Bau befindlichen Eisenbahn nach Fürth und erhielt schließlich in Berlin einen größeren Auftrag von einer Silberwarenfabrik. Insgesamt brachte er von der Reise Bestellungen auf Stahlwalzen im Wert von sechstausend Gulden mit. Die Fabrik produzierte in diesem Jahr vierzehn Tonnen Stahlerzeugnisse und hatte am Jahresende fünfundvierzig Arbeiter. Endlich schienen

Die erste Dampfmaschine

sich die Mühen zu lohnen, die Friedrich und Alfred Krupp seit dreiundzwanzig Jahren an die Gußstahlerzeugung gewandt hatten.

Die Verwandtschaft entsetzte der rastlose Arbeiter, kaum von einer schweren Lungenentzündung genesen, allerdings mit einem Vorhaben, das sie an seinen oft weltfremden Vater erinnerte: Er gedenke sich eine Dampfmaschine anzuschaffen, ließ er sie wissen, dazu ein neues Hammerwerk mit drei Hämmern, ein Pochwerk und eine Schleiferei – denn er sei überzeugt, daß er den Bedarf aller deutschen Staaten an Gußstahl decken könne und auch bald zu decken haben werde.

In der Tat erwies es sich als vordringlich, das Hammerwerk nicht noch länger in der Abhängigkeit von der unregelmäßigen Wasserkraft zu lassen, sondern als Kraftquelle für die Fabrik eine Dampfmaschine zu installieren. Mit dem halben Jahrhundert Abstand, das die deutsche Industrie noch immer von der englischen trennte – genau zweiundfünfzig Jahre nach der ersten Dampfmaschine in einem englischen Walzwerk –, legte sich die spätere Weltfirma Krupp 1835 eine Dampfmaschine zu. Die Gutehoffnungshütte lieferte sie; sie hatte zahlreiche Mängel. Ein Maschinenhaus mußte für sie gebaut werden: Es entstand in der 1819 errichteten Fabrikanlage in Altendorf, am heutigen Firmensitz, so daß Schmelzöfen und Hammerwerk nun endlich vereinigt waren. Den von der Berne angetriebenen Hammer in Friedrich Krupps ursprünglicher Werkstatt in Altenessen gab Alfred 1839 auf.

Solche Investitionen konnte der dreiundzwanzigjährige Firmenchef nicht aus eigener Kraft bestreiten. Seine Mutter Therese nahm seinen wohlhabenden Vetter Carl Friedrich von Müller, einen Rittergutsbesitzer aus der Eifel, mit einer Einlage von zehntausend Talern als Gesellschafter auf. Alfred Krupps um zwei Jahre jüngerem Bruder Hermann, der schon seit 1831 in der Fabrik mitarbeitete, gelang es, in der Schweiz und in Frankreich Kunden für Kruppstahl zu gewinnen.

Über jene harten ersten zehn Jahre schrieb Alfred Krupp als alter Mann: „Damals lebten wir von der Hand in den Mund; es mußte alles gelingen, wir hatten nicht mehrere Waggons Tonerde vorrätig und nicht drei bis vier Faß Graphit. Ich habe damit angefangen, in Essen drei Zentner Graphit auf einmal zu kaufen, und das war für mich damals ein ganz bedeutendes Unternehmen – was haben die Ladenschwengel stolz auf mich herabgesehen! Aber aus dem kleinen Keim der Fabrik, wo Rohmaterial en detail gekauft wurde, wo ich Prokurist, Korrespondent, Kassierer, Schmied, Schmelzer, Koksklopfer, Nachtwächter beim Zementofen und sonst noch viel dergleichen war, wo ein Gaul sämtliche

Transporte gemütlich besorgte, wo zehn Jahre später das Wasser zur ersten errichteten Dampfmaschine in Ringeln aus dem Teich getragen wurde in den leergepumpten Brunnen, weil eine Röhrenanlage zu teuer war, ist das jetzige Werk hervorgegangen."

1836 beschäftigte die Fabrik achtzig Arbeiter und lieferte zum erstenmal Stahlwerkzeuge nach Übersee: nach Brasilien. Im gleichen Jahr schuf der inzwischen vierundzwanzigjährige Unternehmer – der ein Reitpferd besaß und von den Essenern respektvoll gegrüßt wurde – die erste jener kaum zählbaren sozialen Einrichtungen, die seinen Lebensweg begleiteten: eine freiwillige Betriebskrankenkasse. Jeder Arbeiter, der sich daran beteiligen wollte, zahlte alle zwei Wochen einen Silbergroschen ein, Krupp schoß jährlich hundert Taler zu. An der Verwaltung der Kasse wirkten die Versicherten mit.

1837 gingen Kruppwerkzeuge nach Indien. 1838 reiste Krupps erster hauptberuflicher Vertreter, Moritz Thies, der in Paris, Lyon, Brüssel und Wien bereits Geschäftsverbindungen angeknüpft hatte, nach Petersburg, wohin schon Friedrich Krupp Münzstempel hatte verkaufen können.

Im Juni 1838 trat der Firmenchef eine fünfzehnmonatige Reise nach Belgien, Frankreich und England an, um zu verkaufen und zugleich zu lernen. In Paris lief er allen erreichbaren Goldschmieden, Silberschmieden und Uhrmachern die Werkstatt ein, damit sie Gußstahlwalzen bei ihm bestellten. Dreißig Besuche am Tag, manche im fünften Stock, waren sein Pensum. Paris dürfte selten einen Gast gehabt haben, der so konsequent an sämtlichen Reizen der Riesenstadt vorüberlebte wie dieser sechsundzwanzigjährige Fabrikant aus der preußischen Kleinstadt Essen.

In England wurde es Krupp dank seines sicheren Auftretens, seiner zuvor in Essen planmäßig betriebenen Studien der englischen Sprache und eines Reisepasses, der zur Tarnung auf den Namen *A. Crup* lautete, nicht schwergemacht, Eisenwerke und Gußstahlfabriken von innen zu sehen. Er war ein scharfer und rastloser Beobachter. Auch ein der Kruppfamilie wohlgesinnter Biograph wie Gert von Klass räumt ein: „In England treibt er unter falschem Namen in voller Gemütsruhe das, was man heute Werkspionage nennen würde. Eine posthume Kritik wird daraus die Bosheit und Verworfenheit des Kruppschen Geistes herauslesen. Jene Zeit ist jedoch der Ansicht, daß es Sache jedes Unternehmens ist, sein Geheimnis zu hüten. Von hysterischen Ängsten ist man noch weit entfernt und sieht mit Gelassenheit dem Spiel der Kräfte zu."

Krupp selbst schrieb nach Essen: „Gestern habe ich ... in Sheffield, wohin ich mit Fritz Sölling spazierte" (seinem Jugendfreund und späteren Teilhaber) „ein neues Walzwerk für Kupferplatten, das erst seit kurzem geht und wo niemand hineingelassen wird, ohne alle Empfehlung gesehen. Ich war gehörig gestiefelt und gespornt, und der Besitzer fühlte sich geschmeichelt, daß so ein paar fidele Freunde sein Werk zu besehen würdigten."

Als Krupp zurückkehrte, änderte er seinen Taufnamen *Alfried* (eine in Essen damals häufige Abwandlung des Namens, den der Stadtgründer Altfrid getragen hatte) in das internationale *Alfred* um; nach dem Urteil eines Vetters sah er „einem englischen Lord gleich".

Walzen in
alle Welt Um die Früchte seiner Reise wurde Krupp durch die Wirtschaftskrise betrogen, die Europa 1839 schüttelte. Die Bank von Belgien stellte ihre Zahlungen ein. Das größte Stahlwerk des Kontinents, 1817 von dem Engländer John Cockerill in Seraing nahe dem alten Industriezentrum Lüttich gegründet, brach zusammen. Die Pariser Goldschmiede und Mechaniker machten ihre Bestellungen in Essen rückgängig. Vier Jahre lang erreichte die Kruppsche Gußstahlfabrik nicht mehr den Produktionsstand von 1838.

Aber die Erfahrungen, die Alfred Krupp im Mutterland der Industrie gesammelt, die neuen Interessenten, die er gewonnen hatte, erwiesen sich als ein dauerhaftes Kapital. Ein Gewinn für die Fabrik war auch, daß 1839 der jüngste der drei Brüder, Friedrich Krupp jr., zu Alfred und Hermann stieß: Obwohl erst neunzehn Jahre alt, gelangen ihm wesentliche technische Verbesserungen. Entscheidend war er auch an der Konstruktion eines neuartigen Geräts beteiligt, das Löffel und Gabeln mechanisch herstellen konnte, 1500 Stück am Tag. Die Kruppsche Löffelwalze wurde in Fachkreisen weltberühmt und rettete später einmal das Unternehmen vor dem Untergang.

1840 lieferte Krupp an eine portugiesische Firma eine Goldwalze, die bis 1957 in einwandfreiem Zustand arbeitete und damit eine Art Weltrekord aufgestellt haben dürfte. Der Bruder Hermann Krupp schrieb in späteren Jahren aus Paris: „Es ist ein großes Übel, daß unsere Walzen so lange halten. In Paris z. B. ist kein einziges Paar verschlissen." Bürgermeister Pfeiffer sagte in einem Vortrag vor dem Stadtrat: „Die Fabrikate unserer Kruppschen Gußstahlfabrik gehen nach allen Hauptorten von Europa und selbst bis nach Amerika." Keine andere Firma erwähnte er namentlich.

Im gleichen Jahr reiste Alfred – „ruhelos wie der ewige Jude", meinte Sölling – nach Wien und erhielt vom k.u.k. Hauptmünzamt den bis dahin größten Auftrag seines Lebens: Ein Münzstreckwerk zum Preis von 26 000 Gulden. Allerdings hatte er vertraglich garantiert, daß die Metallstreifen für sämtliche Münzsorten mit den gleichen Walzen ohne Nachbearbeitung hergestellt werden könnten – eine Klausel, von Beamten des Münzamts eingearbeitet, die gute Beziehung zu englischen Lieferanten besaßen. Dennoch versuchte Krupp das scheinbar Unmögliche, lieferte pünktlich, überwachte selbst die Montage, die von Intriganten und Saboteuren monatelang verzögert wurde – und kam schließlich 1842, nach anderthalbjährigem Kampf auf dem Wiener Parkett am Rande des Bankrotts, zu seinem Geld. Nach seinen Berechnungen brachte ihm das unglückselige Unternehmen jedoch einen Verlust von 30 000 Gulden.

1842 erwuchs der Kruppschen Gußstahlfabrik zudem ein schwerer Konkurrent in der Nachbarschaft: Der schwäbische Handwerker Jacob Mayer gründete in Bochum die Gußstahlfabrik Mayer & Kühne, aus der 1854 der *Bochumer Verein für Bergbau und Gußstahlfabrikation* hervorging, die zweite Stahlfirma von Weltruf im Ruhrgebiet und für Krupp zuweilen eine Quelle heftigen Ärgers. Das mit Abstand größte Industrieunternehmen an der Ruhr war noch immer die Gutehoffnungshütte im heutigen Oberhausen.

Auch nach sechzehn Jahren eines pausenlosen Kampfes um Qualität und Kunden sah sich Krupp noch weit vom Ziel. Er wohnte weiter als Junggeselle im Aufseherhäuschen der Fabrik vor den Toren Essens, in der er 1843 neunundneunzig Arbeiter beschäftigte. In einer Bestandsaufnahme des Essener Magistrats über das Wirtschaftsleben der Stadt wurde Krupp 1843 nur summarisch erwähnt: „1 Gußstahlfabrik mit 1 Dampfmaschine".

An Industrie gab es damals ferner: Eine Eisengießerei, zwei Tuchfabriken, eine Tuchkratzenfabrik, zwei Baumwoll- und fünf Leinenwebereien, eine Glasfabrik, eine Essigfabrik sowie drei Bergwerke mit zusammen sieben Dampfmaschinen; außerdem nicht weniger als zwanzig Brauereien und sechs Schnapsbrennereien, sechs Wassermühlen, eine Windmühle und eine Dampfmühle. In der Stadt lebten 7100 Menschen; viel weniger als heute in Buxtehude. Bald waren es mehr.

6. Kapitel
Die Geburt des Ruhrgebiets

In den langsamen Aufstieg Essens und des Ruhrlands im allgemeinen kommt nun, um die Mitte des 19. Jahrhunderts, endlich etwas Schwung. Die deutschen Zollschranken sind gefallen, der Tiefbau ist aufgenommen, Krupp beliefert halb Europa mit Stahlwaren, die Eisenbahn ruft nach Kohlen, Eisen und Stahl. Schritt für Schritt läßt sich verfolgen, wie das Land zwischen Ruhr und Emscher sich anschickt, die klassischen deutschen Industriegebiete – Oberschlesien, Sachsen und die Saar – einzuholen und schließlich hinter sich zu lassen.

Krupp
baut aus

1844: Der Essener Raum erhält seine erste Eisenbahn mit Dampfbetrieb. Es handelt sich allerdings nur um den 1830 eröffneten Schienenweg von Steele nach Langenberg, der mit dreizehnjähriger Verspätung endlich für Dampflokomotiven zugelassen wird.

Alfred Krupp nimmt seinen alten Freund Fritz Sölling als Teilhaber in die Gußstahlfabrik auf; der bisherige Teilhaber Carl Friedrich von Müller scheidet aus. Söllings Einlage von 54000 Talern ermöglicht es dem Fabrikchef, sogleich einen zweiten Schmelzbau mit vierzehn Öfen, einen Werkstättenbau und für sich ein Wohnhaus zu bauen, das die Verbindung zwischen dem alten Schmelzbau und dem Aufseherhäuschen herstellt, in dem der Firmenchef zwanzig Jahre seines Lebens verbracht hat. Anderswo als auf dem Fabrikgelände zu wohnen, kommt ihm auch jetzt nicht in den Sinn.

Hermann Krupp übernimmt die technische Leitung einer Fabrik für Eßbestecke, die Alfred zusammen mit einem Wiener Großkaufmann in Berndorf bei Wien gegründet hat.

Über seine Arbeiter schreibt Alfred Krupp in einem Brief: „Sie sollen einen außergewöhnlich guten Lohn im Vergleich gegen andere Arbeiter an demselben Orte verdienen, sie sollen ... an die Fabrik gekettet sein durch Neigung und Interesse."

Bei Reichenberg in Böhmen stürmen Arbeiter die Textilfabriken und zerstören die Spinnmaschinen, weil durch sie viele Menschen brotlos würden.

1845: In Chemnitz wird Deutschlands erster mechanischer Webstuhl in Betrieb genommen, in Dresden beendet der zweiunddreißigjährige Hofkapellmeister Richard Wagner den „Tannhäuser". In der Stadt Essen wird die Stiftsmauer abgetragen und der alte Stiftsfriedhof planiert – die „Burg" ist damit, zweiundvierzig Jahre nach der Säkularisierung, auch optisch in die Stadt einbezogen. Ein Teil des Burgplatzes erhält Grünanlagen. Schon in den vorangegangenen Jahren wurden mehrere Straßen mit Bäumen bepflanzt, die meisten Gassen sind gepflastert, über hundert bis dahin offene Abtritte und Kloaken hinter Bretterwänden verborgen. *Stahl für die Zechen*

Krupp produziert mit 142 Arbeitern Stahlerzeugnisse im Gewicht von 89 Tonnen – sechsmal soviel wie 1843 – und erzielt einen Umsatz von 44000 Talern. Von der Pariser Münze erhält er den bis dahin größten Auftrag seiner Laufbahn. In Paris lernt er den bedeutendsten Naturwissenschaftler seiner Zeit kennen, den greisen Freiherrn Alexander von Humboldt. Ohne von dem Wohlwollen des weltberühmten Mannes irgendwie Gebrauch zu machen, reist der dreiunddreißigjährige, schon leicht ergraute Stahlfabrikant nach London und Utrecht weiter, um neue Aufträge einzuholen.

An der Ruhr ist der Bergbau auf den Kruppschen Gußstahl aufmerksam geworden: Die Fabrik liefert Steinbohrer, Hacken und Maschinenteile an zahlreiche Zechen, sogar ins Saargebiet und nach Oberschlesien.

Im damaligen Essener Stadtbereich arbeiten zwei Kohlenzechen mit zusammen 374 Bergleuten – einer Belegschaft, deren Größe das Staunen und Kopfschütteln der älteren Leute hervorruft.

1846: Essen ist auf 7840 Köpfe angewachsen, hat seine Einwohnerzahl gegenüber 1813 also fast verdoppelt. Im heutigen Stadtgebiet, den ehemaligen Stiftsländern Essen und Werden, leben 39000 Menschen (gegenüber 21500 im Jahr 1816). Der Zuwachs liegt über dem deutschen Durchschnitt, hat jedoch durchaus nichts Hektisches an sich; er setzt sich aus Geburtenüberschüssen und einer mäßigen Zuwanderung, überwiegend aus Westfalen und dem Rheinland, zusammen. Noch immer weiß niemand etwas von Städten namens Gelsenkirchen und Oberhausen, kein Ort zwischen Ruhr und Lippe nähert sich auch nur von fern der Großstadt-Grenze, und der Begriff „Ruhrgebiet" ist unbekannt. *Dürre und Hunger*

Der Sommer 1846 ist so trocken, daß die Ruhrschiffahrt fast völlig zum Erliegen kommt. Da außer der kurzen Strecke zwischen Steele und Langenberg noch immer keine Eisenbahn das Kohlenrevier berührt, ist das für Zechen, Hütten und Tausende von Arbeitern ein harter Schlag. Die Dürre führt in weiten Teilen Deutschlands zu einer Mißernte, die eine Hungersnot und eine allgemeine Wirtschaftskrise zur Folge hat.

Krupp erzielt bei einem Umsatz von 80 000 Talern zwar einen Gewinn, muß aber die Zahl seiner Arbeiter im Lauf des Jahres von 142 auf 108 vermindern.

Die zweihundertachtzig wahlberechtigten Bürger von Essen entscheiden sich für die Steinsche Städteordnung, die der Stadt kurz darauf durch den König von Preußen verliehen wird. Bürgermeister und Stadtrat werden nun nicht mehr von den vorgesetzten Behörden ernannt, sondern von der Bürgerschaft gewählt. Wahlberechtigt ist, wer mindestens siebenhundert Taler Vermögen oder dreihundertfünfzig Taler Jahreseinkommen besitzt.

Eisenbahn für Altenessen 1847: In England wird der 10-Stunden-Tag gesetzlich eingeführt. Frankreich schließt die Eroberung Algeriens ab.

In Essen bringt die erste Wahl zur Stadtverordnetenversammlung nach der neuen Ordnung überwiegend neue Männer, vor allem Kaufleute und Fabrikanten, ins Rathaus, darunter den Färberei- und Zechenbesitzer Friedrich Wilhelm Waldthausen. Alfred Krupp hat sich nicht zur Wahl gestellt; im Gegensatz zu seinem Vater nimmt er am Leben der Gemeinde nicht das geringste Interesse. Ihn interessiert nichts als Kruppstahl, mit einer Ausschließlichkeit, die ans Manische grenzt.

Krupp beginnt Kanonen zu bauen. Nachdem die Geschützrohre jahrhundertelang aus Bronze gewesen waren und 1845 in England das erste schmiedeeiserne Kanonenrohr hergestellt worden ist, produziert der fünfunddreißigjährige Essener Fabrikant 1847 das erste Gußstahl-Kanonenrohr der Welt. Er schickt es nach Berlin und erhält nach zwei Jahren den Bescheid, daß das Material zwar alles Bisherige übertreffe, aber zu teuer sei und außerdem kein Bedarf an einer Verbesserung der üblichen Geschütze bestehe. Es dauert noch lange, bis Krupp den Kanonenmarkt erobert.

Die Ernährungs- und Wirtschaftskrise von 1846 schlägt sich jetzt in der Bilanz nieder: Die Gußstahlfabrik arbeitet mit einem Verlust von 21 000 Talern. Die Zahl der Arbeiter wird auf sechsundsiebzig verringert, halb soviel wie zwei Jahre zuvor.

Doch bringt das Jahr 1847 für das Kohlenrevier auch einen entscheidenden Fortschritt: Es wird endlich durch eine Eisenbahn mit dem Rhein verbunden. Die *Cöln-Mindener Eisenbahngesellschaft* eröffnet die Strecke Duisburg–Dortmund–Hamm, in Duisburg mit Anschluß an die Rheinstrecke. Aber dieser Schienenstrang führt weder durch das Land der Zechen noch durch Essen, sondern an beiden im Norden vorbei. Dem Schloß Oberhausen und den Dörfern Frintrop, Bergeborbeck, Altenessen und Gelsenkirchen gibt das Dampfroß die Ehre; die größten Städte zwischen Dortmund und Duisburg – Essen, Mülheim, Bochum – werden ausgespart. Alle Bemühungen der Stadtverwaltungen von Essen und Bochum sowie des Bergamts Essen, ja sogar eine Essener Beihilfe von zweitausend Talern bleiben umsonst: Die private Gesellschaft und die staatliche Aufsichtsbehörde ziehen die billigste Linienführung durch das steigungsfreie Tal der Emscher vor. Vielleicht denken sie dabei schon an die Nordwanderung des Kohlenbergbaus, die durch Haniel und Stinnes mit der Durchstoßung der Mergeldecke eingeleitet worden ist; in jedem Fall fördern sie diese Entwicklung.

Am 15. Mai 1847 wird die neue Strecke zum erstenmal befahren. Die *Allgemeinen Politischen Nachrichten* bringen eine „Festnummer" heraus, in der es heißt: „Die Frühlingssonne begrüßte heute ein für unsere Stadt unberechenbar wichtiges Ereignis: Die Eisenbahnstrecke von

Duisburg nach Hamm wurde dem öffentlichen Verkehr übergeben. Der von Cöln kommende, von der Locomotive ‚Rhein' geführte und aus sechs stattlichen Waggons – die Wagen dieser Bahn zeichnen sich durch Schönheit und zweckmäßige Einrichtung rühmlichst aus – bestehende Zug langte, genau nach Vorschrift, 10 Minuten nach 8 Uhr an der ‚Station Essen' an; und somit sind durch ihn die regelmäßigen Fahrten nach Cöln einer- und Hamm andererseits glücklich eröffnet."

Zunächst gibt es täglich drei Verbindungen nach Dortmund und zwei nach Duisburg. Den Essenern zum Trost trägt der Bahnhof in Altenessen wenigstens den Namen „Station Essen"; er ist in der Tat von der Stadt Essen erbaut worden, die dafür wie für den Ausbau der Chaussee nach Altenessen sechzehntausend Taler aufgewendet hat.

Noch im gleichen Jahr 1847 wird die alte Deilbach- oder Prinz-Wilhelm-Bahn (von Steele über Kupferdreh nach Langenberg) bis nach Vohwinkel (heute einem Stadtteil von Wuppertal) verlängert und auch für den Personenverkehr freigegeben. Die Fahrt von Steele nach Vohwinkel kostet in der dritten Klasse zehn Groschen, in der ersten das Doppelte. Der Essener Raum ist also auf einen Schlag sowohl mit dem Rhein als auch mit dem gewerbereichen Tal der Wupper durch eiserne Schienen verbunden. Nur Essen selbst bleibt noch immer darauf angewiesen, seine Güter auf Pferdewagen zum nächsten Bahnhof zu befördern, drei Kilometer weit nach Altenessen, sieben Kilometer nach Steele.

Dennoch sind die Verkehrsverhältnisse nun erheblich günstiger als zuvor, auch in Essen bekommt die Wirtschaft das zu spüren. Bei der Eisenbahn wiederholt sich und verstärkt sich die Wechselwirkung mit der Kohle, die schon für die Dampfmaschine kennzeichnend war. Die Schienen erleichtern und verbilligen den Kohlentransport, so daß ein Anreiz zu zusätzlicher Förderung entsteht; die Förderung kann aber nicht nur, sie muß auch gesteigert werden, um den Bedarf der Lokomotiven zu decken.

„Die Eisenbahnen rissen die Nation aus ihrem wirtschaftlichen Stillleben", schreibt Heinrich von Treitschke in seiner *Deutschen Geschichte im 19. Jahrhundert*, „sie griffen in alle Lebensgewohnheiten so gewaltig ein, daß Deutschland schon in den vierziger Jahren einen völlig veränderten Anblick bot." Und Krupp meint: „Eine andere Zukunft liegt vor uns. Das Eisenbahnwesen... fällt in die Stahlzeit, die Bronzezeit ist dahin."

Auch der Essener Oberlehrer Dr. Funcke ist mit der allgemeinen Entwicklung zufrieden: „Die Bevölkerung Essens sowie des ganzen

Stifts hat in der neuesten Zeit einen Hauptzweig der Industrie im Betrieb des Bergbaues gefunden, und einen Wohlstand zu begründen angefangen, wie er in der früheren Ackergegend, was das Fürstentum doch meist war, nicht zu finden gewesen", schreibt er 1847. „Es ist eine Wonne, die Reihe von Steinkohlenzechen, die sich in hiesiger Gegend dem Auge darbieten, zu überschauen und Tausende von Händen beschäftigt zu sehen, die ohne sie um Arbeit verlegen sein würden."

1848: Im Januar veröffentlichen die deutschen Emigranten Karl Marx und Friedrich Engels in London ihr *Kommunistisches Manifest*, das das Proletariat zum Klassenkampf gegen die Besitzbürger aufruft. Marx wird danach aus England ausgewiesen und gibt vom 1. Juni an in Köln die *Neue Rheinische Zeitung* heraus. *Revolution und Nationalversammlung*

Am 24. Februar bricht in Paris die Revolution aus, König Louis Philippe wird gestürzt, die Zweite Republik errichtet.

Am gleichen Tag wird in Essen der Vertrag unterzeichnet, der Alfred Krupp zum Alleininhaber der Firma macht. Seine Mutter verkauft ihm die Fabrik, die er als ein „Wrack" bezeichnet, für fünfundzwanzigtausend Taler. Die Brüder Hermann und Fritz, denen die Mutter an sich die Fabrik zu gleichen Teilen hatte vererben wollen, erhalten eine Abfindung. Der jüngste von ihnen, der technisch hochbegabte Friedrich, scheidet aus; daß sein Erfinderehrgeiz eigene Wege geht, hat ihn oft in Konflikt mit Alfred gebracht. Die Rechte an der Besteckfabrik in Berndorf bei Wien überträgt Alfred auf seinen Bruder Hermann. Er ist Alleinherrscher – das, was er immer sein wollte.

Am 27. Februar springt die Revolution von Paris nach Deutschland über. Der Burschenschaftler und spätere Reichsminister Heinrich von Gagern fordert in der hessischen Kammer die Schaffung einer deutschen Zentralgewalt mit einer Volksvertretung. Im Rheinland kommt es zu Unruhen. Am 1. März führt der Großherzog von Baden die Pressefreiheit ein.

Am 6. März lehnen die Essener Stadtverordneten in einer außerordentlichen Sitzung mit sieben gegen fünf Stimmen den Antrag ab, daß ein vereinigter preußischer Landtag einberufen werden solle. Von der Bezirksregierung in Düsseldorf erbitten sie die Erlaubnis, in Essen eine Sicherheitswache zu errichten. Denn die Unruhen in Frankreich und Deutschland schlagen sofort auf den Absatz der Fabriken und Bergwerke zurück. Der Magistrat nimmt bei wohlhabenden Bürgern eine Anleihe auf, um einen Teil der herumlungernden Arbeitslosen mit

Reparatur- und Verschönerungsarbeiten an Straßen und Plätzen beschäftigen zu können.

Alfred Krupps ältere Schwester Ida schreibt in einem Brief: „Mathias Stinnes, Besitzer von großen Kohlenzechen, hat nicht allein die Zahlungen eingestellt, wo Wechsel auf ihn für über 700000 Taler ausgestellt sind, sondern in Ermangelung von Absatz viele Bergleute verabschiedet, sowohl in Essen als in Mülheim, die nun brotlos. Diese sind am meisten zu fürchten, und sind gestern und vorgestern schon Unruhen ausgebrochen, so daß gestern abend noch Militär dorthin gesandt ist." In Remscheid wird die Eisengießerei von den Arbeitern gestürmt und zerstört.

Auch die Kruppsche Gußstahlfabrik hat weder Aufträge noch Geld in der Kasse. Der Chef hält vor seinen vierundsiebzig Arbeitern eine Rede, über die Ida Krupp berichtet: „Alfred hat gestern' abend alle Arbeiter versammelt und sie auf die bewegte Zeit aufmerksam gemacht, ihnen gesagt, daß er von ihnen erwarte, daß sich keiner, falls in Essen Unruhe ausbricht, daran beteilige, sondern sie im Gegenteil, wenn in den Wirtshäusern Rede davon wäre, statt dessen das ihrige dazu beitrügen, daß alles in Ruhe und Ordnung bleibe. Ich glaube, daß dies einen guten Eindruck auf sie gemacht hat."

Obwohl nichts zu tun ist, müssen die Krupparbeiter in der Fabrik erscheinen und bekommen ihren vollen Lohn ausbezahlt. Um das Geld dafür aufzubringen, läßt Krupp das Familiensilber einschmelzen und verkauft es an die Münze in Düsseldorf. Zwei aufsässige Arbeiter werden auf der Stelle entlassen, darunter der letzte von den sieben, die der Vierzehnjährige 1826 vorgefunden hatte. Ein strenger, aber treusorgender Vater — konsequente Wahrnehmung der wohlverstandenen eigenen Interessen und dabei klarer Nutzen für die vierundsiebzig Menschen, die von ihm abhängen: so machen die Ereignisse von 1848 besonders deutlich, wie schwer dem Phänomen Krupp mit gewerkschaftlichen Schlagworten beizukommen ist.

Am 13. März wird der österreichische Staatskanzler Metternich durch einen Volksaufstand gestürzt und flieht nach England. Am 18. März kommt es in Berlin zu Barrikadenkämpfen, bei denen 187 Menschen den Tod finden. Am 20. März dankt König Ludwig I. von Bayern — wegen der Affäre Lola Montez ohnehin angefeindet — ab.

Am 18. Mai wird in der Paulskirche zu Frankfurt die deutsche Nationalversammlung eröffnet. Heinrich von Gagern ist ihr Präsident. Zu ihren 586 Mitgliedern zählt als Vertreter des Wahlkreises Essen

Jacob Grimm, der in Berlin wirkende Begründer des Deutschen Wörter-
buchs. „Ich bin für ein freies einiges Vaterland unter einem mächtigen
König und gegen alle republikanischen Gelüste", schreibt er bei der
Annahme seiner Wahl. Der in Essen ursprünglich gewählte Ernst Moritz
Arndt hatte die Wahl nicht angenommen, da er gleichzeitig in Solingen
gewählt wurde.

Im Oktober 1848 legte Jacob Grimm sein Mandat nieder, enttäuscht
über den Zusammenprall seiner Ideale mit der Politik. Die Fabrikanten
und Großkaufleute von Essen, Werden, Mülheim und Bochum sind mit
der Vertretung ihres Wahlkreises durch einen ortsfremden Gelehrten
ohnedies unzufrieden; einige der bedeutendsten unter ihnen – Franz
Haniel, Mathias Stinnes jr., Ernst und Fritz Waldthausen – gründen
im Juni den *Berggewerken-Verein zu Essen* und empfehlen den Wahl-
männern, einen rheinischen Fachmann in die Paulskirche zu entsenden:
einen Assessor vom Essener Berggericht, *Karl Schorn*. Er wird gewählt.
Das Unternehmertum erkennt seine Macht und macht von ihr Gebrauch.
Nur Alfred Krupp ist nicht dabei; für ihn gilt weiter, was er schon vor
Jahren in einem Brief schrieb: „Wir haben keine Zeit für Lektüre,
Politik und dgl."

Krupp produziert auch in diesem turbulenten Jahr dreiundfünfzig
Tonnen Stahl. Im Sommer kommt der rettende Auftrag: Ein russischer
Unternehmer bestellt ein komplettes Walzwerk zur Herstellung von
120 Dutzend Löffeln pro Tag. Der Bankrott ist abgewendet.

1849: Ein entscheidendes Jahr für die Ruhrindustrie bricht an. Aus *Koks und*
Ruhrkohle wird Koks (vom englischen *cokes*) gewonnen. Er macht den *Hochöfen*
Bau großer Hochöfen möglich, revolutioniert die Eisenindustrie und
vervielfacht den Bedarf an Kohle.

Im Altertum und Mittelalter wurde das Eisen in Gruben oder Herden
mit Holzkohlenglut aus dem Erz geschmolzen. Im 17. Jahrhundert
gingen an verschiedenen Stellen Europas die Eisenhütten dazu über,
Schmelzöfen von mehr als vier Meter Höhe zu bauen. Nachdem 1713
in England die Umwandlung von Steinkohle in Koks gelungen war,
wurde dort 1740 der erste koksbefeuerte Hochofen in Betrieb genommen. Für das waldarme und kohlenreiche England war das ein sensa-
tioneller Fortschritt, der den industriellen Vorsprung der Insel vor der
übrigen Welt noch vergrößerte. Koks war nicht nur viel billiger als
Holzkohle, sondern ermöglichte auch den Bau höherer und damit
rationellerer Öfen (heute sind sie bis zu vierzig Meter hoch).

Die unveredelte Steinkohle ist zu weich und verändert während des Brennens ihre Struktur zu sehr, als daß sie die Last der auf ihr ruhenden Erzsäule tragen könnte. Außerdem stört ihre starke Rauch- und Gasentwicklung den Verhüttungsprozeß. Koks dagegen, die entgaste Kohle, ist von großer, bei der Verbrennung gleichbleibender Härte und hohem Brennwert; er brennt zudem fast rauchfrei.

Koks entsteht, wenn Kohle unter Luftabschluß erhitzt wird (früher zwei bis drei Tage, heute etwa zehn Stunden lang); die für Hüttenkoks optimale Härte wird bei einer Temperatur von achthundert bis neunhundert Grad erzielt. Für die Nebenprodukte der Verkokung – Leuchtgas, Teer und unzählige Ausgangsstoffe der chemischen Industrie – begann man sich erst später zu interessieren. Zunächst war der Koks der Schrittmacher der Eisenindustrie und die Eisenindustrie der Antreiber der Kohlenförderung.

Seit 1781 wurden in England die Hochöfen nur noch mit Koks befeuert. Sechsundfünfzig Jahre nach dem ersten Kokshochofen in England, 1796, wurde der erste in Deutschland in Betrieb genommen – natürlich nicht an der Ruhr, sondern im oberschlesischen Gleiwitz. Zwischen 1800 und 1808 machte die Wittib Friedr. Jod. Krupp sel. auf ihrer Eisenhütte *Zur Guten Hoffnung* Versuche mit Koksfeuerung, kam jedoch nicht zum Ziel. Weitere Experimente scheiterten 1843 in der St.-Antoni-Hütte.

Nun aber, 1849, kann Julius Römheld auf der Friedrich-Wilhelm-Hütte in Mülheim den ersten Hochofen an der Ruhr in Betrieb nehmen, beschickt mit Koks, der aus Ruhrkohle gewonnen ist. Die Fettkohle, die für die Verkokung vorzugsweise in Frage kommt, macht an der Ruhr neunundfünfzig Prozent der Kohlenmächtigkeit aus. Kokereien schießen aus dem Boden, die Kohlenförderung wächst rapide an, am Nachthimmel lodern die Feuerbrände der Hochöfen, das „Ruhrgebiet" ist geboren – wiewohl in einer Schrift von 1857 über das Berg- und Hüttenwesen dieser Begriff noch nicht vorkommt; erst 1867 findet er in die Literatur Eingang. 1938 ist Deutschland der größte Koksproduzent der Welt.

Auch mit der Gußstahlfabrik Fried. Krupp geht es (mit Hilfe eines Kredits des Kölner Bankhauses Oppenheim über 30000 Taler) wieder aufwärts: Sie erzeugt mit 109 Arbeitern 78 Tonnen Stahl. Und Krupp erhält von der Cöln-Mindener Eisenbahngesellschaft – der gleichen, die zwei Jahre zuvor Essen so schmählich liegenließ – den Auftrag, Stahlachsen für zweihundert und Stahlfedern für fünfhundert Eisenbahnwagen zum Preis von 20 000 Talern zu liefern. Der Bruch der bis dahin verwendeten eisernen Achsen hat mehrfach zu Unfällen geführt. Nun ist die Verbindung des kühnsten Unternehmers seiner Zeit mit der größten Errungenschaft dieser Epoche hergestellt: Krupp und die Eisenbahn – von jetzt an treiben sie einander in die Höhe wie Kohle und Eisenbahn, wie Koks und Eisen. Noch 1849 gehen die ersten Achsen nach Amerika.

Über die Bürgermeistereien Essen und Altenessen wird am 13. Mai 1849 für vierundzwanzig Stunden der Belagerungszustand verhängt. Zwölfhundert Soldaten schlagen auf dem Burgplatz ihre Zelte auf. Der Grund: Essen hat dagegen protestiert, daß vom preußischen König die Landwehr einberufen worden ist, was nach dem Gesetz nur im Fall der Mobilmachung geschehen könnte.

Die britische Regierung setzt die sogenannte Navigationsakte außer Kraft, die Cromwell 1651 erließ, um beim englischen Außenhandel die Bevorzugung englischer Schiffe sicherzustellen. Der Welthandel wird freier.

1850: Trotz Tiefbau, Hochöfen und Koks ist das Ruhrgebiet noch immer unendlich weit hinter England zurück. Das zeigt sich schon in den Einwohnerzahlen der Industriestädte: Essen 9000 Einwohner, Bochum 5000, Steele 2400 – Liverpool 370 000 Einwohner, Glasgow 340 000, Manchester 300 000. In London erscheint 1850 *David Copperfield*, einer jener Romane, in denen Charles Dickens die sozialen Mißstände des englischen Frühkapitalismus anprangert. *Das Kohlenzentrum*

Auch innerhalb Deutschlands spielen die Städte des Reviers noch immer eine ganz untergeordnete Rolle: Berlin hat 420 000 Einwohner, Hamburg, Breslau, München sind Großstädte, in Köln leben 97 000 Menschen. Deutschland hat inzwischen sechstausend Kilometer Eisenbahnen, am meisten nächst den USA und Großbritannien – aber in Essen hält kein Zug, und noch immer genügt der Stadt ein einziger Briefträger. Wie schnell Städte wachsen können, zeigt San Francisco: 1848 lebten dort 600 Menschen, 1850 sind es 30 000. Kalifornien wird der einunddreißigste Staat der USA.

Im heutigen Stadtgebiet von Essen werden in 34 Zechen mit 4318 Arbeitern 690 000 Tonnen Kohle gefördert, das sind fünfunddreißig Prozent der Gesamtförderung des Ruhrgebiets. Sosehr die Produktion auch in den kommenden Jahrzehnten steigt, einen derart hohen Anteil an der Förderung des Reviers erreicht Essen nie wieder. Noch kommt keine Zeche an der Ruhr auf eine Jahresförderung von hunderttausend Tonnen.

Die Cöln-Mindener Eisenbahn bestellt bei Krupp 325 Wagenachsen aus Gußstahl, für die er fünf Jahre Garantie leistet. Mit 241 Arbeitern hat die Fabrik ihren bisherigen Höchststand erreicht und ist jetzt der größte Betrieb im Kreis Essen. Als 1841 die Handelskammer Essen gegründet wurde (die auch Werden und Kettwig umfaßte), war die Werdener Tuchfabrik *Forstmann und Huffmann* die größte Firma im Bereich: sie zahlte achtundvierzig Taler Gewerbesteuer, Krupp nur achtzehn. Vor ihm hatten 1841 auch noch die zwei Wollgroßhandlungen der Familie Waldthausen, die Buchdruckerei und Buchhandlung Baedeker, ein Weingroßhändler in Essen und eine Tuchfabrik in Kettwig gelegen.

Weltausstellung in London 1851. In China bricht der Tai-ping-Aufstand aus, der dreizehnjährige Bürgerkrieg gegen die Vorherrschaft der europäischen Mächte, der die chinesische Wirtschaft auf Jahrzehnte ruiniert. In Paris setzt Prinz Louis Napoleon Bonaparte (der spätere Kaiser Napoleon III.) mit einem Staatsstreich die Verfassung außer Kraft. Hannover, Oldenburg und Braunschweig beginnen mit dem Abbau ihrer Zollschranken gegenüber dem Deutschen Zollverein von 1834 und öffnen der Ruhrindustrie damit neue, höchst günstig gelegene Märkte, die bis dahin England beherrschte.

In London wird an Stelle der national begrenzten Gewerbeausstellungen, die man bis dahin allein kannte, die „Erste internationale Industrie- und Kunstausstellung", für die sich allmählich der Name *Weltausstellung* durchsetzt, veranstaltet. Ihr Schauplatz ist der Kristallpalast, ein riesiger, fünfundachtzig Meter hoher Komplex aus Eisen und Glas im Hydepark (1936 durch Brand zerstört). England, politisch und militärisch, in Industrie und Außenhandel eine Weltmacht ohne Konkurrenz, London, das Herz des britischen Imperiums und mit 2,6 Millionen Einwohnern vor Peking die größte Stadt der Erde, laden die übrige Welt zu einem Fest der Technik, zu einer Lobpreisung des Viktorianischen Zeitalters ein.

Die Produkte dreier Männer aus Preußen erregen in London unerwartetes Aufsehen. Der erste ist *August Borsig*, ein Breslauer Zimmermannsgeselle, der 1837 in Berlin eine Maschinenfabrik gründete, die sich inzwischen zur größten Lokomotivfabrik des Kontinents entwickelt hat. Der zweite ist *Werner Siemens*, ein ehemaliger Hannoverscher

Grugabad

Im Museum Folkwang

Artillerieoffizier, der 1847 in Berlin eine Telegraphenbauanstalt errichtet hat, die erste elektrotechnische Fabrik der Welt (Siemens erfindet später den Dynamo, die elektrische Lokomotive und die elektrische Straßenbahn; er wird geadelt; er trägt entscheidend dazu bei, daß die deutsche Elektroindustrie bis zum Ersten Weltkrieg die größte der Erde ist).

Der dritte heißt *Alfred Krupp* — ein neununddreißigjähriger Junggeselle mit Vollbart und Stirnglatze, der, kaum zu glauben, schon seit fünfundzwanzig Jahren an der Spitze einer Gußstahlfabrik in Altendorf bei Essen steht und sich nun in die Höhle des Löwen wagt: mit Gußstahl nach England. Das ist, als ob ein Portugiese in München ein Brauerei eröffnen oder ein Berliner einem Ruhrkumpel einen Vortrag über Kohle halten würde.

Krupp stellt aus: Erstens einen Gußstahlblock, der aus sechsundachtzig Tiegeln in einem Stück gegossen ist und dreiundvierzig Zentner wiegt — fast doppelt soviel wie das entsprechende englische Ausstellungsstück, mit dem der Hersteller den größten Stahlblock der Welt produziert zu haben hoffte.

Zweitens ein Feldgeschütz mit einem Rohr aus Gußstahl und einer Lafette aus poliertem Edelholz; umgeben von sechs seidengefütterten Kürassen aus Stahlblech, die halb so schwer und doppelt so gut sind wie eiserne Brustpanzer und der Kugel eines Infanteriegewehrs auf zwölf Schritt standhalten (einem Schuß aus der Kanone freilich nicht). Daneben sind noch spiegelblank polierte stählerne Goldwalzen zu sehen sowie eine fast neu wirkende Wagenachse aus Gußstahl, von der ein Schild besagt, daß sie in Amerika unter einem Lokomotivtender 130 000 Kilometer zurückgelegt hat. Über das ganze Arrangement ist ein Baldachin in Form eines preußischen Kriegszelts gebreitet, über dem ein Schild mit der Aufschrift „Deutscher Zollverein" prangt.

Die Damen haben ein Gefühl für die eigentümliche Schönheit dieser Mischung aus stählerner Verherrlichung des Mannesmuts und einfallsreicher Reklame; die Fachleute staunen. Krupp schreibt nach Essen: „Alle anwesenden Fürsten mit Einschluß der Königin von England und Don Miguel von Portugal haben sich an unserer Krämerbude ergötzt." Eine Fabrik in Birmingham bestellt bei Krupp ein Löffelwalzwerk für 8000 Pfund Sterling. England kauft in Essen! Ein Bürger Essens ist der Star der Weltausstellung! Der Name des alten Städtchens am Hellweg, das noch auf seinen zehntausendsten Einwohner wartet, wird weltbekannt. Für Kanonen erhält Krupp keine Aufträge, aber für das Ausstellungsstück die höchste Auszeichnung, die Council-Medaille. Noch im gleichen Jahr wird die Gußstahlfabrik zum erstenmal eines hohen preußischen Besuchs gewürdigt: Der Handelsminister Freiherr von der Heydt spricht vor.

„Von meinem vierzehnten Jahre an", schreibt Krupp als Greis, „hatte ich die Sorgen eines Familienvaters und die Arbeit bei Tage, des Nachts Grübeln, wie die Schwierigkeiten zu überwinden wären. Bei schwerer Arbeit, oft Nächte hindurch, lebte ich oft bloß von Kartoffeln, Kaffee, Butter und Brot, ohne Fleisch, mit dem Ernste eines bedrängten Familienvaters, und 25 Jahre lang habe ich ausgeharrt, bis ich endlich bei allmählich steigender Besserung der Verhältnisse eine leidliche Existenz errang. Meine letzte Erinnerung aus der Vergangenheit ist die so lange dauernde drohende Gefahr des Unterganges und die Überwindung durch Ausdauer, Entbehrung und Arbeit, und das ist es, was ich jedem jungen Manne zur Aufmunterung sagen möchte, der nichts hat, nichts ist und was werden will."

Die deutsche Schwerindustrie hatte an Qualität 1851 plötzlich die englische erreicht, ja auf einigen Gebieten übertroffen. Ihre Hochburgen waren der Essener Raum und Dortmund. Die Ruhrstädte wuchsen. In den neun Jahren von 1852 bis 1861 verdoppelte sich Essens Einwohnerzahl (von 10 550 auf 20 800). Im heutigen Stadtgebiet von Essen wohnten 1861 schon 77 000 Menschen.

Inzwischen hatte allerdings *Dortmund* Essen überholt: Die alte Reichsstadt, im Mittelalter viel größer, 1816 aber kleiner als Essen, wurde in den fünfziger Jahren ein Mittelpunkt der eisenschaffenden und eisenverarbeitenden Industrie sowie der Brauereien (heute wird ja in Dortmund, nicht in München, das meiste Bier in Deutschland erzeugt). 1858 waren die größten Städte des Reviers:

Dortmund mit 22 100 Einwohnern

Essen mit 17 200 Einwohnern

Mülheim (Kohlenhandel, Bergbau, Eisenindustrie) mit 12 800 Einwohnern

Duisburg (Eisenhütten, Walzwerke, Maschinenbau) mit 12 700 Einwohnern

Bochum (Bergbau, Stahlindustrie) mit 8800 Einwohnern.

Essen und Bochum hatten gemeinsam, daß ihr Erwerbsleben sich fast ausschließlich auf den Bergbau und auf eine einzige Fabrik gründete: auf Krupp und auf den Bochumer Verein. In Werden lebten 1858 knapp 6000, in Steele 2900 Menschen. Gelsenkirchen war ein Dorf mit 1600 Einwohnern, Oberhausen eine Eisenbahnstation mit Häusern ringsumher.

Kurzum: das Ruhrgebiet war zwar geboren, aber noch weit von jener geschlossenen Landschaft der Großstädte, Zechen, Hochöfen und Fabriken entfernt, die wir heute kennen und die es auch damals anderswo längst gab – in den großen britischen Industriegebieten um Birmingham, Manchester und Glasgow. In der Qualität war die Ruhr Weltspitze, in der Quantität brauchte sie dazu weitere Jahrzehnte.

Das Wachstum ging zwar überwiegend auf Zuwanderung zurück, doch kamen die neuen Bewohner nach wie vor aus der Nähe, vor allem aus den Dörfern Westfalens und des Rheinlands, die ihren steigenden Geburtenüberschuß in den Städten abluden.

Bergleute im Eigenheim Der Entschluß, sich im „Kohlenpott" anzusiedeln, wurde vielen Dorfbewohnern dadurch erleichtert, daß sie sich nicht völlig von der Landwirtschaft zu lösen brauchten. Das Siedlungshaus mit Gemüsegarten und einem Stall für Ziege oder Schwein, der sogenannte Bergmannskotten, war für die Bergleute typisch und ist es weithin noch. Diese Wohnform rührt historisch wohl davon her, daß der Bergbau zunächst als bäuerlicher Nebenerwerb betrieben wurde und später die Kumpels eben zum großen Teil zugewanderte Landarbeiter waren. Begünstigt wurde sie dadurch, daß die Zechen sich meist nicht an Städte oder alte Ortskerne anlehnten, sondern dort entstanden, wo die Kohle günstig lag und ausgedehnte Grubenfelder einen rentablen Abbau für viele Jahrzehnte versprachen, damit der Kapitalaufwand sich lohnte. Für die Bergleute bedeutete dies, daß sie sich in der Nähe der Zeche auf billigem Land niederlassen und sich durch ihre Landwirtschaft einen kleinen Nebenverdienst verschaffen konnten. Daraus wiederum folgte die merkwürdige Siedlungsstruktur des Ruhrgebiets: eine ungegliederte und riesige Flächen umfassende, aber lockere und überwiegend gerade nicht großstädtische Bebauung.

Schließlich bewirkte die Arbeit unter Tage, das harte Leben in Hitze, Schmutz und Finsternis beim Kumpel einen starken Drang nach einem Stückchen Landschaft, nach allem, was grünt und blüht und wächst. Der Vorstoß in die Tiefe hatte die Arbeit ja viel härter gemacht: Nicht mehr zehn oder zwanzig, sondern achtzig oder hundertfünfzig Meter unter der Erde mußte der Bergmann, oft kriechend oder liegend, die Kohle mit der Hacke lösen.

Auch in die Tiefbauschächte stiegen die Kumpels zunächst auf Leitern ab. Vereinzelt seit 1852, mit behördlicher Genehmigung ab 1858 wurden dann die Förderkörbe, die eine Dampfmaschine an einem Drahtseil in die Höhe zog, auch für den Menschentransport verwendet. Die Dampfmaschine außer zur Wasserhaltung für die Kohlenförderung einzusetzen, war schon Dinnendahl gelungen. 1835 brachte die Einführung des Drahtseils eine erhebliche Verstärkung der Förderleistungen.

Unter Tage war das einzige Transportmittel der Förderwagen oder Grubenhund, der von einem Kohlenschlepper zum Schacht und dort mitsamt der Kohle in den Förderkorb geschoben wurde. In den fünfziger Jahren ergab sich für das Pferd, das einst bei vielen Gruben den Göpel im Kreis herumgezogen hatte, eine neue Verwendungsmöglichkeit; Pferde wurden in Förderkörbe geladen und in die Tiefe gefahren, um dort auf den Hauptstrecken die Grubenhunde zu ziehen. Bei Schichtende wurden sie wieder ans Tageslicht geschafft. Später ging man dazu über, unter Tage Ställe zu bauen, so daß die Pferde in ewiger Nacht ein trauriges, noch heute manches Kinderherz rührendes Dasein fristeten (während die herzergreifenden Geschichten von geschundenen „Grubenhunden" Zeitungsenten waren).

Der Boden sinkt

Nicht nur ausländische Geldgeber begannen sich für die Ruhr zu interessieren – auch zwei ausländische Techniker gaben dem Bergbau großen Auftrieb. 1853 ließ der belgische Ingenieur *Chaudron* zum erstenmal einen Stoßbohrer von einer Dampfmaschine antreiben, wodurch die früher allein in Handarbeit vorgenommene Ausschachtung merklich beschleunigt wurde. 1855 führte der irische Ingenieur *William Thomas Mulvany*, der sich ein Jahr zuvor in Düsseldorf niedergelassen hatte, die in England schon gebräuchlichen Tübbings ein: große, aus gußeisernen Segmenten zusammengesetzte Ringe, die beim Schachtbau die billige, aber wasserdurchlässige Holzverkleidung ersetzten oder die langwierige Ausmauerung ersparten. Auch hier griffen Kohle und Eisen wieder ineinander: Beim Bergbau stieg der Eisenbedarf, in den Eisenhütten dadurch der Kohlenbedarf, und dank des Eisens konnte mehr Kohle gefördert werden. Im Oberbergamtsbezirk Dortmund, zu dem Essen gehörte, verdoppelte sich von 1850 bis 1855 die Jahresförderung.

Das rastlose Kratzen und Schürfen Zehntausender von menschlichen Ameisen tief unter der Erde – 1860 gab es im heutigen Essener Raum 8300 Bergleute, im ganzen Revier 29 000 – begann auch *auf* der Erde die Landschaft zu verändern. Nicht nur auf dem Umweg über Zechenschornsteine, Fördertürme, Kohlenhalden und Bergmannskotten, sondern ganz direkt dadurch, daß die begehrte Kohle und das unerwünschte Wasser Tag um Tag, Jahr um Jahr aus der Tiefe geholt wurden und dort Hohlräume hinterließen, die langsam einbrachen. Oben, am Tageslicht, gab es plötzlich Risse in den Häusern, Spalten in der Erde, ja mit Grundwasser angefüllte Krater, in denen ein Pferdefuhrwerk versinken konnte.

Wo ein Flöz abgebaut war, schlug der Bergmann das Grubenholz heraus, soweit es noch zu retten war, und überließ den leeren Stollen sich selbst. Die Last der Gesteinsmassen drückte ihn bald ein, und etwa zwei Drittel der Bruchhöhe pflegten sich an der Oberfläche als Bodensenkung abzuzeichnen. Als die Zechen der Schäden und Schadenersatzforderungen nicht mehr Herr wurden, gingen sie dazu über, die durch die Kohlenförderung entstandenen Hohlräume in mühsamer Handarbeit mit den Steinen aufzufüllen, die beim Abteufen des Schachts hatten beseitigt werden müssen. Damit konnten die Bodensenkungen vermindert, aber keineswegs vermieden werden – ein Problem, für das es noch heute keine perfekte Lösung gibt.

Kohlen aus Auch die Flächen, die er einbezog, wurden immer größer. Mit den
dem Norden Mergelzechen wanderte der Bergbau nach Norden, von der Ruhr zur Emscher und über die Emscher hinaus bis an die Lippe. Im Werdener Raum, der zu Beginn des 19. Jahrhunderts mehr Kohle als der Essener gefördert hatte, gab es 1862 nur noch vierzehn Zechen mit insgesamt 315 Bergleuten – also überwiegend kleine Gruben alten Stils. 1860 wurde in dem Dorf *Karnap* jenseits der Emscher (heute Essens nördlichstem Stadtteil) mit dem Bohren des ersten Schachts begonnen.

Westlich von Karnap, in der heutigen Großstadt Bottrop, war der erste Schacht schon 1856 niedergebracht worden, und zwar von der im gleichen Jahr gegründeten *Arenbergschen Actiengesellschaft für Bergbau und Hüttenbetrieb*, deren Initiator Ernst Waldthausen war, der langjährige Präsident der Essener Handelskammer. (Die Gesellschaft fusionierte 1922 mit den Rheinischen Stahlwerken und wurde 1952 als Arenberg-Bergbau-GmbH wieder ausgegliedert.)

Die Wirtschaftskrise, die 1857 als Folge einer internationalen Finanzkrise Deutschland erfaßte, traf die im Fieber ihrer ersten Gründerjahre vorwärtseilende Ruhr besonders hart: der Kohlenabsatz stockte, es gab Feierschichten, Arbeitslose und Konkurse. Zu planlos und oft mit zu wenig Kapital hatten sich alte Gewerken und neue Unternehmer in den Kohlenrausch gestürzt. In den letzten drei Jahren waren 96 neue Zechen entstanden: 295 Zechen 1857 – eine Zahl, die trotz einer Vervielfachung der Förderleistung seither nie wieder erreicht worden ist.

So schlossen sich 1858 auf Betreiben des Essener Juristen *Friedrich Hammacher* neunundachtzig Bergbau-Gewerkschaften und -Gesellschaften mit einer Belegschaft von sechzehntausend Mann zum *Verein*

Die Zeche Sälzer und Neuack im Jahre 1858

für die bergbaulichen Interessen im Oberbergamtsbezirk Dortmund
zusammen, der seinen Sitz jedoch nicht in Dortmund, sondern in Essen
nahm – womit Essens Bedeutung als Bergbauzentrum anerkannt und
noch erhöht wurde. Zu den Gründungsmitgliedern gehörten neben
Hammacher (der später lange Zeit preußischer Landtagsabgeordneter
und Reichstagsabgeordneter war) Ernst Waldthausen, der an der Ruhr
reich gewordene Ire Mulvany und der zweiunddreißigjährige Friedrich
Grillo, der schon zahlreiche Zechen besaß und im Begriff stand, zu
einem der größten Ruhrindustriellen aufzusteigen.

Zweck des Bergbauvereins war es, die staatliche Aufsicht über den
Bergbau zurückzudrängen, Preis und Absatz zum Vorteil aller Mitglieder zu regeln und schließlich das Monopol der privaten Eisenbahngesellschaften zu brechen, die in Streckenführung und Frachtsätzen den
Interessen des Bergbaus gar nicht und denen der Allgemeinheit nur be-
dingt gerecht wurden. In unermüdlichen Verhandlungen erreichte
Hammacher, daß auf bestimmten Eisenbahnstrecken der Einpfennigtarif eingeführt wurde: ein Pfennig für den Zentner Kohle pro deutsche
Meile. Binnen vier Jahren versechsfachte sich der Kohlentransport.

Während die Kohlenförderung, von Rückschlägen wie dem von 1857 *Revier ohne*
abgesehen, unablässig stieg, gingen die Eisenvorräte des Ruhrgebiets *Eisenerz*
nach einem Abbau-Höhepunkt im Jahre 1860 (227 000 Tonnen) allmählich zur Neige. Dem Bedarf der rapiden Industrialisierung waren
sie nicht mehr gewachsen. Dabei trat nun eine merkwürdige Ver-
schiebung der Gewichte ein.

Die ältesten Eisenhütten an der Ruhr – voran die St.-Antoni-Hütte bei Sterkrade, gegründet 1757 – waren dort errichtet worden, wo Eisenerz gefunden wurde und Wasserkraft zur Verfügung stand. Als Brennstoff diente Holzkohle; daß das Ruhrland auch Steinkohle produzierte, war für die eisenschaffende Industrie zunächst ohne Interesse und für ihre Standortwahl gänzlich gleichgültig.

Als die Vorräte an Raseneisenstein (vgl. Seite 154) nicht mehr ausreichten, erhielt die Eisenindustrie dadurch neuen Auftrieb, daß in verschiedenen Zechen Kohleneisenstein gefunden wurde (auch Kohleeisen – so genannt, weil es in manche Kohlenflöze eingelagert ist). Neue große Hütten entstanden: 1852 der *Hörder Bergwerks- und Hüttenverein*, aus dem später die Dortmund-Hörder Hüttenunion hervorging, das größte eisenschaffende Werk in Deutschland; im gleichen Jahr errichtete die Firma *Phoenix* Eisenhütten in Borbeck und Kupferdreh. 1857 wurde in Essen die Firma *Schulz, Knaudt & Co.* gegründet, eine Eisenhütte mit einem Walzwerk, das sich auf Dampfkesselbleche spezialisierte. Aus Steele meldete die *Essener Zeitung* 1862: „Seit einigen Tagen leuchtet der riesige Hochofen von Neu-Schottland in das Dunkel, daß der bewölkte Himmel ein ziemliches Stück geröthet ist."

Zwischen 1860 und 1900 ging der einheimische Erzbergbau nun auf Mengen zurück, die für die Ruhrwirtschaft praktisch ohne Interesse waren, so daß schließlich fast nur noch Eisenerz aus anderen – deutschen und ausländischen – Revieren verarbeitet wurde. Der einzige Grund, aus dem sich im Ruhrgebiet ursprünglich eine Eisenindustrie angesiedelt hatte, entfiel. Dennoch wuchsen in Bochum, Mülheim und Duisburg, bei den Dörfern Oberhausen und Gelsenkirchen neue Hochöfen zum Himmel. Zum Teil entstanden sie schon gar nicht mehr dort, wo es noch Eisen gab.

Warum nun wurde ein Revier mit versiegenden Erzvorräten trotzdem das Zentrum der Eisenproduktion? Weil seit der Einführung von Kokshochöfen im Jahre 1849 zu jeder Tonne Erz mehrere Tonnen Kohle gehörten, um das Eisen aus dem Erz zu schmelzen und es zu veredeln; weil es also viel billiger war, das Erz zur Kohle zu transportieren als umgekehrt.

Um eine Tonne Roheisen zu erzeugen, braucht man zwar im Durchschnitt zwei Tonnen Erz und nur eine Tonne Koks. Jedoch: Um eine Tonne Koks zu produzieren, sind etwa 1,3 Tonnen Kohle als Rohmaterial (und früher dazu die Kohle, die die Kokerei zur Erhitzung brauchte) erforderlich. Handelt es sich um hochwertige Eisenlegierungen wie Manganeisen oder Siliciumeisen, so werden pro Tonne Erz rund zweieinhalb Tonnen Koks, also entsprechend noch mehr Kohlen, verbraucht. Überdies beziehen sich diese Zahlen auf moderne Blashochöfen; in den frühen Hochöfen war der Koksverbrauch weit höher. Schließlich ist zum Umschmelzen von Eisen zu Stahl Kohle nötig, dazu für Walzwerke und Schmieden und seinerzeit besonders viel für die Dampfmaschinen, die bis zum Siegeszug des Elektromotors den Fabriken als alleinige Kraftquelle dienten. Demgemäß waren auch der Verbrauch von Eisen und seine Absatzchancen nirgends so hoch wie im Kohlenrevier.

Kohlen für die Dampfmaschinen, Dampfmaschinen für Fabriken und Bergwerke, Eisenbahnen für den Kohlentransport, Kohlen für die Lokomotiven, Eisen und Stahl für Schienen und Maschinen, Kohlen, um Eisen und Stahl zu gewinnen, Eisen für die Kohlenschächte, mehr Kohlen dank Eisen und Maschinen, mehr Eisen und Maschinen dank vermehrter Kohlen – dies war das vielfältig verzahnte Getriebe, das das Ruhrgebiet vorwärtszerrte.

Krupp zerrte kräftig mit. 1852 – die Gußstahlfabrik hatte 345 Arbeiter und erzeugte erstmals über eine Million Pfund Stahl – gelang ihm die größte Erfindung seines Lebens: der nahtlose Radkranz für die Eisenbahn. Die geschweißten Radreifen, die bis dahin üblich waren, erwiesen sich als Hemmnis für eine Erhöhung der Geschwindigkeit und führten zu Unfällen, wenn sie brachen. Nach langen Versuchen gelang es Krupp im Jahr nach der Londoner Weltausstellung, Radkränze ohne die gefährliche Schweißnaht aus einem Stück zu schmieden und zu walzen. Auf der Industrieausstellung zu München erregte er damit Aufsehen unter den Fachleuten aus aller Welt und verkaufte bald 30 000 Stück pro Jahr. Stahlachsen, Stahlfedern, Stahlkränze und ab 1854 ganze Radsätze für die Eisenbahn wurden sein wichtigster Produktionszweig; sie waren es, die seine Fabrik zum Weltunternehmen machten. Drei verschränkte Ringe als Symbol der Radreifen bestimmte Krupp 1875 zum Firmenzeichen. Bis 1914 lieferte er 2,75 Millionen Radkränze in alle Teile der Erde.

Auch die Dampfschiffahrt und Krupp profitierten voneinander. 1852 lieferte die Fabrik die ersten Achsen für Raddampfer auf dem Rhein und im Mittelmeer, bald darauf die erste Schraubenwelle, und zwar für die Luxusjacht des Vizekönigs von Ägypten. „Um Blöcke Gußstahl bis zu 500 000 Pfund Gewicht für schwerste Schiffswellen und sonstige Massenobjekte zu verschmieden", errichtete Krupp 1861 Essens kleines Weltwunder, den Dampfhammer „Fritz", den bei weitem größten der Erde. Er hatte ein Fallgewicht von tausend Zentnern und wurde mit dem Dampf von zwölf Kesseln gehoben. Die Hütten- und Fabrikbesitzer des Reviers schüttelten die Köpfe und fragten, ob Krupp nun endgültig verrückt oder größenwahnsinnig geworden sei.

„Selbst Meister und Arbeiter sahen mit ängstlicher Spannung dem Tage des Betriebsbeginns entgegen", schreibt Diedrich Baedeker in seiner Krupp-Biographie von 1889. „Als dann zum ersten Mal der Hammer vor der erwartungsvoll gespannten Beamten- und Arbeiterschaar, in der der Fabrikherr den vordersten Platz einnahm, langsam in die Höhe stieg, um im nächsten Augenblick mit furchtbarer Vehemenz auf einen mächtigen Gußstahlblock niederzufallen, sprangen die zunächst stehenden Personen entsetzt zurück. Krupp war der Einzige, der ruhig seinen Platz behauptete und unverrückt die großartige Kraftäußerung beobachtete — er war vom Beginn der Verwirklichung des Projektes ab seines Erfolges so sicher gewesen, daß er sich jetzt seines Triumphes in vollem Maaße erfreute."

Zu dem Riesenhammer gehörte ein Schornstein von zweiundsiebzig Metern Höhe, mit einer gußeisernen Treppe an der Außenwand und einer Galerie sowie einer eisernen Laterne an der Spitze — jahrzehntelang höchstes Bauwerk und Wahrzeichen von Fabrik und Stadt.

Bertha und Der Hammer „Fritz" erhielt seinen Namen nach dem siebenjährigen
Fritz Krupp Sohn des Chefs, Friedrich Alfred Krupp. Denn 1853 hatte der Stahlkönig eine Entdeckung gemacht, die er mit einem seiner wenigen gewinnenden Wesenszüge, der gelegentlich durchschimmernden Selbstironie, in die Worte kleidete: „Wo ich glaubte, ein Stück Gußstahl sitzen zu haben, ist ein Herz." Bei einem seiner seltenen Theaterbesuche in Köln lernte der einundvierzigjährige Hagestolz die zweiundzwanzigjährige Bertha Eichhoff kennen, die auffallend schöne Tochter eines pensionierten Kölner Zollbeamten. Zwei Monate später fand in Essen die Hochzeit statt, mit Fackelzügen, Böllerschüssen und Tanz in der neuen Montagehalle.

Die Hochzeitsreise an den Rhein war für den Mann, der seit siebenundzwanzig Jahren in und mit der Fabrik lebte, der erste Urlaub seines Lebens. Noch im gleichen Jahr ermahnte Krupp seine Frau in einem Brief ohne Punkt und Komma: „Ärmel Chemisetten u. all der Tand der man in Toilette trägt läßt man gern auf Reisen weg so gut wie

Gold u. Edelstein; man ist ganz u. einfach u. hat das Bewußtsein ein reines Hemd darunter zu tragen ... Jetzt habe ich nichts weiter zu sagen als daß ich Dich eckelig entbehre und verlangend verbleibe Dein Alfred."

Frau und Kind kränkelten, und schrecklich litten sie unter dem Lärm und dem Ruß, in dem sie leben mußten; zunächst in dem Wohnhaus, das 1844 zwischen Aufseherhäuschen und Schmelzbau entstanden war, dann, ab 1860, im sogenannten Gartenhaus, einem freundlichen Bau an einem Teich, jedoch ebenfalls auf dem Fabrikgelände. Wenn der große Hammer Fritz niedersauste, fing der kleine Fritz zu weinen an, im Gartenhaus zerbrach das Geschirr, und noch in Essen zitterten die Häuser. So wollte es Krupp. Er wünschte, „daß selbst die Antipoden aus dem Schlaf schrecken", wenn sein Fritz zu donnern begann. Dort, wo Krupp ein Herz entdeckt zu haben glaubte, schien eben doch Kruppstahl zu sitzen.

Rücksichtslos trieb er Raubbau mit seiner Gesundheit, steckte er seine Gewinne wieder in die Fabrik, ja nahm er immer neue Kredite von zum Teil bedenklicher Höhe auf, um weitere Hallen und Gießereien, Walzwerke und Hammerwerke zu bauen, auch mit den größten Aufträgen noch unzufrieden und nach größeren spähend, ein lärmender Motor von nie erlahmender Kraft, ein Besessener des Stahls.

Die Wirtschaftskrise von 1857 ließ ihn fast ungeschoren – nur daß er drei stille Teilhaber mit einer Einlage von zusammen 240 000 Talern aufnahm: die Brüder Ernst und Julius Waldthausen sowie den Bankier Niemann aus Steele. 1858 beschäftigte Krupp 1063 Arbeiter (mehr als sechs Prozent der Essener Einwohnerschaft, mit Angehörigen ein Viertel der Stadtbewohner). 1859 bedeckte das Fabrikgelände 18,5 Hektar (fast halb soviel, wie Essens Mauern einschlossen). 1862 stieg die Belegschaft auf 2543 Köpfe an. Das erste Tausend „Kruppianer"

Es gab auch Rückschläge und Ärgernisse: vor allem den ständigen Zwist mit dem tüchtigen Schwaben Jacob Mayer, der 1851 den Stahlformguß erfand und dessen Firma sich 1854 in *Bochumer Verein* umbenannte. In seiner Gedenkrede zur Hundertfünfzig-Jahr-Feier der Firma Krupp im Jahre 1961 erzählte der Schwabe Theodor Heuss nicht ohne Genugtuung die alte Geschichte: „Mayer machte mit einem Freund ein Fabrikle auf und zeigte auf der Pariser Weltausstellung 1855, eine Sensation neben Krupp, Glocken aus Stahl. Alfred Krupp ließ sich zu einer Erklärung hinreißen: das sei Schwindel. Mayer bestand darauf, daß eine der Glocken zertrümmert wurde – Alfred Krupp war vor dem Schiedsrichter der Blamierte."

Doch es war nicht so, als ob Krupp in Paris nichts zu bieten gehabt hätte: Er zeigte einen Gußstahlblock von hundert Zentnern (mehr als doppelt so schwer wie der vier Jahre zuvor in London) und eine Kanone, deren Rohr zwei Zentner weniger wog als das französische aus Bronze. Er erhielt das Kreuz der Ehrenlegion und von Frankreichs größter Bank das Angebot auf einen Kredit von dreißig Millionen Goldfranc – falls er mit seiner Gußstahlfabrik nach Frankreich übersiedle. Er blieb in Essen. Die große Medaille für Waffen ging nach Solingen. Krupps Kanonen wollte niemand haben.

1857 endlich kam der erste Auftrag für Geschütze: der Vizekönig von Ägypten bestellte in Essen zwölf Kanonen aus Gußstahl. Ähnlich kleine Bestellungen aus der Schweiz, Österreich, Frankreich und Rußland folgten. 1858 schrieb Krupp an seinen Gönner Alexander von Humboldt:

„Über die hiesige Tätigkeit will ich mir noch eine kurze Mitteilung erlauben. Dieselbe umfaßt vorzugsweise die Fabrikation von Achsen und Rädern für Eisenbahnen und Dampfschiffe. Neben diesen Werkzeugen für den Verkehr des Friedens werden auch die des Krieges, Geschütze, bedacht. Eine größtmögliche Unverwüstbarkeit ist die Aufgabe; bei Ersteren zum Vortheile der Sicherheit von Gut und Menschenleben, bei Letzteren zur Erhöhung der Zerstörungsfähigkeit. Erstere nimmt den bedeutenderen Rang ein und muß uns ernähren. Letztere cultivire ich für das Interesse des Fortschrittes mit großen Opfern, und sie wird erst dann für mich einen Werth erlangen, wenn ich in Zeit der Not dem Vaterlande damit dienen kann. Auf solche Gelegenheit zum Beweise, was eine vaterländische Industrie vermag und auf den Stolz verzichte ich jedoch gern für den Segen des Friedens."

Gleichzeitig beschwerte sich Krupp bei dem preußischen Gelehrten über die „unveränderte Beharrlichkeit", mit der die preußischen Staatsbahnen sich auf minimale Aufträge an ihn beschränkten. „Die Mittel zur Ernährung und Beschäftigung meiner Leute mußte ich zum größten Theile im Auslande bei den natürlichen Gegnern meiner Industrie suchen." Doch wurde Krupp 1858 immerhin zum königlich-preußischen Kommerzienrat ernannt.

Kanonen für Im Mai 1859 – achtundvierzig Jahre nach Gründung der
Preußen Firma, zwölf Jahre nach Übersendung der ersten Gußstahlkanone nach

Grugaturm und Dahlienarena

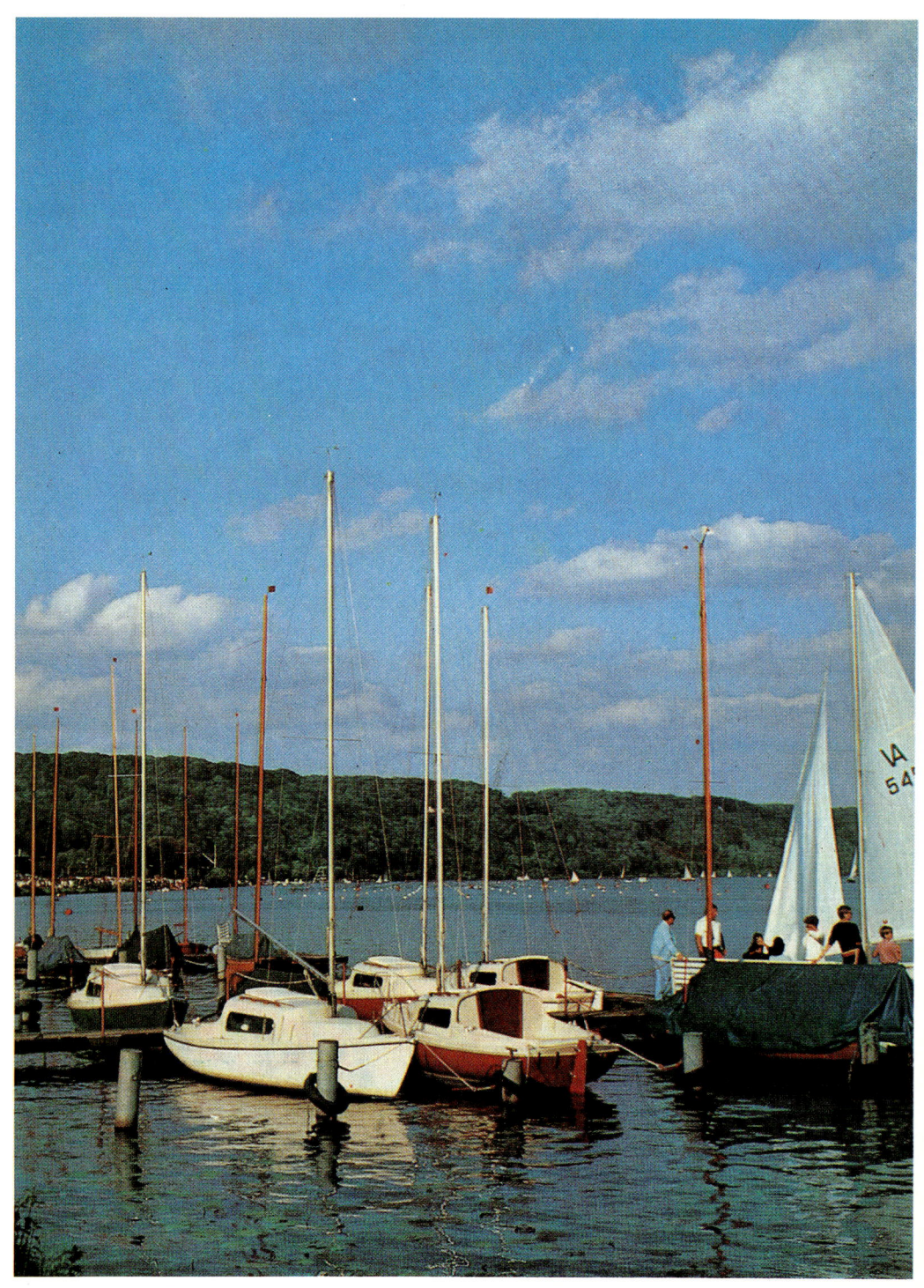

Baldeneysee

Berlin – ordnete Prinzregent Wilhelm von Preußen (der spätere Kaiser Wilhelm I.) schließlich an, daß bei Krupp in Essen dreihundert stählerne Kanonenrohre zu bestellen seien. Der Bann war gebrochen. Die Handelskammer Essen bestätigte Krupp in ihrem Bericht von 1859: „Nichts spricht mehr für die gute Leistung und für den Ruf der Fabrik, als daß die Arbeiten in Zeiten, wo die Industrie im allgemeinen leidet, nicht beschränkt, sondern regelmäßig fortgeführt werden könne."

In einer *Topographisch-statistischen Beschreibung und Verwaltungsübersicht des Kreises Essen* vom Jahre 1858 wurde der Firma Fried. Krupp bescheinigt, daß sie „ein Etablissement von europäischer Bedeutung" sei. Über die Stadt selbst heißt es darin, sie sei „während eines zehn- bis fünfzehnjährigen Zeitabschnitts hinsichtlich der Bevölkerung, des Wohlstandes und der industriellen Tätigkeit zu einer früher nie geahnten Bedeutung gelangt". Eine Eisenbahn freilich hatte Essen nicht.

1858 baute Krupp einen privaten Schienenweg, der seine Fabrik an die Strecke Duisburg–Altenessen–Dortmund anschloß und nun endlich vom Überlandtransport durch Pferdewagen unabhängig machte. Auch sieben Kohlenzechen im Essener Raum legten zwischen 1847 und 1861 eigene Anschlußbahnen an. 1858 wurde – jüngste Errungenschaft der Technik im Herzen des aufstrebenden Industrireviers – die *Essener Pferdebahn-AG* gegründet, die einige Zechen mit dem Kohlenumschlagplatz Mülheim und mit der Ruhr verband. 1860 gab es in Deutschland zwölftausend Kilometer Eisenbahn – Essen, Zentrum der Schwerindustrie mit 18 400 Einwohnern, wurde noch immer von keiner öffentlichen Strecke berührt.

Um den 1847 errichteten Bahnhof beim Schloß *Oberhausen* herum hatte sich inzwischen eine Siedlung gebildet, die mit Teilen angrenzender Gemeinden durch eine Kabinettsorder König Wilhelms I. von Preußen am 1. Februar 1862 zur „Bürgermeisterei Oberhausen" (6000 Einwohner) verschmolzen wurde. Ein halb zufällig gewählter Bahnhof, die Eisenhütte *Zur Guten Hoffnung*, ein Zinkwalzwerk und etliche Zechen schufen sich ihre Stadt. Zum erstenmal wurden im Ruhrgebiet Gemeindegrenzen nach den Erfordernissen von Kohle, Eisen und Eisenbahn gezogen. Bisher hatte sich die Industrie in oder bei den Städten gebildet; nun entstanden neue Städte aus der Industrie heraus. (1874 erhielt Oberhausen Stadtrecht, 1915 wurde es Großstadt, 1929 ging die alte Industriestadt Sterkrade, Sitz der St.-Antoni-Hütte, in Oberhausen

Eisenbahn für Essen

auf. Heute ist Oberhausen mit 265 000 Einwohnern die sechstgrößte Stadt des Reviers.)

Einen Monat nach der Gründung Oberhausens, am 1. März 1862, war es schließlich soweit, daß Essen, die Stadt, die mit Kohle und Stahl die Eisenbahn seit langem vorantrieb wie kaum eine andere in Deutschland, an das Eisenbahnnetz angeschlossen wurde: Die *Bergisch-Märkische Eisenbahngesellschaft* eröffnete ihre Strecke mitten durch das Ruhrgebiet, von Duisburg über Mülheim, Essen, Steele und Bochum nach Dortmund. Die Stadt Essen, die sich mit dreihunderttausend Talern an den Baukosten beteiligt hatte, besaß nun – neben der „Station Essen", die außerhalb der Stadt in Altenessen lag – einen „Hauptbahnhof", der aus einem ebenerdigen, unansehnlichen Holzbau bestand. Werden mußte noch weitere zehn Jahre warten, bis es durch die Strecke Düsseldorf–Kupferdreh Eisenbahnverbindung erhielt, und gar erst 1877 wurden die alten Schwesterstädte Essen und Werden durch einen direkten Schienenweg verbunden, in einer großen Schleife an den steilen Ruhrhängen empor, so daß die Lokomotiven heftig schnaufen mußten.

Still ruht die Ruhr Die Ruhrschiffahrt war der Konkurrenz der neuen Eisenbahnlinien nicht mehr gewachsen. 1860 hatte sie mit einem Güterumschlag von 870 000 Tonnen ihren Höhepunkt erreicht, und die Ruhr wetteiferte mit dem Rhein darin, Deutschlands verkehrsreichster Fluß zu sein.

Aber die an den Ruhrhängen zutage tretenden Kohlenflöze waren allmählich erschöpft, weit größere Zechen im Norden entstanden; der Wasserweg war unzulänglich, meist ein Drittel des Jahres wegen zu niedrigen Wasserstands unpassierbar, und wegen der vielen Schleusen war die Fahrt von Witten nach Ruhrort ein Unternehmen von etwa elf Tagen. Als nun 1862 die neue Eisenbahn Mülheim–Essen–Bochum eröffnet wurde, ging der Schiffsverkehr rasch zurück. Mit der Inbetriebnahme der Ruhrtalbahn von Kupferdreh über Werden und Kettwig nach Düsseldorf (1872) wurde er bedeutungslos, und 1889 fuhr der letzte Kohlenkahn den berühmten und oft verkannten Fluß hinab. Bald schlossen die letzten alten Zechen. Als der Begriff „Ruhrgebiet" populär wurde, war er eigentlich schon falsch.

Das Ruhrtal verwandelte sich allmählich in jene grüne, idyllische Landschaft zurück, als die es noch 1826 von Fürst Pückler gelobt worden war und die es im Essener Raum heute wieder ist, zum Staunen der Fremden.

8. Kapitel
Goldrausch

„Das, was die Grundlage der Arbeit, der Geschäfte und des Wohlstandes der hiesigen Gegend bildet: der Bergbau und die Eisenindustrie, hat unvermeidlich große Unzuträglichkeiten für die Bevölkerung im Gefolge", sagte Friedrich Hammacher, der Vorsitzende des Bergbauvereins, am 23. Juni 1864 bei der Grundsteinlegung zu Essens Städtischem Garten. „Unsere Stadt und ihre Umgebung hat den landschaftlichen Charakter, den sie noch vor fünfundzwanzig Jahren trug, abgestreift. Überall ragen die Kamine hervor, verursachen die massenhaften Transporte von Kohlen, Eisenstein und Baumaterial einen dem Wohlbefinden oft unerträglichen Staub und Schmutz. In der Umgebung der Stadt zeigen sich nur noch vereinzelt kleinere Partien von Schatten bietenden Bäumen."

An der Ruhr war der Goldrausch ausgebrochen. Die Einwohnerzahl Essens stieg in zehn Jahren um hundertfünfzig Prozent: Von 21 000 im Jahr 1861 auf 52 000 im Jahr 1871. Von dem Zuwachs um 31 000 Menschen entfielen 25 000 auf Zuwanderer. Essen, 1858 kleiner als Dortmund, hatte die alte Reichs- und Hansestadt (1871: 44 000 Einwohner) wieder überholt. Die nächstgrößeren Gemeinden des Reviers waren Duisburg, Bochum, Hamm und die Bürgermeisterei Borbeck westlich von Essen, zu der das Kruppgelände in Altendorf gehörte. Essen, Borbeck, Steele, Altenessen, Werden (6700 Einwohner) und die anderen Ortschaften, die heute die Metropole Essen bilden, waren zusammengenommen bereits eine Großstadt mit 138 000 Menschen.

Die Zuwanderer – von denen zwischen 1865 und 1871 die Hessen den größten Anteil stellten, vor Rheinländern, Westfalen und Sachsen – waren zu einem so großen Teil ledige Männer, daß 1864 in Essen auf hundert Männer bloß sechsundachtzig Frauen, 1871 sogar nur achtundsiebzig Frauen kamen. (Noch 1910 lautete das Verhältnis hundert zu dreiundneunzig, und erst der Erste Weltkrieg stellte den Ausgleich der Geschlechter her.) Die damals noch völlige Abhängigkeit Essens von der Schwerindustrie bedeutete, daß es für Frauen fast keine Arbeitsplätze gab. Das begann sich in den siebziger Jahren zu bessern, in dem Maße, wie die neue Menschenballung rund um Altfrids Münster neben der Bauindustrie auch eine Fülle von Versorgungsbetrieben, Lebensmittel- und Bekleidungsfirmen ins Leben rief.

Die Stadt wuchs in die Breite, häßliche Arbeitersiedlungen bildeten sich vor den Toren. „Man muß in die engen, schmutzigen, von Dünsten aller Art geschwängerten Gassen sich bemühen, um Einblick in die sozialen Verhältnisse unserer arbeitenden Bevölkerung zu gewinnen", berichtete ein Mitarbeiter der deutschen Volkszählung von 1871. Dennoch schalt Alfred Krupp – mit seinen achtundfünfzig Jahren schon ein weißbärtiger Patriarch – 1870 die Essener: „Geld wird wie Dreck angesehen, und die Verschwendungssucht breitet sich wie eine Krankheit aus." Beides paßte zusammen: Armut und locker sitzende Taler, Baracken und Kneipen – eine Art Wildwest-Atmosphäre, ein Klein-Amerika an der Ruhr.

Kolonien für Kruppianer Krupp selbst allerdings nahm seine Arbeiter weiter in seine ebenso wohltätige wie strenge Obhut und bewahrte die Mehrheit aller Zuwanderer nach Essen damit vor Not, unwürdigen Lebensverhältnissen und asozialen Anwandlungen. Seine Belegschaft wuchs von 1063 im Jahr 1858 binnen dreizehn Jahren auf mehr als das Achtfache, nämlich 8920 Köpfe, an. Damit waren 17,3 Prozent der Bewohner Essens seine Arbeiter und Angestellten – die Angehörigen eingerechnet, war Alfred Krupp also der Brotherr von mehr als der Hälfte der Einwohnerschaft!

	Essens Einwohner	davon Krupps Belegschaft	Prozent
1830	5 450	8	0,15
1843	7 100	99	1,4
1852	10 500	345	3,3
1858	17 200	1 063	6,2
1864	31 000	6 750	21,8
1871	51 500	8 920	17,3
1875	55 000	9 997	18,2

Seine 1836 gegründete freiwillige Betriebskrankenkasse hatte Krupp 1853 in eine Kranken- und Sterbekasse mit Beitrittspflicht umgewandelt, wobei er die Zuschüsse der Firma auf die Hälfte der Mitgliedsbeiträge erhöhte. 1855 führte er dazu eine obligatorische Pensionskasse ein. In den Statuten der Krankenkasse hieß es: „Wer sich durch Leichtsinn, Streitigkeiten oder ausschweifenden Lebenswandel Verwundungen, körperliche Gebrechen oder Krankheiten zugezogen hat, verliert nicht allein jeden Anspruch auf Krankengeld, sondern kann noch in eine Strafe bis zu 5 Thalern zum Besten der Kasse genommen werden. Erheuchelung einer Krankheit wird bis zu 10 Thalern zum Besten der Kasse bestraft."

1856 ließ Krupp in der Nähe der Fabrik zwei „Menagen-Unterkünfte", also Wohnheime für ledige Arbeiter, bauen, die 1858 eine eigene Bäckerei erhielten. Aus dieser entwickelte sich 1868 die „Konsumanstalt Fried. Krupp". 1860 entstanden die ersten Werkswohnungen für ganze Familien – eng und durch die Fabriknähe in lauter und rußiger Lage, aber gemessen an englischen Zuständen doch vorbildlich und im übrigen kaum schlechter gelegen als das „Gartenhaus", das der Fabrikherr als angemessene Unterkunft für sich selbst betrachtete. 1863 wurde mit der Arbeiterkolonie Westend (160 Wohnungen) die erste der vielen geschlossenen Krupp-Siedlungen errichtet. „Niemand macht sich eine Vorstellung von der Not, die eintreten wird, und von den Vorteilen, die wir haben werden gegenüber anderen, wenn wir unseren Leuten ein sicheres Obdach geben", schrieb Krupp 1865. „Wer weiß denn, ob dann über Jahr und Tag, wenn eine allgemeine Revolte durch das Land gehen wird, wir nicht die einzigen Verschonten sein werden, wenn wir zeitig noch alles in Gang bringen." Mit der Fabrik ging es steil bergauf.

Krupp 1862: Zweite Londoner Weltausstellung. Die *Times* schreibt: „Wir wünschen Krupp Glück zu der überragenden Stellung, die er in der Welt als Erzeuger der größten und fehlerlosesten Massen von Gußstahl einnimmt." Bismarcks Hausjournalist Lothar Bucher berichtet aus London: „In Stahl schlagen wir die ganze Welt." Belgien bestellt 312 Kanonen. Die über hundert Meter lange Halle des neuen Plattenwalzwerks wird mit einem Fest eingeweiht, wobei Krupp seine 2460 Arbeiter mit ihren Frauen bei Musik und Tanz bewirtet.

Bismarck in Krupps Gartenhaus

Krupp 1864: 6750 Arbeiter. 71 neue Dampfmaschinen und das große Schienenwalzwerk werden in Betrieb genommen. Es walzt Eisenbahnschienen aus Bessemer-Stahl, die bald bis nach Amerika geliefert werden. Der englische Ingenieur Henry Bessemer hat 1855 durch ein neues Verfahren die Möglichkeit zur billigen Massenerzeugung von Flußstahl geschaffen. Der Herstellungsprozeß wird dadurch von vierundzwanzig Stunden auf zwanzig Minuten verkürzt. Krupp erkennt sofort die Gefahr, daß er mit seinem weit kostspieligeren Tiegelstahlgußverfahren aus dem Rennen geworfen werden könnte, erwirbt 1857 durch seinen Londoner Vertreter von Beßemer die deutschen Rechte und beginnt 1862 im geheimen mit dem Bau einer Bessemer-Anlage.

Die Schienen werden sein größtes Geschäft. Mit der Massenproduktion stählerner Achsen, Räder, Federn, Dampfkesselbleche und Schienen wird Krupp der König der Eisenbahnen. Er geht dazu über, seinen Rohstoffbedarf aus eigenen Gruben zu decken: Die Firma pachtet die Kohlenzeche *Graf Beust* und erwirbt Eisenerzfelder im Lahngebiet.

Der Deutsch-Dänische Krieg im Frühjahr 1864 hat die Überlegenheit der Kruppschen Gußstahlrohre über die Bronzekanonen erstmals auf dem Schlachtfeld erwiesen. Preußen bestellt auf einen Schlag 388, Rußland 224 Geschütze. Weitere 205 Kanonen gehen in die Länder Ägypten, Argentinien, Baden, Bayern, England, Hamburg, Holland, Italien, Schleswig-Holstein, Schweden und die Türkei. Krupp wird der König der Kanonen.

Am 28. Oktober 1864 macht Graf Otto von Bismarck, seit zwei Jahren Ministerpräsident von Preußen, auf der Rückreise von einem Urlaub in Biarritz und nach einem Besuch bei Kaiser Napoleon III. in Paris Deutschlands berühmtestem Industriellen seine Aufwartung. Die beiden vielbewunderten und viel angefeindeten Hartschädel finden Gefallen aneinander. Dem Kruppschen Reitstall zollt Bismarck hohes Lob.

Vier Tage nach diesem prominenten Besuch siedelt Krupp vom „Gartenhaus" zwischen Schmelzbau und Hammer „Fritz" in ein Landhaus auf dem „Hügel" über, auf den bewaldeten Höhen über der Ruhr. Nachdem er vierzig Jahre seines Lebens in der Fabrik gewohnt hat, gönnt er sich und seiner Familie ein ruhiges Quartier. Sein Arbeitszimmer wird in den prächtigen Marstall hineingebaut, weil er Pferdegeruch am Schreibtisch wünscht.

Kanonen nach England und Österreich Krupp 1865: 9100 Arbeiter. Überdachte Fabrikfläche 13,4 Hektar. Fünf Dampfhämmer, hundertsechzig Dampfmaschinen. Privateisenbahnen zur Zeche *Graf Beust* und zur 1862 eröffneten Strecke Duisburg–Essen. Europa deckt sich mit Kruppschen Gußstahlkanonen ein: Preußen bestellt 527, England 114, Österreich – ein Jahr später Preußens Kriegsgegner – 24 Stück. Weitere Aufträge kommen aus Schweden, Baden, Württemberg und Bayern.

Für eine halbe Million Taler kauft Krupp vom preußischen Staat mit Bismarcks Fürsprache die Sayner Eisenhütte (nördlich von Koblenz), wobei er den ebenfalls interessierten Bochumer Verein um hunderttausend Taler überbietet; dazu die Mülhofer Hütte und weitere Kohlengruben. Damit hat er endlich hochwertiges Eisen aus eigener Produktion. Diese Erwerbungen und dazu die neuen Hämmer, Pressen, Gießereien, Walzwerke und Kanonenwerkstätten verschlingen mehr Geld, als selbst Krupp besitzt. Der preußische Staat gewährt seinem inzwischen wertvollsten Fabrikanten einen Kredit von vier Millionen Goldmark, eine französische Bank vier Millionen Goldfranken zum Zinssatz von zehn Prozent. Noch immer stürmt der Dreiundfünfzigjährige unermüdlich voran. Er erlebt den letzten Höhepunkt seiner Schaffenskraft und steht im Zenit des Erfolges.

1865 besuchen ihn: am 17. April Kronprinz Friedrich Wilhelm von Preußen; am 22. April Kronprinzessin Isabella von Brasilien; am 16. Oktober König Wilhelm I. von Preußen (der sich schon 1861 vom damals ganz neuen Hammer „Fritz" etwas hatte vordonnern lassen); am 20. Oktober wieder der preußische Kronprinz; am 21. Oktober dessen Mutter, Königin Augusta; am 7. November Prinz Alexander von Preußen. Der Stahlkönig hält hof. Essen, obwohl mit 35 000 Einwohnern noch weit von Deutschlands neun Großstädten entfernt, ist einer seiner berühmtesten Orte geworden.

Krupp 1866: Umsatz 20 Millionen Goldmark. 6,5 Millionen davon entfallen auf Rüstungsmaterial. 1562 Kanonen werden bestellt, die meisten von Preußen und Rußland. Der preußische Kriegsminister Graf Roon schreibt im März, Geschützlieferungen an Bayern sähe Preußen gegenwärtig lieber unterlassen. Krupp antwortet: „Von den politischen Verhältnissen weiß ich sehr wenig; ich arbeite ruhig fort, und kann ich das nicht ohne Störung der Harmonie zwischen Vaterlandsliebe und Ehrenhaftigkeit, so gebe ich die Arbeit ganz auf, so verkaufe ich meine Fabrik und bin ein reicher unabhängiger Mann."

Nizzas steinerner Gast

Der unabhängige Mann, der diese Sprache führt, muß im Mai bei Bismarck um zwei Millionen Taler betteln, als Vorschuß auf die preußischen Kanonenaufträge. Er erhält sie nicht. Seine Empörung geht in Verzweiflung über, als der preußische Sieg bei Königgrätz sich als eine Niederlage von Krupp erweist. Den Sieg erringt die preußische Infanterie. In der Artillerie sind die Österreicher mit ihren gezogenen Bronzerohren überlegen. Das Durcheinander in der preußischen Ausrüstung –

teils neue Kruppgeschütze, teils alte Kanonen mit glattem Lauf –, die ungenügende Ausbildung und Erfahrung der Offiziere mit der modernen Waffe und die Wahl falscher Geschosse machen die Kruppkanonen für die preußische Armee zu einem Handikap. Und das schlimmste: einige Rohre sind zersprungen. Krupp weist zwar sofort darauf hin, daß die Schuld daran die nicht von ihm gelieferten Verschlußplatten trügen, aber sein Nimbus hat Schaden genommen.

Als auch noch die Cholera nach Essen übergreift, flieht Krupp, dem körperlichen und seelischen Zusammenbruch nahe, mit Frau, Kind und Leibarzt nach Vevey am Genfer See und schließlich nach Nizza, wo er viele Wochen im Bett verbringt. Der Arzt berichtet: „Er war eine sonderbare, überall auffallende Erscheinung, von ungewöhnlicher Körperlänge, dabei von auffallender Magerkeit; seine Züge, einst von großer Regelmäßigkeit und Schönheit, waren früh gealtert, das Gesicht matt, bleich, voller Runzeln, der Kopf mit einem schwachen Rest grauer Haare, die durch eine Perücke ergänzt wurden, bedeckt. Selten belebte ein Lächeln diese Züge, gewöhnlich waren sie steinern ohne jede Regung; daß das Gesicht auch der Sitz einer freundlich lächelnden Heiterkeit sein konnte, habe ich später häufig genug erfahren... Sein Entwicklungsgang hatte das Selbstbewußtsein in ihm bis zu einem Maße gesteigert, daß sein Wesen zuweilen an Größenwahn streifte. Er war gewöhnt, wie ein Fürst aufzutreten, konnte aber daneben kleinliche Züge verraten. Alles in allem aber überwog die Großartigkeit seines Wesens in einem Maße, daß jeder, der ihn kennenlernte, von einer gewissen Ehrfurcht gegen die festgefügte Persönlichkeit erfüllt wurde."

Die Kurgäste nennen den vierundfünfzigjährigen Greis, den stets mit Millionen verschuldeten Multimillionär, den von Ehrgeiz und Mißtrauen geplagten Menschenfeind knapp den „steinernen Gast".

„...über allen anderen der Erde" Krupp 1867: Für die zweite Pariser Weltausstellung hat sich der Kranke neue Superlative ausgedacht. Er zeigt wieder einmal den größten Gußstahlblock aller Zeiten und dazu die größte Kanone – „ein Ungeheuer, wie es die Welt noch nicht sah". Für den Transport hat die Fabrik einen achtachsigen Eisenbahnwagen konstruieren müssen. Der Stahlblock wiegt 800 Zentner, fast zwanzigmal soviel wie der, der ihm sechzehn Jahre zuvor in London zu Weltruhm verholfen hat. Die Kanone ist in mehr als einjähriger Arbeit hergestellt worden, ihr Rohr allein wiegt, bei einem Kaliber von 35 Zentimetern, 50 Tonnen, die Stahllafette weitere 40 Tonnen. Krupp kommt aus Nizza nach Paris, trifft dort

König Wilhelm I. von Preußen und macht ihm die Kanone – Herstellungspreis: 150 000 Taler – zum Geschenk.

Die Pariser Zeitschrift *Etendard* („Standarte") schreibt über Krupp: „Was uns am meisten auffällt, ist weniger die Herstellung des Geschützes für Festungen oder Schiffe als vielmehr die Summe der technischen Mittel, die Größe und die Kraft der Maschinen, die dazu erforderlich sind. Unter diesem Gesichtspunkt betrachtet, steht das Etablissement des Monsieur Krupp über allen anderen der Erde ... Dabei ist zu bedenken, daß die Essener Fabrik nicht etwa das Werk und das Eigentum einer mächtigen Finanzgesellschaft, sondern daß sie durch das Genie und die Kraft eines einzigen Mannes geschaffen worden ist." Selbst England müsse „die ungeheuren Maschinenteile seiner mächtigen Dampfschiffe" von Krupp beziehen.

Krupp 1868: Ob auch die schweren Geschütze Krupps (stählerne Hinterlader) den englischen (eiserne Vorderlader) überlegen sind, das soll ein Vergleichsschießen in Berlin-Tegel erweisen. Es geht um 41 Kanonen für die preußische Kriegsflotte. Der erste Versuch im März verläuft für Krupp schlecht: Die achtzöllige Panzerwand wird nicht durchschlagen. Der König von Preußen, sämtliche Prinzen, Bismarck und Moltke sind Zeugen. Krupps Experten verweisen darauf, daß das preußische Pulver für die schweren Geschosse zu schwach sei. *Wettschießen in Berlin*

Im Juni ist die Kanonenfabrik des englischen Ingenieurs Sir William George Armstrong an der Reihe. Krupp eilt nach Berlin und bittet den König darum, für seine Geschütze russisches Pulver verwenden zu dürfen. Es wird ihm verwehrt. Armstrong, der englisches Pulver benutzen darf, siegt. Da Krupps Kanone 30 000 Taler und Armstrongs offenbar bessere nur 12 000 kostet, scheint der Kanonenkönig entthront zu sein.

Doch er gibt nicht auf. „Ruhelos wie der ewige Jude" und zäh wie nur Krupp reist er von Berlin nach Petersburg und veranlaßt einen in Fachkreisen berühmten General der russischen Artillerie, nach Berlin zu berichten, welche hervorragenden Ergebnisse die schweren Kruppgeschütze mit russischem Pulver erzielt haben. Einen russischen Auftrag auf weitere 62 Kanonen bringt Krupp – nachdem er mißmutig, aber entschlossen rauschende Feste für russische Artillerieoffiziere veranstaltet hat – mit heim. Die preußische Regierung bewilligt ein neues Vergleichsschießen. Es findet in Anwesenheit Krupps und des Kriegsministers von Roon am 7. Juli 1868 statt. Mit Essener Stahl und russischem Pulver wird Armstrong klar geschlagen, ja deklassiert. Krupp ist doch noch der Alte. Er kauft eines der größten Bergwerke des Ruhrgebiets, die Zeche *Hannover* bei Bochum.

Der Erfinder
der Flak Krupp 1869: 6318 Arbeiter, 480 Schmelzöfen. Wie das Bessemer-Verfahren, so führt Krupp auch das neue Siemens-Martin-Verfahren zur Stahlgewinnung als erster in Deutschland ein. Noch immer steht er an der Spitze des technischen Fortschritts. Die neuen Stahlschmelzöfen bieten vor allem den Vorteil, daß sie Flußstahl aus einem Gemisch von Roheisen und Stahlschrott herstellen können.

Krupp 1870: Die Firma erwirbt die Bendorfer Eisenhütte bei Koblenz und erzeugt 65 000 Tonnen Stahlprodukte. Als im Juli der Deutsch-Französische Krieg vor der Tür steht, bietet Krupp dem preußischen Kriegsminister von Roon an, dem Staat Gußstahlkanonen im Wert von einer Million Talern zum Geschenk zu machen. Roon lehnt dankend ab. Krupp weist seine Mitarbeiter an, das Äußerste zu tun, um das Werk zur sofortigen Lieferung von Kanonen in großen Mengen bereitzuhalten.

In der Schlacht von Sedan zeigen die Kruppgeschütze, auf die die preußische Armee inzwischen umgerüstet ist, ihre Überlegenheit über die französischen Bronzekanonen. Sedan ist eine Artillerieschlacht, und neben Moltke heißt der Sieger Krupp. Die Scharte von Königgrätz ist ausgewetzt. Als Bismarck gegen den Willen Moltkes die Beschießung des belagerten Paris durchsetzt, erbietet sich Krupp in einem Brief an Roon, die größte Kanone aller Zeiten zu bauen, einen Sechsundfünfzig-Zentimeter-Mörser für tausendpfündige Granaten, und sechs Stück davon umgehend zu liefern. Roon lehnt dankend ab.

Als aus dem belagerten Paris immer wieder Warmluftballons aufsteigen, teils mit Nachrichten an die noch in der Provinz kämpfenden französischen Truppen, teils mit Menschen (Léon Gambetta, der Führer des Widerstands, verläßt die Hauptstadt auf diese Weise), da konstruiert Krupp ohne Auftrag sogleich eine leichte Kanone, deren Lauf sich senkrecht stellen läßt, und macht sie direkt der preußischen Belagerungsarmee zum Geschenk. Die Flak ist erfunden, die Ballons steigen nur noch nachts auf.

Kanonen
nach China Krupp 1871: Kaum ist der Krieg vorüber, versucht Alfred Krupp der preußischen Regierung klarzumachen, daß sie nun erst recht die neuesten und besten Kanonen brauche, um französische Revanchegelüste im Keim zu ersticken. Sein neues Acht-Zentimeter-Feldgeschütz sei da

genau das Richtige. Daraus entspinnen sich langwierige Verhandlungen, die an Krupps Gesundheit zehren, weil er mit seiner störrischen Ungeduld nicht sogleich zum Ziel kommt. Im September sucht er Erholung im englischen Seebad Torquay.

Im übrigen fehlt es nicht an Erfolgen: Österreich beginnt seine Schiffsartillerie auf Kruppkanonen umzustellen, die Türkei bestellt 178 Geschütze, der Kaiser von China 300. Kaiser Pedro II. von Brasilien besichtigt das Werksgelände, auf dem jetzt 8920 Männer tätig sind. Krupp erwirbt die Hermannshütte bei Neuwied am Rhein. Die Gußstahlfabrik ist das größte Unternehmen des Kontinents.

Essen, dieses kleine südöstliche Anhängsel der Kruppschen Fabrikanlagen, hatte Mühe, mit dem stürmischen Vorwärtsdrang des Stahlkönigs im besonderen und der Industrie im allgemeinen Schritt zu halten. Nach fast tausendjähriger Stiftsverfassung hatten die sechzig Jahre seit der Säkularisation genügt, um es in eine rapide wachsende, schwer atmende Goldgräberstadt mit Hunderten rauchender Schlote zu verwandeln. *Wettbewerb nun auch im Bergbau*

Unter Bürgermeister *Ernst Heinrich Lindemann* (Amtszeit 1859 bis 1868) wurden ein Stadtbauamt errichtet, der Kopstadtplatz angelegt, viele Straßen verbreitert und mit Gehsteigen versehen. Ein Bebauungsplan für die Stadterweiterung sah rings um die Altstadt ein System sich meist rechtwinklig kreuzender Straßen auf vier Quadratkilometern Fläche vor. 1865 wurde das erste Wasserwerk in Betrieb genommen, das zunächst freilich nur ein Fünftel der Häuser versorgte. Die städtische Beamtenschaft wuchs von fünf auf zwölf Köpfe an. Im Stadtrat dominierten, wie einst die Kaufherren, so jetzt die Pioniere von Kohle und Stahl: Friedrich Grillo, Friedrich Hammacher, Gustav Adolf Waldthausen. Mit der Politik des preußischen Ministerpräsidenten Bismarck waren sie so unzufrieden, daß der Stadtrat unter dem Druck des drohenden Krieges gegen Österreich am 27. Mai 1866 einstimmig ein Manifest verabschiedete, in dem der König gebeten wurde, Bismarck zu entlassen. Ehe jedoch der Eiserne Kanzler die Feindschaft Essens zu spüren bekam, führte die rasche Kriegsentscheidung von Königgrätz auch an der Ruhr zu einem Sinneswandel.

Bei den Zechenbesitzern hatte sich die preußische Regierung schon 1865 beliebt gemacht: durch den Erlaß des „Allgemeinen Berggesetzes für die preußischen Staaten", das der staatlichen Reglementierung des Bergbaus ein Ende machte. Der Staat beschränkte sich auf die Bergpolizei; dagegen verzichtete er darauf, Kohlenpreis und Fördermenge festzusetzen. Die technische, wirtschaftliche und personelle Leitung der Zeche wurde dem Grubenvorstand übertragen, die Bergleute, bis dahin vom Staat eingestellt und entlassen, erhielten freie Arbeitsverträge. Das machte sie zu Industriearbeitern – mit höheren Verdienstchancen und größerem Risiko. 1863 hatte Preußen der Essener Handelskammer als erster Kammer in Deutschland das Recht verliehen, Bergwerks- und Hüttengesellschaften aufzunehmen. Durch die Gruben blies die scharfe Luft des Wettbewerbs, der Bergbau nahm einen mächtigen Aufschwung. 1860 wurden im heutigen Essener Stadtgebiet 1,47 Millionen Tonnen Kohle gefördert, 1870 schon 3,39 Millionen. Die Zahl der Bergleute stieg von 8300 auf 13 300, während die Anzahl der Zechen von 65 auf 43 zurückging.

Grillo baut Schalke Keiner wußte aus der neuen Freiheit so viel zu machen wie *Friedrich Grillo* (1825 bis 1888), Sohn eines Essener Eisenhändlers und Sproß einer aus Italien zugewanderten Familie. Schon in jungen Jahren mehrfacher Zechenbesitzer, verwandelte er zwischen 1866 und 1874 das Dorf *Schalke* nordöstlich von Essen in eine Industriestadt, in der Zechen, Eisenhütten, Blechwalzwerke, chemische Fabriken, Gas- und Wasserwerke, eine Kesselfabrik, eine Seilfabrik sowie eine Glas- und Spiegelmanufaktur entstanden – lauter Firmen, die teils Grillos Namen trugen, teils von ihm gegründet oder mitbegründet wurden. Schalke ging 1903 in Gelsenkirchen auf, wo noch heute ein Denkmal Grillos steht.

Während Krupp zäh an seiner Fabrik hing, die er Stück um Stück größer und mächtiger zu machen suchte und um keinen Preis veräußert hätte, war Grillo nicht so sehr Fabrikherr als vielmehr der große Kapitalist und Spekulant, der kaufte und verkaufte, bot und unterbot und die Umwelt sogar durch plötzliche Transaktionen zu überraschen liebte. Wie keiner vor ihm wußte er auf dem Klavier der liberalisierten Wirtschaft zu spielen. Aus dieser neuen Wirtschaftsgesinnung heraus entstand 1865 die Essener Industriebörse (die ihre staatliche Anerkennung allerdings erst 1880 erhielt).

Neue Stahlfabriken wuchsen auf den Kohlenfeldern: Die *Rheinischen Stahlwerke*, deren Sitz heute Essen ist, wurden 1870 von deutschen, französischen und belgischen Geldgebern in Paris unter dem Namen *Société anonyme des Aciéries Rhénanes à Meiderich* gegründet. In Meiderich (seit 1905 einem Teil von Duisburg) errichtete die Firma Stahlgießerei, Walzwerke und Hammerwerk. 1872 wurde auch der Fir-

mensitz nach Meiderich verlegt. In Dortmund entstand 1871 die Stamm-
firma des Hoesch-Konzerns, das Eisen- und Stahlwerk *Hoesch,* in Mülheim die Keimzelle des Thyssen-Konzerns, das Band- und Stabeisen-
walzwerk *Thyssen & Co.*

Der Sieg über Frankreich und die Gründung des Bismarck-Reichs
hatten Deutschland zur Vormacht des Kontinents erhoben. Der Nach-
zügler der industriellen Revolution hatte Frankreich und Belgien überholt und war neben England und den Vereinigten Staaten eines der drei
großen Industrieländer der Erde geworden. Das Produktionszentrum
des neuen Kaiserreichs war das aus tausend Schloten qualmende Ruhrgebiet. Der Goldrausch verstärkte sich noch – und führte bald zu einem
bösen Kater.

9. Kapitel
Katzenjammer

Zum Goldrausch gehört der Zustrom der Berauschten, die in der Fremde ihr Glück machen wollen. Er war schon in den sechziger Jahren lebhaft (25 000 Zuzüge nach Essen zwischen 1861 und 1871, mehr als die Stadt 1861 Einwohner gehabt hatte), verstärkte sich aber noch in den letzten Jahrzehnten des 19. Jahrhunderts und nahm dabei zwei Eigentümlichkeiten an: Die Zuwanderer kamen nicht mehr vorwiegend aus Westdeutschland, sondern aus dem östlichen, teilweise polnischsprachigen Preußen, und die Umsiedlung wurde planmäßig durch Werber gefördert, die von den Ruhrunternehmern ausgesandt waren.

Zum erstenmal erschienen solche Werber 1869 im Kohlenrevier des Waldenburger Berglands in Schlesien, um von einem dort ausgebrochenen Streik zu profitieren. Sie brachten rund tausend Bergleute nebst Familien mit. Da die Möglichkeiten, Bergleute abzuwerben, jedoch begrenzt waren, wandten sich die Werber von 1871 an vor allem in die ländlichen Gebiete der Provinzen Posen und Ostpreußen. Sie konnten freie Fahrt für die Ledigen und freien Umzug für die Verheirateten versprechen, dazu ein Handgeld bis zu fünfzig Mark, verbilligte Winterkartoffeln und sofort beziehbare Wohnungen, meist mit lauter Räumen unter zehn Quadratmetern, aber mit Keller, Gemüsegarten und Ziegen- oder Schweinestall (der Ferkelmarkt in Altenessen galt als der größte Deutschlands). Hauseigentümer waren in den siebziger Jahren noch ein Viertel der Bergleute, in den neunziger Jahren nur zehn Prozent.

Manche Zechen warben sogar mit der Güte der Luft: „In rheinländischer Gegend, umgeben von Feldern, Wiesen und Wäldern, den Vorbedingungen guter Luft, liegt, ganz wie ein masurisches Dorf, abseits vom großen Getriebe des westfälischen Industriegebiets, eine reizende, ganz neu erbaute Kolonie der Zeche *Viktoria* bei Rauxel..."

Im Sonntagsanzug kamen sie dann an, die Landarbeiter, Kleinbauern und nachgeborenen Bauernsöhne, die sich ein weniger kärgliches Leben erhofften als bisher oder wegen der raschen Bevölkerungsvermehrung in der Heimat keinen Erwerb mehr fanden. Mit Bündeln und Pappkartons trafen sie ein, nach zweitägiger Reise als Selbstverpfleger in Waggons vierter Klasse. In Gelsenkirchen, dem großen Umschlagplatz der ostdeutschen Zuwanderer (1875 zur Stadt erhoben), wurden sie von vorausgefahrenen Freunden oder Angehörigen begrüßt, von Beauftragten der Zechen erwartet, von Abwerbern, die sich die lange Reise in den Osten sparen wollten, mit Goldstücken angelockt, mit Gesang in die Unterkunft geführt. Und dann lernten sie, was es hieß, Hunderte von Metern unter der Erde halbnackt auf dem Bauch zu liegen, heißen Kohlenstaub zu atmen und das Gold des frühen Industriezeitalters loszuhacken, die Kohle. Aber sie waren viel reicher als einst in Masuren. Pro Arbeitstag verdienten sie 1872 im Durchschnitt 3,31 Mark (1926: 9,00 Reichsmark, 1963: 37,83 Deutsche Mark).

Die genaue Zahl der Einwanderer aus dem Osten ist nie ermittelt worden. Man schätzt, daß zwischen 1865 und 1925 allein aus Ostpreußen rund dreihunderttausend Menschen ins Ruhrgebiet gezogen sind. Da ihre Kinderzahl zumindest in der ersten Generation viel höher lag als die der Einheimischen, ist ihr Bevölkerungsanteil sogar noch größer. Bei einer Umfrage unter Schulkindern, die 1935 in Gelsenkirchen veranstaltet wurde, zeigte sich: nur zwei Prozent von ihnen waren in Ostdeutschland geboren, aber bei einunddreißig Prozent stammten die Großeltern und bei ebenso vielen die Urgroßeltern aus dem östlichen Preußen, was die Zuwanderung zwischen 1870 und 1900 erkennen läßt (der Höhepunkt fiel in die Jahre 1898 bis 1901).

Da unter den Einwanderern die Ostpreußen und unter diesen die Masuren den größten Anteil stellten und in Masuren weniger deutsch als eine Abart des Polnischen gesprochen wurde, machte sich im Ruhrgebiet ein starkes polnisches Element breit, unterstützt auch durch Zuwanderer aus dem russischen Polen. Jeder Fußballfreund weiß, daß die Ruhrkumpels gern und gut Fußball spielen, so daß manche deutsche Nationalmannschaft noch nach dem Zweiten Weltkrieg mit ihren Juskowiak und Szymaniak die ostdeutsche Völkerwanderung vom letzten Drittel des 19. Jahrhunderts widerspiegelte. Und das, obwohl zwischen 1880 und 1935 im Ruhrgebiet dreißigtausend Anträge auf Eindeutschung polnischer Namen genehmigt wurden und davon mit Familien und Nachkommen eine Viertelmillion Menschen betroffen war. 1906 gaben nur achtundfünfzig Prozent der Ruhrbergleute Deutsch als ihre Muttersprache an.

Die Zuwanderung verteilte sich keineswegs gleichmäßig auf das Revier. Die älteste Kohlenabbauzone an der Ruhr selbst, also am Südrand des Industriegebiets (Werden – Steele – Witten – Wetter), war von ihr überhaupt nicht betroffen; dort wurde der allmählich absterbende Bergbau von Einheimischen mit Grundbesitz auf kleinen Zechen betrieben.

In der nördlich anschließenden Zone der größten Städte des Ruhrgebiets am alten Hellweg (Duisburg, Mülheim, Essen, Bochum, Dortmund), gekennzeichnet durch größere Zechen und Eisenindustrie, überwog die Zuwanderung aus Westdeutschland.

Das Emschertal wieder nördlich davon, die jungen und teilweise künstlichen Stadtgebilde Oberhausen, Gelsenkirchen, Wanne-Eickel, Herne, Castrop-Rauxel, seit den sechziger Jahren des vorigen Jahrhunderts die klassische Bergbauzone mit Tausenden von Bergleuten auf jeder Zeche – sie waren es vor allem, die den großen Menschenstrom aus dem Osten aufnahmen.

In den nördlichsten Stadtstreifen schließlich, zwischen Emscher und Lippe (Bottrop, Gladbeck, Recklinghausen), drängten neben den ostdeutschen Zuwanderern auch viele Ausländer, vor allem Holländer und Polen (zwischen 1880 und 1935 beantragten im Ruhrgebiet 21 000 Bürger anderer Staaten die deutsche Staatsangehörigkeit). Die Entwicklung dieses Streifens begann erst in den siebziger Jahren, und zwar in dem Maße, wie der Bergbau noch weiter nach Norden vorstieß und später die neue Industrie der Kohlechemie aufblühte, die aus den Abfallprodukten der Verkokung, vor allem dem Teer, Farben, Arzneien und Kunststoffe produziert.

Die Einheimischen unterschieden nun drei Bevölkerungsgruppen: die „Alteingesessenen", die „Hiesigen" und die „Fremden". Als „Hiesige" wurden dabei die Zuwanderer aus der näheren Umgebung, also aus Westfalen und dem Rheinland, aber auch aus dem übrigen Westdeutschland betrachtet, als „Fremde" die Ostdeutschen, gleichgültig, ob sie Deutsch oder Polnisch als Muttersprache hatten. Das war zwar ein Werturteil, bedeutete jedoch nicht, daß die Zuwanderer aus dem Osten als unerwünscht oder gar lästig angesehen worden wären.

Die konfessionelle Mischung des Ruhrlands seit der Reformation, die Toleranz zwischen den Konfessionen, die sich zu Beginn des 19. Jahrhunderts herausgebildet hatte, die bedeutende Rolle, die Ausländer wie Mulvany an der Ruhr spielten, die starke Zuwanderung aus weniger fernen Gebieten, die es schon seit den fünfziger Jahren gab – dies alles bewirkte, daß im Kohlenpott nicht die den Westfalen nachgesagte

Regel galt, der Auswärtige müsse erst einen Sack Salz mit ihnen gegessen haben, bis sie ihn als Menschen akzeptierten. Zum ersten besoldeten Beigeordneten der Stadt Essen wurde 1873 der gebürtige Ostpreuße Karl König ernannt, dessen Tüchtigkeit und Popularität sich in seinem Spitznamen „König Karl" ausdrückte.

Der damaligen Stadt Essen stellte sich das menschliche und soziale Problem der ostdeutschen Zuwanderer in geringerem Maße: einmal, weil bei Krupp die Westdeutschen eindeutig bevorzugt wurden, zum anderen, weil die heutigen nördlichen Stadtteile Essens im Emschertal – Karnap, Altenessen, Katernberg – damals noch nicht zu Essen gehörten. (In Karnap wurde zeitweilig polnisch gepredigt.) Im *Landkreis* Essen waren die Zustände demgemäß schlimmer; in seinem amtlichen Bericht von 1883 schreibt der Landrat über die „Verhältnisse der arbeitenden Klasse": *„Üppigkeit, mit Roheit gepaart"*

„Üppigkeit mit Roheit gepaart nahmen überhand, die Unreife der gewerbsmäßigen Bildung führte die Arbeiter zur Überschätzung ihrer Fähigkeiten, zum Nichtbeachten der alten bewährten Arbeitsregeln und zur Geringschätzung ihrer Vorgesetzten. Der Überschuß, der vor allem den Unverheirateten nach Bestreitung des Lebensunterhaltes blieb, führte zu unglaublicher Völlerei und Verwilderung der Sitten, so daß vielfach eine Vermehrung der Polizei notwendig wurde. Streitigkeiten mit blitzenden Waffen zwischen den Arbeitern selbst, Angriffe auf harmlose Personen bildeten stehende Vergnügungen einzelner Rotten."

Alfred Krupp grollte 1885: „Der Luxus ist in allen Klassen und äußerst auffallend in der geringen Klasse gestiegen. Jetzt trägt die weibliche Familie des Tagelöhners Schnürstiefel und jeder dumme Junge Stiefel mit Schäften. Die Weiber legen alles an den Leib, eine Viehmagd will aussehen wie eine Dame, und die Männer verkneipen ihr Geld."

Menschlich blieb das ostpreußische Element auch im alten und südlichen Essen nicht ohne Einfluß. Die masurischen Zuwanderer waren meist geduldige, anspruchslose Menschen, die den Unternehmern willig folgten, in der ersten Generation aber für gewöhnlich kein Verhältnis zur städtischen Lebensform fanden. Deutlich schlugen sich in Essen viele ostpreußische und einige oberschlesische Dialekteinflüsse nieder; so entstand das „Kumpeldeutsch", dem in den letzten Jahren Wilhelm Herbert Koch in seinem wöchentlichen Zwiegespräch zwischen „Kumpel Anton" und „Cervinski" in Essens größter Zeitung ein treffsicheres und hintersinniges Denkmal gesetzt hat – zum Beispiel so:

„Anton", sachtä Cervinski für mich,
„Son Schnuppen, mainze, datter watt taucht?"
„N Schnuppen watt taugen", sarich,
„Hömma, wie sollen Schnuppen watt taugen?"
„Nu, Anton, kumma", sachter Cervinski,
„Da hasse also n Schnuppen, un watt for ain,
Krankenschein, hin nachen Dokter,
Dä kricht schomma watt dafür,
Un dann inne Appoteeke, kricht auch watt dafür,
Dann alle die Leute, die die Pillen machen,
Un di datt Pappier machen für die Rezepte,
Un alle die Leute, die die Pillen
Inne Appoteeke bringen.
Un dann die inne Drogerie,
Die die Hustenklümpkes machen,
Un dann sinta noch welche,
Die machen datt mit Pülwerkes un mit Tee,
Un dann brauchse n waam Schaal für um Halz,
Anton, die den waam Schaal machen,
Die kriegen auch watt dafür,
Un die, die die Schaafe ham für die Wolle,
Un dann unser dicke Tante Matta, Anton,
Die hatta son altet Hausmittel,
Zwiebelschaln mit Honich kochen,
Anton, die die Zwiebel machen
Un die, die den Honich machen, Anton –
Wennze datt allet bedenx,
Watt fon son Schnuppen inne Welt leept,
Anton, un da soll son Schnuppen nix taugen?
Anton, un dann datt wichtichste,
Geema mitten Schnuppen nach Taumfatters Jupp,
Watti Ärna dich allet kla macht übern Schnuppen,
N dicken Grock un nochen Grock
Un siem, acht Steinhägerkes –
Anton, watt mainze, watti Ärna allet kassiert
Fon dein Schnuppen!
Anton, Schnuppen, datt isne Industrie,
Da is Krupp nix gegen!"

Das Wachstum der damaligen Stadt Essen verlangsamte sich in den siebziger und achtziger Jahren ein wenig; es blieb hinter dem von Dortmund und Bochum und weit hinter dem von Gelsenkirchen zurück (doch wurde Essen 1873 als erste Stadt des Ruhrgebiets kreisfrei). 1885 waren die größten Städte des Reviers:

Dortmund	78 000 Einwohner
Essen	65 000 Einwohner
Duisburg	48 000 Einwohner
Bochum	41 000 Einwohner
Mülheim	24 000 Einwohner

In Gelsenkirchen und Oberhausen lebten je 20 000 Menschen, in Werden und Steele je 8000. Schneller als Essen selbst wuchsen die später eingemeindeten Bürgermeistereien der Umgebung: Die Einwohnerzahl des heutigen Essener Areals stieg von 138 000 im Jahr 1871 auf 203 000 im Jahr 1885.

Das ehemalige Ackerbürgerstädtchen, das sich in ein rauchendes Industriezentrum verwandelt hatte, modernisierte sich weiter. 1857 hatte es eine Telegraphenstation erhalten, 1886 wurde ein Telephonamt mit zunächst sechsunddreißig Anschlüssen eingerichtet. 1877 wurde die Eisenbahnstrecke Essen–Werden eröffnet, 1879 die letzte Postkutschenlinie eingestellt, die von Essen über Buer nach Dorsten führte; danach war Essen mit einigen Nachbargemeinden durch Pferdeomnibusse verbunden.

Ein Reisender, der 1881 mit der Eisenbahn aus dem ländlichen Westfalen über Steele nach Essen fuhr, schrieb über die Stadt: „Die neben uns vorbeisausenden Züge der hier sich kreuzenden Eisenbahnen, die jeden Augenblick wachsende Zahl dampfender Schornsteine vor uns und zur Seite all das laute, eilige Treiben bringen uns in eine fast ängstliche Unruhe, und wir freuen uns, in dem dem Bergisch-Märkischen Bahnhof gegenüberliegenden Gasthofe Retze wieder etwas zu uns selbst zu kommen." (F. V. Pielert, *Das Ruhrtal.*)

1884 und 1885 dirigierte Johannes Brahms das Amateurorchester des „Essener Musikvereins". 1887 war nach neunjähriger Bauzeit das neue Rathaus in dem seinerzeit beliebten neugotischen Stil fertig, ein monumentaler Backsteinbau, das dominierende Bauwerk der damaligen Stadt, im *Großen Meyer* von 1907 als „bemerkenswert" bezeichnet. Noch immer gab es freilich kein Theater, kein Museum und keine Bibliothek, und es bedurfte der ganzen Faszination des Namens Krupp, um die bedeutenden Ingenieure und Finanzexperten, die Krupp anwarb, nach Essen zu locken.

1872 gründete Grillo die erste Bank in der Stadt, die *Essener Creditanstalt*. Sie half seine eigenen Zechen- und Fabrikgründungen, aber ebenso andere Unternehmungen finanzieren, als Selbsthilfe der Essener Unternehmer zur Aufbringung von Kapital. 1873 gründete Friedrich Grillo und der Mülheimer Großindustrielle Emil Kirdorf die *Gelsenkirchener Bergwerks-AG*, die heute ihren Sitz in Essen hat und eine der größten Firmen Deutschlands ist (Gelsenberg). Sie wurde anderen Unternehmen vor allem dadurch zum Vorbild, daß sie zielstrebig an die Zusammenlegung von Kohlenfeldern und die immer größere Ausweitung des Besitzes ging, der unrationellen Zersplitterung in der Kohlenwirtschaft also entgegenwirkte.

Die Kohlenförderung im Essener Raum stieg von 1870 bis 1890 von 3,4 Millionen auf 7,2 Millionen Tonnen, die Zahl der Bergleute auf 23400. Der Absatz der Kohle wurde 1881 durch die Verstaatlichung der preußischen Eisenbahnen wesentlich erleichtert: Der Einpfennigtarif, den Friedrich Hammacher als Vorsitzender des Bergbauvereins einzelnen Eisenbahngesellschaften hatte abhandeln können, galt nun einheitlich für das gesamte preußische Eisenbahnnetz.

Der erste Streik der Bergarbeiter

Der wirtschaftliche Aufstieg erlitt in den siebziger Jahren zwei empfindliche Rückschläge: 1872 in Essen durch einen Streik und von 1873 bis 1878 in ganz Deutschland durch die Wirtschaftskrise, die auf das Spekulationsfieber der Gründerjahre folgte.

1863 hatte Ferdinand Lassalle in Leipzig den Allgemeinen Deutschen Arbeiterverein, 1869 hatten Wilhelm Liebknecht und August Bebel in Eisenach die radikalere Sozialdemokratische Arbeiterpartei gegründet. 1869 wurde in Preußen das Koalitionsverbot für gewerbliche Arbeiter aufgehoben, und im gleichen Jahr kam es zu dem Bergarbeiterstreik im Waldenburger Revier, aus dem das Ruhrgebiet durch Abwerbung Nutzen zog.

Am 16. Juni 1872 aber traten mehr als 15000 Bergleute von vierzig Zechen im Essener Raum in einen Streik, mit dem sie eine Lohnerhöhung um fünfundzwanzig Prozent und den Achtstundentag durchsetzen wollten. „Der außerordentliche Aufschwung, den der Bergbau seit 1867 genommen hatte, mit allen seinen unnatürlichen Auswüchsen, dem Börsenschwindel auf der einen Seite, der wachsenden Begehrlichkeit der Arbeiter auf der anderen Seite, bot der sozialdemokratischen

Agitation in der That ein sehr günstiges Feld", schrieb Diedrich Baedeker in seiner Krupp-Geschichte von 1889.

Die tieferen Ursachen des Streiks lagen in dem 1865 vollzogenen Rückzug des Staates aus dem Bergbau und dem Siegeszug der reinen Unternehmerwirtschaft (vgl. Seite 215). Die Bergleute hatten sich noch nicht damit abgefunden, daß sie nicht mehr Knappen sein sollten, die eine staatlich gesicherte Sonderstellung genossen und nie ohne ein gemeinsames Gebet in die Tiefe fuhren, sondern Arbeiter, die zu immer höheren Leistungen angetrieben wurden und jederzeit entlassen werden konnten. War der Lohn schon Gegenstand des freien Aushandelns, so lag es nahe, Lohnerhöhungen durch eine Gemeinschaftsaktion zu erzwingen.

Fünf Tage vor dem Streikausbruch kündigte Alfred Krupp seinen Arbeitern an, das zu erwartende Ausbleiben der Kohlen treffe die Fabrik nicht unvorbereitet: „Meine Arbeiter können also, möge auch eine andere Klasse von Arbeitern sich ein sicheres Unheil bereiten, trotzdem getrost in die Zukunft sehen." Als die Agitation der Streikenden auch auf die Gußstahlfabrik übergriff, erließ Krupp am 24. Juli 1872 einen Aufruf, der ein starkes Dokument seiner eisernen Entschlossenheit und seines ungebrochenen Stolzes ist:

„Vor fünfundvierzig Jahren stand ich in den ursprünglichen Trümmern dieser Fabrik, dem väterlichen Erbe, mit wenigen Arbeitern in einer Reihe", heißt es darin. „Fünfzehn Jahre lang habe ich gerade so viel erworben, um den Arbeitern ihren Lohn ausbezahlen zu können, für meine eigene Arbeit und Sorgen hatte ich weiter nichts, als das Bewußtsein der Pflichterfüllung... Wenn bei Verkehrsstockungen alle Industrien darniederlagen, wenn Bestellungen fehlten, so habe ich dennoch arbeiten lassen, niemals einen treuen Arbeiter entlassen... Die Verwaltung wird mit dem bisherigen als Gesetz bestandenen Wohlwollen fortfahren, die Fabrik zu führen im Geiste meiner Grundsätze, und so lange für meine Rechnung, als ich die Arbeiter nach wie vor in bewährter Treue als die Angehörigen des Etablissements betrachten werde. Daß ich täglich meine Stellung an Andere übertragen kann und daß irgendeine Gesellschaft von Kapitalisten an Wohlwollen und Opferwilligkeit mich nicht übertreffen würde, unterliegt wohl keinem Zweifel.

Es ist im Kreise meiner Unternehmungen dem braven, ordentlichen Arbeiter die Gelegenheit geboten, nach einer mäßigen Arbeitsfrist im eigenen Hause seine Pension zu verzehren – in einem so günstigen

Maaße, wie nirgend woanders in der Welt. Ich erwarte und verlange volles Vertrauen, lehne jedes Eingehen auf ungerechtfertigte Anforderungen ab, werde wie bisher jedem gerechten Verlangen zuvorkommen, fordere daher alle diejenigen, welche damit sich nicht begnügen wollen, hiermit auf, je eher desto lieber zu kündigen, um meiner Kündigung zuvorzukommen und so in gesetzlicher Weise das Etablissement zu verlassen, um Anderen Platz zu machen, mit der Versicherung, daß ich in meinem Hause wie auf meinem Boden Herr sein und bleiben will.

Alfred Krupp."

Am 28. Juli wurde der Streik erfolglos abgebrochen.

Krupp muß verpfänden Härter wurden die Essener und das ganze Ruhrgebiet durch die große Wirtschaftskrise betroffen, die 1872 von den Vereinigten Staaten ihren Ausgang nahm und auf dem Wege über das im dortigen Eisenbahnbau investierte europäische Kapital und die Wiener Börse auch Österreich, England, Belgien und die Wirtschaft des jungen Deutschen Reiches heimsuchte. Hier hatte die französische Kriegsentschädigung von fünf Milliarden Franc die Überkonjunktur noch angeheizt, den Eisenbahn- und Aktienrausch noch hektischer gemacht. Panikartige Aktienverkäufe, Konkurse und Entlassungen kennzeichneten die Lage. Die Kohlenförderung stagnierte, die Rheinischen Stahlwerke waren 1877 dem finanziellen Zusammenbruch nahe, die Einwohnerzahl Essens ging von 1875 bis 1877 erstmals seit Beginn der Industrialisierung zurück (um tausend Köpfe). Erst die vom Reichstag 1879 beschlossenen Schutzzollgesetze brachten die Wende, für die Ruhr vor allem insoweit, als dadurch die Einfuhr allzu billiger Eisenwaren aus England und Belgien beendet wurde.

Sozial wurde der Essener Raum von der großen Krise weniger hart betroffen als andere deutsche und ausländische Industriegebiete: Die an den Zeitumständen gemessen jeweils vernünftige und großzügige Wohnungsbaupolitik der Zechengesellschaften und der Firma Krupp, die Knappschaftsfürsorge und die Kruppschen Sozialleistungen hatten hier ein Elend wie in den englischen Industrierevieren, wie in Teilen Sachsens und Schlesiens, wie in den Mietskasernen und Slums von Berlin, Paris, London und Chicago niemals aufkommen lassen.

Äußerlich kam die Kruppsche Gußstahlfabrik wieder verhältnismäßig gut über die Runden (1873: 16000 Arbeiter, 1875: 10000 Arbeiter, 1879 schon wieder 13400). Doch zahlte Alfred Krupp dafür einen hohen Preis: Nachdem Bismarck und der Kaiser sein Ansinnen, ihm einen Staatskredit zu gewähren, abgelehnt hatten, mußte er sich, „von Fieberangst und Schlaflosigkeit erschöpft", die Schmach antun, bei den verhaßten Banken einen Kredit von dreißig Millionen Mark aufzunehmen und ihnen dafür die gesamte Fabrik zu verpfänden.

Nicht nur die Wirtschaftskrise hatte das bewirkt, sondern auch der hohe Aufwand Krupps für den sozialen Wohnungsbau und dazu sein keineswegs erloschener Drang, sein Imperium noch weiter auszudehnen, Rohstoffe nur noch aus eigenen Erz- und Kohlengruben zu beziehen, immer an der Spitze des technischen Fortschritts zu stehen und bei diesem unentwegten Voranstürmen überhaupt keine Rücksicht auf die jeweilige Finanzlage zu nehmen. 1872 erwarb er die Johanneshütte bei Duisburg und Erzgruben bei Bilbao in Spanien, von denen eine eigene Flotte jährlich 30000 Tonnen Eisenerz heranfuhr. 1873 förderten Krupps Zechen 153000 Tonnen Kohle, das Fabrikgelände war neunmal so groß wie die gesamte Altstadt von Essen und allein der überdachte Teil davon genauso groß wie diese. Auf der Wiener Weltausstellung wog Krupps Gußstahlblock diesmal 1050 Zentner. In der Fabrik begrüßte Krupp den Schah von Persien.

Abfuhr für den Kaiser

1874, im Schmerzensjahr der Verpfändung, produzierte die Fabrik 102000 Tonnen Stahlerzeugnisse und erzielte einen Umsatz von siebenundvierzig Millionen Mark. Als der deutsche Kaiser Krupp bat, er möge keine Kanonen an Österreich verkaufen, erwiderte der Mann, der dreißig Millionen Mark Schulden hatte: „Von Preußen allein können wir nicht leben, wir brauchen in den nächsten zehn Jahren mindestens für fünfzig Millionen Bestellungen. Und wenn die fremden Staaten bestellen, so kann ich doch auch nichts Schlechtes liefern." Überdies komme es Preußen zugute, wenn seine Fabrik ihre Massenkapazität behalte.

1876 schrieb der französische Schriftsteller Victor Tissot in seinem deutschfeindlichen Buch *Les Prussiens en Allemagne:* „Die militärische Überlegenheit Deutschlands ist nicht etwa in Berlin, sondern in Essen zu suchen." Krupp verkaufte Kanonen nach Norwegen und Montenegro, nach Japan und Chile, fast in jedes Land der Erde. Auf der Weltausstellung in Philadelphia 1876 zeigte er die größte Kanone der Kriegsgeschichte Kaliber 35,5 Zentimeter (auf sein Angebot, einen Sechsundfünfzig-Zentimeter-Mörser zu bauen, war Preußen nicht eingegangen). Daneben blieb er bis in die achtziger Jahre einer der Hauptlieferanten für die amerikanischen Eisenbahnen.

1877 wurde bei Meppen in Niedersachsen ein Kruppscher Schießplatz in Betrieb genommen, da der preußische in Tegel für Kruppkanonen zu kurz geworden war. Mit einer Schußlinie von siebzehn
Kilometern war es der größte Schießplatz Europas, und er befand sich
in Privatbesitz. Am 11. Februar 1879 ließ Alfred Krupp an alle Mitglieder des britischen Unterhauses eine „Denkschrift, betreffend die
Entwicklung des Hinterladesystems der Kruppschen Geschütze" verteilen, mit der er den Verdacht zurückweisen wollte, seine Hinterlader
seien unzuverlässig. „Als ich zuerst im Jahre 1847 die Anwendung des
Gußstahls zu Geschützen beschloß...", beginnt die Lektion für die
Abgeordneten. „Wiewohl mein Hinterladungssystem und mein Material jetzt mehrere große Kriege mitgemacht hat...", heißt es darin.
„Von fast 18000 an alle Artillerien des Kontinents gelieferten Geschützen sind im ganzen 22 gesprungen; von diesen 22 Fällen gehörten 17 dem
alten System an, welches 1870 beiseite geschoben wurde." Und: „Während des letzten Russisch-Türkischen Krieges hatten die russische, tür-
kische und rumänische Artillerie Gußstahlgeschütze meines Systems."

Am 25. Oktober 1879 schrieb das New Yorker *Army and Navy
Journal*: „Die Ergebnisse der bei Meppen ausgeführten Versuche sind
charakteristisch. Die Kruppschen Geschütze haben die gleiche Durch-
schlagskraft wie die Woolwich-Kanonen von doppeltem Gewicht, so
daß man in Zukunft Schiffe, welche die englischen Geschütze ihres
Gewichtes wegen nicht zu führen vermögen, mit den leichteren und
wirksameren deutschen Kanonen bewaffnen wird. Daraus muß man
also die für Amerika sehr bemerkenswerte und für England nieder-
schmetternde Folgerung ziehen, daß ein allein auf seine eigenen Hilfs-
quellen angewiesener deutscher Fabrikant imstande gewesen ist, nach
verhältnismäßig kurzen Versuchen schwere Geschütze herzustellen, die
den in der englischen Artillerie eingeführten bei weitem überlegen sind."

*Der Stahl-
palast auf
dem Hügel*
Der König der Kanonen und der Eisenbahnen hatte sich 1874, im
Jahr der Schmach, aus der Fabrik zurückgezogen. Zweiundsechzig Jahre
alt, weißhaarig, mit vielen Schrullen behaftet und von nahezu krank-
haftem Mißtrauen erfüllt, siedelte er ganz in den Palast über, der von
1870 bis 1873 auf dem „Hügel" in Bredeney, hoch über der Ruhr,
entstanden war, um den Alleininhaber der größten Stahlfabrik der
Welt würdig zu repräsentieren. „Villa Hügel" wurde er getauft – aber
das klingt nach Behaglichkeit.

Der Palast hat 220 Räume und besteht aus Stein und Stahl. Holz sollte so wenig wie möglich verwendet werden, nicht für den Bau und nicht einmal zur Zierde – weil es brennen kann; und 1865 war in der Fabrik ein Feuer ausgebrochen, bei dem Kanonen glühten. Gemälde, Wandteppiche und Bücher können brennen, also war ihnen der Palast versperrt. Macht man die Fenster auf, so kann Zugluft entstehen; also waren die Fenster der Villa Hügel nicht zu öffnen, und ein kompliziertes Ventilationssystem sorgte für Ozon. In Verbindung mit einer ebenso diffizilen Heizungsanlage sollte es sommers und winters die immer gleiche Temperatur bewirken, aber schon im ersten Winter fror der Besitzer in seinen steinernen Hallen, er wütete gegen die Handwerker und gegen die Tücke des Objekts, ließ die Klimaanlage umbauen und riß sie nach zehn Jahren wieder heraus, um sie dann durch eine neue zu ersetzen.

Wie den Stahlpalast selbst, so hatte Krupp sogar die übergroßen Baumtransportwagen eigens konstruiert; sie mußten angefertigt werden, damit die Waldstücke, Baumgruppen und Alleen befördert werden konnten, die er in Mülheim, Kettwig, Gelsenkirchen aufkaufte und in den Schloßpark verpflanzte. Um Bäume erst wachsen zu lassen, fühlte er sich zu alt.

So lebte Alfred Krupp, auch im neuen Haus selten und seit einem Zwist im Jahre 1882 gar nicht mehr in Gesellschaft seiner Frau, nur von Dienern und Pförtnern umgeben, kränkelnd, grollend und tyrannisch ein ödes und ruheloses Leben, in einem „pompösen Gefängnis der Ungemütlichkeit", wie Theodor Heuss es nannte, als Hersteller der größten Gußstahlblöcke und Kanonen der Erde nun auch in ihrem größten Sarg.

Das Jahr 1877 brachte noch zwei glanzvolle Höhepunkte. In der Villa Hügel waren zwei Kaiser zu Gast: Pedro II. von Brasilien, der schon 1871 und 1876 bei Krupp gewesen war, und Wilhelm I., dem in Essen ein jubelnder Empfang bereitet wurde. Für den Fabrikrundgang des deutschen Kaisers hatte Krupp eine Tagesproduktion seines Werkes ausgestellt: 120 Eisenbahnachsen, 320 Räder, 430 Eisenbahnfedern und 1000 Granaten, eingerahmt von 1800 Schienen. Doch schrieb Krupp im gleichen Jahr, nach einundfünfzig Jahren des Dienstes am Stahl: „Ich bin sehr müde, nervös, kaputt und kann so nicht weitermachen."

Seine Frau Bertha, die ihn 1882 verließ und nach Leipzig übersiedelte, faßte ihre Eheerfahrungen in die schlichten Worte zusammen: „Was man alles erleben kann, ist wirklich fabelhaft."

Auch mancher Krupp-Arbeiter muß sich das gelegentlich gedacht haben. Am 13. September 1872 erhielt jeder von ihnen ein „General-Regulativ", unterzeichnet von den fünf Prokuristen und Alfred Krupp. In zweiundsiebzig Paragraphen unternahm der Fabrikherr darin den Versuch, die Grundsätze für Geschäftsführung und Fabrikbetrieb sowie die Rechte und Pflichten jedes Arbeiters und „Beamten" ein für allemal festzulegen. Das war grandios, weil es das Unternehmen über den Unternehmer stellte, der jeden Tag „unvermißt" sollte abtreten können. Doch es war auch phantastisch, weil es gleichsam dem Schicksal verbieten wollte, daß es jemals etwas Unvorhergesehenes geschehen lasse: „Es soll gar kein Fall in Jahren oder einem Jahrhundert vorkommen können, der in dieser Sammlung nicht vorgesehen ist."

Schon als junger Mann war Alfred Krupp von der fixen Idee besessen, daß er ständig hintergangen werde, menschliche Schwäche aber durch straffe Organisation auszumerzen sei. Als Siebenundzwanzigjähriger schrieb er aus Paris an seinen Bruder Hermann, man müsse unbedingt verhindern, daß die Fabrik abbrenne, und zu diesem Zweck einen Brandwächter einstellen. Und dann kam, 1839 schon, die ganze, den Verfolgungswahn streifende Vertracktheit der Kruppschen Psyche zum Durchbruch: „Man müßte wohl einen zweiten Wächter haben, der den ersten kontrolliere, und einen dritten, der dem zweiten aufpaßte, und am Ende würden gar alle drei zusammen schlafen. Häßlich, daß die Nacht nicht bei Tage ist, weil man nicht weiß, ob die dringendsten Erinnerungen auch nur im entferntesten befolgt werden."

Auf Reisen und schließlich von seinem Stahlsarg aus versuchte Krupp, durch Briefe, Memoranden, Noten, Zettel und Ermahnungen die Geschicke der Fabrik zu lenken, Nachlässigkeit zu verhüten und dem Zufall keinen Millimeter Raum zu lassen. Über dreißigtausend solcher Zettel sind erhalten. Als er 1871 in dem englischen Seebad Torquay weilte, entwarf er ein umfassendes „Reglement" für die Fabrik und wies seine Prokuristen an, diesen Entwurf zu komplettieren und in eine juristisch einwandfreie Form zu bringen. „Wenn wir nicht ein für allemal Regeln aufstellen", ermahnte er sie, „so wird die Zeit kommen, wo die Fabrik morgens von neun bis zwölf und nachmittags von drei an regelmäßig tätig sein wird!"

Einen Zwischenfall während der Überarbeitung dieses Gesetzbuchs benutzte Krupp, um die Prokuristen zu vermehrter Eile anzutreiben: „Der nächtliche Einbruch ins Lohn-Comptoir ist ein trauriger Beweis ungenügender Anordnung und schlechter Controle. Wen trifft die

Schuld? Wie der Hirsch nach frischem Wasser, so schrei ich: Reglement! A. K."

Unter dem nicht ganz so nach Kasernenhof klingenden Titel *General-Regulativ* wurde das Krupp-Gesetz also im September 1872 verkündet. Die Präambel lautet:

„Die wachsende Ausdehnung der Werke und Geschäfte der Firma Fried. Krupp läßt es wünschenswerth, ja nothwendig erscheinen, diejenigen Grundsätze und Rechte zusammenzufassen und zu vervollständigen, unter deren Anwendung der jetzige blühende Stand der Firma erreicht wurde, dabei zugleich die Rechte und Pflichten jedes Amtes und jeder Stellung im Betrieb und in der Verwaltung in sich fest zu stellen und gegeneinander abzugrenzen, um auf diesem Wege, so weit dies thunlich, für gegenwärtige und kommende Zeiten eine gesicherte Ordnung und ein harmonisches Zusammenwirken zu verbürgen, und damit das Gedeihen des Ganzen, wie die Wohlfahrt jedes einzelnen zu sichern. Zu dem Ende ist nachstehendes General-Regulativ: für den Betrieb und die Verwaltung aller Etablissements, Bergwerke, sonstigen Anlagen, Besitzungen und Geschäfte der Firma Fried. Krupp erlassen worden, und wird hiermit zur Nachachtung aller, die es angeht, zur öffentlichen Kenntniß gebracht."

Politik – für Kruppianer verboten

Unter den zweiundsiebzig Paragraphen heißt der interessanteste: „Ein jeder hat sich ganz und ausschließlich seinem Berufe zu widmen, und wo das laufende Geschäft einmal seine Zeit und Kräfte nicht voll in Anspruch nimmt, diese in anderer Weise der Firma nutzbar zu machen... Deshalb verbietet sich jede, zumal auf Gelderwerb gerichtete oder für die Öffentlichkeit bestimmte Nebenbeschäftigung."

Führwahr eine Ungeheuerlichkeit: Seinen 11 000 Arbeitern verbot Essens ungekrönter König, sich öffentlich zu betätigen. Als bei der Reichstagswahl vom Januar 1877 in Essen ein sozialdemokratischer Kandidat durchging, wurde er noch deutlicher. In einer Broschüre, genannt „Ein Wort an die Angehörigen meiner gewerblichen Anlagen", verkündete er am 15. März 1877:

„Eine ernste Beschäftigung mit der Landespolitik erfordert mehr Zeit und tiefere Einsicht in schwierige Verhältnisse, als Euch zu Gebote steht. Das Politisieren in der Kneipe ist nebenbei sehr theuer, dafür kann man im Hause Besseres haben. Nach gethaner Arbeit verbleibt im Kreise der Eurigen, bei den Eltern, bei der Frau und den Kindern. Da sucht Eure Erholung, sinnt über den Haushalt und die Erziehung.

Das und Eure Arbeit sei zunächst und vor allem Eure Politik. Dabei werdet Ihr frohe Stunden haben."

Und an anderer Stelle dieses Aufrufs heißt es: „Trotz wiederholter Warnung scheint sich unter einem Theile von Euch der Geist der Sozialdemokratie einschleichen zu wollen. Dieser Geist aber ist verderblich, und jeder Verständige muß ihn bekämpfen, der Arbeiter so gut wie der Arbeitgeber... Was eine fleißige sparsame Familie, was eine Generation ehrlich erworben hat, soll der Faule, Liederliche sich aneignen dürfen und der Unfähige dem Tüchtigen gleich gestellt werden... Wie ich den Verlust allein tragen muß, so ist auch der Gewinn mein von Rechtswegen, denn ich habe ihn erworben mit meiner Kraft und meiner Sorge."

Wohltat und Tyrannei   Von seinem Gewinn jedoch steckte Alfred Krupp mehr in freiwillige soziale Zuwendungen als irgendein anderer Großunternehmer des 19. Jahrhunderts. In seinen Motiven spielte die Herrschsucht mit, und bedingungslose Unterordnung war der Preis, den er verlangte, aber mit der gleichen Entschlossenheit wie für die Qualität des Stahls sorgte er dafür, daß niemand darbte, der für ihn tätig war.

Als seine Arbeiter von sich aus Konsumvereine gründeten, verübelte er ihnen dies als Eigenmächtigkeit: „Es soll Sicherheit geboten sein", verfügte er, „daß niemand, statt auf die Arbeit und die Interessen der Fabrik zu sinnen, sich verleiten lasse, auf Spekulationen in Kaffee, Tabak, Zucker und Korinthen zu grübeln." 1868 gründete er selbst eine Konsumanstalt zugunsten seiner Arbeiter, zu der später Dampfmühle, Kaffeebrennerei und Schlachthaus kamen.

Während die Villa Hügel entstand, errichtete Krupp massive Wohnungen für dreitausend Familien und für weitere dreitausend Arbeiter Baracken-Unterkünfte. Die Miete kostete für zwei Räume im Durchschnitt 8 Mark, für fünf 18 bis 19 Mark im Monat. Um alle Einzelheiten kümmerte er sich; seine Ideen waren nach damaligen Maßstäben revolutionär: „Daß recht viel Laub und Bäume noch dazu gepflanzt werden", schrieb er dem Architekten der Siedlung „Kronenberg" (räumlich größer als die Altstadt von Essen), „damit der Garten mit Gras, Blüten und Blättern, Springbrunnen und Sitzen im Schatten jedem eine Lust sei, der hineinkommt." In jeder Kolonie wurden die notwendigen Handwerker angesiedelt.

Die Kruppschen „Wohnungsverwalter" waren zugleich Sozialfürsorger – wobei es nicht ausblieb, daß manche in den Ruf von Fabrik-

spitzeln gerieten, die die Enthaltsamkeit von Politik und Korinthen-
spekulationen zu überwachen hätten. (In der Tat wurde den Inhabern
der Werkswohnungen 1887 die Lektüre von Zeitungen der Zentrumspartei verboten; für das Verbot der sozialdemokratischen Zeitungen
hatte von 1878 bis 1890 ohnehin der Reichstag gesorgt.) Bei Krupps
Tod wohnten von den 73 000 Menschen, die von ihm lebten (die
Arbeiter und ihre Familien), 24 000 in Kruppkolonien zur Miete und
12 000 in eigenen Häusern.

1871 richtete Krupp die erste der völlig von ihm finanzierten Volks-
schulen ein, mit freiem Unterricht für die Kinder der Werksangehörigen.
„Übrigens bin ich gar nicht abgeneigt, die Gehälter der Lehrer zu
bestreiten", schrieb er, „eine Aufmunterung für die Eltern, dem Staat
recht viele treue Untertanen zu liefern und der Fabrik Arbeiter eigener
Race." 1872 entstand das erste Kruppsche Krankenhaus.

So waren Fürsorge und Tyrannei, Marotte und soziale Tat in Alfred *Dankbare*
Krupp unlösbar verknüpft. Kein anderer Anführer des Industriezeit- *Arbeiter*
alters hat die persönliche Freiheit seiner Arbeiter so gering- und ihr
leibliches Wohl so hochgeachtet. Unfähig, über sich selbst hinauszu-
sehen, erwartete er von seinen Männern nicht mehr und nicht weniger
als die gleiche Besessenheit vom Stahl, die er selbst besaß. Da er für
Kunst, Bildung, Geistesfreiheit kein Organ hatte, glaubte er seinen
Arbeitern und „Beamten" nichts vorzuenthalten, wenn er von ihnen
dieselbe Einseitigkeit verlangte. Das Theater nannte er „Sinnenkitzel
und Hokuspokus". Über den Komponisten Max Bruch, einen Verwandten seiner Frau, sagte er: „Würde er Techniker geworden sein,
so hätte er sich und der Menschheit nützen können, während er als
Musiker ein durchaus inhaltloses Dasein führt." Als seine Frau ihn bat,
mit ihr ein Konzert zu besuchen, erwiderte er: „Ich habe zu sorgen,
daß meine Schornsteine unter Dampf bleiben. Wenn morgen meine
Hämmer wieder gehen, habe ich mehr Musik, als wenn alle Geigen der
Welt spielten." Und sein Kernsatz über die höhere Bildung lautete:
„Die Aula der Universität, wo ich meine Bildung genossen habe, war
die Schmelzhütte und mein Katheder der Amboß." Doch stellte er in
seinen letzten Lebensjahren den damals noch unbekannten Komponisten
Engelbert Humperdinck an, auf daß er ihm mit Klavierspiel die Lange-
weile vertreibe.

Alfred Krupp war von einer großartigen und erschreckenden Gerad-
linigkeit; man wird sich immer streiten können, wo zwischen den

Extremen der Borniertheit und der Genialität man ihn einordnen will. Tatsache ist, daß Tausende von Arbeitern ihm willig, ja mit unverhohlenem Stolze folgten, ihm Jahrzehnte treu blieben, ihr Fachwissen an ihre Kinder weitergaben und auch diese wieder ein wenig auf solche Essener herabblickten, die ihr Brot nicht mit Kruppstahl verdienten.

„Man war ‚von der Wiege bis zum Grabe‘ Kruppianer“, schrieb Heinrich Heider, der Betriebsratsvorsitzende der Essener Kruppwerke (seit Jahrzehnten Mitglied der IG Metall), 1961 zum hundertfünfzigjährigen Firmenjubiläum. „Man trug die Kruppsche Säuglingswäsche, den Kruppschen Konfirmandenanzug und vor allem den Kruppschen Hut, der nicht nur denselben Schnitt hatte, sondern auch von den engen Spinden her an beiden Seiten hochgebogen war – Kennzeichen eines geachteten Standes. Man ging in den Kruppschen Kindergarten und huldigte später beim Kruppschen Bildungsverein den Musen. Man aß das gleiche Brot und hatte die gleichen Wohnungen. Über allem aber wachte in väterlicher Güte und Strenge der Patriarch. Der Kruppianer war im allgemeinen zufrieden, denn sein Standesbewußtsein als Arbeiter oder ‚Beamter‘ war jung, und die Erinnerung an die soziale Not war frisch. Dem väterlichen Bild, das Alfred Krupp verkörperte, brachte er in der Regel eine fast kindlich-naive Dankbarkeit entgegen. Wir müssen dieses Gefühl auch heute noch respektieren. Es wäre falsch, die soziale Tat einer vergangenen Zeit mit jetzigen Maßstäben zu messen.“

Alfred Krupps Tod In den letzten und einsamsten zehn Jahren seines Lebens, von 1878 bis 1887, besuchte Alfred Krupp die Fabrik nur noch selten; er regierte sie mit Zetteln. „Die Zeit der ungeregelten, leichtsinnigen, launenhaften und willkürlichen Betriebsführung muß ein Ende haben!“ hieß es da. „An seinem Bett befand sich ständig ein Schreibapparat mit Papier und riesigen Bleistiften, so daß er jeden Gedanken sofort fixieren konnte“, schreibt Diedrich Baedeker. „Am anderen Morgen fanden die Bogen, in seinen energischen, großen, charakteristischen Schriftzügen seine Fragen, Befehle, Anregungen und Erörterungen enthaltend, ihren Weg in die Fabrik. Häufig und gern fügte er Konstruktionsskizzen bei, die er mit rascher und sicherer Hand hinzuwerfen wußte.“ Zettel fanden auch die Gäste auf Villa Hügel in ihre Tür gesteckt, mit Ratschlägen für nützliche Tätigkeiten oder zweckmäßige Bekleidung. Im Gespräch jedoch war Krupp noch immer liebenswürdig und im Englischen und Französischen so gewandt wie im Deutschen.

Seinen Prokuristen entwickelte der Greis den Plan, alle Arbeiter zu uniformieren, auch nach Feierabend. Als er Ostern 1887 die Fabrik zum letztenmal besuchte, bemerkte er, daß einige Arbeiter Ziegen hielten, die unbefugt Kruppsches Gras fraßen. Die Ziegenhaltung wurde untersagt. Im Mai entwarf er Pläne für die dörfliche Siedlung Altenhof, in der Kruppsche Rentner bis ans Lebensende mietfrei wohnen konnten.

Alfred Krupp starb am 14. Juli 1887, fünfundsiebzig Jahre alt, nach einundsechzig Jahren im Dienst der Fabrik, in den Armen seines Kammerdieners. Die schmähliche Anleihe von 1874 war gerade zurückgezahlt – vor allem mit Hilfe der 170000 Tonnen Eisenbahnschienen, die jährlich in die USA geliefert wurden. Die Fabrik ging schuldenfrei in die Hände seines Sohnes Friedrich Alfred über, der seit 1882 Prokurist der Firma war und aus dem Sanatorium an das Sterbelager seines Vaters eilte.

In der Essener Stadtverordnetenversammlung des folgenden Tages nannte Oberbürgermeister Zweigert Alfred Krupp „den größten Bürger seit dem Bestehen der Stadt". Kaiser Wilhelm I., der Kaiser von Brasilien und der König von Belgien schickten Beileidsdepeschen. Die *Deutsche Heereszeitung* würdigte den Verstorbenen als „den König unter den Geschützbauern", der *Standard*, das Parteiorgan der britischen Konservativen, schrieb: „Durch den Tod Krupps verliert Deutschland einen seiner hervorragendsten Männer, dessen Name untrennbar mit den Triumphen der preußischen Armee verknüpft ist... England ist das Land des Eisens, Krupp entschied sich für den Stahl."

Die *Kölnische Zeitung* sprach vom Tod „des Fürsten eines selbstgeschaffenen Staates im Staate" und nannte Krupp „ein leuchtendes Vorbild für die mögliche Lösung sozialer Fragen". Die *Magdeburgische Zeitung* schrieb: „In keinem großen industriellen Etablissement der Welt ist dem Wohlbefinden und der Sicherstellung der Arbeiter, wie allen Angehörigen derselben unausgesetzt auch nur annähernd die gleiche Fürsorge wie in dem seinigen gewidmet worden, und all die hierauf bezüglichen Einrichtungen seiner Werke müssen als unbedingt mustergültig anerkannt werden. Die soziale Frage würde sich durch die Befriedigung aller von der Arbeiterbevölkerung erhobenen, irgendwie berechtigten Forderungen längst gelöst finden, wofern die von ihm in seinem Etablissement zugunsten seiner Arbeiter und der Familien derselben begründeten Wohlfahrtseinrichtungen eine allgemeine Nachahmung gefunden hätten."

Die *Rheinisch-Westfälische Zeitung* stellte, die Einwände künftiger

Generationen vorwegnehmend, in den Mittelpunkt ihres Nachrufs die Kanonenfrage: „Wie der Name unseres Kaisers und Bismarcks seit den denkwürdigen Kriegen von 1866 und 1870 von den Völkern der Erde mit Ehrfurcht und Preis genannt wird, so der Name Krupps mit Bewunderung und – vielfachem Neid. Gewiß hat neben dem Erfinder des Zündnadelgewehrs niemand zur Vervollkommnung der Kriegswaffen so beigetragen, als Krupp. Eine unberechtigte Empfindlichkeit wäre es jedoch, ihm aus diesem Grunde zu grollen. Die ganze Entwicklung der Eisenindustrie drängte auch die moderne Kriegstechnik zu immer größerer Vervollkommnung. Solange es Kriege in der Welt gibt, wird auch der Wettstreit der Völker wie in der Herstellung von Erzeugnissen, die das Leben im Frieden erhöhen und verschönern, so in der Verfertigung der zum Kriege notwendigen Hülfsmittel nicht aufhören.

Wären es nicht Deutsche gewesen, deren Genie in dieser Beziehung den Sieg davongetragen hätte, würde ein Engländer oder ein Franzose, wenn auch nicht Gleiches, so doch Ähnliches zu erreichen gesucht haben. Darüber zu klagen, daß Krupp die Welt mit Kanonen versorgte, ist gerade so müßig, wie dem Berthold Schwarz die Erfindung des Pulvers vorzuwerfen. Wohl uns Deutschen, daß es ein Deutscher war, dessen geniale Arbeiten auf dem Gebiete der Geschütztechnik unserem Vaterlande auch hier seit langer Zeit den hervorragendsten Rang gesichert und mit in erster Linie seine achtunggebietende Stellung im Rat der Völker erobert haben.

Es ist jedoch nicht richtig, wenn man Krupps Namen fast immer nur mit dem Kriege in Verbindung bringt, ja wenn er oftmals recht eigentlich als der Inbegriff des ganzen Schreckens erscheint, den die Menschheit in denselben legt. Wer die Geschichte der Kruppschen Gußstahlfabrik auch nur oberflächlich kennt, muß zugeben, daß die emsige Tätigkeit des großen Werkes, das an Ausdehnung und Arbeitszahl seinesgleichen in der Welt nicht hat, ebensosehr auf Herstellung von Erzeugnissen des Friedens wie des Krieges gerichtet ist."

Diedrich Baedeker setzte sich an seine detaillierte Biographie, die 1889 erschien, und zählte auf, daß es in der Gußstahlfabrik 1195 Öfen, 92 Dampfhämmer, 21 Walzenstraßen und 370 Dampfmaschinen gebe, dazu 73 Kilometer Eisenbahn mit 28 Lokomotiven und 992 Waggons, ferner 31 Telegraphenstationen, 140 Kilometer Telephonleitung und 61 Pferde – die elf auswärtigen Eisenhütten und dreiunddreißig Erz- und Kohlengruben nicht gerechnet.

Der Herr dieses größten Industrieunternehmens auf dem Kontinent, der größten Kanonen- und Schienenfabrik der Welt war tot. Er hat *von Theodor* Essen berühmt gemacht – und der Stadt einen Ruf angehängt, unter *Heuss* dem sie nach zwei Weltkriegen schwer zu leiden hatte.

Das Beste über Krupp und die Kanonen hat Altbundespräsident Heuss 1961 in seiner Gedenkrede zum hundertfünfzigjährigen Firmenjubiläum gesagt. Er sprach von dem „schwer erträglichen Pharisäertum, das sich in diesem Bereich festgenistet hat". Es zeige sich in der Vorstellung, „als ob die Prokura und das Konstruktionsbüro bei Schneider-Creusot, bei Skoda, bei Vickers und Armstrong, bei der Bethlehem Steel Corporation und so fort himmlischen Engeln anvertraut sei, während die entsprechenden Baulichkeiten bei Krupp eine Dependance der teuflischen Hölle sei. Herstellung von Waffen ist durch die Jahrtausende der Menschheitsgeschichte, in der die Erbsünde, solange die Erbsünde ihren Platz behauptet, ein ganz einfacher historischer Tatbestand, den man gewiß bedauern mag. Aber man schafft ihn damit nicht aus der Welt. Und daß der, der in solcher Arbeit steckt, ihre Qualität zu bessern sucht, teilt er mit jeder im Wettbewerb stehenden Branche."

Als alter Mann schrieb Alfred Krupp: „Ich frage weder Goethe noch irgendein Wesen in der Welt, was Recht ist; das weiß ich selbst, und niemanden stelle ich so hoch, daß er es besser wisse." Der Kaiser hatte Krupp den Adelstitel angeboten. Er erwiderte: „Ich heiße Krupp – das genügt."

237

IV
Geburt und Tod einer Metropole

Die Evangelische Pauluskirche in Essen-Huttrop

Synagoge

Die Helbingbrücke, Teilstück der Stadtautobahn

Die Marktkirche in der City

Der 1020 m lange Tunnel der Stadtautobahn Ruhrschnellweg ist der längste Straßentunnel seiner Art in der Bundesrepublik Deutschland

Stadtautobahn Ruhrschnellweg in Essen-Holsterhausen

Die Margarethenhöhe, eine Stiftung von Frau Margarethe Krupp aus dem Jahre 1906

Im Osten der Stadt entstehen neue Wohnsiedlungen: Das Bergmannsfeld

Das Isinger Feld

Der Bismarckplatz mit Blick auf die Hochhäuser in der Kruppstraße

Die Uni-Klinik in Essen-Holsterhausen vom Grugapark aus gesehen

Das Jugendzentrum ist mit seinen Sprachlabors, Werkstätten, Ateliers, Studios und Sälen für die verschiedensten Veranstaltungen ein Mittelpunkt für interessierte Jugendliche

Freibad in Essen-West – Teil einer Bezirkssportanlage

Das Essener Hauptbad

1. Kapitel
Zwischen Stadt und Steppe

Am 16. September 1892 wurde mit Beethovens Ouvertüre „Die Weihe des Hauses", einem sinnigen Festspiel über Vater Rheins Wohlwollen gegenüber seiner „ems'gen Tochter Ruhr" und Lessings Lustspiel *Minna von Barnhelm* das Stadttheater Essen eröffnet. Tags darauf berichtete die *Rheinisch-Westfälische Zeitung:*
„Ein Meer von Licht überstrahlte den von kunstgeübten Händen herrlich geschmückten Raum, als sich die Pforten des Hauses geöffnet hatten, um den draußen Harrenden Einlaß zu gewähren. Die Eintretenden waren sichtlich überrascht von dem Glanz und von der Pracht, wie sie das Innere dem erstaunten Auge bot. Die Vorhalle hatte in den aus Palmengruppen leuchtenden Büsten des Kaisers und der Kaiserin einen neuen Schmuck erhalten, und auch in den Wandelräumen erfreuten Pflanzengebilde das Auge. Nach und nach füllte sich das Haus mit einer erwartungsvoll festlich gestimmten Menge. Die unteren Plätze waren zum Teil eingeladenen Gästen vorbehalten. In der Mittelloge hatten Platz genommen Se. Exzellenz der Oberpräsident der Rheinprovinz, Nasse, Oberbürgermeister Zweigert und Gemahlin, ferner die Herren Architekt Seeling, der Erbauer des Hauses, und Oberinspektor der Königlichen Theater, Brandt, aus Berlin."
Die Kohlen- und Stahlstadt im Herzen des Ruhrgebiets hatte nun dokumentiert, daß sie es nicht mit Schächten und Schloten bewenden lassen wollte. Sie gab sich eine Stätte der Kultur. Ihr Stifter war einer der typischsten Vertreter des Hochkapitalismus, Friedrich Grillo.

Schon 1852 hatte sich ein Theaterverein gebildet, der sich 1867 jedoch wieder auflösen mußte, ohne einen Erfolg erzielt zu haben. Eine Essener Bürgervereinigung, Casino-Gesellschaft genannt, baute 1861 einen Festsaal, in dem Wandertruppen, zum Teil aber auch Ensembles renommierter Theater, gastierten, so des Stadttheaters Düsseldorf. Neben das Casino trat 1876 das sogenannte Vaudeville-Theater (Vau- *Grillos Theater* deville: Posse mit Musik, nicht immer schlechter als die Musicals von heute). Der Eigentümer war ein Gastwirt, der den Saal an Schauspieltruppen vermietete. Außerdem gab es noch zwei Varietébühnen, von denen eine den Spitznamen „Chansonetten-Kloster" führte, weil die Damen (unter ihnen Ringkämpferinnen) in dem Haus auch wohnten.

Im Oktober 1887 erklärte Grillo in der Stadtverordnetensitzung unter begeistertem Applaus, er wolle Essen ein Theater mit kompletter Ausstattung zum Geschenk machen. Eine Deputation der Bürgerschaft überreichte dem Industriellen eine Dankadresse, in der es heißt: „Sie befriedigen mit dem Theaterbau ein seit Jahrzehnten allgemein, aber bisher immer ohnmächtig sich regendes Bedürfnis ... Alle Schichten der Bürgerschaft sind durchdrungen von warmer freudiger Dankbarkeit für Ihren hochsinnigen Entschluß."

Ein halbes Jahr später starb Grillo, dreiundsechzig Jahre alt, in geistiger Umnachtung. Seine Witwe verwirklichte jedoch seinen Plan, und mit Hilfe von Zuschüssen Friedrich Alfred Krupps konnte das Theater 1892 seinen Betrieb aufnehmen, zunächst nur in der Wintersaison. Der Leiter einer im Vaudeville-Theater heimisch gewordenen Schauspieltruppe, Albert Berthold, wurde zum Direktor berufen, mit der Auflage, die Bühne „vermittels einer speziell für das Essener Stadttheater engagierten Gesellschaft in würdiger, den höheren Kunstansprüchen entsprechender Weise zu leiten". Das Repertoire bedurfte der Zustimmung eines städtischen Ausschusses, der Theaterdeputation, „und darf der Direktor nur solche Stücke zur Aufführung bringen, welche keinerlei Anstoß erregen können".

Neben das Amateurorchester des Essener Musikvereins trat 1898 ein städtisches Orchester. 1899 entstanden der Kruppsche Bildungsverein und eine Volksbücherei, die zunächst ebenfalls nur „Kruppianern", später aber der Allgemeinheit zur Verfügung stand. Das erwachende Interesse der Industriestadt an ihrer alten Geschichte hatte sich schon 1880 in der Gründung eines „Historischen Vereins für Stadt und Stift Essen" gezeigt, dessen Vorsitz 1894 der aus Berlin stammende Oberlehrer Konrad Ribbeck übernahm. Er wurde später Professor und Leiter des Stadtarchivs und nahm eine große Geschichte der Stadt Essen in Angriff, die leider ein Fragment geblieben ist.

Oberbürgermeister Zweigert

Von 1886 bis 1906 hatte die Stadt das Glück, von einem fähigen und tatkräftigen Oberbürgermeister regiert zu werden, dem ersten, der den Aufgaben eines aus den Fugen geratenen Gemeinwesens gerecht zu werden vermochte: *Erich Zweigert* aus Neustettin in Pommern, zuletzt Oberbürgermeister von Guben an der Neiße, mit siebenunddreißig Jahren nach Essen berufen. Daß in seiner Amtszeit die Stadt ihre Einwohnerzahl verdreifachte, war zum Teil sein Verdienst, indem er den völlig strukturlosen Essener Raum seinem Zentrum, der Stadt Essen, einzuverleiben begann; es zeigte sich aber auch, mit welchen kommunalpolitischen, finanziellen und sozialen Schwierigkeiten er zu kämpfen hatte.

Die enge, schmucklose und rauchige Stadt litt schwer unter dem gewaltigen Sog der Firma Krupp, die ihr an Macht und sogar an Ausdehnung weit überlegen war und stets der Entwicklung vorausstürmte. Nach Westen war die Altstadt zudem durch das Fabrikgelände völlig abgeriegelt, nach Osten durch eine Kette von Kohlenzechen in der Entfaltung gehemmt, und 1896, noch bevor die Eingemeindungen begannen, wurde Essen Großstadt – 100000 Einwohner auf dem gleichen Areal, das 1816 von 4700 Menschen bewohnt gewesen war! Das nur wenig größere Dortmund bedeckte eine genau dreimal so große Fläche.

Die alte Reichsstadt war Essen 1894 als erste Großstadt des Reviers vorangegangen, Duisburg und Bochum folgten 1904. Noch immer zählten die großen Städte des Ruhrgebiets damit bei weitem nicht zu den größten in Deutschland: München, Leipzig und Breslau hatten über 400000 Einwohner, Hamburg 700000, Berlin 1,9 Millionen.

Der größte Zuwandererstrom ergoß sich in den neunziger Jahren ins Revier. Essen wuchs im letzten Jahrzehnt des Jahrhunderts von 79000 auf 119000 Einwohner an, das heutige Essener Stadtgebiet sogar von 240000 auf 396000. Von den 119000 Bewohnern der damaligen Stadt im Jahre 1900 waren nur 46000 in Essen geboren, in den Altersgruppen von sechzehn bis fünfzig trafen auf einen gebürtigen Essener sogar mehr als drei Zugezogene. Fabriken, Zechen, Kohlen- und Schlackenhalden, Eisenbahngleise, alte Stadt- und Dorfkerne, Bergmannssiedlungen, Reihenhäuser, Baracken, Kokereien hatten das alte Stiftsland Essen zu einem häßlichen, unorganischen Gewirr gemacht, zu einem qualmenden Alptraum irgendwo zwischen pulsender Stadt und garstiger Steppe.

Zur Entwirrung wenigstens der Verkehrsverhältnisse trug die elektrische Straßenbahn bei, die Essen 1893 als erste Stadt des Ruhrgebiets in Betrieb nahm, nun nur noch mit zwölf Jahren Abstand von der Spitze des Fortschritts (die erste der Welt verkehrte 1881 in Berlin, London folgte erst 1905). 1879 war zunächst an eine Pferdebahn gedacht worden, jenes so lange nach Erfindung der Dampflokomotive merkwürdig anmutende Verkehrsmittel, das dennoch 1850 in New York, 1865 in Berlin eingeführt worden war. Im Stadium der Planung wurde das Projekt auf Dampfbetrieb umgestellt, bis man sich 1892 schließlich für Elektrizität entschied. Das lange Tauziehen mit den Nachbargemeinden – deren Geschäftsleute keine zu gute Verbindung nach Essen wünschten, bis Oberbürgermeister Zweigert sich schließlich durchsetzte – hatte also auch sein Gutes gehabt. Die beiden ersten Linien führten, schmalspurig und eingleisig, vom Hauptbahnhof nach Altenessen und nach Borbeck. 1899 stellte der letzte Pferdeomnibus (von Essen nach Stoppenberg) seinen Betrieb ein. 1895 wurde in Essen die zentrale Eisenbahndirektion für das Ruhrgebiet errichtet, eine für die Zukunft bedeutsame Anerkennung der Mittelpunktlage der Stadt.

An der Schwelle des 20. Jahrhunderts Essens Gesicht und Charakter im Jahre 1899 hat der damals als Beigeordneter in die Stadt berufene *Paul Brandi* – vorher Amtsrichter in Alt-Landsberg bei Berlin, später Bankdirektor in Essen – anschaulich geschildert. Er schreibt: „Der äußere Eindruck, den Essen bei meinem Dienstantritt auf mich gemacht hatte, bestätigte den Ruf, in welchem Essen damals in Deutschland stand, das heißt den einer wenig anmutenden Industriestadt. Die Enge der Altstadt, deren Radius einen Kilometer nicht überstieg, einerseits und das überschnelle Anwachsen der Einwohnerzahl andererseits hatten bisher eine moderne oder wenigstens sachgemäße Ausgestaltung des Stadtbildes unmöglich gemacht. Die Altstadt enthielt außer der sehr eindrucksvollen und schön gelegenen Münsterkirche und den in ihrer Nähe liegenden, übrigens meist recht bescheidenen Kurien der adeligen Mitglieder des 1802 säkularisierten freiweltlichen Damenstiftes keine Erinnerungen aus älterer Zeit, dagegen war das Städtebild in den engen Hauptstraßen noch durchaus von niedrigen, zum Teil noch schieferbeschlagenen Häusern bergischer Bauart beherrscht, neben denen sich vielfach gräuliche Fassaden von Geschäftshäusern in Zuckerbäckerarchitektur breitmachten. Abgesehen von dem in neuerer Zeit in gotischem Stil erbauten Rathaus existierten in der Altstadt keinerlei monumentale Baulichkeiten ...

Ganz überraschend für den mit der Bahn Ankommenden war, daß er sich vergebens nach einem Anzeichen dafür umsehen mußte, daß er sich in der Kruppstadt befand. In der Tat trat dies weder im Stadtbild noch in der Verwaltung selbst erkennbar hervor ... Bildete das Werk ... einen in sich geschlossenen, aber abseits gelegenen Körper, so trat das gleiche in seiner Verwaltung in Erscheinung und nicht minder in seinen

Angehörigen. Die leitenden Beamten wohnten allerdings ausnahmslos in Essen, die mittleren Beamten und Ingenieure zum größeren Teil... Nur ein paar kleine Arbeiterkolonien ältesten Stils, deren Abbruch nur eine Frage der Zeit war, lagen im Stadtbezirk selbst, in welchem ja auch für die Anlage neuer Kolonien der Raum ganz fehlte. So war das Interesse, das die Kruppsche Verwaltung überhaupt an der baulichen Ausgestaltung der Stadt nahm, kein sonderlich großes.

Noch auf einem anderen Gebiet machte sich der Nachteil einer so einseitigen wirtschaftlichen Basis, wie sie die Stadt Essen damals hatte, geltend, das war die Kruppsche Konsumanstalt. Im Stadtbild trat dies in negativer Form hervor, nämlich in der ganz ungewöhnlich kleinen Zahl offener Ladengeschäfte, mit der sich Essen trotz seines großen und kaufkräftigen Hinterlandes von den Nachbarstädten wie Düsseldorf und Elberfeld, selbst Dortmund ungünstig unterschied. Gewiß war die Konsumanstalt für die Werksangehörigen kein geringer Segen, denn sie sicherte beste Warenlieferung und gewöhnte die Werksangehörigen an Barzahlung. Zu Weihnachten schüttete die Konsumanstalt an ihre Warenbezieher die nicht unbedeutende Dividende je nach dem Umfange ihrer Warenbezüge aus."

Über die „Gesellschaft" der Industriestadt schreibt Brandi: „Bei dem großen Festessen" (anläßlich der Enthüllung eines Bismarckdenkmals im Jahre 1899) „trat mir zum erstenmal, und zwar wohltuend, die in der Stadt herrschende bürgerlich-liberale, offenbar jedem Kastengeist abholde Gesellschafts- bzw. Geselligkeitsauffassung entgegen. Das Staatsbeamtentum trat hinter dem unendlich zahlreicheren Privatbeamtentum zurück, Garnison war nicht vorhanden, und die führende Oberschicht, zusammengefaßt unter dem Sammelnamen ‚Gewerken', das heißt die wohlhabenden, an der Industrie, vor allem am Bergbau beteiligten Kapitalisten, entstammten fast ausnahmslos den eingeborenen bürgerlichen Familien, zu denen mannigfach verwandtschaftliche Beziehungen bestehen geblieben waren. In hohem Ansehen stand aber die Stadtverwaltung selbst, das heißt die wenigen leitenden Herren, in denen die führenden Kreise ihre berufenen Vertreter sahen... Überraschend war für mich als Beamtensohn das ungewöhnlich hohe Einkommen der Angehörigen der führenden Klasse. Wenn auch die Witwe eines Großindustriellen mit einem Jahreseinkommen von über 800 000 Mark" (die Witwe Friedrich Grillos) „eine Ausnahmeerscheinung war, so waren doch Einkommen zwischen 200 000 und 500 000 Mark öfter

Stadt der Millionäre

vertreten, solche zwischen 100 000 und 200 000 Mark, gemessen an der damaligen Einwohnerzahl, sogar zahlreich zu nennen."

Von dem sparsamen Millionär Albert von Waldthausen, einem Mitglied der weitverzweigten Essener Familie, erzählt Brandi, er habe der Aufzählung seines Vermögens nachträglich hinzugefügt: „Ach ja, ich unterhalte bei der Disconto-Gesellschaft in Berlin ein täglich verfügbares Guthaben von etwa zwei Millionen, damit ich immer in der Lage bin, eine günstige Anlagemöglichkeit in der Industrie auszunutzen."

Unbefangen äußert Brandi sein Mißfallen daran, daß Krupps Zuschüsse an Theater und Orchester sich nur auf zusammen 25 000 Mark im Jahr beliefen, wofür das städtische Orchester noch mehrmals in den Grünanlagen der Kruppschen Wohnsiedlungen unentgeltlich habe spielen müssen. „Als ich im Frühjahr 1899 die Steuererklärung des Herrn Krupp erhielt, malte ich mir aus, welche umfassende Förderung die Kunst in jeder Form wohl erfahren würde, wenn ich aus der einen Steuererklärung solche von 200 reichen Bürgern – denn das wäre theoretisch möglich gewesen – machen könnte." (Krupps Privateinkommen 1902: 21 Millionen Mark.) In ähnlichem Sinn hatte schon die *Essener Zeitung* während der zähen Verhandlungen über die erste Straßenbahn geschrieben, es würde in Essen mehr Unternehmungsgeist geben, „wenn wir statt der einen größten Fabrik der Welt ein Dutzend kleinerer Fabriken hätten".

Zuzug aus Berlin Nun, die Kruppfabrik wuchs zwar weiter, aber ihre beherrschende Stellung wurde doch ein wenig eingeschränkt: denn noch schneller wuchs jetzt Essen, und an Unternehmungsgeist fehlte es nicht.

1890/91 erhielt die Stadt einen bedeutsamen Zuzug aus Berlin: Die 1847 dort gegründete chemische Fabrik *Theodor Goldschmidt* kaufte in Essen das Gebäude eines ehemaligen Walzwerks und verlagerte die Produktion von der Spree an die Ruhr. Der Grund dafür war, daß die Söhne des Firmengründers, Dr. Karl und Dr. Hans Goldschmidt, das erste brauchbare Verfahren zur Weißblech-Entzinnung erfunden hatten. Das klingt nach irgendeiner technischen Spezialität und war doch fast eine Revolution: denn Weißblech – verzinntes Eisenblech – ist das Material, aus dem Milliarden von Konservendosen hergestellt werden; bei den leeren Dosen das Zinn wieder vom Eisen zu trennen, um beide Rohstoffe von neuem verwenden zu können, ist ein Millionengeschäft. An der Ruhr konnte der entzinnte Eisenschrott direkt in die Martinsöfen der Stahlwerke wandern (vgl. Seite 214), und die zum Färben und

Drucken von Stoffen verwendeten Zinnpräparate (das ursprüngliche Firmenerzeugnis) hatten in der großen Textilindustrie von Krefeld und Elberfeld einen nahen Absatzmarkt.

Mit ihren Patenten auf die elektrolytische Entzinnung sowie auf die sogenannte Aluminothermie (ein Verfahren zur Herstellung kohlenstoffarmer Metalle und zur Schweißung von Schienen und Stahlgußteilen) machten die Brüder Goldschmidt ihre Firma zu einem Weltunternehmen, mit Zweigbetrieben und Tochtergesellschaften in Mannheim und Braunschweig, in England, Frankreich und den USA. Nach den Büchsenmachern des 17. Jahrhunderts und der Kruppschen Gußstahlfabrik besaß Essen eine weitere Firma, die in die Welt hinausstrahlte.

Noch ein Großunternehmen von heute erblickte 1898 das Licht der Welt – oder umgekehrt, es half dieses Licht erzeugen: Die *Rheinisch-Westfälische Elektrizitätswerk-AG.* Der Anfang war schwer. Als die Gemeinde Altenessen 1884 beim Regierungspräsidenten die Genehmigung für eine elektrische Straßenbeleuchtung beantragte, erhielt sie den Bescheid: „Wenn wir auch ein Bedürfnis zur Beleuchtung der in Rede stehenden Straße nicht in Abrede stellen wollen, so haben wir doch aus den uns gemachten Vorlagen nicht den Eindruck gewinnen können, daß gerade die projektierte elektrische Beleuchtung diesem Bedürfnis in der besten und zweckmäßigsten Weise Abhilfe verschaffen werde." Petroleumbeleuchtung sei nicht nur billiger, sondern auch deshalb vorzuziehen, weil das elektrische Licht sich bisher nur in Gebäuden oder allenfalls auf umbauten Plätzen bewährt habe. *RWE und Kohlensyndikat*

Unter solchen Umständen dauerte es noch vierzehn Jahre, bis auf Drängen und unter Beteiligung von Oberbürgermeister Zweigert 1898 die Elektrizitätswerk-AG zustande kam. Die übrigen Mitglieder des ersten Aufsichtsrats waren sieben Firmen und Banken aus Frankfurt am Main, zwei aus Mülheim und Gelsenkirchen, der Essener Kaufmann Heinrich Waldthausen und der achtundzwanzigjährige spätere Konzernherr *Hugo Stinnes*, Geschäftsführer der Zeche *Victoria Mathias* an der Viehoferstraße, in deren Nachbarschaft das erste Kraftwerk errichtet wurde. Die Verkaufsumlage des Kohlensyndikats ließ sich dadurch umgehen, daß die Zeche ein eigenes Kesselhaus errichtete, das die stromerzeugenden Dampfmaschinen mit Dampf versorgte. Zum erstenmal wurde die Kohle direkt an der Zeche in elektrische Energie verwandelt, und es zeigte sich bald, daß es weit billiger war, statt der Kohle den Strom über Land zu schicken.

Das *Rheinisch-Westfälische Kohlensyndikat* war 1893 als eine Aktiengesellschaft mit Sitz in Essen ins Leben getreten – ein Verkaufskartell für die Ruhrkohle, daß schließlich neunundneunzig Prozent der Ruhrkohlenförderung und rund achtzig Prozent der gesamten deutschen Steinkohlenproduktion erfaßte und in der ersten Hälfte des 20. Jahrhunderts damit die größte kapitalistische Verbindung in Deutschland war.

Die Absatzkrise der siebziger Jahre hatte das Bestreben der Zechen geweckt, über den 1858 gegründeten *Verein für die bergbaulichen Interessen im Oberbergamtsbezirk Dortmund* hinaus Verkaufsgemeinschaften zu bilden, um die im Bergbau langfristig gebundenen Kapitalien einem geringeren Risiko auszusetzen. 1890 entstanden in Dortmund und Bochum, 1891 in Essen ein Kohlenverkaufsverein. Unter Anführung Emil Kirdorfs von der Gelsenkirchener Bergwerks-AG (vgl. Seite 224) kam 1893 dann das umfassende Syndikat zustande, in der Rechtsform einer Aktiengesellschaft, der die angeschlossenen Zechen ihre gesamte zum Verkauf bestimmte Förderung überließen; sie regelte den Absatz und setzte die Preise fest. Als 1903 auch das Koks- und das Brikettsyndikat dem Kohlensyndikat beitraten, war in Essen eine Wirtschaftsmacht konzentriert, die die Stadt endgültig zur Hauptstadt der Kohle, zur Metropole des Ruhrgebiets erhob. Die Kohlenförderung im Essener Raum stieg zwischen 1890 und 1900 von 7,2 auf 11,2 Millionen Tonnen, die Zahl der Bergleute auf 37000.

Der Streik von 1889 Von den 120000 Bergarbeitern des Reviers waren im Mai 1889 rund 90000 in den Streik getreten – den ersten großen Ausstand, der das ganze Industriegebiet, und den zweiten, der Essen erfaßte (vgl. Seite 224). Neben einer Lohnerhöhung um fünfzehn Prozent forderten die Bergleute vor allem, daß der hergebrachte Achtstundentag an der Zeit unter Tage zu messen sei, während die Zechen nur die reine Arbeitszeit berücksichtigten. Bei der Tiefe der Schächte und der Ausdehnung des unterirdischen Stollennetzes, in dem man sich teilweise nur gebückt bewegen konnte, verstrich vom Einfahren bis zur Arbeitsaufnahme oft eine Stunde, so daß der Bergmann zehn Stunden unter der Erde verbrachte.

Es kam zu einigen Ausschreitungen, die Unternehmer riefen Militär zu Hilfe, es gab Verletzte. Am 14. Mai 1889 empfing der dreißigjährige Kaiser Wilhelm II. eine dreiköpfige Deputation der streikenden Bergarbeiter. „Wir fordern nur, was wir von unseren Vätern ererbt haben,

248

nämlich die achtstündige Schicht", sagte ihr Sprecher. „Sprächen Eure Majestät nur ein Wort, so würde es sich gleich ändern, und manche Träne würde getrocknet werden!"

Der junge Kaiser erstrebte die Aussöhnung der Arbeiterschaft mit dem Staat; auf seinen Wunsch hin hob der Reichstag 1890 das Sozialistengesetz von 1878 auf, das sich „gegen die gemeingefährlichen Bestrebungen der Sozialdemokratie" richtete; und dies war für Bismarck der letzte Anstoß, seine Entlassung einzureichen – aber den Ruhrkumpels erklärte Wilhelm II., jeder Sozialdemokrat sei für ihn ein Vaterlandsfeind, und wenn sich die Streikenden mit den Sozialdemokraten verbänden, so würden sie seine unnachsichtige Strenge zu spüren bekommen. Im übrigen sagte er jedoch eine Prüfung der ihm vorgetragenen Beschwerden zu, und an der Ruhr erregte es Aufsehen, daß der deutsche Kaiser überhaupt Arbeiter in Audienz empfing.

Zwei Tage danach hörte sich Wilhelm II. die Gesichtspunkte des Bergbauvereins an, dessen Abordnung von Friedrich Hammacher geführt wurde – mit dem Ergebnis, daß er den Unternehmern empfahl, auf die Wünsche der Bergleute einzugehen, was auch geschah, so daß der Streik nach knapp dreiwöchiger Dauer ein Ende fand. Die Auslegung des Abkommens gab jedoch noch zu manchen Streitigkeiten Anlaß.

Der Erfolg des gemeinsamen Handelns rief nach dem Streik die ersten Gewerkschaften (im neuen Wortsinn) ins Leben. 1889 entstand der „Verband zur Wahrung und Förderung der bergmännischen Interessen im Rheinland und Westfalen", der Religion und Politik als „total ausgeschlossen" bezeichnete, allmählich jedoch in sozialdemokratisches Fahrwasser geriet und 1891 im „Verband der Bergarbeiter Deutschlands" (Sitz Bochum) aufging. 1890 kam dazu der „Rheinisch-westfälische Bergarbeiterverein Glückauf", der 1894 in den der Zentrumspartei nahestehenden „Gewerkverein christlicher Bergarbeiter für den Oberbergamtsbezirk Dortmund" überging, beide mit Sitz in Essen, das lange Zeit eine Hochburg der christlichen Arbeiterbewegung blieb.

Nicht nur Bismarck, auch *Friedrich Alfred Krupp*, der neue Herr auf dem Hügel, war der Sozialpolitik des jungen Kaisers abhold, darin von seinem Vater nicht verschieden. In einer Audienz im Januar 1890 überreichte er Wilhelm II. ein Gutachten gegen die Bildung von Arbeiterausschüssen; er werde entweder Herr im Hause bleiben wie sein Vater oder die Fabrik verlassen.

Friedrich Alfred Krupp

Auch eine erhebliche Geschäftstüchtigkeit hatte Friedrich Alfred mit seinem Vater gemeinsam. Äußerlich aber glich der Sohn dem Vater in nichts. Er war unauffällig, trug Schnurrbart und Zwicker und litt von Kindheit an unter Asthma und Rheumatismus, so daß er durch einen Hauslehrer unterrichtet werden mußte. Er war ein sensibler Mensch, der Naturwissenschaft studieren wollte; der Vater verbot es ihm. „Die Wis-

Ausstellungs-Katalog

der

Gussstahlfabrik

FRIED. KRUPP

Essen a. d. Ruhr

(Rheinpreussen).

World's Columbian Exposition

1893

CHICAGO.

ESSEN a. d. Ruhr.
Buchdruckerei der Gussstahlfabrik von Fried. Krupp.
1893.

senschaften kannst du den Angestellten überlassen, die dafür bezahlt werden", sagte er. Die beste Vorbereitung aufs Leben sei für den Sohn, vom Vater „alle Schriften zu sammeln und sie zu registrieren, um sie immer wieder finden zu können". Acht Jahre lang verbot Alfred Krupp seinem mündigen Sohn, die von ihm erwählte Frau zu heiraten, Margarethe Freiin von Ende, die Tochter eines hohen preußischen Beamten.

Nach dem Tod seines Vaters schmückte Friedrich Alfred Krupp den kahlen Stahlpalast mit Büchern, Bildern, Wandteppichen und Holztäfelungen, ließ neue Fenster einbauen, die man öffnen konnte, und riß das ganze Ventilationssystem heraus. Mit großem Gefolge ging der dreiunddreißigjährige neue Fabrikherr sodann auf eine Besuchstournee beim deutschen Kaiser, bei den Königen von Sachsen, Belgien und Rumänien und beim türkischen Sultan. Es galt, sich den besten Kunden vorzustellen, als ein König den Königen.

Die Fabrik schritt nach dem Gesetz fort, unter dem sie bei Alfred Krupp angetreten war – ja die Rüstungspolitik Wilhelms II. und der Aufbau einer großen deutschen Kriegsflotte ließen das Werk noch mächtiger aufblühen. Kruppsche Panzerplatten von einer zuvor nie für möglich gehaltenen Härte eroberten den Weltmarkt. Den gefährlichsten Konkurrenten, die 1869 in Magdeburg gegründeten Gruson-Werke, deren Granaten und Panzertürme sogar den Kruppschen überlegen waren, kaufte der junge Krupp 1893 auf. Ein weiterer Schritt zur Ausdehnung des Konzerns war der Erwerb der Germania-Werft in Kiel im Jahre 1896. Sie wurde bis 1902 so umgebaut, daß sie große Linienschiffe für die kaiserliche Flotte auf Kiel legen konnte. Nach Schiffskurbelwellen, Schiffsgeschützen und Schiffspanzern baute Krupp nun auch die Schiffe selbst.

Am 28. Oktober 1896 stattete Wilhelm II. Krupp und Essen seinen ersten Besuch ab, wobei er mit dem Fabrikchef unangemeldet in der Stadtverordnetenversammlung erschien. Die *Rheinisch-Westfälische Zeitung* schrieb: „Beim gestrigen Diner in der Villa Hügel brachte Herr Geheimrat Krupp ein begeistert aufgenommenes Hoch auf den Kaiser aus. Während des Diners lief ein Telegramm des Vorstandes des Beamtenkasinos des Kruppschen Werks ein, welches das Gelöbnis unwandelbarer Treue zum Kaiser zum Ausdruck brachte."

1897 wurde in Rheinhausen (auf dem linken Rheinufer gegenüber Duisburg) von Krupp die Friedrich-Alfred-Hütte errichtet, Europas größte Anlage zur Stahlgewinnung nach dem neuen englischen Thomas-Verfahren, das die Verarbeitung von phosphorhaltigen Eisenerzen ermöglichte. Krupp wuchs weit über den Essener Raum hinaus. Essen war am Ende des 19. Jahrhunderts mit seinen 119000 Einwohnern das Zentrum eines Stahlimperiums, wie es noch keins gegeben hatte.

So endete ein Jahrhundert, an dessen Beginn Essen eine halbverfallene dörfliche Kleinstadt gewesen war, ein Städtchen mit einem „Kunstmeister", der den Bauern auf dem Acker nachlief, um sie für die Industrialisierung zu gewinnen.

2. Kapitel
Das Chaos wird gebändigt

Mit dem Eintritt ins 20. Jahrhundert machte Essen als Stadt einen großen Sprung nach vorn: Es begann sich aus seiner drangvollen Enge zu befreien und der chaotischen Industrielandschaft des alten Stiftslandes einen ordnenden Mittelpunkt zu geben. „Man beseitige die Vorortgemeinden, vereinige zu einem kommunalen Gemeinwesen, was ein wirtschaftliches Ganzes bildet!" forderte Oberbürgermeister Zweigert.

Am 1. August 1901 erwarb Essen 66 000 neue Bürger und verdoppelte sein Areal: Die Bürgermeisterei *Altendorf* am westlichen Stadtrand mit den damaligen „Bauerschaften" und heutigen Stadtteilen Altendorf, Frohnhausen und Holsterhausen wurde eingemeindet, auf Betreiben Zweigerts und ebensosehr der Firma Krupp, der die Aufteilung ihrer Fabrik- und Siedlungsfläche auf zwei Gemeinden seit langem ein Ärgernis bei der Steuerveranlagung war. Nun erst lag die Kruppstadt wirklich in Essen.

„Über zehn Jahre hatte Essen um die Braut, die weder schön noch wohlhabend war, gefreit", schreibt der Beigeordnete Brandi. „Daß sich Essen zu dieser Verbindung entschloß, lag, abgesehen von der Tatsache, daß auf diese Weise das Kruppsche Unternehmen in vollem Umfang in das Stadtgebiet gerückt wurde, in dem Bestreben, unter allen Umständen sobald wie möglich in die Familie, also den Landkreis, hineinzuheiraten; denn ohne die Sprengung der Kreisgrenzen, die Essen wie würgende Klammern umschlossen, war ... die Entwicklung der Stadt zu einem Industriemittelpunkt ausgeschlossen. Aber niemals hätte sich der Landkreis Essen bereit gefunden, etwa die schönen Gebiete des Südens, dem die eigentliche Liebe der Stadt Essen naturgemäß galt, herzugeben. So mußte sich Essen entschließen, zunächst den mageren Teil zu wählen, um so wenigstens ... in die als uneinnehmbar geltende Festung eine größere Bresche zu schlagen."

Die nächste Bresche hieß *Rüttenscheid;* sie öffnete bereits den Weg nach Süden und bezog sogar ein wenig Wald in das Stadtareal ein, der das Kernstück des späteren Stadtwalds wurde. Rüttenscheid, bevorzugte Wohngegend vieler Kruppscher „Beamter", brachte am 1. Juli 1905 knapp sechs Quadratkilometer zusätzliche Fläche und 22 000 Menschen in die werdende Metropole ein, allerdings gegen das Zugeständnis von neun Sitzen im Stadtrat und einer hohen Abfindung für den Bürgermeister. Essen hatte mit fünfundzwanzig Quadratkilometern seine Ausdehnung gegenüber 1800 nun verdreifacht, während die Einwohnerzahl auf das Sechsundsechzigfache gestiegen war. Mit 231 000 Menschen stand es jetzt an der Spitze des Reviers. Duisburg hatte durch die Eingemeindung von Ruhrort und Meiderich das alte Dortmund zeitweilig auf den dritten Platz verwiesen, Gelsenkirchen war 1903 durch die Eingemeindung von Schalke Großstadt geworden.

Die größten Städte des Ruhrgebiets von 1816 bis 1905
(Einwohner in tausend)

	1816	1858	1871	1885	1895	1905
Essen	4,7	17,6	52	65	96	231
Duisburg	4,5	12,7	31	48	70	192
Dortmund	4,3	22,1	44	78	111	176
Gelsenkirchen	—	1,6	8	20	32	147
Bochum	2,1	8,8	21	41	53	118
Mülheim	5,2	12,8	14	24	31	94
Oberhausen	—	—	13	20	30	52

Im *Großen Meyer* von 1907 mußte sich Essen jedoch noch mit der Kennzeichnung „ein mächtig aufblühender Fabrikort" bescheiden, unter dessen „industriellen Etablissements die Kruppsche Gußstahlfabrik die erste Stelle einnimmt". Der französische Reiseschriftsteller Jules Huret wußte in seinem Buch *En Allemagne* (deutsch Leipzig 1907) nur zu berichten: „Essen ist eine Stadt aus Backsteinhäusern, die von Rauch und Staub geschwärzt sind. Der Himmel ist stets schmutziggrau und drohend. Viel Regen. Steckt man die Nase zum Fenster hinaus, immer verfolgt einen der Kohlengeruch."

Die dritte Bresche in den Landkreis wurde 1908 geschlagen, eine kleinere, diesmal nach Osten: Die Bauerschaft *Huttrop* mit 4000 Ein-

Kleiner als Charlottenburg

wohnern und bedeutender Eisenindustrie kam zu Essen (nachdem die Einverleibung eines schmalen Streifens von Huttrop wie von Altenessen 1897 den Auftakt zu den Eingemeindungen gegeben hatte).

Und schon 1910 folgte der vierte und bis dahin größte Landerwerb: Die Bürgermeisterei *Rellinghausen* im Südosten an der Ruhr, mit Kohlenzechen und Eisenhütten aus der Frühzeit der Industrialisierung, aber auch mit bewaldeten Höhen; dazu *Fulerum* westlich von Rüttenscheid – zusammen elf Quadratkilometer mit 14 000 Menschen.

Essen 1910: 295 000 Einwohner, mit Abstand größte Stadt des Ruhrgebiets, im Deutschen Reich jedoch immer noch erst an dreizehnter Stelle, hinter Städten wie Nürnberg und Charlottenburg. Von der Fläche der alten Stiftsländer Essen und Werden waren nun knapp ein Viertel, von der Einwohnerschaft (1910: 552 000) schon fast drei Fünftel in der Stadt Essen zusammengefaßt. Die Städte Werden, Steele und Kettwig sowie die Bürgermeistereien Altenessen im Norden, Stoppenberg im Nordosten und im Westen die Bürgermeisterei Borbeck mit ihren Eisen- und Zinkhütten, Walzwerken und Kohlenzechen bildeten weiterhin den Landkreis Essen.

Richard Strauss und Gustav Mahler　Unter Oberbürgermeister *Wilhelm Holle* (Amtszeit 1906 bis 1918) nahm der unter seinem Vorgänger Zweigert eingeleitete mächtige kommunale und kulturelle Aufstieg Essens seinen Fortgang. Während Zweigert in Finanzdingen nach der Charakteristik Brandis „nicht frei von Ängstlichkeit war, hatte Holle etwas geradezu Draufgängerisches, finanziell Unbekümmertes".

1902 entstanden ein würdigerer Hauptbahnhof und eine „Öffentliche Bücherhalle der Stadt Essen", die spätere Stadtbibliothek. 1904 riefen Bürgerinitiative und städtische Zuschüsse das „Museum der Stadt Essen" ins Leben, das sich zunächst auf die lokale Geschichte sowie auf Natur- und Völkerkunde konzentrierte, bald aber aus Bürgerspenden auch bedeutende Gemälde (so von Ludwig Richter, Anselm Feuerbach und Hans Thoma) ankaufte. Die Abteilung Bildende Kunst wurde 1910 unter dem Namen „Kunstmuseum der Stadt Essen" herausgelöst. Wie aufgeschlossen das Museum bald auch der Moderne war, zeigten die Emil-Nolde-Ausstellungen von 1909 und 1912.

1904 wurde der Städtische Saalbau vollendet, der sich als hervorragender Konzertsaal erwies. Zu seiner Einweihung dirigierte Richard Strauss die zweite Aufführung seiner *Sinfonia domestica*. 1906 veranstaltete der Allgemeine Deutsche Musikverein dort sein 42. Tonkünstlerfest, bei dem Gustav Mahler die Uraufführung seiner Sechsten Symphonie dirigierte, mit konzertanter Einbeziehung Kruppscher Schmiedehammerschläge. Auch Richard Strauss stand wieder am Pult; am letzten Tag des Festes starb Oberbürgermeister Zweigert, und Strauss dirigierte ihm zu Ehren Mozarts Maurerische Trauermusik.

An die Spitze des 1898 gegründeten Städtischen Orchesters trat 1911 als Nachfolger des verdienten Hendrik Witte, der vierzig Jahre lang in Essen gewirkt hatte, ein Dirigent, der bald internationalen Ruf erwarb: Hermann Abendroth, später Generalmusikdirektor in Köln und Gewandhauskapellmeister in Leipzig. Es ging nicht mehr an, Essen als eine kulturlose Fabrikstadt zu bezeichnen.

Von 1905 bis 1909 wurden die städtischen Krankenanstalten errichtet. 1908 erhielt Essen eine königlich-preußische Maschinenbauschule und eine Baugewerkschule, dazu eine städtische Handwerker- und Kunstgewerbeschule. Zwischen 1910 und 1912 entstanden zwei großstädtische Hotels, es gab neue Kirchen, eine der größten deutschen Synagogen, repräsentative Gebäude für Justiz und Polizei. Die Stadt, die seit Jahrzehnten der Industrie ächzend gefolgt war, holte auf.

Die Wohnverhältnisse waren dabei keineswegs ideal, aber doch eindeutig besser als in anderen deutschen Großstädten, vor allem durch das Fehlen der für Berlin, Sachsen und Schlesien typischen Mietskasernenviertel.

1905 wohnten im dritten Stock oder höher: in Essen zwölf Prozent der Bevölkerung, in Leipzig zweiunddreißig Prozent, in Breslau vierzig Prozent. 1910 hatten in Essen siebenundvierzig Prozent aller Häuser einen Garten. Es gab schöne Wohnviertel und reiche Bürgerhäuser, teils im klassizistischen Stil der Jahrhundertmitte, teils im später beliebten Stil der italienischen und französischen Renaissance. Unter den unschönen Kindern der industriellen Revolution war Essen keineswegs das häßlichste.

Auch außerhalb der ehemaligen geistlichen Territorien Essen und Werden drängten die Umstände zur Gliederung und Bändigung der uferlosen Industriesteppe, zu Stadtbildungen und regionalen Zusammenschlüssen. Nicht nur im Wohnungs- und Straßenbau, in Verwaltung und Kanalisation hinkten die Behörden notgedrungen hinter der Industrialisierungswelle her; selbst die juristische, also die rein theoretische Erfassung der neuen Wirklichkeiten verzögerte sich derart, daß es zu grotesken Widersprüchen kam: *Hamborn,* die Thyssenstadt, so wie Essen die

Anfänge der Raumplanung

255

Kruppstadt und Schalke die Grillostadt war – Hamborn also hatte 1910 schon 100000 Einwohner und wurde doch erst 1911 zur Stadt erhoben; es war also vermutlich das größte „Dorf", das es je gegeben hat – vor der Gemeinde *Bottrop,* die 1919 mit 72000 Bewohnern endlich Stadtrecht erhielt, und der Landbürgermeisterei *Borbeck,* die 1915 mit über 60000 Einwohnern zu Essen kam. Mit welchen Schwierigkeiten die Gemeinden des Ruhrgebiets zu kämpfen hatten, zeigt auch eine Statistik von 1905: Damals gab es in Hamborn bei 61000 Einwohnern 40000 Zuzüge und 32000 Wegzüge.

Die Verwaltung wurde noch dadurch erschwert, daß mitten durchs Ruhrgebiet die preußische Provinzgrenze zwischen dem Rheinland und Westfalen läuft und der westfälische Teil außerdem zwei verschiedenen Regierungsbezirken angehört:

Dortmund, Bochum, Herne liegen im Regierungsbezirk Arnsberg; Gelsenkirchen, Recklinghausen, Bottrop im Regierungsbezirk Münster; Essen, Duisburg, Oberhausen, Mülheim im rheinischen Regierungsbezirk Düsseldorf.

Der Regierungspräsident in Düsseldorf berief 1910 einen Ausschuß ein, der einen Grünflächenplan für den rheinischen Teil des Reviers ausarbeiten sollte. Dem Komitee gehörte der Essener Beigeordnete *Dr. Robert Schmidt* an, der 1912 eine Denkschrift vorlegte, worin er eine einheitliche Siedlungs- und Grünflächenplanung für das gesamte Ruhrgebiet über die Bezirksgrenzen hinweg forderte. „Der General-Siedelungsplan stellt einen Organismus dar, dessen einzelne Teile in Wechselbeziehung zueinander alle Bedürfnisse der modernen Massenansiedelung erfüllen müssen", heißt es in der Denkschrift. „Er soll geben die Lösung der Wohnungsfrage verbunden mit den Erholungsstätten in der erquickenden Natur; die Großarbeitsstätten getrennt von den Wohnstätten, so daß sie sich wechselseitig nicht ungünstig beeinflussen; außerdem muß durch ihn die Regelung der Verkehrsfragen jeder Art erfolgen mit dem Endzweck, ein in allen Teilen und Formen den Bedürfnissen voll entsprechendes Kunstwerk zu formen, dessen Aufbau ohne Zerstörungen, ohne Irrwege stetig fortschreitend möglich ist."

Damit war die Idee einer Regionalplanung für das Ruhrgebiet geboren. Mit der Verwirklichung konnte erst 1920 begonnen werden. Eine Zusammenarbeit der Gemeinden, Regierungsbezirke und Provinzen – die auch den Eingemeindungswünschen Essens förderlich war – fand jedoch schon vorher statt, erzwungen von einem Stoff, mit dem die Industrie nicht länger Schindluder treiben konnte: vom Wasser.

Die *Emscher* (der Fluß zwischen der Ruhr im Süden und der Lippe im
Norden, nach dem das Ruhrgebiet eigentlich benannt werden müßte)
war ein träger Wasserlauf mit vielen Windungen und sumpfigen Ufern,
die sich lange der Besiedlung widersetzten; noch um die Mitte des
19. Jahrhunderts tummelten sich Wildpferde im Emschertal. Der Vorstoß, den der Bergbau in der zweiten Hälfte des Jahrhunderts von der
Ruhr zur Emscher machte, hatte für das Flußtal zwei verderbliche
Folgen: Die Emscher wurde mit Abwässern überschwemmt, die bei
dem geringen Gefälle nur schlecht abflossen; und die Bodensenkungen,
die durch das Herauskratzen der Kohle aus der Tiefe entstehen, verminderten das Gefälle derart, daß sich Abwässersümpfe von faulendem
Schlamm bildeten. Das Emschertal war ein Jauchebecken, eine Brut-
stätte von Typhus, Cholera, Ruhr und sogar Malaria.

In dieser Not erließ der preußische Landtag am 14. Juli 1904 ein
Sondergesetz zur Schaffung der *Emschergenossenschaft*, die den Was-
serabfluß wieder in Gang bringen und Abwasserreinigungsanlagen errichten sollte. Als Genossen traten ihr die anliegenden Gemeinden bei.
Sitz dieser ältesten deutschen Abwässergenossenschaft wurde Essen, ihr
erster Vorsitzender Oberbürgermeister Zweigert, der sich um das Zu-
standekommen der Körperschaft verdient gemacht hatte.

Die Emscher wurde nun begradigt und kanalisiert, gewaltige Kläranlagen wurden gebaut, und Dutzende von Pumpwerken müssen die
Niederungen entwässern, die infolge der Bodensenkungen keinen natürlichen Abfluß mehr haben. Ohne die Emschergenossenschaft gäbe es
im Mittelstreifen des Ruhrgebiets heute keine Kohlenförderung, ja keine
menschliche Siedlung mehr.

Ist die Emscher also zu einem kostspielig unterhaltenen Abwasserkanal geworden, so haben zwei andere bedeutende wasserwirtschaft-
liche Verbände die *Ruhr* zum großen Wasserversorger des Reviers gemacht: Der *Ruhrtalsperrenverein* und der *Ruhrverband*.

Der Talsperrenverein – 1899 privat gegründet, 1913 zu einer Körperschaft des öffentlichen Rechts erhoben – sorgt dafür, daß die Ruhr
genügend Wasser liefert: eine gewaltige Aufgabe, da der Bergbau den
Grundwasserspiegel senkt, während die Ballung von Menschen, Zechen,
Eisenhütten und Fabriken einen ungeheuren Bedarf zur Folge hat. Um
in regenreichen Zeiten das überschüssige Wasser zu sammeln, hat der
Verein an der Ruhr und ihren Zuflüssen bisher sieben Talsperren
gebaut, von denen die Möhnetalsperre die größte und bekannteste ist.

Wie der Ruhrtalsperrenverein für die Beschaffung der nötigen Wassermengen zuständig ist, so hat der Ruhrverband auf der Grundlage des Ruhrreinhaltungsgesetzes von 1913 die Aufgabe, für die Güte des Ruhrwassers zu sorgen, so daß sie für die Entnahme von Trinkwasser geeignet ist. Zu diesem Zweck hat der Ruhrverband neben zahlreichen Kläranlagen vier Stauseen gebaut, die die Selbstreinigung des Flußwassers fördern. Einer von ihnen, der waldgesäumte Baldeneysee zu Füßen der Villa Hügel, hat Essen zu einem herrlichen Stück Landschaft innerhalb seiner heutigen Grenzen verholfen.

Seit 1938 sind die Verwaltungen des Ruhrverbands und des Ruhrtalsperrenvereins, die ohnehin beide ihren Sitz in Essen hatten, organisatorisch vereinigt. Essen ist damit der Mittelpunkt eines Wasserwirtschaftssystems, das in Europa nicht seinesgleichen hat und vieles von dem vorwegnahm, was die 1933 gegründete *Tennessee Valley Authority* (in den Vereinigten Staaten) berühmt machte.

Die ersten Kanäle Die Ruhr also: kein Abwasser- und Kohlenfluß, sondern ein Trinkwasserlieferant mit großen landschaftlichen Reizen; die Emscher: ein trüber Abwasserkanal. Die Kohlen werden weder auf der Ruhr noch auf der Emscher verschifft, sondern auf der verkehrsreichsten künstlichen Wasserstraße Europas, die der Emscher streckenweise parallel läuft: dem *Rhein-Herne-Kanal.*

Die Schiffahrtswege hatten dem Ruhrgebiet von seinen Anfängen an viel Kummer gemacht: Die Ruhr war ja nur mit Hilfe vieler Schleusen passierbar, die Emscher für Schiffe überhaupt ungeeignet; Abhilfe konnten allein Kanäle schaffen.

Schon 1857 wurde in Essen ein Komitee gegründet, das den Bau eines Kanals vom Rhein durchs Revier zur Elbe fördern wollte. Ernst Waldthausen, Präsident der Essener Handelskammer, und der vielseitige Ire Mulvany, der in seiner Heimat das öffentliche Kanalnetz hatte ausbauen helfen, traten 1873 an die Spitze eines Emscherkanal-Komitees. Ihr ständiges Drängen führte schließlich dazu, daß die preußische Regierung 1877 in einer Denkschrift die Pflicht des Landes anerkannte, Rhein und Elbe durch einen Kanal zu verbinden.

1886 kam ein preußisches Gesetz zustande, das zur Enttäuschung Essens zunächst eine Wasserstraße von Dortmund nicht nach Westen, sondern nach Norden vorsah, nach Emden nämlich. Der *Dortmund-Ems-Kanal* war für die eisenschaffende Industrie im Dortmunder Raum von höchster Bedeutung, nützte unmittelbar aber nur dem östlichen Revier. 1899 wurde er in Betrieb genommen.

Erst 1905 wurde der Bau eines Wasserwegs vom Ruhrgebiet zum Rhein beschlossen und 1914 schließlich der *Rhein-Herne-Kanal* eröffnet. Er beginnt am Rhein bei Duisburg und stößt östlich von Herne auf den Dortmund-Ems-Kanal. Damit war zwar noch keine Verbindung zur Elbe hergestellt, aber das Herz des Ruhrgebiets mit dem Rhein, mit dem Meer verbunden, wie der Südrand des Reviers zur Zeit der Ruhrschiffahrt (von 1780 bis 1889). Nun endlich hatte Essen die Verkehrslage, die seiner Größe und seiner Wirtschaftskraft entsprach.

3. Kapitel
Teer, Krupp und der Kaiser

Selbst aus den Abwässern wuchs an der Ruhr eine Industrie. Um den Rhein nicht zu stark mit Giftstoffen zu verschmutzen, mußte die Emschergenossenschaft unter ihren Kläranlagen auch zahlreiche Entphenolungsanlagen in Betrieb nehmen. Phenol, das sich in den Abwässern der Kokereien befindet, ist einer der wichtigsten Ausgangsstoffe für eine Weltindustrie: die Kunstharze, von denen die ersten zwischen den Weltkriegen unter dem Namen *Bakelit* populär wurden.

Als seit 1849 an der Ruhr die Kokereien entstanden, war es nur der Koks, für den man sich interessierte. Es war zwar bekannt, daß sich das Rohgas, welches die Kohle bei der Verkokung abscheidet, für Heiz- und Leuchtzwecke eignet (schon Dinnendahl hatte ja 1818 seine Essener Werkstatt mit Gas beleuchtet), doch entstand im Revier erst spät ein Bedarf an diesem scheinbaren Abfallstoff: während London 1814, Berlin 1826 die Straßenbeleuchtung auf Gas umstellte, brannte auf den Straßen der Ruhrstädte, soweit sie überhaupt beleuchtet waren, im 19. Jahrhundert meist nur Petroleum. Während in England schon 1840 Koksöfen mit ihren eigenen Abgasen beheizt wurden, so daß dafür keine Kohle mehr erforderlich war, setzte sich dieses System im Ruhrgebiet erst am Ende des Jahrhunderts durch.

Soweit Rohgas zum Heizen und Leuchten verwendet wurde, zeigte es einige häßliche Eigenschaften: Sein Gehalt an Teer verstopfte die Rohrleitungen, die Ammoniak-Bestandteile griffen die Rohre an. War ursprünglich das Kokereigas insgesamt als Abfall betrachtet worden, so erwies sich nun, daß man aus ihm wiederum Abfallstoffe ausscheiden mußte. Mit dem Teer war etwas anzufangen, mit dem schwefelsauren Ammoniak zunächst nicht.

Der Wert des Teers wurde schon um die Mitte des 19. Jahrhunderts erkannt: Man verwandte Teeröl zur Imprägnierung hölzerner Eisenbahnschwellen, seit 1856 waren in England die aus Teer gewonnenen Anilinfarben bekannt, und 1863 wurde bei Frankfurt am Main die Teerfarbenfabrik Meister Lucius & Co. gegründet, das Stammhaus der Farb-werke Hoechst. Eine Großindustrie baute sich auf Teer jedoch erst seit dem Beginn des 20. Jahrhunderts auf: 1902 wurde bei Monte Carlo die erste Teerstraße gebaut, 1905 schloß sich eine Reihe von Kokereien des Ruhrgebiets zur *Gesellschaft für Teerverwertung* zusammen, die in Meiderich eine große Teerdestillationsanlage errichtete.

Zu Beginn unseres Jahrhunderts fand sich auch für den Ammoniak eine Verwendung: Zur künstlichen Düngung und als Ausgangsprodukt für die Sprengstoffherstellung. Auf beides wartete eine große Zukunft. 1908 wurde die fabrikmäßige Verwandlung von Ammoniak in Salpeter-säure und Ammoniumnitrat aufgenommen.

1904 gelang es, mit einem weiteren Rückstand des Kokereigases, Benzol, einen Explosionsmotor anzutreiben – ein Verfahren, das in beiden Weltkriegen, als Deutschland von der Erdölzufuhr abgeschnitten war, höchste Bedeutung erlangte. 1912 wurde aus Rohgas Cumaronharz gewonnen, ein wichtiger Ausgangsstoff für Lacke, Farben und Binde-mittel. 1913 erhielt der aus Schlesien stammende, in Essen wirkende Chemiker Professor Friedrich Bergius (Nobelpreis 1931) ein Patent auf die Verflüssigung von Kohle zu Öl und schließlich zu Benzin – womit der Kohlechemie ein neues, ungeheures Feld eröffnet war.

Die Schlüsselrolle der Kohle im modernen Industriestaat war damit noch verstärkt. Jener schwarze Stein, von dem man an der Schwelle der Neuzeit nicht mehr wußte, als daß er stank und gut genug war, den Armen die Stube zu heizen – er diente nun: *Der universale Rohstoff*

1. als Brennstoff für Haushalt und Gewerbe
2. als Feuerung für Dampfmaschinen, das heißt vor allem für Loko-motiven, Schiffe und Kraftwerke (während die Rolle der Dampf-maschinen im Fabrikbetrieb durch den Aufstieg des Elektromotors zurückging)
3. zur Eisenverhüttung und Stahlerzeugung in der Form von Koks
4. für Haushalt, Straßenbeleuchtung und Industrie in der Form von Heiz- und Leuchtgas
5. als universaler Ausgangsstoff für eine gewaltige chemische Industrie, deren Schwerpunkte sich im Norden des Ruhrgebiets, in der Lippe-zone, bildeten.

Die Entstehung von Konzernen, die Zechen, Kokereien, Eisenhütten, Elektrizitätswerke, gasverbrauchende Industrien und chemische Fabriken umfaßten, wurde durch die zentrale Bedeutung der Kohle geradezu herausgefordert. Während die Kohlenwertstoffe zunächst nur von der Leuchtgasindustrie produziert wurden, die sich der „Abfälle" erwehren mußte, gingen allmählich die Kokereien dazu über, eigene Nebengewinnungsanlagen einzurichten. Schon zwischen der Jahrhundertwende und dem Ersten Weltkrieg waren die Nebenprodukte rentabler als die Kohle selbst, und heute sind sie bei weitem das Wertvollste an der seltsamen Hinterlassenschaft der Urzeit, auf der sich das Revier erhebt.

Das Eisenerz strömte unterdessen von immer weiter her zur Kohle: Von den 17,6 Millionen Tonnen Erz, die das Ruhrgebiet 1913 verarbeitete, kamen nur eine Million Tonnen aus dem Revier selbst – aber 3,7 Millionen Tonnen aus Schweden, 3,2 Millionen Tonnen aus Lothringen, 3,1 Millionen Tonnen aus Spanien und Portugal und weitere Schiffe und Waggons mit Erz aus Frankreich und Italien, aus Griechenland und Rußland, ja sogar aus Algerien und den USA.

Kein Fortschritt in der Abbautechnik Im Essener Raum förderten 1913 rund 57000 Bergleute 17,6 Millionen Tonnen Kohle – ein Rekord, der in einem Friedensjahr erst 1938 übertroffen wurde. Gegenüber 1850 war die Zahl der Zechen im heutigen Stadtgebiet von 34 auf 27 zurückgegangen; die Zahl der Bergleute war auf das Dreizehnfache, die Fördermenge auf das Fünfundzwanzigfache angestiegen. Allein zwischen 1890 und 1910 verdoppelten sich Beschäftigtenzahl und Kohlenförderung.

In diesen zwanzig Jahren also hatte sich die Förderleistung pro Bergmann nicht steigern lassen; der wachsende Bedarf konnte nur dadurch gedeckt werden, daß immer mehr Menschen in die heiße Finsternis des Bergwerks hinabgeschickt werden mußten, in die lärmenden Labyrinthe von Schächten und Stollen, von Kohle, Stein und Grubenholz, von Pumpen, Kabeln, Seilen und Schienen. In einer Denkschrift von 1902 heißt es: „Die Mittel, welche dem Bergmann zur Gewinnung der Kohle zur Verfügung stehen, sind im wesentlichen noch dieselben wie vor fünfzig Jahren, nämlich die Handarbeit mit der Keilhaue und die Schießarbeit."

Seit der Jahrhundertwende wurde in manchen Bergwerken die Schrämmaschine eingesetzt, die 1848 von Johann Eickhoff, dem Besitzer einer kleinen Eisenhütte an der Steeler Fähre, erfunden und später in Amerika vervollkommnet wurde. Sie ist eine Art Kohlenhobel, der von unten Einschnitte in die Kohle kerbt, so daß sie in großen Brocken herunterfällt. Eine wesentliche Beschleunigung brachte schließlich der mit Preßluft angetriebene Abbauhammer, der, obwohl seit 1892 bekannt, erst nach dem Ersten Weltkrieg im großen Stil eingeführt wurde. Seit 1905 wurden die handgeschobenen Förderwagen durch Schüttelrutschen, die Pferde auf den Hauptstrecken durch elektrische Lokomotiven abgelöst.

Nicht die Plackerei unter Tage und auch nicht die Löhne waren es, die im Januar 1905 über siebzig Prozent der Bergleute des Reviers – 195 000 Mann – in den Ausstand trieben. Der Unmut richtete sich vielmehr gegen einige an sich vermeidbare Arbeitsbedingungen: schlechte Behandlung durch die Unterbeamten der Zechen, Nichtanrechnung von Kohlenwagen, in denen die Kohle stark mit Gestein vermengt war, auf den Lohn, und schließlich die im Dezember 1904 auf einer Stinnes-Zeche bei Bochum eingeführte Verlängerung der Arbeitszeit um die „Seilfahrt". Von dieser Zeche ausgehend, griff der Streik Anfang Januar rasch um sich, und als der Bergbauverein die Forderungen der Bergleute ablehnte, wurde am 16. Januar 1905 auf einer Versammlung in der Tonhalle zu Essen der Generalstreik ausgerufen. *Die Streiks von 1905 und 1912*

Er endete am 9. Februar, weil die Gewerkschaftskassen leer waren und zugleich weil die preußische Regierung ankündigte, sie werde im Landtag eine Novelle zum Berggesetz einbringen. Das neue Gesetz sah, als einzigen greifbaren Erfolg für die Gewerkschaften, die Einführung von Arbeiterausschüssen vor, einen ersten Schritt auf dem Wege zur Mitbestimmung.

Verschiedenes an dem Streik von 1905 war bemerkenswert. Die Gewerkschaften, die nach dem Ausstand von 1889 entstanden waren, prüften zum erstenmal ihre Kraft. Aus Mangel an Geld hielten sie nicht durch, aber in Berlin fanden sie Widerhall. Der Verband der Bergarbeiter Deutschlands (105 000 Mitglieder, den Sozialdemokraten nahestehend, aber weniger radikal) und der konkurrierende Gewerkverein christlicher Bergarbeiter (67 000 Mitglieder) kämpften Schulter an Schulter. Die Streikleitung setzte Ordnungsmänner ein, Streikbrecher wurden nicht behelligt, es gab keinen einzigen Zwischenfall. Und schließlich hatten die Bergleute die öffentliche Meinung ganz überwiegend auf ihrer Seite, bis weit in bürgerliche Kreise hinein. Das *Reichsarbeitsblatt* schrieb:

„Eine Begleiterscheinung des Streikes, die noch bei keinem Arbeiterkampfe in ähnlicher Weise zutage getreten ist, war die rückhaltlose Stellungnahme der öffentlichen Meinung für die Streikenden. Eine tiefe, nachhaltige Sympathie, die in werktätiger Opferbereitschaft, in materieller Unterstützung ihren Ausdruck fand, erwuchs aus der Überzeugung von der gerechten Sache der Bergleute in allen Schichten ohne Rücksicht auf die Parteistellung und fand in der Presse Widerhall. Nicht nur unter den Arbeitern, auch in bürgerlichen Kreisen wurde gesammelt, in Wort und Tat traten Politiker und Gelehrte, Geistliche und Geschäftsleute, politische Parteien und private Vereinigungen für die Knappen ein."

1908 schlossen sich die Bergbauunternehmer zum *Zechenverband* zusammen, dessen ausdrücklicher Zweck der Abwehrkampf gegen die Gewerkschaften war; daß er als Waffe gegen den Streik die Aussperrung vorsah, entfesselte einen Entrüstungssturm. 1909 machten die Gewerkschaften einen Pluspunkt: Nach einem neuen preußischen Gesetz durften die Bergleute unter Tage Sicherheitsmänner wählen, die die Grubensicherung zu überwachen hatten; dies wurde bald eine gewerkschaftliche Schlüsselstellung.

Der nächste große Streik im Ruhrgebiet fand vom 10. bis 19. März 1912 statt, diesmal ohne Unterstützung der starken christlichen Gewerkschaften und dadurch von vornherein zum Scheitern verurteilt. Es kam zu Unruhen, sechstausend Polizisten und Husaren wurden ins Revier geschickt, vier Bergleute fanden den Tod. Der Berliner *Vorwärts* erschien unter der Schlagzeile „Der Klassenstaat gegen das Bergarbeiterheer". Das Bochumer *Volksblatt* berichtete:

„Vor dem Schöffengericht in Herne hatte sich am 21. März 1912 die Ehefrau des Bergarbeiters Kubla zu verantworten, weil sie in der Streikwoche von ihrem Fenster aus einem vorübergehenden Trupp Arbeitswilliger das Wort ‚Streikbrecher‘ zugerufen hatte. Die Frau gab das ‚Verbrechen‘ zu; sie habe sich nichts dabei gedacht, die gleichen Rufe seien von der Straße auch gefallen. Der Amtsanwalt beantragte gegen die Angeklagte eine Gefängnisstrafe von zwei Monaten, wobei er ausführte, bei den diesmaligen Streikunruhen seien besonders die Frauen beteiligt gewesen; gerade sie hätten sich bemüht, durch beleidigende Rufe die Arbeitswilligen zurückzuhalten. Das Gericht verurteilte die Angeklagte zu einem Monat Gefängnis."

Das RWE und Althoff Den Gewerkschaften stand nicht nur eine schlagkräftige Unternehmerorganisation, sondern auch eine Reihe gewaltig ausgedehnter Konzerne gegenüber: so die *Gelsenkirchener Bergwerks-AG,* 1873 von Friedrich Grillo und Emil Kirdorf gegründet, 1913 unter Kirdorfs Leitung der

Stadion und Festwiese am Grugapark

Das Ausstellungsgelände am Grugapark, alljährlich Schauplatz bedeutender Fachmessen und Publikumsausstellungen

Deutsche Camping-Ausstellung mit internationaler Bootsschau

Die Grugahalle am Haupteingang zum Grugapark ist ein Zentrum vielseitiger Veranstaltungen

Die neue Universität

Der Saalbau der Stadt Essen

*Das Philharmonische Orchester der Stadt Essen im Saalbau
mit Generalmusikdirektor Professor Heinz Wallberg*

Opernhaus

Münsterschatzkammer

Im Ruhrland- und Heimatmuseum

*Villa Hügel, der hundert Jahre alte Palast des Stahlkönigs Alfred Krupp in Essen-Bredeney,
hoch über der Ruhr, heute ein kulturelles Zentrum internationalen Ranges*

Südlicher Bahnhofsvorplatz und Freiheit

Blick auf Essen-Kettwig

größte Kohlenförderer und zugleich Roheisenhersteller Deutschlands, mit 50000 Arbeitern außerdem das zweitgrößte Unternehmen Deutschlands nach Krupp (1913: 77500 Beschäftigte). Ähnliche Dimensionen hatten die *Phoenix-AG für Bergbau und Hüttenbetrieb* (Duisburg) und die *Deutsch-Luxemburgische Bergwerks- und Hütten-AG* (Vorsitzender seit 1907: Hugo Stinnes).

Stinnes und August Thyssen waren seit 1902 die beherrschenden Großaktionäre der 1898 gegründeten *Rheinisch-Westfälischen Elektrizitätswerk-AG* in Essen, deren zwei Tausend-Kilowatt-Dampfmaschinen auf der Pariser Weltausstellung von 1900 bestaunt wurden. Im Geschäftsbericht für 1902/03 stellte die Gesellschaft fest:

„Wir betrachten es im Gegensatz zu den meisten Kommunalbetrieben nicht als unsere Aufgabe, unter Ausnutzung unserer Monopolstellung in einzelnen Gemeinden bei geringem Stromabsatz großen Gewinn zu machen, sondern wir gedenken, unsere Aufgabe für uns und die Allgemeinheit so zu erfüllen, daß wir den Konsumenten, insbesondere der Eisenbahnverwaltung und der Industrie, zu den denkbar billigsten Preisen größtmögliche Strommengen zur Verfügung stellen. Infolge rationeller Ausnutzung unserer Kraftstationen und des Kabelnetzes werden wir dann auf die Dauer bei ermäßigten Selbstkosten unsere Rechnung finden."

1905 erwarben die Städte Essen, Mülheim und Gelsenkirchen Aktien des RWE und entsandten ihre Oberbürgermeister in den Aufsichtsrat. Erzeuger und Abnehmer waren nun in einem Werk vereinigt, das über Essen hinauszugreifen begann. Bis 1914 schlossen sich den drei Städten achtzehn weitere Städte und Kreise an. Abnehmer waren außerdem die meisten Gemeinden und Industriebetriebe der Regierungsbezirke Düsseldorf und Köln. Außerhalb Essens wurden Kraftwerke gebaut oder übernommen, vor allem auf den Braunkohlenfeldern des Kölner Raums. Ein Netz von Hochspannungsleitungen überzog das Revier, und Essen war seine Mitte.

Ebenfalls zu Anfang unseres Jahrhunderts entwickelte sich die Stadt zum Bankenzentrum des Industriegebiets: Neben die 1872 von Grillo gegründete *Essener Creditanstalt*, die führende Bank an der Ruhr (1925 in eine Filiale der Deutschen Bank verwandelt) und eine 1876 errichtete Nebenstelle der *Reichsbank* trat 1908 eine Niederlassung der *Mitteldeutschen Creditbank* (Frankfurt am Main) und 1911 eine Filiale der *Berliner Disconto-Gesellschaft*, deren Leitung der bisherige Beigeordnete Brandi übernahm. Die *Rheinische Bank* verlegte ihren Sitz von

Mülheim nach Essen, dazu kam eine Reihe kleinerer Privatbanken. Konzentriert waren die Bankhäuser in der Lindenallee, deren Linden 1888 hatten fallen müssen, um Platz für ein Trottoir zu schaffen – denn in der Altstadt war alles eng.

Auch die Firma *Althoff* trug dazu bei, Essen auf dem Wege zu einem Finanz- und Handelszentrum voranzubringen: Theodor Althoff, der 1885 das elterliche Kurzwarengeschäft in Dülmen bei Münster übernommen hatte, errichtete 1904 in Dortmund sein erstes Warenhaus und 1912 ein großes in Essen, einen Riesen unter den damaligen Geschäftshäusern.

Der Tod von Friedrich Alfred Krupp

Krupp wuchs weiter. Beim Tod Friedrich Alfred Krupps im Jahre 1902 war die Zahl der Beschäftigten auf 43000 gestiegen, gegenüber 19000 beim Tod seines Vaters nur fünfzehn Jahre zuvor. Der Zuwachs war jedoch überwiegend außerhalb Essens vor sich gegangen, in immer neuen Zechen und Eisenhütten, in der Fabrik zu Magdeburg und der Werft zu Kiel. Seiner sechzehnjährigen Tochter und Universalerbin Bertha hinterließ Friedrich Alfred Krupp ein Vermögen, das auf 187 Millionen Goldmark geschätzt wurde.

Die Ursachen und Umstände des Todes, den der reichste Mann Deutschlands im Alter von achtundvierzig Jahren fand, haben unzählige Zeitungs- und Bücherschreiber heftig bewegt. Italienische Boulevardzeitungen, später die katholische *Augsburger Postzeitung* und der sozialdemokratische *Vorwärts* hatten im Herbst 1902 das Gerücht verbreitet, Krupp sei auf Capri, wo er seiner schwachen Gesundheit wegen seit 1898 mehrere Monate des Jahres zu verbringen pflegte, der Mittelpunkt eines homosexuellen Zirkels. Auf die Gerüchte hin eilte Krupp nach Essen, brachte seine Frau in ein Sanatorium und bat um eine Audienz beim Kaiser. Ehe es dazu kam, war Krupp tot. Die Ärzte sprachen von einem Gehirnschlag, Gerüchte von Selbstmord.

Der Kaiser schritt hinter dem Sarg. Am Grabe sagte er, die Sozialdemokraten hätten an seinem Freund Friedrich Alfred Krupp einen intellektuellen Mord begangen. Die *Rheinisch-Westfälische Zeitung* schrieb: „Mit versöhnlichen Worten auf seinen Lippen ist er gestorben, aber nicht kann denen verziehen werden, die ihn in einen vorzeitigen Tod getrieben haben. Ein Bubenstück ohnegleichen ist an einem Mann vollzogen worden, der, ohne ihn zu erheben, den Anspruch besaß, die Liebe seiner Mitbürger zu genießen. Man hat den schwachen und kranken Mann zu Tode gequält." Die nationale Berliner Zeitung *Der*

Tag meinte: „Friedrich Krupp ist zur Strecke gebracht. Er hat nie einem Menschen etwas zuleide getan, aber er war der reichste Mann; er hat Zehntausende gegen Arbeitslosigkeit, Hunger und Elend sichergestellt, aber er war der größte Industrielle Deutschlands. Darum war gegen ihn erlaubt, was gegen andere als Schurkerei gilt."

In seinem Testament hatte Friedrich Alfred Krupp verfügt, daß die Firma in eine Aktiengesellschaft zu verwandeln sei. Das gesamte Aktienkapital sollte zwar seine Tochter Bertha erhalten (mit Ausnahme von 4000 Mark, die auf die Vorstandsmitglieder verteilt wurden, um dem Aktienrecht zu entsprechen), doch gab es nun neben dem Direktorium einen Aufsichtsrat, der der Witwe und der Erbin zur Seite stehen konnte, und die Zeit des persönlichen Regiments war vorüber. Das Aktienkapital wurde auf 160 Millionen Mark festgesetzt. Die Essener Reichsbanknebenstelle erlebte den Tag, da in ihr 40000 Tausendmarkscheine aufgeblättert wurden: denn das Gesetz verlangte die Einzahlung von einem Viertel des Aktienkapitals in bar.

1906 heiratete die zwanzigjährige Bertha Krupp den sechsunddreißig- *Gustav und*
jährigen Legationsrat an der preußischen Botschaft beim Vatikan, *Bertha Krupp*
Dr. Gustav von Bohlen und Halbach, dessen Vorfahren Schmiede in Remscheid gewesen waren. Vom Kaiser, der zur Hochzeit auf Villa Hügel erschien, erhielt Bohlen das Recht, sich *Krupp von Bohlen und Halbach* zu nennen. 1909 wurde er Vorsitzender des Aufsichtsrats. Es zeigte sich, daß, ähnlich wie die männlichen Krupps meist tüchtige Frauen gefunden hatten, nun eine Frau der Familie und der Firma einen tüchtigen Mann zuführte, der sich nicht als neureicher Multimillionär, sondern als Erbe einer verpflichtenden Tradition fühlte und seine Umwelt mit fast noch mehr preußischer Disziplin, Pünktlichkeit und Sparsamkeit durchdrang als Alfred Krupp, der Großvater seiner Frau. Sein Tageslauf und der seiner Familie war auf die Minute eingeteilt, sein Arbeitszimmer wurde auf einer Temperatur von dreizehn Grad gehalten, um keinen Besucher zu störendem Verweilen einzuladen, und da er um 22.15 Uhr im Bett zu liegen wünschte, wurde den Gästen auf Villa Hügel um 21.45 Uhr bedeutet, daß ihr Wagen vorgefahren sei.

1908 heißt es im *Großen Meyer* über Krupp: „Das Kruppsche System bildet gegenwärtig die Grundlage der deutschen, österreichischen, italienischen und russischen Feldartillerie, und in Deutschland ist die gesamte Ausrüstung der Feld-, Festungs-, Schiffs- und Küstenartillerie mit Geschützrohren aus der Kruppschen Fabrik hervorgegangen." 1911, nach einem halben Jahrhundert, in dem er Essen zum Erzittern gebracht hatte, wurde Alfred Krupps Hammer „Fritz" durch eine hydraulische Schmiedepresse ersetzt.

Am 20. November 1911 war die Firma Fried. Krupp hundert Jahre alt. Die Familie beschloß jedoch, die Hundertjahrfeier 1912 zu begehen, um mehr des hundertsten Geburtstags des erfolgreichen Alfred Krupp als der Gründung des gescheiterten Friedrich Krupp zu gedenken. Alfred Krupp war zwar am 26. April geboren, die Feier fand aber im August statt; glanzvoll demonstrierte sie die Größe des Stahlimperiums. Die tausend Arbeiter, die schon fünfzig Jahre oder länger bei der Firma waren, erhielten zum Jubiläum jeder eine goldene Uhr.

Im Verlag der sozialdemokratischen Essener *Arbeiterzeitung* erschien kurz vor dem Firmenjubiläum eine anonyme Schrift unter dem Titel *Krupp und die Arbeiterklasse*, in der es hieß:

„Es ist Wilhelm II. dringend zu empfehlen, sich von der Höhe der Villa Hügel auch einmal ohne Beiwerk in die ‚Niederungen' der Krupp- schen Arbeiter- und Beamtenschaft zu begeben, um dort zu erfahren, wo die wirklichen Ursachen der unleugbar berechtigten Unzufriedenheit der ‚Kruppianer' liegen. Wo Rauch ist, da ist auch Feuer. In der Kolonie ‚Altenhof' besaßen am 31. Dezember vorigen Jahres 276 Pensionäre mit Familie, 36 Witwer und 98 Witwen freie Wohnung. Warum sollte man diese Fürsorge für die Altersschwachen nicht anerkennen? Aber ein groß' Rühmens über dieses Paradestück der Firma zu machen, dazu liegt schon in Anbetracht des Umstandes, daß diese Freiwohnungen nur nach Bedürftigkeit und ‚Würdigkeit'(!) der Pensionäre vergeben werden und über 3000 Invaliden und Witwen von dieser Fürsorge ausgeschlossen sind, kein Anlaß vor."

Die Schrift beschuldigte die Firma ferner, sie kenne in einzelnen Betrieben noch immer die Zwölfstundenschicht, sie habe ungewöhnlich hohe Erkrankungs- und Unfallziffern, ihre Wohlfahrtseinrichtungen seien schlechter als die weit ältere Knappschaftsversicherung der Berg- leute, und die Verweigerung eines Tarifabkommens für die Krupp- Arbeiter sei ein Skandal.

Nichtsdestoweniger erlebte Essen eine glänzende Feier. „Ein Festtag, wie er im Lande des Eisens und der Kohle zu den Seltenheiten gehört, war heute für die Kanonenstadt angebrochen", schrieb die *Rheinisch-West- fälische Zeitung* am 8. August 1912. „Das war fast gar nicht zur Ruhe gekommen die Nacht hindurch, dieses Gewimmel und Gewoge auf allen Straßen und Plätzen, dieses frohe Ausschmücken und emsige Vorbereiten an allen Ecken und Enden. Und als der Morgen graute, da stand die Riesenstadt in festlichstem Schmucke. Und aus allen Winkeln der Stadt kam es hervor seit den ersten Morgenstunden: das arbeitsame aber festesfreudige Völkchen der Industriemetropole in frohen sommerlichen Gewändern teils und teils im feierlichen Habit des ‚offiziellen Festaktes‘. Der Besuch des Kaisers gilt, wie man weiß, in erster Linie dem Hause Krupp, während die Stadt Essen dabei in den Hintergrund tritt.“

Und weiter: „Nachdem um 10 Uhr 15 Minuten die sämtlichen Kirchenglocken der Stadt ihr feierliches Geläut ertönen ließen, zeigten bald laute Böllerschüsse der erwartungsvollen Menge das Herannahen des Monarchen an. Der Automobilzug mit dem Kaiser und den übrigen Herrschaften passierte um 10 Uhr 45 Minuten die Alfredbrücke . . . Der Kaiser, der im zweiten Automobil links neben Herrn Krupp von Bohlen und Halbach saß, wurde von der nach Tausenden zählenden Menschenmenge mit wehenden Tüchern und lauten Hurras freudig begrüßt . . . Obgleich kurz vorher ein leichter Regen eingesetzt hatte, fuhr der Monarch in offenem Automobil und dankte, fortwährend leutselig grüßend, für die dargebrachten Huldigungen . . . In das Getümmel der Menschen mischte sich der Klang der patriotischen Gesänge, unter denen die Schulkinder in geschlossenen Reihen ihren Rückweg antraten.“

Oberbürgermeister Holle begrüßte den Kaiser mit den Worten: „Euere Majestät sind eingekehrt im Herzen des rheinisch-westfälischen Industriebezirkes, um die schaffende Arbeit zu ehren, die dem Wirtschaftsleben des Vaterlandes täglich Kraft und Nahrung zuführt und viel Tausenden Segen und Gedeihen bringt. Was Euere Majestät aus freudig leuchtenden Augen von jung und alt entnehmen, was Glockengeläute und Geschützdonner verkünden, ich rufe es Euerer Majestät namens der Bürgerschaft zu; ein herzliches und freudiges Willkommen im Lande von Eisen und Kohle. Vor drei Jahrhunderten haben die Hohenzollern mit den ersten Erwerbungen am Niederrhein die Schirmvogtei über das altehrwürdige tausendjährige Reichsstift Essen übernommen und seit mehr als hundert Jahren ist Essen auf ewig mit Preußens Krone verbunden. Die Vereinigung mit Preußen hat unserem Land die Kraft und Ruhe, dem Bürger Zutrauen zu friedlichem Schaffen gegeben. Auf diesem Boden legte Friedrich Krupp den Grund; da baute mit zäher Tatkraft Alfred Krupp, dessen Andenken wir in diesen Tagen besonders feiern, da arbeiten in hoher Pflichttreue weiter die Nachfolger dieser Männer, alle getragen von dem vornehmsten Streben, den Segen der Arbeit zu verbreiten und das Gemeinwohl zu fördern."

Im Kruppschen Verwaltungsgebäude hielt Wilhelm II. „in gleichmäßigem Tonfall, nicht so energisch satzweise hervorgestoßen, wie der Kaiser sonst spricht", eine Rede, in der es hieß:

„Kruppsche Geschütze haben in den Linien auf den Schlachtfeldern gedonnert, auf denen Deutschlands Einheit vorbereitet und erkämpft wurde. Kruppsche Geschütze werden auch heute noch vom deutschen Heere und der deutschen Marine geführt, auf Kruppscher Werft erbaute Schiffe führen die deutsche Kriegsflagge, Kruppscher Stahl bewahrt Schiffe und Forts. Zahlreiche Armeen des Auslandes bedienen sich Kruppschen Kriegsmaterials. Aber die waffentechnischen Leistungen des Werkes werden fast noch übertroffen durch Leistungen auf Gebieten, die der friedlichen Entwicklung der Völker dienen. Die gesamte Technik des modernen Verkehrs, die Eisenbahnräder, Achsen, Schienen, die Wellen des Schiffes wie des Kraftwagens, beruhen heute noch auf dem Gußstahl und den genialen Konstruktionen Alfred Krupps. So ist denn auch nicht ein kriegerisches, sondern ein kulturelles Fabrikat, der Radreifen, in der Fabrikmarke und im Familienwappen versinnbilcht.

Das Kruppsche Werk war nicht nur der erste Großbetrieb Deutschlands, sein großer Leiter war auch der Erste, der in Deutschland die sozialpolitischen Probleme erkannte und zu lösen versuchte, die aus der neuen Betriebsweise erwuchsen. Die Kranken-, Invaliden- und Hinterbliebenenfürsorge der Firma, ihre Konsumanstalten und Fortbildungsanstalten, ihre mustergültige Wohnungspolitik haben in der deutschen Großindustrie bahnbrechend gewirkt und die sozialpolitische Gesetzgebung des Deutschen Reiches vorbereiten helfen ... So haben die in Krieg und Frieden dem Vaterlande geleisteten Dienste für dies Werk eine besondere Stellung in meinem Staate geschaffen und durch nunmehr drei Generationen seine Inhaber und ihre Familien zu meinen Vorfahren und mir in ein Verhältnis freundschaftlichen Vertrauens gesetzt."

Nach dem Kaiser sprach im Namen der Kruppbelegschaft der Geheime Finanzrat Alfred Hugenberg, von 1909 bis 1918 Leiter des Finanzwesens und Vorsitzender des Direktoriums der Firma (später Berliner Zeitungskönig, Gründer der Ufa, Vorsitzender der Deutschnationalen Partei und Reichswirtschaftsminister in Hitlers erstem Kabinett). „Wie wird es nach abermals hundert Jahren hier aussehen?" fragte Hugenberg. Und nach dem Hinweis, daß immer die Friedensproduktion die Grundlage des Unternehmens gewesen sei, gab er die Antwort: „Dürfte man annehmen, daß es nach abermals hundert Jahren keine Kriege und keine Heere mehr gäbe . . ., so zweifle ich nicht, daß das Werk Krupp sein zweites Jahrhundertfest dennoch in gleicher Größe zu feiern vermöchte wie das erste.“

Die Essener Zeitung merkte dazu an: „Als die Rede auf das mögliche Aufhören von Armee und Marine kam, deutete der Kaiser durch ein Zucken der Mundwinkel an, wessen Meinung er hierüber sei.“

1913 waren in den Kruppbetrieben 77500 Menschen beschäftigt. Sie erzielten einen Umsatz von 441 Millionen Goldmark, wovon 125 Millionen (achtundzwanzig Prozent) auf Kriegsmaterial entfielen. So endete sie, die gute alte Zeit.

4. Kapitel
Die Franzosen kommen

Die deutschen Armeen kämpften, und im Ruhrgebiet rauchten die Schlote. Schon im August 1914 waren ein Viertel der Bergleute und ein ähnlicher Anteil der Krupp-Arbeiter eingezogen, obwohl der Bedarf an Kohle und Stahl und damit an zusätzlichen Arbeitskräften gewaltig stieg. Frauen und Jugendliche wurden herangezogen. Das schwerste Geschütz der Welt, Krupps 42-Zentimeter-Mörser mit dem Spitznamen „Dicke Bertha", zerschlug die Panzerforts der Festung Lüttich. 1915 produzierte die Firma 7,6 Millionen Artilleriegeschosse. Bei Krupp arbeiteten 1914 knapp 80000 Menschen, im Herbst 1918 dagegen 167000 (davon 106000 in der Essener Fabrik). Der Zustrom so vieler zusätzlicher Esser erschwerte die Lebensmittelversorgung, die im übervölkerten Ruhrgebiet im letzten Kriegswinter der Katastrophe nahe war.

Das sogenannte Hindenburg-Programm von 1917, das die Kriegsproduktion aufs äußerste steigern sollte, brachte für die Arbeiter die Aufhebung des Streikrechts und der Freizügigkeit, und der Bergbau wurde einem „Reichskommissar für Kohlenverteilung" unterstellt. Die Rheinisch-Westfälische Elektrizitäts-AG nahm 1918 das größte Kraftwerk Europas in Betrieb. Im Frühjahr 1918 beschossen acht Kruppgeschütze mit der nie zuvor und nie danach erreichten Schußweite von 120 bis 130 Kilometern Paris. Etwa tausend Zivilisten fanden den Tod, der Haß auf Deutschland und Krupp verstärkte sich.

Borbeck, Altenessen, Bredeney In die Zeit des Ersten Weltkriegs fielen für Essen zwei bedeutende kommunale Ereignisse: Ein Wechsel im Amt des Oberbürgermeisters und die bis dahin bei weitem größte Eingemeindungsaktion. Eine ganze Großstadt mit 129000 Einwohnern wurde 1915 der Stadt Essen einverleibt, bestehend aus dem riesigen Hütten- und Grubendorf *Borbeck* (westlich des Kruppgeländes) mit 60000 Menschen, dem Bergbauzentrum *Altenessen* (einem typischen Stück baumloser Industriesteppe) und dem schönen *Bredeney*.

„Hier war mit entscheidendem Widerstand des Landkreises, dessen Perle eben Bredeney ... war, zu rechnen; denn dort hatte die Familie Krupp auf dem Hügel ihren Wohnsitz, dort zahlte sie also auch beträchtliche Einkommensteuer", erzählt Paul Brandi. „Auch die Familie Krupp selbst fühlte sich in der Gemeinde Bredeney sehr wohl und daher nicht veranlaßt, sich unter die Herrschaft des Essener Oberbürgermeisters zu stellen ... Wir konnten nicht in Zweifel darüber sein, daß die Eingemeindung von Bredeney nicht für sich allein denkbar sei, man vielmehr zu dem guten Fleisch sehr schwere Beilagen, das heißt zugleich auch weniger wertvolle reine Industriegemeinden abnehmen müsse."

Das andere für Essen wichtige Ereignis vollzog sich 1918: Die für Oberbürgermeister Holle überraschende Tatsache nämlich, daß er nach Ablauf seiner zwölfjährigen Amtszeit nicht wiedergewählt, sondern durch *Dr. Hans Luther* ersetzt wurde, einen erst neununddreißigjährigen Berliner Juristen, der seit 1913 Geschäftsführer des preußischen und des deutschen Städtetages war und „dessen Persönlichkeit, geistige Überlegenheit und überragende kommunale Sachkenntnis auf die Kommission einen tiefen Eindruck gemacht hatten" (Brandi). Am 4. Juli 1918 wurde Luther durch den Regierungspräsidenten von Düsseldorf in sein Amt eingeführt. Am Mittag speiste er in der Villa Hügel – bei dem Mann, der ein Drittel der Stadtverordneten ernannt hatte, da bis 1918 das Dreiklassenwahlrecht galt und ein Drittel der städtischen Steuereinnahmen von Gustav Krupp von Bohlen kam.

Oberbürgermeister Luther

Am 9. und 10. September 1918 stattete Kaiser Wilhelm II. Krupp und Essen den letzten seiner zahlreichen Besuche ab. „Am Abend des 9. September gaben Herr und Frau von Bohlen ein Essen, bei dem ich meinen Platz schräg gegenüber dem Kaiser hatte", erzählt Luther in seinen eindrucksvollen und höchst informativen Aufzeichnungen über seine Essener Amtszeit. „Nach dem Essen, als ich in einem engeren Kreise mit dem Kaiser saß, sprach der Kaiser fast ausschließlich selbst und verhielt sich, als ob alles zum besten stünde – ja, er redete von Kronen, die er verteilen wolle ... Am nächsten Tage hielt dann der Kaiser vor etwa eintausend sorgfältig ausgewählten Kruppschen Arbeitern eine Ansprache, der ich ebenfalls beigewohnt habe. Äußerlich sprach er erregt und stieß häufig mit dem Säbel auf. Innerlich enthält die Rede Sätze, die man auch heute noch mit Bewegung liest ... ›Ihr an eurem Amboß, ich auf meinem Thron wollen kämpfen und durchhalten bis zum letzten. Dazu helfe uns Gott! Wer das will, der antworte mit Ja.‹

Es folgte ein allgemeines lautes Ja. Darauf schloß der Kaiser: ‚Ich danke. euch; mit diesem Ja gehe ich jetzt zum Feldmarschall.‘ Einige Wochen später gab es in Essen einen Streik der Munitionsarbeiter."

Das Kriegsende in Essen

November 1918: Am Abend des 8. November beginnen Soldaten ohne Rangabzeichen die regulären Soldaten zu entwaffnen. Sie rufen durch die Stadt: „Der Militarismus ist gestürzt!" und öffnen die Tore des Zuchthauses Werden. Am 9. November wird ein Arbeiter- und Soldatenrat gebildet. Sein Wortführer ist der ehemalige Theologie-student Fritz Baade (nach dem Zweiten Weltkrieg Bundestagsabgeord-neter der SPD, Leiter des Instituts für Weltwirtschaft in Kiel und seit 1961 Direktor des Forschungsinstituts für Wirtschaftsfragen der Ent-wicklungsländer in Bonn). Ein Ausschuß unter Baades Führung geht zum Oberbürgermeister, dem es gelingt, „den Erschienenen klar-zumachen, daß sich ihr revolutionäres Wollen gar nicht gegen die Stadt, sondern gegen den Staat oder das Reich richtete".

„An den folgenden Tagen bin ich viel durch die Straßen Essens gegangen", schreibt Luther weiter. „Für mich, der ich das Elend, das unser durch den Zusammenbruch der staatlichen Ordnung wartete, in aller Deutlichkeit kommen sah, war es erschütternd zu beobachten, welch fröhliche Stimmung im allgemeinen auf den Straßen Essens gerade im Anfang herrschte." Bewaffnete Haufen streifen durch die Stadt, aber zu Plünderungen kommt es kaum.

Der Firma Krupp gelingt es, ihre durch die Rüstungsproduktion auf-geblähte Belegschaft innerhalb weniger Wochen ohne große Störungen um hunderttausend Köpfe zu verringern. Sie beschafft Fahrkarten und Sonderzüge und zahlt Pensionskassenbeiträge zurück. Die aus dem Feld heimkehrenden alten Kruppianer werden alle wieder eingestellt. Am 6. Dezember veranstaltet die Firma unter ihren Arbeitern und Angestellten ein Preisausschreiben: Vorschläge und Entwürfe für neue Erzeugnisse werden prämiiert.

Spartakisten und Freikorps

1919: Die Bergleute streiken, auf einzelnen Zechen oder im ganzen Revier. Streiks legen Eisenbahn und Straßenbahn still. Einige leitende Bergbauangestellte werden auf den Zechen mißhandelt. Auf 100 Männer treffen in Essen jetzt 101 Frauen.

Im März wählt die Stadt eine neue Stadtverordnetenversammlung, in der das Zentrum die stärkste Fraktion bildet. Luther (parteilos, aber den Deutschnationalen nahestehend) stellt sein Amt zur Verfügung und

274

wird einstimmig gebeten, es weiterzuführen. Der vorläufige Reichspräsident Ebert erläßt das Sozialisierungsgesetz und das Kohlenwirt-
schaftsgesetz: Danach ist das Reich befugt, geeignete Wirtschaftsunternehmungen in Gemeinbewirtschaftung zu übernehmen, der Bergbau
wird ein industrieller Selbstverwaltungskörper unter der Hoheit des
Reichs. Die Syndikate werden zum *Reichskohlenverband* zusammengeschlossen. An seiner Spitze steht der Reichskohlenrat, von dessen
50 Mitgliedern 18 Bergleute und 15 Zechenvertreter sind. Die Staats-
aufsicht war also verstärkt, die von der Linken geforderte Verstaatlichung jedoch ausgefallen.

1. April 1919: Die Reichsregierung verhängt über den Ruhrbezirk
den Belagerungszustand, um der Spartakisten und des am gleichen Tag
ausgerufenen Streiks aller Bergleute Herr zu werden. Freikorps marschieren in Essen ein. Am 7. April wird Carl Severing zum Reichskommissar für das Ruhrgebiet ernannt. Der Streik endet nach vier
Wochen mit dem Zugeständnis der Arbeitgeber, die Arbeitszeit einschließlich Seilfahrt auf sieben Stunden zu verkürzen. Die Förderleistung je Bergmann sinkt auf 186 Tonnen (gegenüber 275 Tonnen im
Jahr 1912).

Juni 1919: Der Vertrag von Versailles tritt in Kraft. Essen gehört zur
entmilitarisierten Zone, die neben dem linksrheinischen Deutschland
einen 50-Kilometer-Streifen rechts des Rheins umfaßt. Mit Oberschlesien und dem Saarland gehen achtundzwanzig Prozent der deutschen Steinkohlenförderung verloren. Andererseits sind Reparationslieferungen in Steinkohle zu leisten. Für die Ruhr werden 150 000
zusätzliche Bergleute gesucht. Ein Aufschlag auf den Kohlenpreis soll
den Wohnungsbau für sie finanzieren. Das RWE stellt sich weitgehend
auf Braunkohlenfeuerung um. Krupp nimmt den Bau von Dampflokomotiven, Güterwagen, Lastkraftwagen und Kinovorführgeräten
auf.

1920: Am 13. März besetzt die Brigade Ehrhardt Berlin, die Reichsregierung flieht nach Dresden und Stuttgart, zum Reichskanzler ernennt
sich der Generallandschaftsdirektor von Ostpreußen, Wolfgang Kapp.
Da die Reichswehr nicht mitzieht und die Gewerkschaften den Generalstreik ausrufen, bricht der Putsch bereits nach vier Tagen zusammen.

Im Industrierevier jedoch hat er schreckliche Folgen: „Denn wie aus
der Erde gestampft entstanden, zunächst nicht in Essen, sondern in
anderen Teilen des Ruhrgebiets, Teile einer Roten Armee", berichtet

Vierzig Tote am Wasser- turm

275

Luther. Am 19. März, zwei Tage nach der Wiederherstellung der Ordnung in Berlin, marschieren bewaffnete kommunistische Haufen in Essen ein, beschießen das Rathaus und erzwingen unter Hinweis auf ihre drückende Überlegenheit die Zusage, daß Polizei und Einwohnerwehr keinen Widerstand mehr leisten. Da aus dem Rathaus noch einzelne Schüsse fallen, setzen die Roten zum Sturm an. Mit ausgebreiteten Armen läuft der Oberbürgermeister ihnen auf der Treppe entgegen und bringt den Angriff zum Stehen.

Die Anweisung des Polizeipräsidenten an Polizisten und Einwohnerwehr, daß nicht gekämpft werden soll, kommt für die Verteidiger des Wasserturms an der Steeler Straße zu spät. Alle vierzig Mann werden von den Roten niedergemetzelt. Ein ähnliches Blutbad wird in der Hauptpost angerichtet. Ein später in Kassel eingesetztes Sondergericht kann die Mörder nicht ermitteln und muß sich mit der Verurteilung der Rädelsführer begnügen. Der Essener Kommunistenführer, Lehrer und Oberleutnant a.D. Wilhelm Zaisser kommt mit vier Monaten Gefängnis davon (im Spanischen Bürgerkrieg wird er Stabschef der internationalen Brigaden, 1950/53 ist er Ulbrichts Minister für Staatssicherheit).

Oberbürgermeister Luther überspielt den kommunistischen „Vollzugsrat", indem er den Vorsitz seiner Sitzungen übernimmt und mit dreien seiner Mitglieder nach Berlin fliegt, um für Nachschub an Lebensmitteln für das hungernde Revier zu sorgen. Doch tauchen weitere Vollzugsräte auf, deren jeder sich als die rechtmäßige Regierung von Essen bezeichnet. „Von einer Seite wurde angeordnet, daß bei Krupp die unterbrochene Arbeit wiederaufgenommen werden solle, und ein anderer Gewalthaber stellte Maschinengewehre auf, um auf die Arbeitswilligen zu schießen", berichtet Luther.

Reichswehr und Franzosen   Am 3. April 1920 telegraphiert der Oberbürgermeister an die Reichsregierung, nur die Reichswehr könne noch helfen. Die Regierungstruppen marschieren in die entmilitarisierte Zone rechts des Rheins ein, wobei die Rote Armee ihnen blutige Kämpfe liefert. Luther erzählt: „Der sich verschärfende militärische Druck hatte zur Folge, daß immer neue Wellen von roten Truppen südwärts durch Essen zogen. Jeder dieser Truppenteile richtete neue militärische Kommandostellen in Essen ein. Bezeichnend für die deutsche Geschäftshandhabung, die also selbst in der Roten Armee bestand, war, daß jede solcher Gruppen, sobald sie das Polizeipräsidium besetzt hatten, stets sofort Ausweise für die im Präsidium anwesenden Polizeibeamten ausstellte ... Ich glaube, in einer

*Der Förderturm der Zeche Zollverein in Essen-Katernberg,
das letzte noch fördernde Bergwerk Essens*

Die Aluminiumhütte in Essen-Bergeborbeck

Das Schwimmbad in der neuen Oststadt

einzigen Nacht waren es vier Ausweise von vier verschiedenen durchmarschierenden roten Truppenteilen.

Sehr schlimm aber war, daß in dieser Zeit der immer noch in geringem Umfang vorhandene Selbstschutz der Bürgerschaft ganz aufhörte. Besonders die mehrheitssozialistischen Gewerkschaftsmitglieder hatten größte Furcht davor, von der einrückenden Reichswehr im Besitz von Waffen angetroffen zu werden. Schließlich gaben wir die Losung aus, die Bürger sollten sich, wenn auch unbewaffnet, in Massen auf den Straßen zusammenstellen, was vielfach befolgt wurde. Ich habe mich immer wieder gefragt, wo sich das unglaubliche Gesindel, das plündernd und raubend durch die Straßen Essens zog, unter normalen Verhältnissen eigentlich aufhält. Nachher war es wieder wie verkrochen in seinen Löchern. Niemand kannte die Gesichter. Der polizeiliche Zustand in Essen war so, daß, wer etwa trotz allem ein Osterhuhn im Topf hatte, es nur so lange behalten konnte, bis ein Stärkerer kam, der es ihm fortnahm."

Am 7. April ist die Reichswehr in Essen. Wer Waffen besitzt, wird erschossen. Wegen der Verletzung des Versailler Vertrags besetzen die Franzosen Frankfurt und Darmstadt.

20. Mai 1920: In Essen treffen französische Kontrollkommissionen ein und führen die Aufsicht über die beginnende Demontage der Kruppschen Rüstungseinrichtungen. 9000 Maschinen (vierundvierzig Prozent des Gesamtbestands) und 800000 Werkzeuge werden zerstört, 22000 Kubikmeter Mauerwerk eingerissen. Gustav Krupp von Bohlen, dessen Name mit dem des Kaisers und Hindenburgs auf der alliierten Liste der 895 Kriegsverbrecher steht, sorgt unerschüttert und unangefochten für Ordnung. Allen Ratschlägen und Versuchungen, die Fabrik drastisch zu verkleinern, setzt er entschlossenen Widerstand entgegen. Ins Produktionsprogramm werden Bagger, Spinnmaschinen, landwirtschaftliche Maschinen, Milchkannen, Registrierkassen und Zahnprothesen aufgenommen.

Im Juli beschließen die Siegermächte auf einer Konferenz in dem belgischen Badeort Spa, daß Deutschland monatlich zwei Millionen Tonnen Kohle abzuliefern hat. Für den Fall der Nichterfüllung wird mit Gewalt gedroht. Die Mark hat noch acht Prozent ihres alten Goldwerts.

Mitten in diesen Wirren, am 5. Mai 1920, wird im Kammermusiksaal des Saalbaus zu Essen die erste deutsche Raumplanungsbehörde aus der Taufe gehoben: Der *Siedlungsverband Ruhrkohlenbezirk*. Er schließt

Der Ruhrsiedlungsverband

achtzehn Stadtkreise (unter denen sich heute zwölf Großstädte befinden), sechs Landkreise und Teile von drei weiterer Landkreise über drei Regierungsbezirke und zwei preußische Provinzen hinweg zu einer Planungsgemeinschaft zusammen. Über das Ruhrgebiet im engeren Sinne hinaus bezieht er den Raum nördlich von Recklinghausen, südlich von Hagen und vor allem ein großes Stück überwiegend landwirtschaftlich genutzter Fläche links des Rheins bis an die holländische Grenze ein. Krefeld, Düsseldorf und Wuppertal stoßen mit ihrer Nordgrenze an den Südrand des Verbandsbezirks, so daß er von der gesamten Stadtlandschaft Rhein-Ruhr nur den nördlichen Teil umfaßt.

War schon der erste Anstoß zur Schaffung einer überkommunalen Planungsstelle von Essen ausgegangen (nämlich 1912 von Robert Schmidt, vgl. Seite 256), so ist es nun auch Essens Oberbürgermeister, der die Initiative ergreift, den alten Gedanken mit Hilfe einer Organisation zu verwirklichen. Die zentrale Rolle der Ruhrkohle bei den deutschen Reparationsleistungen, der Zustrom neuer Bergleute und die Wohnungsbauprogramme für sie machen den Versuch, zwischen Zechen, Gleisen, Halden und Kolonien endlich Ordnung zu schaffen, besonders dringend. Luther bittet Oberbürgermeister und Landräte des Reviers zu sich; unter seinem Vorsitz wird ein Ausschuß gebildet, der der preußischen Regierung einen Gesetzentwurf übermittelt.

„Trotz der vorhandenen grundsätzlichen Zustimmung waren die Widerstände im einzelnen, die sich vielfach ‚unter Wasser‘ betätigten, recht stark", berichtet Luther. „Einer der Widerstandsgründe war, daß von manchen Seiten Essen der zu erwartende Kräftezuwachs nicht gegönnt wurde. Als Vorsitzender des Ausschusses habe ich versucht, durch Schnelligkeit alle Widerstände sozusagen über den Haufen zu arbeiten... Die Frage des Sitzes des Verbandes ist in den Essener Ausschußberatungen lange offengehalten worden, obwohl ich mir des Wagnisses dieses Verfahrens durchaus bewußt war. Denn wäre zum Schluß die Verwaltung etwa nach Dortmund gelegt worden, wofür viele Kräfte in Bewegung gesetzt wurden, so hätte ja in Essen kein Hund mehr ein Stück Brot von mir genommen. Liebe und getreue Nachbarn im Ruhrgebiet wollten in das Gesetz hineingeschrieben haben, daß der Sitz von der Verbandsversammlung bestimmt werden sollte. Aber es gelang dann doch, im Gesetz die Stadt Essen als Sitz des Verbandes zu verankern. Alle sachlichen Gründe sprachen ja auch dafür, besonders die Tatsache, daß der Bergbauliche Verein und das Kohlensyndikat ihren Sitz in Essen hatten."

Das preußische Gesetz vom 5. Mai 1920 bestimmt, daß der Ruhr-siedlungsverband unter staatlicher Aufsicht an den Bebauungsplänen für den gesamten Bezirk mitwirken, Fluchtlinien für Verkehrswege von überörtlicher Bedeutung festsetzen, Grünflächen sichern und den Verkehr zwischen den Gemeinden fördern soll. Wohnviertel dürfen nur noch im „Rauchschatten" von Zechen und Fabriken entstehen. Ein Gebiet von 4587 Quadratkilometern mit rund fünf Millionen Einwohnern, einer der am dichtesten besiedelten Räume der Welt und vielleicht überhaupt der vom Menschen am radikalsten verwandelte, hat sich über alle politischen Grenzen und kommunalen Eifersüchte hinweg eine zentrale Schaltstelle geschaffen, in seiner Mitte, in Essen.

1921: Das Deutsche Reich weigert sich, einer Reparationsleistung von 226 Milliarden Goldmark (zahlbar bis 1963) zuzustimmen. Daraufhin besetzen die Franzosen Düsseldorf und Duisburg. Auf dem Kopstadt-platz in Essen kommt es am Ostersonntag zu einer Schießerei zwischen Arbeitern und Polizei. Am 11. Mai nimmt die Reichsregierung das Londoner Ultimatum an, eine Reparationsschuld von 123 Milliarden Goldmark zuzüglich sechsundzwanzig Prozent des Wertes der jähr-lichen Ausfuhr anzuerkennen, weil andernfalls das gesamte Ruhrgebiet besetzt werden würde. *Auftrag Lenins für Krupp*

1922: Im Mai unterzeichnen das Deutsche Reich und die Sowjetunion in Rapallo einen Vertrag, der den Verzicht auf finanzielle Forderungen, die Aufnahme diplomatischer Beziehungen und die wirtschaftliche Annäherung vorsieht. Lenin erteilt Krupp den Auftrag, 250 Quadrat-kilometer Ödland am Don mit Traktoren, Maschinen und Techni-kern in ein Weizenfeld zu verwandeln. Die alljährlichen Sandstürme machen das Projekt zunichte; 1927 wird es nach Millionenverlusten auf-gegeben.

Im Juli gibt Krupp, im September 1922 auch die Stadt Essen Not-geld aus: Die Notenpressen des Reiches können mit der Inflation nicht mehr Schritt halten. Im Dezember läßt sich Luther als Oberbürgermei-ster von Essen beurlauben, um als Reichsernährungsminister in das überparteiliche Kabinett des Reichskanzlers Cuno einzutreten.

Vorher hat er noch ein taktisches Meisterstück geliefert: Den Erwerb des *Folkwang-Museums* für die Stadt Essen. Folkwang (Folkvang, Volkwang) – das ist im altgermanischen Mythos der Palast, den Freya, Göttin des Frühlings, der Liebe, der Schönheit und der Fruchtbarkeit, *Das Folkwang-Museum* in Walhall bewohnt. Der einer reichen Bankiersfamilie entstammende Kunsthistoriker Karl Ernst Osthaus, Mitbegründer des Deutschen Werkbunds, gab einem privaten Museum, das er 1902 in seiner Heimatstadt Hagen eröffnete, im Geiste Richard Wagners diesen Namen. Es enthielt eine der bedeutendsten Sammlungen französischer und deutscher Malerei und Plastik des 19. Jahrhunderts, mit zum Teil berühmten Stücken von Renoir, Cézanne, Gauguin, Manet, Daumier, Matisse, van Gogh, Corinth, Slevogt und Franz Marc. Als Osthaus 1921 stirbt, findet sich ein Testament, in dem er seine Kunstsammlung der Stadt Hagen zum Geschenk macht, und ein späteres, das den Verkauf im Interesse der Erben vorsieht.

Der Direktor des Kunstmuseums der Stadt Essen, einige wohlhabende Bürger und Oberbürgermeister Luther werden auf den Fall aufmerksam und versuchen, aus Mitteln der Bürger und des Kohlensyndikats die als Kaufpreis geforderten fünfzehn Millionen Mark aufzubringen. Hagen prozessiert gegen Essen, dringt jedoch nicht durch.

„Ein besonderes Hindernis tauchte noch dadurch auf, daß – selbstverständlich! – die Stadt Düsseldorf als Wettbewerber ... auf den Plan trat", erzählt Luther. „Die Entscheidung auf diesem eigenartigen Kriegsschauplatz fiel in einer für das Zusammenwirken der rheinischen Oberbürgermeister bezeichnenden Art. Über die Frage, wer das Folkwang-Museum bekommen solle, und über eine Reihe anderer Fragen, darunter über den Sitz der für den Westen geplanten Kommunalakademie, hatten der Düsseldorfer Oberbürgermeister Köttgen und ich in einer Unterhaltung in meiner Essener Wohnung versucht, einen Ausgleich zustande zu bringen. Als dies scheiterte, entschlossen wir uns zu einer zweiten Besprechung unter Beteiligung des Duisburger Kollegen Jarres als Unparteiischem. Diese erneute Besprechung fand bei Jarres nicht ohne gleichzeitiges gutes Essen und Trinken statt und endete damit, daß Köttgen Düsseldorfs Erwerbsabsichten auf das Folkwang-Museum aufgab, während ich auf die Kommunalakademie verzichtete ... Die Kommunalakademie habe ich nie ernsthaft für Essen haben wollen, sondern nur als Austauschobjekt gefordert. Jarres begann seinen unverbindlichen Schiedsspruch mit der ebenfalls für den zwischen uns herrschenden Stil charakteristischen Äußerung, nachdem Köttgen und ich die Streitgegenstände vorgetragen hatten: ‚Eines will ich Euch vorweg sagen: Kommunale Schweinehunde seid Ihr alle beide.‘"

Noch ein Hindernis gilt es zu überwinden: Die Abneigung einiger führender Männer des Bergbaus gegen manche Stücke „allzu moderner"

Kunst, die in der Sammlung Osthaus enthalten sind. Luther berichtet: „So war ich nicht unglücklich, als eine Besichtigungsfahrt mit Vertretern des Bergbaus sich zeitlich so gestaltete, daß mehrere der den größten Anstoß erregenden Bilder zufällig zur Reparatur beiseite gestellt waren. Ein anderes Mal gestehe ich beim Führen durch gewisse Säle die blutigsten Witze erzählt zu haben, die ich mir am Tage vorher von der Berliner Börse besorgt hatte, um die Aufmerksamkeit von gewissen Bildern abzulenken ...“

Am 29. Oktober 1922 kann der Oberbürgermeister das mit dem Essener Kunstmuseum verschmolzene Folkwang-Museum eröffnen. Die Brüder Karl und Hans Goldschmidt, Direktoren des großen Chemiebetriebs, haben ihm ihre benachbarten Zwillingsvillen zur Verfügung gestellt. Mitten zwischen Weltkrieg und Ruhrkrieg hat Essen das Geld und die Tatkraft aufgebracht, in seinen Mauern die erste Kulturstätte von internationalem Rang zu errichten.

1923: Auf Befehl des französischen Ministerpräsidenten Poincaré marschieren am 10. Januar hunderttausend französische und belgische Soldaten ins Ruhrgebiet ein, mit der Begründung, das Deutsche Reich sei bei seinen Reparationen mit 2,1 Millionen Tonnen Kohle, 20 000 Kubikmetern Schnittholz und 13 000 Telegraphenstangen im Rückstand. *Frankreich besetzt das Ruhrgebiet*

Die Verwaltung des Kohlensyndikats ist mit den wichtigsten Akten nach Hamburg geflohen. Die Firma Krupp ermahnt ihre Belegschaft, bei der Arbeit zu bleiben und der Besatzung mit Ruhe zu begegnen. Die Reichsregierung ruft die Ruhrbevölkerung zum passiven Widerstand auf: Sie soll die Arbeit verweigern oder Arbeit nur vortäuschen, oder sinnlose Arbeit verrichten. Der Reichskohlenkommissar verbietet, Kohlen nach Frankreich und Belgien zu liefern. Die Lebenshaltungskosten sind elfhundertmal so hoch wie 1914.

Am 11. Januar stehen die französischen Truppen vor dem Essener Rathaus. Die Kohlenförderung des Reviers sinkt auf den tiefsten Stand des Jahrhunderts. Zechenbesitzer, Beamte, Bankdirektoren werden verhaftet. Frankreich verbietet jede Ausfuhr aus dem Ruhrgebiet ins übrige Deutschland und blockiert den Bahnverkehr dorthin, wie er innerhalb des Reviers schon von deutscher Seite weithin lahmgelegt worden ist. Reichspräsident Ebert droht jedem Deutschen, der den Franzosen hilft, lebenslängliches Zuchthaus an. Im Stadttheater kommt es beim Rütlischwur des *Wilhelm Tell* zu einer Demonstration, die die

Franzosen veranlaßt, das Theater am nächsten Tag mit Panzern abzusperren.

Im März werden der Landgerichtspräsident, ein Reichstagsabgeordneter, fünf Bankdirektoren (darunter der ehemalige Beigeordnete Brandi) und die Vorsteher der Finanzämter als Geiseln für die Tötung eines französischen Soldaten ins Zuchthaus Werden geschafft. „Es bildete sich eine durchaus sympathische, durch gleichartige Interessen geförderte Kameradschaft", erzählt Brandi, „die auch dadurch nicht gestört wurde, daß man sich morgens von einem Raubmörder rasieren ließ." Am 31. März werden die Geiseln entlassen – aber inzwischen ist das gesamte Kruppdirektorium verhaftet worden.

Denn am Morgen dieses Tages – des Karsamstags – haben zwölf französische Soldaten mit einem Maschinengewehr die Kraftwagenhalle der Fabrik besetzt. Die Arbeiter sind empört, weil die Lastautos für Lebensmitteltransporte dringend gebraucht werden. Immer mehr Arbeiter sammeln sich vor der Halle, die Fabriksirenen heulen. Während die Kruppianer in stummem Protest auf die Franzosen starren und Betriebsratsmitglieder für Ordnung sorgen, hämmert das MG los. Dreizehn Arbeiter sind tot (sieben von ihnen in den Rücken geschossen), dreißig verwundet. Der Reichstag hält eine Trauersitzung ab. Gustav Krupp von Bohlen wird von einem französischen Kriegsgericht in Werden zu fünfzehn Jahren Gefängnis und hundert Millionen Mark Geldstrafe verurteilt, seine Direktoren zu zehn bis zwölf Jahren Gefängnis und der gleichen Geldbuße.

Luther wird Finanzminister Juli 1923: Die Franzosen sperren das Ruhrgebiet in beiden Richtungen vom übrigen Deutschland ab. Für 160 000 Mark kann man einen Dollar kaufen. Im August beschließt der Reichstag die Rhein-Ruhr-Abgabe, einen einmaligen Zuschlag auf die Einkommensteuer zur Finanzierung des passiven Widerstands.

Hugo Stinnes gründet mit ungebrochenem Wagemut in Essen die Aktiengesellschaft *Glaswerke Ruhr*. Er vermutet, daß der Kohlenmangel über kurz oder lang in einen Überfluß umschlagen wird, und sieht sich beizeiten nach zusätzlichen Absatzmöglichkeiten für seine Zechen um. Einen sehr hohen Gasverbrauch hat die Glasindustrie; sie kann auch dazu beitragen, die einseitige Wirtschaftsstruktur Essens aufzulockern. Neben der Zeche *Mathias Stinnes* wird eine Glasfabrik gebaut, die 1924 ihren Betrieb aufnimmt.

Reichskanzler Cuno wird von Gustav Stresemann abgelöst, der am

26. September 1923 – für einen Dollar bekommt man 200 Millionen Mark – die Ruhrbevölkerung zur Beendigung des passiven Widerstands aufruft. Die galoppierende Inflation und die anhaltenden französischen Schikanen verhindern jedoch zunächst, daß Hunger, Arbeitslosigkeit, schwarzer Markt, Diebstahl, Plünderung ein Ende nehmen.

Am 6. Oktober ernennt Reichskanzler Stresemann den Essener Oberbürgermeister und bisherigen Reichsernährungsminister Luther zum Reichsminister der Finanzen. In den Tagen des äußersten Chaos – am 10. Oktober steht der Dollar auf drei Millarden Mark – ist es der Oberbürgermeister von Essen, der zusammen mit Stresemann und dem Reichswährungskommissar Schacht, zum Teil nach den Plänen des deutschnationalen Reichstagsabgeordneten Karl Helfferich, „das Wunder der Rentenmark" vollbringt: Am 13. Oktober wird die Einführung der Rentenmark beschlossen, die durch eine Grundschuld auf den gesamten landwirtschaftlichen Besitz in Deutschland gedeckt ist. Im November wird der Wert der Rentenmark auf eine Billion Papiermark festgesetzt und mit der Ausgabe des neuen Zahlungsmittels begonnen.

Im Oktober ist Gustav Krupp von Bohlen, durch Vermittlung von Papst Pius XI. und König Alfons XIII. von Spanien, nach siebenmonatiger Haft aus dem Düsseldorfer Gefängnis entlassen worden. Sein Schwager Thilo Freiherr von Wilmowsky berichtet, bei einem Besuch im Gefängnis habe der Firmenchef zu ihm gesagt: „Nicht wahr, jetzt darf ich mich doch wirklich mit Recht einen Kruppianer nennen!" Auf dem Fabrikgelände beschlagnahmen die Franzosen gerade fertiggestellte Lokomotiven und Güterwagen. Die Bilanz für das Geschäftsjahr 1922/23 ergibt, auf Goldmark umgerechnet, einen Verlust von 59 Millionen, der im folgenden Jahr auf 125 Millionen steigt.

1924: Im April stirbt Hugo Stinnes. Sein ins Uferlose gewachsener Konzern zerfällt, die einzelnen Werke behaupten sich. Im Juni wird *Oberbürgermeister Bracht* der Preis für Ruhrkohle um zwanzig Prozent gesenkt, ohne daß der Absatz dadurch wesentlich steigt. Nach vielen kleinen Kohlenzechen erliegen nun auch größere der Wirtschafts- und Staatskrise.

Doch gibt es jetzt auch Hoffnungszeichen: Im September heben die Franzosen die Absperrung des Ruhrgebiets vom übrigen Deutschland auf, im Oktober beenden sie den Belagerungszustand. Am 1. Dezember erklärt sich das Reich bereit, dem Ruhrkohlenbergbau und der Hüttenindustrie 413 Millionen Mark als Abgeltung für Reparationsleistungen und Besatzungsschäden zu erstatten.

Am 18. Dezember 1924 wird ein neuer Oberbürgermeister in sein Amt eingeführt, da Reichsfinanzminister Luther nicht mehr beide Ämter zugleich verwalten will: *Dr. Franz Bracht*, zuvor Staatssekretär in der Reichskanzlei, später Reichskommissar für Preußen und Reichsinnenminister. An der Spitze Essens steht also wiederum ein Mann, „der wie Luther aus Berlin kam und mit ihm auch dessen Frische und Projektierungsfreudigkeit teilte" (Brandi). Luther schreibt: „Bracht hatte sich während des Ruhrkampfs und in seinen Ausklängen als Sonderkommissar der preußischen Staatsregierung ausgezeichnet, indem er gewissen Verfallserscheinungen in der Behandlung von Finanzfragen, die sich bei einer Reihe von Gemeinden im besetzten Gebiet zeigten, kräftig entgegentrat."

Luther wird Reichskanzler 1925: Reichsfinanzminister Luther, ehemaliger Oberbürgermeister von Essen, wird Reichskanzler, Generalfeldmarschall a. D. von Hindenburg Reichspräsident. Gustav Krupp von Bohlen nimmt eine amerikanische Anleihe von 10 Millionen Dollar auf. In der Fabrik läßt er Schilder

Die größten Stadte im Rheinland und in Westfalen 1925

1. Köln	698 000	Einwohner
2. Essen	471 000	Einwohner
3. Düsseldorf	430 000	Einwohner
4. Dortmund	313 000	Einwohner
5. Duisburg	247 000	Einwohner
6. Gelsenkirchen	204 000	Einwohner
7. Barmen	190 000	Einwohner
8. Elberfeld	164 000	Einwohner
9. Bochum	156 000	Einwohner
10. Krefeld	130 000	Einwohner
11. Mülheim	127 000	Einwohner
12. Hamborn	126 000	Einwohner

anbringen mit der Aufschrift, daß der Inhalt der Magazine verpfändet sei. „Tun Sie alles", sagt er zu seinen Angestellten, „damit die verdammten Schilder so schnell wie möglich wieder verschwinden!"

Im Juli verschwinden die Franzosen. Im Oktober kommt in Locarno der Vertrag zwischen Deutschland, Frankreich, England, Italien und Belgien zustande, der die deutschen Westgrenzen garantiert und Franzosen wie Deutschen verbietet, im Rheinland Militär zu stationieren. Nach zweieinhalb Jahren der Franzosenherrschaft, fünf Jahren des Chaos und einer elfjährigen Periode von Krieg und Kampf kehrt an der Ruhr endlich der Friede ein.

Reichskanzler Luther sendet am 1. August 1925 an Oberbürgermeister Bracht ein Telegramm, in dem es heißt: „In dieser Stunde der endgültigen Befreiung gehören alle meine Gedanken der Stadt Essen und ihrer Bürgerschaft, mit der ich durch Arbeit in schwerer Zeit und durch so viel mir erwiesene Hilfe und Freundlichkeit für immer auf das innigste verbunden bin ... Auch jetzt noch drückt gerade auf Essen und den Ruhrbezirk schwere wirtschaftliche Not. Aber die endgültige Befreiung sei uns eine Verheißung für weiteres Voranschreiten auf dem mühevollen Weg zu Deutschlands Wideraufstieg. Essen Glückauf!"

5. Kapitel
Die Bomber kommen

Am 1. August 1929 trat das preußische „Gesetz über die kommunale Neugliederung des rheinisch-westfälischen Industriegebiets" in Kraft, das die Großstadt Hamborn zu Duisburg, die alte Industriestadt Sterkrade zu Oberhausen, das Riesendorf Buer (mit 99000 Einwohnern) zu Gelsenkirchen schlug, Barmen und Elberfeld zu Wuppertal verschmolz und das Areal der Stadt Essen fast verdoppelte. Der Landkreis Essen wurde (mit Ausnahme von Kettwig) der Metropole einverleibt, die alten geistlichen Territorien Essen und Werden waren vereinigt, Essen erhielt seine heutige Gestalt. Mit 650000 Einwohnern setzte es sich, weit vor Dortmund und Düsseldorf, unter den deutschen Städten auf den sechsten Platz (nach Berlin, Hamburg, Köln, München und Leipzig). Nun war Essen auch nach der Einwohnerzahl in die Kategorie der klassischen Industriezentren wie Manchester, Glasgow, Pittsburgh aufgerückt.

Von den 167000 neuen Essenern brachte 40000 die Stadt *Steele*, 14000 das alte Städtchen *Werden* ein. Karnap jenseits der Emscher kam zu Essen, Katernberg und Stoppenberg im Nordosten, Kray im Osten, Überruhr, Heisingen und Kupferdreh im Südosten. Gern kamen sie nicht: Steele, Werden, Kray und Überruhr stimmten gegen die Eingemeindung; die Stadt Werden strengte sogar eine Klage beim Preußischen Oberverwaltungsgericht in Berlin an, die 1930 jedoch abgewiesen wurde.

Essen ist Im Norden griff Essen nun über die Emscher, im Südosten und Süden
komplett über die Ruhr hinaus. Die Stadt hatte sowohl neue Industrie- und Zechenanlagen erworben (besonders in Karnap und Steele) als auch ihren Siedlungs- und Erholungsraum beträchtlich erweitert, zumal in dem landschaftlich so reizvollen Süden. Nach der Verschmelzung der evangelischen Altstadt mit dem katholischen Stiftsland, der vorwiegend katholischen Zuwanderung aus dem Rheinland und Westfalen,

der überwiegend evangelischen aus Hessen und Ostpreußen setzte sich die Essener Einwohnerschaft nun aus vierundfünfzig Prozent Katholiken und einundvierzig Prozent Protestanten zusammen.

Eine merkwürdige und keineswegs selbstverständliche Entwicklung hatte mit der großen Eingemeindung von 1929 ihr Ende gefunden: die Wiederherstellung der alten Stiftseinheit (mit dem Zentrum in der Altstadt von Essen) in einer Zeit, in der das Bewußtsein der historischen Tradition gering war und die Behörden mit der Schaffung mehr oder weniger zufälliger Industriegemeinden nicht zimperlich verfuhren. Das alte Essen war zwar seit 1896 Großstadt und damit die bei weitem größte Gemeinde der beiden ehemaligen geistlichen Territorien an der Ruhr; aber seine nordwestlich angrenzenden Nachbarn, die riesigen Industriesiedlungen Altendorf (mit Krupp) und Borbeck wären am Ende des 19. Jahrhunderts zusammen eine noch größere Stadt als Essen gewesen. Ein wenig behördliche Willkür, wie sie in Oberhausen, Gelsenkirchen, Hamborn waltete – und eine vereinigte Großstadt Altendorf-Borbeck mit ihrem weit überlegenen Industriepotential hätte vielleicht Essen sich einverleibt. Und ebenso hätten die beiden Gemeinden nach Oberhausen oder Mülheim statt nach Essen eingemeindet werden können.

Wenn trotzdem das alte Essen die Kernstadt der Metropole wurde, so spielte wohl vor allem zweierlei mit: die überlegene Tatkraft der Oberbürgermeister Zweigert und Holle, die die Gefahr einer Zersplitterung des Essener Raumes klar erkannten – und der Umstand, daß man sich historischer Gegebenheiten nicht bewußt zu werden braucht und dennoch ihre Wirkung verspüren kann. Das Münster zu Essen war nun einmal seit über tausend Jahren der Mittelpunkt der Landschaft und blieb es auch, als Zechen und Hütten diese Landschaft fast erdrückten. Die gewachsene Stadt zeigte sich den Emporkömmlingen des Industriezeitalters gegenüber in der Wirtschaftsstruktur, in den Wohnverhältnissen und in einer nicht faßbaren Ausstrahlung überlegen. Man sprach seit jeher von „Krupp in Essen", obwohl man mit dem gleichen Recht „Krupp in Altendorf" hätte sagen können. Auch Bergbauverein, Kohlensyndikat und Industrie- und Handelskammer hatten die traditionsreiche Stadt und nicht ein Hüttendorf zum Sitz gewählt.

Essen tat das Seine dazu, um sich ein großstädtisches Gesicht zu geben. Schon im Haushalt von 1924/25 war die Hälfte aller Ausgaben für die Schaffung, Verschönerung und Verbreiterung von Plätzen, Straßen

Die Folkwangschulen

und öffentlichen Gebäuden eingesetzt. Der alte Burgplatz wurde planiert und mit repräsentativen Bauten umgeben. 1927 entstand das *Haus der Technik*, das Grillo-Theater wurde zum Opernhaus, das Stadttheater fand in der Volksbühne eine neue Unterkunft.

Zum Folkwang-Museum trat eine weitere bemerkenswerte Einrichtung: Die *Folkwang-Schule für Musik, Tanz und Sprechen*. Der Direktor der Essener Oper, Rudolf Schulz-Dornburg, gründete zusammen mit dem Tanzpädagogen Kurt Jooss und dem Musikerzieher Ludwig Weber (beide von der Akademie für Musik, Sprache und Bewegung in Münster) eine Schule im Geiste des 1921 verstorbenen Museumsgründers Karl Ernst Osthaus.

„Jede Zeit schafft sich die Schule, die sie braucht", hatte Osthaus geschrieben. „Der vergangenen, einer Zeit der kalkulativen und rivalisierenden Wirtschaft, war die Schule der Mathematik, der Sprachen und der politischen Geschichte angemessen. Die neue, eine Zeit des qualitativen Schaffens, wird sich die Schule der Harmonie, ... der seelischen Vertiefung schaffen müssen ... Körperliche Arbeit in Werkstatt, Garten und Feld, rhythmische Gymnastik und Musik, Kunstbetrachtung und dramatisches Spiel werden im Vordergrund stehen und die historischen und philosophischen Disziplinen in die Rolle von Nebenfächern zurückdrängen. Aller Unterricht wird darauf eingestellt sein, den Schüler nicht gelehrt oder ‚berufstüchtig‘, sondern schöpferisch zu machen."

Die Verwirklichung seiner erzieherischen Pläne erlebte Osthaus nicht, und die herkömmliche Schulbildung durch Gymnastik und Spiel zu ersetzen, gehörte nicht zu den Zielen der Gründer. Wohl aber: sie zu ergänzen und dabei einerseits von der schulmeisterlich-strengen Trennung der Fächer abzusehen, andrerseits die urtümlichen, von der Zivilisation verschütteten Ausdrucksformen des Menschen zu wecken und zu kultivieren.

Die 1908 gegründete Handwerker- und Kunstgewerbeschule der Stadt Essen benannte sich in *Folkwang-Schule für Gestaltung* um. Die eigenwillige, aber fruchtbare Folkwang-Idee fand in Essen nun dreifachen Ausdruck.

Gruga und Baldeneysee 1929, im Jahr der großen Eingemeindung, legte sich die Stadt ein Schmuckstück zu, das heute so frisch wie damals glänzt: die *Gruga* — genauer gesagt: die Große Ruhrländische Gartenbau-Ausstellung, die ihre Pforten nie wieder geschlossen hat, sondern ein weiter, herrlicher

Das neue Verwaltungsgebäude der Ruhrgas AG in Essen-Huttrop

Das neue Essener Rathaus am Ribbeckplatz

Blumen- und Erholungspark unweit des Stadtzentrums geblieben ist. 1930 wurde mit der Aufstauung der Ruhr zum Baldeneysee begonnen, der mit den Wäldern seiner steilen Ufer, mit seinen Segelbooten und Gartencafés wohl dasjenige Stück Landschaft ist, das den Fremden im Ruhrgebiet am meisten verblüfft.

Hügel und Wälder, Oper und Kunstschulen, Parks und Seen – sie bestimmten nun das Gesicht der Stadt nicht weniger als die achtzehn Kohlenzechen, in denen 1930 über 44 000 Kumpels 14,5 Millionen Tonnen Kohle förderten. „Essen ist die bedeutendste Industriestadt Westdeutschlands und der eigentliche Mittelpunkt des gewaltigen Kohlen- und Industriegebiets der Ruhr, auf deren reichen Bodenschätzen seine Bedeutung beruht", heißt es im *Großen Brockhaus* von 1930. Die Stadt, die bis 1862 von der Eisenbahn so stiefmütterlich behandelt worden war, besaß nun innerhalb ihrer Grenzen das dichteste Schienennetz aller deutschen Städte. Der Essener Hauptbahnhof war 1928 der größte Güterbahnhof Deutschlands, nach der Zahl der ankommenden Züge der zweite (hinter Köln).

Die Kohle rang unterdessen schwer um ihren Markt. In den Jahren 1925 und 1926 wurden an der Ruhr 78 Zechen stillgelegt, wodurch 45 000 Bergleute ihren Arbeitsplatz verloren. Die deutsche Wirtschaft lag darnieder. Dazu zeichneten sich zwei langfristige Entwicklungen ab: Die Schiffahrt ging mehr und mehr zu ölbefeuerten Dampfschiffen oder zu Dieselantrieb über: 1914 wurden 89 Prozent der Welthandelsflotte mit Kohle befeuert, 1929 nur noch 59 Prozent. Außerdem gewann die Braunkohle an Boden.

Um der Kohle neue Märkte zu öffnen, gründete die Mehrheit der im Kohlensyndikat zusammengeschlossenen Zechen 1926 in Essen die Aktiengesellschaft für Kohleverwertung, die sich 1928 in *Ruhrgas-AG* umbenannte und bald das größte Ferngasunternehmen Europas wurde. Statt die Kohle zu den kommunalen Gaswerken zu transportieren, verwandelte man sie nun schon an der Ruhr in Gas, das in Rohrleitungen zu den Abnehmern gepumpt wurde. Die Reichsbahn war beunruhigt, viele städtische Gaswerke fürchteten für ihre Existenz – aber der Bann war gebrochen, als sich 1928 Hannover und 1929 Köln entschlossen, ihr Leuchtgas von der Ruhr zu beziehen.

Im gleichen Jahr machte das Rheinisch-Westfälische Elektrizitätswerk zwei entscheidende Schritte nach vorn: mit der Verbundwirtschaft und mit der Inbetriebnahme des ersten Pumpspeicherwerks. Den

Ruhrgas und RWE

Begriff *Verbundwirtschaft* prägte Arthur Koepchen vom RWE für die von ihm betriebene Zusammenschaltung möglichst zahlreicher Kraftwerke, insbesondere der norddeutschen Stromerzeugung aus Stein- und Braunkohle mit der Stromproduktion aus Wasserkraft am Oberrhein und im österreichischen Vorarlberg. Die Kupplung der Wasserkraft des Südens an die Kohle des Nordens hatte für den Norden den Vorteil, daß die billigere Wasserkraft auch ihm zugute kam und Spitzenbelastungen besser ausgeglichen werden konnten, für den Süden, daß Dürrezeiten seine Stromversorgung nicht mehr gefährdeten.

Mit dem ersten Pumpspeicherkraftwerk der Welt in Herdecke am Oberlauf der Ruhr beschritt Koepchen einen revolutionären Weg, der ihm zunächst Hohn und Feindschaft eintrug. Mit Strom, der aus Kohle erzeugt war, wurde Wasser in ein hochgelegenes Staubecken gepumpt, so daß nun ein Wasserkraftwerk zur Verfügung stand. Beim Umweg über das Wasser gingen rund vierzig Prozent der Energie verloren; schlichte Gemüter konnten also wirklich an einen kostspieligen Unfug glauben. Der Witz ist nur, daß das Staubecken mit Hilfe von Strom gespeist wird, der bei Nacht überschüssig ist, durch den Pumpvorgang aber zu sechzig Prozent für den Spitzenbedarf des Tages „aufbewahrt" werden kann.

Die
Vereinigten
Stahlwerke 1926 entwickelte der Leiter des Kaiser-Wilhelm-Instituts für Kohlenforschung in Mülheim, Professor Franz Fischer, zusammen mit Hans Tropsch ein Verfahren zur Verflüssigung der Kohle, das weit billiger als das 1913 patentierte Bergius-Verfahren war (vgl. Seite 261) und den Rohstoff Kohle in Benzin, Dieselöl, Paraffin und Treibgas zerlegte. Das Fischer-Tropsch-Verfahren, das später den Autarkie-Bestrebungen Hitlers entgegenkam, erhöhte die Bedeutung der Kohleveredelung gegenüber der bloßen Verfeuerung noch weiter. Der berühmte Kölner Betriebswirtschaftler Professor Eugen Schmalenbach kam an der Spitze einer von der Reichsregierung eingesetzten Untersuchungskommission über die Lage des Ruhrbergbaus 1928 zu dem Ergebnis, daß jede Tonne Kohle einen Verlust von 1,25 Mark, jede Tonne Koks aber einschließlich der Nebenprodukte einen Gewinn von 6,96 Mark bringe.

1932 wurde in Katernberg (im Nordosten Essens) die größte und modernste Schachtanlage Europas in Betrieb genommen: die Zeche *Zollverein*. In der Rationalisierung und in den klaren Linien der oberirdischen Architektur war sie lange Zeit Vorbild. Ihr Architekt, der Essener Professor Fritz Schupp, erhielt für seine Industriebauten später den Staatspreis des Landes Nordrhein-Westfalen. Die Zeche förderte pro Tag 12000 Tonnen, das heißt so viel wie 1850 alle vierunddreißig Zechen des Essener Raums in zwei Monaten.

Die Zeche *Zollverein* gehörte zur Gelsenkirchener Bergwerks-AG – und damit zu den *Vereinigten Stahlwerken*, dem größten Montankonzern Europas, in Deutschland dem zweitgrößten Konzern nach der IG Farbenindustrie-AG. Um der Wirtschaftsdepression durch Zusammenfassung und Rationalisierung Herr zu werden, hatten sich die größten Kohle- und Stahlunternehmen des Reviers – mit Ausnahme von Krupp – 1926 zu den Vereinigten Stahlwerken mit Sitz in Düsseldorf zusammengeschlossen: darunter der Thyssen-Konzern, die Phoenix-Gruppe, die Deutsch-Luxemburgische Bergwerks- und Hütten-AG, die Rheinischen Stahlwerke und der Bochumer Verein. Die Abteilung Bergbau des Konzerns nahm ihren Sitz in Essen. Mit einer Stahlproduktion von 4,9 Millionen Tonnen im Jahr 1929 und einer Kohlenförderung von 24 Millionen Tonnen übertraf der Konzern die Firma Krupp (1,4 Millionen Tonnen Stahl und 6,4 Millionen Tonnen Kohle) bei weitem.

Der Entschluß Gustav Krupp von Bohlens, sich den Vereinigten Stahl- *Krupps* werken nicht anzuschließen, wurde von der Konkurrenz als Hochmut *neue Blüte* und Größenwahn gewertet. Der Anreiz war jedoch in der Tat für Krupp geringer, weil die Zusammenfassung aller Produktionsstufen vom Erz bis zum Fertigerzeugnis schon unter Alfred Krupp vollzogen worden war, und die Tradition der Firma stand dem Verzicht auf ihre Selbständigkeit unüberwindlich im Wege. Gut ging es der Fabrik aber keineswegs.

1926 sank die Belegschaft der Essener Werke auf 20500, die Gesamtzahl der Arbeiter und Angestellten auf 48800 und damit auf den Stand von 1904. Alle Kruppbetriebe arbeiteten mit Verlust. Die Wende kam 1927, als die Rationalisierung ihre Früchte trug und ein deutsches Bankenkonsortium Krupp eine Anleihe von 60 Millionen Goldmark gewährte, mit deren Hilfe die amerikanische Anleihe von 1925 zurückgezahlt werden konnte. Schon 1928 war der Personalstand wieder auf 92000 angestiegen, mehr als 1914. Vom Umsatz entfielen 1913 achtundzwanzig Prozent auf Kriegsmaterial – nun weniger als ein halbes Prozent. Die Umstellung auf Friedensproduktion war gelungen. Das 1930 vollendete Chrysler Building in New York, mit 306 Metern Höhe damals das höchste Gebäude der Erde, besteht in seinen obersten

88 Metern aus 4500 Stahlplatten, die nach dem 1912 patentierten Kruppverfahren zur Herstellung eines rostfreien und säurefesten Chromnickelstahls verfertigt wurden.

1931 starb, siebenundsiebzig Jahre alt, Margarethe Krupp, die Witwe Friedrich Alfred Krupps und Schwiegermutter Gustav Krupp von Bohlens. Dem „Mütterchen", wie sie im Volksmund genannt wurde, gaben über hunderttausend Essener bei der Fahrt zum Friedhof das Geleit. Sie hatte sich ganz des Kruppschen Sozialwerks angenommen und es mit einer Menschlichkeit erfüllt, die ihm zu Zeiten Alfred Krupps so sehr fehlte.

Ihr bleibendes Denkmal ist die *Margarethenhöhe*: Auf einem grünen Hügelgelände südwestlich der Altstadt wurde aus Mitteln der „Margarethe-Krupp-Stiftung zur Wohnungsfürsorge für Minderbemittelte" von 1910 an eine selbständige Kleinstadt mit 2000 Wohnungen für 10 000 Menschen errichtet. Sie war modern, ja damals revolutionär insofern, als sie grün, freundlich und von der Stadt als eine eigenständige, nur durch eine Brücke mit ihr verbundene Siedlung abgehoben ist. Zum erstenmal wurde im deutschen Städtebau hier der heute so viel gerühmte Gedanke der innerhalb der Großstadt selbständigen, von vornherein mit Geschäften, Werkstätten, Schule, Sportplatz versehenen Kleinstadt verwirklicht. Widerspruch, zumal bei Architekten, fand die Margarethenhöhe damit, daß sie in der Enge der Straßen, der Traulichkeit der Hausformen ein mittelalterliches Idyll darstellen sollte. Umstritten, aber hübsch, ist die Margarethenhöhe ein beliebtes Studienobjekt für Architekten aus aller Welt geblieben.

Die Krise von 1932 Die große Wirtschaftskrise von 1929, die von der Wallstreet aus fast die ganze Welt erfaßte, stürzte das kaum erholte Ruhrgebiet wiederum in tieferes Elend als das übrige Deutschland. Die einseitige Wirtschaftsstruktur des Reviers machte es für Krisen anfälliger als Industrieländer mit stark gemischter Produktion wie Sachsen oder Württemberg. Die Zahl der Erwerbslosen mit Wohlfahrtsunterstützung in Essen stieg von 6000 im Jahr 1929 auf 46 000 im Dezember 1932, mit den Angehörigen also mehr als ein Viertel der Essener Einwohnerschaft. Bei Krupp sank die Zahl der Beschäftigten 1932 wieder auf den Stand von 1926, das heißt, sie halbierte sich binnen vier Jahren.

Im Juli 1932 ging, wie vor ihm Hans Luther (damals Präsident der Reichsbank) auch Oberbürgermeister Bracht in die große Politik: Er wurde von Reichskanzler Franz von Papen zum Reichskommissar für

Preußen ernannt, im kurzlebigen Kabinett Schleicher war er Reichs-innenminister. Seine populärste Handlung trug ihm nicht viel Ehre ein: Er setzte seine Unterschrift unter eine preußische Badepolizeiverord-nung, die für die Badekleidung beider Geschlechter „angeschnittene Beine und einen Zwickel" vorschrieb. Der Brachtsche Zwickelerlaß wurde in unzähligen Spottversen, Schlagern und Karikaturen aufs Korn genommen.

Der damalige Essener Stadtrechtsrat Dr. Hermann Callies äußerte später die Überzeugung, Bracht würde den entscheidenden Paragraphen zweifellos nicht unterschrieben haben, hätte er ihn nur gelesen – „weil er sofort den Fluch der Lächerlichkeit erkannt hätte". Bracht habe aber die Gewohnheit gehabt, von seinen Mitarbeitern Schriftsätze von höchstens zwei Seiten Länge zu fordern. Schon in Essen habe er gepre-digt: „Wenn Sie mir mehr als zwei Schreibmaschinenseiten vorlegen, lese ich nur die erste und die letzte Seite; entsteht dadurch eine Panne – wehe Ihnen!" Der Zwickelparagraph habe nun, meint Callies, unglück-seligerweise weder auf der ersten noch auf der letzten Seite der Bade-verordnung gestanden.

Bracht – nach Zweigert, Holle und Luther in ununterbrochener Folge der vierte Essener Oberbürgermeister von überragenden Fähigkeiten – starb im September 1933.

Am Abend des 30. Januar 1933 – in Essen gab es 83 000 Arbeitslose – *Zentrum* fand auch in der Ruhrmetropole ein Fackelzug von SA und SS statt. *vor NSDAP* Am 5. März, bei den letzten halbwegs freien Reichstagswahlen, erhielt die NSDAP in Essen 30,6 Prozent der Stimmen (gegenüber 43,9 Pro-zent im Reichsdurchschnitt). Das Zentrum folgte mit fast dem glei-chen Stimmenanteil (30,1 Prozent) vor der KPD (19,9 Prozent) und der SPD (10,8 Prozent). Bei der letzten Wahl zur Stadtverordneten-versammlung, am 12. März 1933, war das Zentrum sogar stärker als die NSDAP: 32 Zentrumsmitglieder und 31 Parteigenossen zogen in das Stadtparlament ein, dazu 12 Kommunisten und 9 Sozialdemo-kraten.

Am 4. April reichte Oberbürgermeister *Heinrich Schaefer*, Bürger-meister unter Luther und Bracht und seit Dezember 1932 Brachts Nachfolger, seinen Rücktritt ein (Luther wurde um diese Zeit deutscher Botschafter in Washington). Zuvor hatte Schaefer den Nazis mit der gleichen Unerschrockenheit die Stirn geboten wie 1923 zusammen mit Luther den Franzosen: Als nach der Reichstagswahl vom 5. März die

Hakenkreuzfahne auf dem Rathaus flatterte, ließ er sie durch einen städtischen Polizisten einholen. Vor der lärmenden Volksmenge, die das Hakenkreuz sehen wollte, wurden die Tore des Rathauses verschlossen. SA-Männer kletterten am Blitzableiter hoch und brachten die Fahne wieder an, Schaefer beschwerte sich unter Hinweis auf die geltenden „Bestimmungen für die Beflaggung von Dienstgebäuden" beim Kreisleiter, dieser telegraphierte mit dem preußischen Ministerpräsidenten Göring, und der befahl, daß über Essen das Hakenkreuz zu wehen habe.

Zu Schaefers Nachfolger wurde der siebzigjährige Herausgeber der *Rheinisch-Westfälischen Zeitung*, Dr. Theodor Reismann-Grone, ernannt. Er war 1891 als Geschäftsführer des Bergbauvereins nach Essen gekommen und hatte im gleichen Jahr den imperialistischen „Alldeutschen Verband" mitbegründet. Bei seinem Dienstantritt erklärte er, sein Amtszimmer sei kein Briefkasten für Denunziationen, und kommunalpolitisch gesehen war er ein tüchtiger Oberbürgermeister, der sich vor allem mit der Auflockerung der viel zu eng bebauten Altstadt Verdienste erwarb.

Die Selbstverwaltung der Gemeinden wurde 1934 beseitigt, das Folkwang-Museum „von entarteter Kunst gereinigt", der Folkwang-Schule für Gestaltung vorgeschrieben, daß sie das Hauptgewicht auf die Handwerkserziehung zu legen habe.

Die Arbeitslosen verschwanden von der Straße, die SA ergriff von ihr Besitz. 1936 marschierten deutsche Soldaten in Essen ein, das zu dem durch Versailles entmilitarisierten Rheinland gehörte. 1937 erhielt die Stadt, die zwischen 1584 und 1650 und in späteren Kriegen so viele Einquartierungen erlebt hatte, zum erstenmal eine reguläre Garnison: zwei Batterien eines Flakregiments. Im gleichen Jahr wurde der greise Dr. Reismann-Grone als Oberbürgermeister von *Just Dillgardt* abgelöst, der bis dahin Oberbürgermeister von Duisburg gewesen war.

Wie schon von 1926 bis 1929, so erlebt die Wirtschaft zwischen 1933 und 1939 eine Blüte, die sich wiederum bald als trügerisch erwies. Die Kohlenförderung in Essen stieg 1937 auf 17,5 Millionen Tonnen und erreichte damit fast wieder die Fördermenge von 1913. Das Ruhrgebiet insgesamt hatte diesen Stand längst übertroffen; Essen blieb zwar die größte Kohlenstadt, sein Anteil an der Gesamtförderung jedoch ging zurück. Bochum und Gelsenkirchen waren ihm auf den Fersen.

Die Einwohnerzahl Essens stieg bis 1937 auf 671 000 an, im wesentlichen durch den wachsenden Geburtenüberschuß. Die Kinderfreudigkeit der Essener im Vergleich zu anderen Großstädtern zeigte sich schon in einer Statistik von 1933: Fünf und mehr Personen gab es in Berlin in elf Prozent aller Haushaltungen, im Durchschnitt der deutschen Städte in siebzehn Prozent, in Essen in vierundzwanzig Prozent.

rupp und Hitler Bei Krupp stieg der Umsatz zwischen 1933 und 1939 von 365 Millionen auf eine Milliarde Mark. Gustav Krupp von Bohlen interessierte sich bis zur Machtergreifung nicht für Hitler. Sogar der Amerikaner Norbert Mühlen räumt ein, das verbreitete Vorurteil, daß Krupp „Hitlers Weg zur Macht mit Geld gepflastert" habe, sei falsch. Die erste Begegnung der beiden Männer fand im Februar 1933 in Berlin statt, wohin der neue Reichskanzler zwei Dutzend Großindustrielle gebeten hatte, um von ihnen Spenden für den Wahlkampf der NSDAP zu den Reichstagswahlen am 5. März zu erbitten. Nach einer geschickten und überraschend maßvollen Rede Hitlers erwiderte Krupp – seit 1931 Präsident des Reichsverbands der deutschen Industrie –, er sei zur Unterstützung des neuen Regimes bereit. 1934 stattete Hitler der Gußstahlfabrik seinen ersten Besuch ab, wie einst Bismarck, zwei deutsche und ein brasilianischer Kaiser und der Schah von Persien.

Zunächst zögernd, jedoch ohne energischen Widerstand gegen Hitlers zunehmenden Druck nahm Krupp die Rüstungsproduktion wieder auf. Vom Gesamtumsatz seiner Betriebe entfielen 1932 nur 7 Millionen Mark auf Kriegsmaterial, 1934 schon 40 Millionen, 1939 schließlich 117 Millionen (immerhin weniger als 1913). 1936 schrieb Gustav Krupp von Bohlen: „Nach der Machtübernahme durch Adolf Hitler hatte ich die Genugtuung, dem Führer melden zu können, daß Krupp nach geringer Anlauffrist für die Wiederwehrhaftmachung des deutschen Volkes ohne Lücken in seinen Erfahrungen bereitstehe – das Blut der Kameraden vom Karsamstag 1923 war nicht umsonst geflossen." Krupp baute Kanonen, Panzer, Schiffsartillerie, Kreuzer und Unterseeboote.

Freudig erteilte auch das Ausland wieder Rüstungsaufträge, die mit Genehmigung der Reichsregierung ausgeführt wurden, sogar zugunsten der Sowjetunion. Zum Teil erhielten die fremden Armeen sogar bessere Geschütze als die Wehrmacht – worin sich jedoch keine Kruppsche Tücke, sondern ein ausdrücklicher Wunsch des Heereswaffenamts aussprach. Diese Behörde bestand darauf, die deutsche Rüstung nur auf solche Rohstoffe zu stützen, die auch im Kriegsfall verfügbar sein würden.

Wie erinnerlich, ließ der Kriegsfall nicht lange auf sich warten. Die Kruppwerke wuchsen bis auf 277000 Arbeiter im Jahre 1944 an, unter denen sich 55000 dienstverpflichtete Fremdarbeiter befanden. Zunächst hatte sich Gustav Krupp von Bohlen gegen die Einstellung von Fremdarbeitern gesträubt, aber 1941 gab er nach. Die körperlichen und geistigen Kräfte des Firmenchefs, der 1940 seinen siebzigsten Geburtstag gefeiert hatte, waren in raschem Verfall begriffen. Hitler regierte in die Fabrik hinein, in enger Zusammenarbeit mit dem Chefkonstrukteur der Geschützabteilung, Erich Müller, dem er den Titel eines Professors h. c. verlieh (was nicht hinderte, daß man ihn einfach den Kanonen-Müller nannte).

Schon 1936 hatte Hitler den Konstrukteur beauftragt, ein überschweres Geschütz zu entwerfen, das in der Lage sein müsse, die schwersten Festungswerke der Maginotlinie zu zerschlagen. 1940 wurde diese Kanone nicht gebraucht, aber im Frühjahr 1942 half sie die Sowjetfestung Sewastopol auf der Halbinsel Krim zerstören. Wie Krupps Paris-Kanone im Ersten Weltkrieg über die nie wieder erreichte Entfernung von 130 Kilometern schoß, so dürfte Krupps Sewastopol-Geschütz mit seinem Kaliber von 82 Zentimetern die schwerste Kanone der Kriegsgeschichte bleiben – denn inzwischen können einerseits Flugzeuge und Raketen noch schwerere Sprengkörper transportieren, während andererseits die Atomwaffen die Kaliber vermindert haben. Mit seinem vierzig Meter langen Rohr mußte das Sewastopol-Geschütz auf zwei Eisenbahngleisen zugleich fahren. Seine Granaten rissen Trichter von dreißig Metern Tiefe.

1943 wurde auf Wunsch Gustav Krupp von Bohlens die *Lex Krupp* erlassen, ein Sondergesetz, das für die Firma das deutsche Erbrecht außer Kraft setzte, damit sie nach Art eines Erbhofs ungeteilt in das Eigentum eines einzigen Erben übergehen konnte. Von der Aktiengesellschaft wurde die Firma in ein 1-Mann-Unternehmen wie zur Zeit von Alfred und Friedrich Alfred Krupp zurückverwandelt. Erbe und Alleininhaber wurde das älteste der acht Kinder Gustav Krupp von Bohlens und seiner Frau Bertha, der damals fünfunddreißigjährige *Alfried*, dessen Taufpate Kaiser Wilhelm II. war. Nach vierjähriger Ehe mit einer geschiedenen Frau hatte er sich der Drohung seiner Eltern, enterbt zu werden, gebeugt und sich scheiden lassen. Aus der Ehe ging 1938 der Sohn *Arndt* hervor.

Kurz nach dem 20. Juli 1944 wurden Berthas jüngere Schwester Barbara, deren Mann, Thilo Freiherr von Wilmowsky, und der Kruppsche Finanzdirektor Ewald Löser verhaftet. Barbara wurde von einem ordentlichen Gericht freigesprochen, Wilmowsky ins KZ gesteckt, Löser blieb bis Kriegsende im Gefängnis. Er war von der Widerstandsbewegung als Reichsfinanzminister ausersehen. Die Beziehungen, die Thilo und Barbara von Wilmowsky über Löser zu den Männern des 20. Juli unterhielten, waren der Grund ihrer Verhaftung. Der im Februar 1945 hingerichtete Carl-Friedrich Goerdeler, designierter Reichskanzler der Widerstandsbewegung, hatte von 1937 bis 1939, nachdem er sein Amt als Oberbürgermeister von Leipzig hatte niederlegen müssen, im Auftrag Krupps Studienreisen ins Ausland unternommen, wobei er – ohne Wissen seines Auftraggebers – führende amerikanische Politiker für den deutschen Widerstand zu interessieren versuchte (es gelang ihm nicht).

Die Gußstahlfabrik hatte sich inzwischen in ein Trümmerfeld verwandelt, in dem mehr repariert als produziert wurde – wie die Stadt Essen überhaupt. Die ersten Bomben krachten im Mai 1940; schon damals also hatte Göring seine Wette, er wolle Meier heißen, wenn auf das Ruhrgebiet eine Bombe falle, verloren. Größere Luftangriffe gab es erst vom März 1942 an, im Juli desselben Jahres begannen die Tagesangriffe, bis zum Februar 1943 kostete der Bombenkrieg 682 Bürgern das Leben. *„Christbäume" über Essen*

In der Nacht vom 5. zum 6. März 1943 flog die Royal Air Force – mit der neuen Taktik der „Christbäume", die den Bombenteppich absteckten – auf Essen den ersten vernichtenden Großangriff. 442 Maschinen warfen binnen fünfundvierzig Minuten 137 000 Brandbomben und 1100 Sprengbomben ab. Das Münster, die Marktkirche und das Rathaus brannten aus, ein großer Teil der Innenstadt und der nördlich davon gelegenen Wohn- und Industriegebiete wurde in Asche gelegt, in verschütteten Kellern und im Feuersturm, der durch die Gassen der Altstadt raste, fanden 482 Menschen den Tod. Am wenigsten litten die Zechen.

Am 17. Mai 1943 zerstörte ein englisches Flugzeug mit einer Spezialbombe die Staumauer der Möhnetalsperre, des größten Staubeckens des Ruhrtalsperrenvereins (vgl. Seite 257). 130 Millionen Tonnen Wasser donnerten durch das Möhnetal zur Ruhr. 1200 Menschen fanden den Tod. Die Ausläufer der Flutwelle rissen die Ruhrbrücken bei Steele und Kupferdreh hinweg und richteten auch in den Stadtteilen Rellinghausen, Heisingen und Werden noch Verwüstungen an.

Insgesamt erlebte Essen 1943 neunundvierzig Luftangriffe, davon einen weiteren schweren in der Nacht zum 26. Juli. Die Einwohnerzahl der Stadt sank auf 427000. Nach Frauen und Kindern wurden nun auch Betriebe evakuiert. 1944 gingen fünfundfünfzig Bombenteppiche auf Essen nieder. Bergleute gruben für sich und ihre Familien Wohnstollen in die Ruinenfelder.

Im Januar 1945 kamen die Tiefflieger hinzu, die auf Lastwagen, Lokomotiven, Menschenansammlungen Jagd machten. Schon am 9. Februar geriet Essen in den Bereich der alliierten Artillerie, die vor allem aufs Kruppgelände schoß.

Der schwerste Angriff des Krieges Am 11. März 1945 war die Stadt schließlich das Ziel des furchtbarsten Sprengbomben-Angriffs, der im Zweiten Weltkrieg überhaupt stattgefunden hat: Rund 1100 Bomber warfen über 8000 Sprengbomben schwersten Kalibers ab (bis zu elf Tonnen). Wenn die Verluste mit 897 Toten verhältnismäßig niedrig waren und der Angriff keinen so traurigen Ruhm erlangte wie die Zerstörung Dresdens vier Wochen zuvor, so deshalb, weil die Ruhrmetropole eine nur noch zur Hälfte bewohnte, längst mehrfach umgepflügte Trümmerwüste war, in der der Schutt bloß neu durcheinandergewirbelt werden konnte.

Verheerend an dem Angriff wirkte jedoch zweierlei: Er fiel auf einen so späten Zeitpunkt des Krieges, daß mit Aufräumungsarbeiten kaum noch begonnen wurde – die Straßen blieben von Trümmern und Trichtern blockiert, die Wasser- und Stromversorgung kam nicht wieder in Gang. Und zum anderen hatten die überschweren Sprengbomben eine Tiefenwirkung, die die Gas- und Wasserleitungen, die Kanalisation, das Elektrizitäts- und das Telefonnetz mit einer nirgends sonst beobachteten Gründlichkeit vernichteten. So befand sich Essen bei Kriegsende in einem derart chaotischen Zustand wie außer Berlin kaum eine andere deutsche Stadt.

Das Gelände der Kruppschen Gußstahlfabrik, siebenmal so groß wie die Altstadt von Essen, war bis zur Unkenntlichkeit verwandelt. „Die eng zusammengestellten, sehr verschiedenartigen, in über hundert Jahren nacheinander entstandenen ... Werkhallen, Verwaltungshäuser, Fabrikationsstätten, Kessel-, Energie- und Verkehrsanlagen boten einen seltsamen Anblick von verbogenen Eisenträgern, zusammengesunkenen Dach- und Gebäudekonstruktionen, verschlungenen und zerfetzten Röhrenleitungen, umgekippten Kränen, verworfenen Schienen, verschütteten Werkstraßen, bloßgelegten Maschinenungeheuern, Betonquadern und Kraterfeldern." (Erich Heyn, Zerstörung und Aufbau der *Großstadt Essen.*)

Am 27. März 1945 ließ der Reichsverteidigungskommissar für Essen *Essens letzte Tage* unter anhaltendem Kanonendonner einen Befehl an die Ruinen schlagen: Die Stadt sei sofort von Frauen und Kindern zu räumen, da mit einem harten Kampf um Essen zu rechnen sei. Sollte der Gegner einrücken, so werde er mit brutaler Härte wieder hinausgejagt werden. Flüchtlingsströme aus Westen und Norden, unruhig werdende Fremdarbeiter verschlimmerten die Panik.

Da dem Räumungsbefehl nur von einer Minderheit Folge geleistet wurde, drohte der Reichsverteidigungskommissar am 30. März Gewaltanwendung an. Die Stadtverwaltung dagegen erkannte richtig, daß planlose Flucht noch schlimmer gewesen wäre als das Ausharren, und befahl, den anderen Befehl zu ignorieren. In den ersten Apriltagen lag ganz Essen unter Artilleriebeschuß. Weiße Fahnen wurden bereitgelegt.

Am 7. April drangen amerikanische Truppen in den Norden Essens ein. Sie standen unter dem Befehl des Fallschirmjägergenerals Ridgway, der 1951 Oberbefehlshaber in Korea und 1952 Oberkommandierender der NATO wurde. Am 10. April wurde die Innenstadt kampflos besetzt. Soldaten, Fremdarbeiter und Pöbel plünderten. Ein CIC-Kommando fuhr zur Villa Hügel, stürmte am Butler vorbei („Herr von Bohlen erwartet Sie! Darf ich Sie bitten, näherzutreten?") in die große Halle und nahm Alfried Krupp von Bohlen fest. (Sein kranker Vater hatte sich auf sein Jagdschloß Blühnbach bei Salzburg zurückgezogen.)

Der Bombenkrieg war endlich vorüber. Essen hatte 1162 Fliegeralarme mit 272 Angrifffen erlebt, bei denen 6800 Menschen ums Leben kamen. Sechzig Prozent der Stadt waren vernichtet – ein Zerstörungsgrad, der unter den großen deutschen Städten nur noch von Köln und Dortmund übertroffen wurde. 15,6 Millionen Kubikmeter Schutt – das sechsfache Volumen der Cheops-Pyramide – hatten die Bomben hinterlassen. Von 1090 Kilometern städtischer Straßen waren 700 Kilometer unpassierbar.

Bei Krupp begann zwischen den Ruinen die Demontage. Essen schien am Ende seiner Geschichte angelangt zu sein, wie Karthago, als die Römer den Boden der verhaßten Stadt umpflügten und Salz darauf säten.

V
Das Ruhrwunder

1. Kapitel
Der Schrei nach der Kohle

Der Direktor des Instituts für Weltwirtschaft und Weltpolitik in Moskau, Jewgeni Varga, trat 1943, im dritten Jahr des „Großen Vaterländischen Krieges" der Sowjetunion, mit dem Vorschlag an die Öffentlichkeit, das besiegte Deutschland auf ein Weideland zu reduzieren – ein Land, das sich weder verteidigen noch auch nur ernähren können würde und über kurz oder lang dem Kommunismus in den Schoß fallen müßte.

Der in Rußland geborene Staatssekretär im amerikanischen Finanzministerium, Dexter White, griff den Gedanken Vargas auf und entwarf eine Denkschrift, die sein Vorgesetzter, Roosevelts Finanzminister Henry Morgenthau der Jüngere, sich zu eigen machte und im September 1944 Roosevelt und Churchill bei deren zweiter Konferenz in Quebec (Kanada) vorlegte. Danach sollte Deutschland in ein Agrarland verwandelt, und vor allem sollten an Ruhr und Saar Industrie und Bergbau zerstört werden. Dieses Projekt, das nun *Morgenthau-Plan* hieß, gefiel Roosevelt und Churchill, so daß sie ihre Unterschrift daruntersetzten. Hitler glaubte daraufhin, daß Deutschland von den Westmächten genauso Schlimmes zu befürchten hätte wie von der Sowjetunion, und beschloß, auch im Westen wieder anzugreifen: Im Dezember 1944 kam es in ursächlichem Zusammenhang mit dem Morgenthau-Plan zur Ardennen-Offensive.

Roosevelt starb im April 1945, sein Nachfolger Truman entließ Morgenthau. Dexter White wurde 1948 der Spionage für die Sowjetunion angeklagt und starb kurz darauf aus nicht geklärter Ursache.

„Der sogenannte Morgenthau-Plan für Deutschland imponierte einer Anzahl amerikanischer und britischer Politiker, die weder seinen Ursprung noch seine Folgen erkannten", schreibt der unverdächtige amerikanische Chronist Norbert Mühlen in seinem Buch über die Krupps. „Sie wollten ganz ehrlich Deutschland von nazistischen und militaristischen Tendenzen befreien... Viele von ihnen hatten sich überzeugen lassen, daß die Wurzeln von Nazismus und Militarismus die großen Wirtschaftsunternehmungen seien. Diese Theorie stammte aus marxistischen Mißdeutungen und Vorurteilen... Sie machten sich also daran, die deutsche Industrie in Stücke zu schlagen... Im Licht der marxistischen Ideologie verwechselten sie wirtschaftliche mit politischer Macht. Sie glaubten, daß die großen Konzerne der Schwerindustrie die wirkliche Macht hinter den Thronen seien, namentlich hinter dem der Nazis... Jedes Unternehmen, das mehr als bescheidene Mittelgröße hatte, war zu zerstören. In allererster Linie war Essen zu zerstören."

Gras und Kraut Am 16. November 1945 wurde das Kruppgelände von britischen Panzertruppen besetzt. Der von der Militärregierung für Krupp eingesetzte *Controller*, Oberst Douglas Fowles, rief das Direktorium und die Abteilungsleiter in das Hauptverwaltungsgebäude und teilte ihnen in deutscher Sprache, mit großer Geste auf die Trümmer der Gußstahlfabrik weisend, mit: „Da draußen, meine Herren, wird nie wieder ein Schornstein rauchen. Wo einmal das Gußstahlwerk stand, werden Gras und Kraut wachsen. Die britische Militärregierung hat beschlossen, mit Krupp für alle Zeit Schluß zu machen. Das ist alles, meine Herren."

Der Oberst, dem die Geschichte einen so großartigen Auftritt zuwies, hätte gut daran getan, sich zu erkundigen, was Alfried Krupp von Bohlen sieben Monate zuvor prophezeit hatte. Bei seiner Gefangennahme am 10. April 1945 antwortete der Firmenchef dem amerikanischen Leutnant auf die Frage, was für Pläne er für die Zukunft habe: „Ich werde selbstverständlich meine Werke wieder aufbauen und die Produktion aufnehmen. Wie Sie wissen, bin ich ein Geschäftsmann und kein Politiker."

Die Welt lachte über Krupp und glaubte Fowles. Aber Fowles und die Welt irrten sich.

Der Drang zu den Ruinen In einem entscheidenden Punkt wurde der Varga-White-Morgenthau-Roosevelt-Plan schon 1945 verwässert: Von der Zerstörung des Bergbaus war nicht mehr die Rede. Essen, auf Kohlen groß geworden und zur Metropole aufgestiegen, verdankte in seinen schwersten Jahren der Kohle — dem Kohlenhunger Deutschlands und der Welt — seine wundersame Rettung.

Es begann damit, daß die Zechen den Bombenkrieg verhältnismäßig gut überstanden hatten, wegen ihrer weit verstreuten Lage und da ihre oberirdischen Anlagen weit kleiner als die unterirdischen sind. So war mehr das allgemeine Chaos schuld daran, daß im April 1945 in Essen nur 11 200 Tonnen Kohle gefördert wurden und die Gesamtförderung des Ruhrgebiets im Jahre 1945 mit 33 Millionen Tonnen auf den Stand von 1890 zurückfiel.

Schon 1947 hatte sich die Steinkohlenförderung gegenüber 1945 verdoppelt, 1949 verdreifacht. Reparationen brauchten im Unterschied zur Zeit nach dem Ersten Weltkrieg in Kohle nicht gezahlt zu werden.

Dennoch konnte der Ruhrbergbau die Nachfrage der deutschen Bevölkerung bei weitem nicht befriedigen. Das lag vor allem daran, daß die Bergleute hungerten, daß es zu wenig Wohnungen für sie gab und, gemessen an der gesunkenen Förderleistung pro Kumpel, auch zu wenig Bergleute. Jeder verlorene Weltkrieg zeigte ja das gleiche Bild: 1912 förderte der einzelne Ruhrbergmann im Durchschnitt 275 Tonnen, 1922 nur 168 Tonnen Kohle; 1937 waren es 416 Tonnen, 1946 wieder nur 170 Tonnen pro Kopf. Zehn bis zwölf Prozent der Bergleute fielen durch Krankheit aus, fünfzehn Prozent blieben im Durchschnitt unentschuldigt fern – entschuldigt, genauer gesagt, durch Hunger und Not, nicht entschuldigt im arbeitsrechtlichen Sinn.

Der Hunger war in der riesigen Stadtlandschaft des Ruhrgebiets wiederum, wie 1919, ein ärgerer Feind als irgendwo sonst in Deutschland. (Dazu kam anfänglich die hohe Zahl von Fremdarbeitern, die bevorzugt verpflegt werden mußten.) Das Hauptnahrungsmittel war Brot, und davon gab es 1946 und 1947 manchmal nur zwei Pfund pro Woche. Ohne Rücksicht auf den Hunger strömten die evakuierten Essener zu Zehntausenden zurück und verschlimmerten die Not – sie bewiesen aber auch, daß selbst eine so selten gerühmte Stadt wie Essen Anhänglichkeit und Heimatgefühl zu schaffen vermochte und daß sie sogar als Ruinenfeld den Fleischtöpfen Süddeutschlands vorgezogen wurde.

Viel schneller als in Dortmund und Köln vollzog sich die Rückwanderung, zwischen Mai und Dezember 1945 stieg Essens Einwohnerzahl von 285 000 auf 483 000 an, und im Oktober 1945 erließ der Oberpräsident der Nordrheinprovinz (das Land Nordrhein-Westfalen wurde erst 1946 gebildet) wegen der Katastrophenlage ein Zuzugsverbot. 8000 nicht berufstätige Personen wurden bis Mai 1946 wieder evakuiert. Dieser kaum zu bändigende Drang zurück in die Großstadt noch in ihrer elendsten Gestalt widerlegt die beliebten Theorien, daß der Großstadtmensch eine wurzellose Existenz sei, die sich im Grunde nach der „Scholle" sehne, oder daß zumindest eine Industriegroßstadt ihren Bewohnern immer ein wenig fremd bleiben müsse.

Der berühmte Heidelberger Nationalökonom Professor Alfred Weber stellte im Februar 1947, als die Not am größten war und in Essen 540000 Menschen wohnten, die damals phantastisch klingende Prognose auf, die Stadt werde auf Grund ihrer optimalen Lage inmitten des Reviers bis 1957 auf 800000 Einwohner anwachsen. Nun, es sind bis 1963 erst 731000 geworden; aber der Wirklichkeit kam der greise Begründer der „industriellen Standortlehre" doch um einiges näher als jener englische Fachmann, der für 1957 eine Einwohnerzahl von nur noch 250000 Köpfen voraussagte.

Zu den Heimkehrern aus Evakuierung und Kriegsgefangenschaft kamen die Vertriebenen, von denen es 1946 in Essen schon 10000 (1971: 83000) gab. Ende 1946 hatte die Stadt bereits 532000 Einwohner. Die alten und die neuen Essener machten sich daran, ihre Behausungen notdürftig zu flicken und die Trümmer wenigstens von den Straßen wegzuräumen. Sie bauten in den vielen Kleingärten nur noch Kartoffeln und Gemüse an. Sie ließen sich nicht entmutigen, als im Februar 1946 nach einer Serie von Wolkenbrüchen Ruhr und Emscher über ihre Ufer traten, Brücken einrissen und 3000 Menschen obdachlos machten.

Care-Pakete
für
Ruhrkumpels

An der Ruhr wurden verfallene Stollen wieder ausgebaut und Kohlen in primitivem Kleinbetrieb wie anderthalb Jahrhunderte zuvor gefördert – Kohlen von ungeheurem Wert, denn sie waren „schwarz" abgebaut, unterlagen also nicht der Bewirtschaftung und waren dadurch noch kostbarer als Zigaretten. Der „schwarze Bernstein" erwies sich als schwarzer Diamant. Hausfrauen und Arbeitslose stahlen Kohlen von Lastwagen und Güterzügen. Der Erzbischof von Köln, Kardinal Frings, erregte Aufsehen mit seiner Erklärung, dies sei keine Sünde, wenn man seine Familie damit vor dem Erfrieren retten wolle. Der Winter 1946/47 war zu allem Unglück der härteste seit 1942.

In der Kohlenpolitik der westlichen Besatzungsmächte gab es zwei Tendenzen, die einander aufhoben. Einerseits sollte die Kohlenförderung gesteigert werden, da sonst eine allmähliche Wiederbelebung der deutschen Wirtschaft unmöglich war. Andererseits wurde auf Grund der Zwangsvorstellung, daß der Konzern etwas sei, was entflochten werden müsse, der organische Zusammenhang zwischen der Kohle, ihren Hauptanwendungsbereichen und ihren Nebenprodukten zerschlagen – ganz so, als wäre es nichts als deutsche Bosheit, neben die Kohlenzeche eine Kokerei, ein kohlenverbrauchendes Hüttenwerk und ein mit Kohle betriebenes Kraftwerk zu stellen. Dazu kamen die Auflösung des 1893 gegründeten und bis dahin unter Kaiser und Kanzler bewährten Kohlensyndikats (September 1945), die Beschlagnahme des deutschen Kohlen-

| Tiefgelegene Kohlenflöze | Früheres Gebiet des Stollenbaus | Keine Kohlenvorkommen |

Die Stadt auf der Kohle

bergbaus durch Kontrollratsgesetz (Dezember 1945) und die Demontagen bei verschiedenen Zulieferindustrien.

Wenn es mit der Kohle, mit Essen, mit dem Ruhrgebiet, mit der westdeutschen Wirtschaft dennoch aufwärtsgehen sollte, so blieb nur eines: die Arbeitskraft und Arbeitsfreude der Kumpels zu erhöhen und ihre Zahl zu vermehren. Da die Alliierten Hitlers Lohnstopp-Verordnung zunächst in Kraft ließen, bestand erst im November 1946 die Möglichkeit, die Bergarbeiterlöhne heraufzusetzen (um zwanzig Prozent). Da es für Geld wenig oder nichts zu kaufen gab, verkündeten die Alliierten im Januar 1947 ein „Anspornprogramm": Je nach seiner Leistung erhielt der Bergmann „Punkte", auf die er Lebensmittel und Verbrauchsgüter beziehen konnte, die also die eigentliche Währung waren. Außerdem wurde die Belegschaft von Zechen, deren Förderleistung eine gewisse Zuwachsrate überschritt, zur Belohnung mit Care-Paketen versorgt.

Diese Vergünstigungen dienten zugleich dem zweiten Zweck: Sie lockten junge Leute aus allen Teilen Westdeutschlands an die Ruhr – dorthin, wo es Punkte und Waren gab. Obwohl drei Viertel aller Freiwilligen berguntauglich waren, konnte der Bergbau seit 1947 auf die ihm eingeräumte Möglichkeit von Dienstverpflichtungen verzichten. Im selben Jahr setzten die britische und die amerikanische Militärregierung die *Deutsche Kohlenbergbauleitung* (mit Sitz in Essen) ein, um einen Teil der Verantwortung für den Bergbau auf deutsche Stellen zu übertragen. Ihr wurde 1948 – als eine Art Nachfolger des Kohlensyndikats – der *Deutsche Kohlenverkauf* (ebenfalls in Essen) angeschlossen.

Rosendahl und Heinemann Dort, wo es die Kohle gab, die begehrter war denn je, konnte man also inmitten von Hunger, Elend und Chaos Hoffnung schöpfen. Der Kohlenpott hatte plötzlich wieder einen goldenen Boden. Essens Einwohnerzahl stieg bis 1948 auf 573 000 an. Die Männer an der Spitze dieser zerstörten, überfüllten, weithin „arbeitslosen" Stadt – Heinemann und Rosendahl – hatten ungeheure Aufgaben zu lösen.

Zum ersten Oberbürgermeister von Essen hatte die amerikanische Militärverwaltung im Mai 1945 *Dr. Hugo Rosendahl* ernannt, der vor 1933 Oberbürgermeister von Hamborn und später von Koblenz gewesen war. „Wie ein Familienvater die Seinen will ich nach besten Kräften unsere vom Krieg ganz besonders heimgesuchte Stadt betreuen", schrieb er in einem Aufruf an die Essener. „In der Hoffnung und im Vertrauen darauf, daß alle, die eines guten Willens sind, jeder an seinem Platz, mitarbeiten werden, wollen wir ans Werk gehen. Wiedergutmachung und Wiederaufbau sind das gemeinsame Ziel."

Nach der neuen Gemeindeverfassung für die Britische Zone – in

Essen offiziell am 21. März 1956 verkündet – trat neben den Oberbürgermeister (den Vorsitzenden des Stadtparlamentes und Repräsentanten der Stadt) der unpolitische Oberstadtdirektor, der an der Spitze der Verwaltung steht und die Beschlüsse des Rates ausführt.

Rosendahl wurde daraufhin Oberstadtdirektor. Zum neuen Oberbürgermeister von Essen beriefen die britischen Behörden im Februar 1946 den Kommunisten *Heinz Renner*. Der Stadtkommandant, Oberst Kennedy, führte ihn mit den Worten ein: „Herr Renner ist von der Militärregierung ernannt worden, weil er bewiesen hat, daß er zupacken kann. Die Militärregierung wünscht Essen seine frühere Stellung wiederzugeben. Die politischen Ansichten Renners spielen für die Militärregierung dabei keine Rolle. Wenn Ihnen die Ernennung von Herrn Renner nicht gefällt, können Sie das bei den Wahlen im Juni ändern."

Zum Stadtdirektor, das heißt zum Vertreter Rosendahls, wurde im März der vierunddreißigjährige, gerade aus der Kriegsgefangenschaft heimgekehrte Dr. Friedrich Wolff, zum Stadtkämmerer der ehemalige Kruppsche Finanzdirektor Ewald Löser ernannt. Der kommunistische Oberbürgermeister unterzeichnete einen Aufruf an die Bürgerschaft, einen Verein zum Wiederaufbau des Essener Münsters zu bilden, „des im Herzen unserer Stadt gelegenen Wahrzeichens, das zu den ältesten und schönsten Baudenkmälern unserer rheinischen Heimat gehört".

Im Juni warben die Vorsitzenden der im April aus der Taufe gehobenen Sozialistischen Einheitspartei Deutschlands, Wilhelm Pieck und Otto Grotewohl, auf dem Burgplatz zu Essen für den Zusammenschluß von SPD und KPD nach Ostberliner Muster; einige Tage später erteilte der SPD-Vorsitzende Dr. Kurt Schumacher auf dem gleichen Platz diesen Bestrebungen eine scharfe Absage.

Die ersten Wahlen zum Rat der Stadt fanden nicht im Juni, sondern erst im Oktober 1946 statt. Sie brachten der CDU mit dreißig von vierundfünfzig Sitzen die absolute Mehrheit, obwohl sie nur 38,9 Prozent der Stimmen erzielt hatte; das Mehrheitswahlrecht begünstigte die großen Parteien. Renners KPD mußte sich bei 12,1 Prozent der Stimmen mit zwei Ratsherren begnügen. Heinz Renner selbst wurde Sozialminister von Nordrhein-Westfalen und später Bundestagsabgeordneter.

Zu seinem Nachfolger in Essen und damit zum ersten gewählten Oberbürgermeister nach dem Krieg bestellte der Rat der Stadt den bisherigen Bürgermeister *Dr. Gustav Heinemann* (CDU), 1947/48 gleichzeitig Justizminister von Nordrhein-Westfalen und 1949 Bundesinnenminister im ersten Kabinett Adenauer, in dem der Essener FDP-Politi-

ker Franz Blücher Vizekanzler war. (Heinemann verließ das Bundes-
kabinett schon 1950, weil er die Wiederbewaffnung Deutschlands ablehnte, und trat später der SPD bei.) Nach Luther und Bracht war
Heinemann der dritte Oberbürgermeister, der von Essen aus in die große
Politik gerufen wurde.

*Auf und Ab
bei Krupp* Was Heinemann und Rosendahl am Wiederaufbau Essens fast ver-
zweifeln lassen mußte, war die Krupp-Katastrophe. Für Essen bot die
Kohlenkonjunktur nur den schwachen, wenn auch lebensrettenden
Ausgleich für die völlige Zerschlagung seiner Stahlindustrie, die 1938
doppelt so viele Arbeitskräfte wie der Bergbau beschäftigt hatte. Mit
Krupp verlor Essen zweiundzwanzig Prozent seiner Vorkriegs-Arbeits-
plätze. „Nackter Hunger und Wohnungselend, Kälte und Regen zehren die letzten physischen Kräfte der Menschen auf", heißt es in einer
einstimmigen Entschließung der Stadtverordneten vom 15. Januar 1947.
„Hoffnungslosigkeit, Verzweiflung und Kriminalität werden immer
größer. Wichtige Betriebe und Behörden können nicht mehr ordnungsgemäß arbeiten. Unsere eigenen Möglichkeiten sind erschöpft."

Ehe Oberst Fowles am 16. November 1945 sein großes Wort von
„Gras und Kraut" sprach, hatte die Lage der Firma Krupp keineswegs
verzweifelt ausgesehen. Während das Ausmaß der Totalschäden durch
den Bombenkrieg im Stadtkern neunzig Prozent, in den Wohnvierteln
vierzig Prozent betrug, waren auf dem Kruppgelände nur zweiunddreißig Prozent total zerstört, neununddreißig Prozent der Gebäude
aber unversehrt oder nur leicht beschädigt. Darin sprach sich teils die
Widerstandskraft der überwiegend aus Stahl und Beton aufgeführten
Fabrikanlagen, teils die rege Wiederaufbautätigkeit noch während des
Krieges, teils schließlich die Tatsache aus, daß die Industrie lange Zeit
gar nicht zu den vordringlichen Zielen der alliierten Luftkriegführung
gehörte.

So wurde nach der Besetzung der Stadt durch amerikanische Truppen im April 1945 die Arbeit bei Krupp zunächst wieder aufgenommen.
Die Belegschaft wuchs im Sommer auf 15 000 Köpfe an, weitere 5000
„Kruppianer" waren in der Stadt bei Aufräumungsarbeiten tätig. Während 1913 vom Krupp-Umsatz achtundzwanzig Prozent auf Kriegsmaterial entfielen, waren es 1939 nur zwölf Prozent, und noch 1943
war weniger als die Hälfte der Arbeiter in der Rüstungsproduktion
beschäftigt. Anders als 1919 erübrigte sich also die mühselige Suche
nach Friedensproduktionen; die unzerstörten Werkteile hätten mit dem

Bau oder der Reparatur von Lokomotiven, Lastwagen, Maschinen und Spezialstahl spielend ausgelastet werden können.

Da lösten im September 1945 die britischen Truppen die amerikanischen ab, legten das Werk mit wenigen Ausnahmen still und ließen im November ihren Oberst Fowles sein Sprüchlein sagen. In der weltberühmten Stahlfabrik, die seit Alfred Krupps Triumph auf der Weltausstellung von 1851 der britischen Schwerindustrie so viele Niederlagen bereitet hatte, sollte „nie wieder ein Schornstein rauchen". Selbst das Verwaltungsgebäude stand auf der Vernichtungsliste.

Doch die Verhältnisse, sie waren nicht so. Der Kohlenbergbau – den die Alliierten förderten – rief nach Krupps Widia (einem 1926 erfundenen Metall von extremer Härte, das bei Bohrmaschinen die Diamanten ersetzte). Die Eisenbahn konnte auf Krupps Reparaturwerkstätten für Lokomotiven und Waggons, die Stadt Essen auf seine Energie- und Baubetriebe nicht verzichten. Widerstrebend erteilten die britischen Besatzungsbehörden befristete Arbeitserlaubnis für bestimmte Teile des Werkes.

Unterdessen liefen die Demontagen an, zunächst die für Reparationszwecke. Das fast unzerstörte Kruppsche Hüttenwerk Borbeck – das modernste Stahlwerk Europas – wurde in dreijähriger Arbeit vollständig abgebaut und mit Hilfe von 6000 Kubikmetern Kistenholz auf 6000 Güterwagen in die Sowjetunion verfrachtet, nachdem 35 000 Tonnen Mauerwerk hatten niedergelegt werden müssen. Die berühmte 15 000-Tonnen-Schmiedepresse ging nach Jugoslawien, wo sie verrostete und verschrottet wurde. *Die Demontagen beginnen*

Im März 1948 richtete Kardinal Frings auf einer Kundgebung in Essen an die britische Militärregierung die Bitte, den Befehl zur Zerstörung der Krupp-Anlagen zu überprüfen, wobei er auf das große soziale Verständnis verwies, das die Firma Krupp von jeher bewiesen habe. Und er sprach den damals verwegen klingenden Satz: Wenn einer das Recht habe, Ehrenbürger von Essen zu sein, dann der Chef des Hauses Krupp. (Gustav Krupp von Bohlen war das Ehrenbürgerrecht 1946 von der ersten Stadtverordnetenversammlung aberkannt worden.)

Alfried Krupp von Bohlen wurde am 31. Juli 1947 von einem amerikanischen Militärgericht in Nürnberg wegen Plünderung und wegen Förderung der Sklavenarbeit zu zwölf Jahren Gefängnis und zur Einziehung seines gesamten Vermögens verurteilt. Sein Vater war im Nürnberger Hauptkriegsverbrecherprozeß **angeklagt** gewesen, hatte aber Anfang 1945 einen Schlaganfall erlitten und lag fünf Jahre lang auf dem Krankenlager, bis ihn 1950 der Tod erlöste.

Mit Alfried Krupp zusammen saßen zehn Kruppdirektoren auf der Anklagebank. Der Prozeß dauerte acht Monate, das Protokoll war über 13 000 Seiten lang. Von der Hauptanklage, der Vorbereitung eines Angriffskrieges, wurden Alfried Krupp und seine Direktoren freigesprochen. Die Plünderung sah das Gericht darin, daß Krupp im besetzten Frankreich und Holland verschiedene Firmen aufgekauft hatte, die Förderung der Sklaverei in der Beschäftigung von Fremdarbeitern und KZ-Häftlingen und deren Mißhandlung durch die SS.

Clays Trick mit dem Krupp-Vermögen Der amerikanische Militärgouverneur General Clay bestätigte die Gefängnisstrafe für Alfried Krupp, hob die Einziehung des Vermögens in der vom Gericht verhängten Form jedoch auf. Das hatte eine entscheidende politisch-militärische Konsequenz: Die Einziehung wäre durch den Alliierten Kontrollrat erfolgt, das heißt zu gleichen Teilen zugunsten aller vier Besatzungsmächte, mit dem Ergebnis, daß die Sowjets in Essen hätten Fuß fassen können – und dies, während die Blockade Berlins im Gange war.

„Ich bat Clay darum, das Urteil des Gerichts nicht so sich auswirken zu lassen, daß die Sowjets mit ins Spiel kämen", berichtete Gustav Heinemann später. Norbert Mühlen schreibt: „General Clay wußte sehr wohl, was geschehen würde, wenn die Tore der Ruhr sich den Russen öffneten. Diese Katastrophe wünschte er zu vermeiden. In einem brillanten Schachzug ordnete er an, daß Krupps Eigentum der Beschlagnahme durch den Befehlshaber derjenigen Besatzungszone unterlag, in der es sich befand." In der Sowjetzone lag nur das Gruson-Werk in Magdeburg; es wurde von den Sowjets konfisziert. Die drei westlichen Militärregierungen verzichteten auf die ihnen von Clay eingeräumte Möglichkeit, sich des Kruppvermögens, auch de jure, zu bemächtigen.

Der Demontage für Reparationszwecke fügten die britischen Militärbehörden mit dem Liquidationsplan vom Dezember 1948 jedoch die Zerstörung und Verschrottung hinzu, als „Maßnahme zur Vernichtung des deutschen Kriegspotentials". Es ging abwärts, Jahr für Jahr. Das Kruppgelände war „der gewaltigste Fabrikfriedhof, den es wohl je gegeben hat", wie der *Münchner Merkur* am 17. November 1948 schrieb. „Wer von München oder Stuttgart nach Essen kommt, ist baß erstaunt über die geringe Bautätigkeit im Ruhrgebiet. Ganz wenige Baugerüste, keinerlei Neubauten..."

2. Kapitel
Essen muß nachsitzen

Im März 1949 wütete an der Ruhr ein Orkan, der zumal in Essen zahlreiche Ruinen zum Einsturz brachte. Sieben Menschen fanden dabei den Tod, zweiunddreißig wurden verletzt. Anschaulicher läßt sich nicht beschreiben, wie es vier Jahre nach Kriegsende in der zerstörten Ruhrmetropole um Enttrümmerung und Wohnungsbau bestellt war. 1950 waren von 15,6 Millionen Kubikmetern Schutt erst 3 Millionen beseitigt.

Im gleichen Jahr stieg Essens Einwohnerzahl auf 91 Prozent des Vorkriegsstandes an, die sich in 66 Prozent der Vorkriegswohnungen zusammendrängten – der ungünstigste Stand aller Nachkriegsjahre (vorher war die Bevölkerung geringer, später der Wohnungsbau stärker). Nur 21 Prozent der Wohnungen in Essen hatten den Bombenkrieg unversehrt oder leichtbeschädigt überstanden. Zehntausende von alten Essenern, Heimatvertriebenen und angeworbenen Bergarbeitern lebten in Baracken, Schuppen, Garagen, Lauben, Kellern und Ruinen. Die Belegungsdichte von 1,46 Personen je Raum im Jahre 1950 zeigt, daß in Essen zwischen der Wohnfläche und der Anziehungskraft der Stadt ein Mißverhältnis bestand wie kaum sonst in Deutschland.

Erst von 1951 an zeichnete sich eine Entspannung ab. Wurden 1948 in Essen nur 2300 und 1950 rund 4600 Wohnungen gebaut oder instand gesetzt, so waren es 1952 schon 8400 und 1953 sogar 11100. Allmählich verschwanden die einsturzbedrohten, mit Lumpen verhängten Elendsquartiere.

Der größte Teil des Wohnungsbaus ging auf neuem Bauland in den Außenbezirken der Stadt vonstatten; der Wiederaufbau in den großen Trümmerflächen kam weit langsamer voran. Ursachen dieser städtebaulich unerwünschten Erscheinung waren vor allem der verständliche Wunsch, lieber im Grünen als zwischen Ruinen zu leben, der Umstand, daß es sich großenteils um Wohnungen für alte und neue Bergleute handelte, die nach altem Brauch in der Nähe der Zechen liegen sollten, und vor allem die allzu enge Parzellierung der Innenstadt, die größere Bauvorhaben außerordentlich erschwerte. Die Grundstücks-Eigentümer besaßen meist weder das Geld für den Wiederaufbau noch den Willen, ihren Boden zu verkaufen. Der städtische „Umlegungsausschuß" hatte ein hartes Stück Arbeit zu leisten, ehe es ihm beispielsweise gelang, in dem altstadtnahen Wohnviertel Holsterhausen die juristischen Voraussetzungen für einen Wiederaufbau nach modernen städtebaulichen Gesichtspunkten zu schaffen; 6600 neue Wohnungen konnten dort errichtet werden.

Die für große Teile des Ruhrgebiets typische dichte Vermengung von Wohnvierteln, Zechen und Industrieanlagen wurde durch solche Schwierigkeiten, entgegen der städteplanerischen Absicht, eher noch verstärkt, jedenfalls in der industriellen Nordhälfte der Stadt. Eine wesentliche Besserung brachte später der 1956 beschlossene Bauleitplan.

Den auswärts angeworbenen Bergleuten Wohnungen zu bauen, erschien zunächst als der einzige Weg, sie an der Abwanderung in weniger schwierige Berufe zu hindern, kaum daß sie fertig ausgebildet waren. Viele neue Kumpels kamen nur deshalb an die Ruhr, um erst einmal in der Großstadt Fuß zu fassen und dann so rasch wie möglich dem Bergwerk den Rücken zu kehren. 1952 wurden in Essen 14 000 Bergleute neu eingestellt, 13 000 wanderten ab. Dies war einer der Gründe, warum trotz einer Beschäftigtenzahl, die schon 1947 höher war als 1937, die Fördermenge jenes Vorkriegsjahres nicht wieder erreicht worden ist.

Die Montan-union Seit Anfang 1949 unterstand das Revier der *Internationalen Ruhrbehörde,* die von den USA, England, Frankreich und den Benelux-Staaten geschaffen worden war und die Verteilung von Kohle, Koks und Stahl auf das In- und Ausland vornahm (die junge Bundesrepublik trat der Behörde im November 1949 bei). Die Konstruktion diente als Ersatz für Frankreichs ursprüngliche Forderung, das Ruhrgebiet ganz aus Deutschland herauszulösen und einer internationalen Verwaltung zu unterstellen.

Unter anderem wohl in der Absicht, Frankreichs Einfluß auf das Herz der deutschen Industrie durch freiwillige Vereinbarungen auch für die Zukunft zu sichern, schlug der Leiter des Planungsamts für die französische Wirtschaft, Jean Monnet, vor, die Grundindustrie der Bundesrepublik, Frankreichs, der Benelux-Staaten und Italiens zu verschmelzen. Der französische Außenminister Robert Schuman trug dieses

Projekt im Mai 1950 an die Öffentlichkeit, woraufhin es als *Schuman-plan* bezeichnet wurde. Im April 1951 unterzeichneten die sechs Staaten in Paris den Vertrag über die Errichtung der *Europäischen Gemeinschaft für Kohle und Stahl,* „Montanunion" genannt; Jean Monnet wurde der Präsident ihrer Hohen Behörde. Die Internationale Ruhrbehörde stellte damit ihre Tätigkeit ein.

Bevor sich diese Normalisierung abzeichnete, war der Kohle noch ein schwerer Schlag zugefügt worden: Im Juni 1949 verboten die Westmächte die Verflüssigung der Kohle zu Benzin und Öl. Die großartigen Erfindungen von Bergius, Fischer und Tropsch sollten nie wieder angewandt, die Hydrierwerke demontiert werden. Kardinal Frings ordnete öffentliche Gebete für die Abwendung der Demontage an, Kurt Schumacher sprach von einem Versuch, die deutsche Konkurrenz auf dem Weltmarkt auszuschalten, und selbst die *Times* fragte, ob diese Maßnahme wirklich dem Frieden diene – es bestehe vielmehr der Eindruck, daß in Wahrheit eine Schwächung der deutschen Industrie auf den Exportmärkten beabsichtigt sei. Die Arbeiter der betroffenen sechs Fabriken nahmen drohend vor den Werktoren Aufstellung. Doch unter dem Schutz britischer Truppen wurde die Demontage vollzogen. Das ausländische Erdöl eroberte den deutschen Markt mit so niedrigen Preisen, daß eine spätere Wiederaufnahme der Kohleverflüssigung nicht mehr rentabel war. Der Vormarsch des Öls gegen die Kohle begann nicht mit wirtschaftlichen, sondern mit militärischen Mitteln. Erst 1949 erreichte der Wirtschaftskrieg gegen das besiegte Deutschland seinen Höhepunkt.

Vor allem bei Krupp. Während die meisten Städte Westdeutschlands schon kurz nach der Währungsreform aufzublühen begannen und die junge Bundesrepublik sich stürmisch entwickelte, mußte Essen „nachsitzen", weil die Firma Krupp in seinen Mauern lag. „Krupp war in jenen Tagen der schwere Schatten, der über Essen lastete", sagte Heinemann. 1949 und 1950 hatte die Stadt ihr „Zeitzeichen": Jeden Tag um zwölf Uhr dröhnte eine Sprengung über das Häuser- und Ruinenmeer von Essen, wobei nicht selten noch im Rathaus die Fensterscheiben zersprangen. Fünftausend deutsche Arbeiter waren damit beschäftigt, auf dem Fabrikgelände – siebenmal so groß wie die Altstadt von Essen – das meiste von dem zu zerstören oder als Schrott nach England zu schicken, was die Bomben und die Reparationslieferungen noch übriggelassen hatten. Zweiunddreißig Prozent der Werksanlagen hatte der

Bei Krupp wird gesprengt

Luftkrieg vernichtet, vierzig Prozent fielen der Demontage zum Opfer, die zum kleineren Teil der Reparationsleistung, zum größeren „der Vernichtung des deutschen Kriegspotentials" diente.

Deutsches Kriegspotential wurde in Essen noch zerstört, als Adenauer den Westmächten anläßlich des Koreakriegs einen Wehrbeitrag angeboten und damit ein geneigtes Ohr gefunden hatte (wobei er sich mit Heinemann überwarf). „Deutsches Kriegspotential" – das waren auch die Eisenbahngleise auf dem Fabrikgelände, die Holzbearbeitungsmaschinen, die für den Wohnungsbau so dringend gebraucht wurden; es waren sogar Anlagen zur Herstellung von Spielzeug und Eisenbahnschranken. Den Schrott, einen wertvollen Rohstoff für die Stahlerzeugung, beanspruchten die Engländer als „Kriegsbeute".

„Die Demontagen stellten eine gefährliche Form anstrengender Arbeit dar", schreibt Erich Heyn. „Vor allem mit Schweißgeräten und Sprengungen, die jahrelang die gesamte Stadt durch ihren dumpfen Widerhall an diese fragwürdige Art der Zerstörung mahnten, ging man den mehr oder weniger durch die Kriegshandlungen beschädigten Anlagen und Gebäuden zu Leibe. Anstelle der phantastisch gereckten Stahlkonstruktionen, des chaotischen Gewirrs von aufgerissenen Mauern, Trümmern, Betonklötzen, zerfetzten und verbogenen Röhrenleitungen, zerbombten Straßen und Schornsteinen, eingesunkenen Dächern und turmartigen Gebäuderesten trat ein weites, unebenes Trümmerfeld mit Resten von Fundamenten und vereinzelt stehengebliebenen Schornsteinruinen. Ein trauriges Bild einer bis in die Wurzeln gehenden Zerstörung. Die unheimliche Stille dieser Flächen wirkte um so befremdender, als diese sich inmitten der Stadt erstreckten und vor allem zu einem Zeitpunkt entstanden, als der Wiederaufbau der Stadt mächtig einsetzte."

Alfried Krupps Entlassung Der Eigentümer dieser stillen Flächen, Alfried Krupp von Bohlen, wurde am 31. Januar 1951 von John McCloy, seit Mai 1949 amerikanischem Hochkommissar für Deutschland, begnadigt, ebenso die übrigen verurteilten Kruppdirektoren. „Ich befasse mich mit dieser Angelegenheit seit etwa acht Monaten", schrieb McCloy, „und ich erinnere mich nicht, je eine schwierigere Aufgabe gehabt zu haben."

Am 3. Februar 1951, nach knapp sechs Jahren in amerikanischer Haft, konnte der Erbe der Kruppdynastie die Festung Landsberg verlassen. Den wartenden Reportern – darunter dem Verfasser dieses Buches – versicherte Krupp, er habe nicht den Wunsch und nicht die

Absicht, wieder Kanonen zu bauen, „aber ich glaube, dieses Problem wird von der deutschen Regierung gelöst werden und nicht von meinen persönlichen Neigungen". Krupp begab sich zu seiner Mutter Bertha nach Schloß Blühnbach bei Salzburg, wo ein Jahr zuvor sein Vater gestorben war.

Unmittelbar nach dem Tod Gustav Krupp von Bohlens hatte seine Witwe bei der Alliierten Hohen Kommission beantragt, die Lex Krupp von 1943 zu annullieren, also nicht Alfried nach diesem Ausnahmegesetz zum Alleinerben zu machen, sondern das Vermögen nach dem deutschen Erbrecht auf sie und ihre Kinder zu verteilen. Die Hochkommissare lehnten das Ersuchen ab.

Diesem Versuch der Familie, das Kruppvermögen zu retten, das nach dem von General Clay getroffenen Kompromiß ja noch immer vom Chef der jeweiligen Besatzungszone beschlagnahmt werden konnte, entzog McCloy den Boden, indem er gleichzeitig mit der Gefängnisstrafe die Möglichkeit zur Einziehung des Vermögens aufhob. Verfügen aber konnte Alfried Krupp noch zwei Jahre lang nicht über sein wiedergewonnenes Eigentum, und ebensowenig durfte er die Fabrik betreten. Bis 1953 stand sie unter britischer Kontrolle.

In England rief die Rehabilitierung Krupps einen Entrüstungssturm hervor, in Essen waren die Meinungen gespalten. Auf den Wahlplakaten für die Landtagswahlen von 1951 hieß es bei der FDP: „Gerechtigkeit für Krupp", bei der SPD: „Planwirtschaft – Sozialisierung", bei der KPD: „Tod dem Monopolkapitalisten".

Die Stadt beurteilte die Lage kühler. An der Spitze der Verwaltung stand von 1950 bis 1957, nachdem Dr. Hugo Rosendahl in den Ruhestand getreten war, *Hellmuth Greinert*, aus Plauen gebürtig und zuvor Ministerialdirigent im Finanzministerium von Nordrhein-Westfalen. *Greinert und Toussaint*

Schwierig war es 1949 gewesen, nach dem Weggang Gustav Heinemanns einen neuen Oberbürgermeister für Essen zu finden. Im Rat der Stadt saßen sich fünfundzwanzig Vertreter von SPD und KPD und fünfundzwanzig Mitglieder von CDU, Zentrum und FDP unversöhnlich gegenüber. Weder der Fabrikant Wilhelm Nieswandt (SPD) noch der Essener Lebensmittelgroßhändler *Dr. Hans Toussaint* (CDU) konnte jene eine Stimme aus dem anderen Lager gewinnen, die die Entscheidung hätte bringen können. So mußte die Bürgerschaft zur Urwahl aufgerufen werden. Bei einer Wahlbeteiligung von 41 Prozent entschieden sich 68 Prozent für Toussaint (womit die bürgerliche Gruppe auch

im Stadtparlament das Übergewicht erhielt, da der gewählte Oberbürgermeister zwei Stimmen hatte).

Im August 1950 besaß Toussaint den Mut, das zerstörte Essen dem
Evangelischen Kirchentag als Tagungsort zur Verfügung zu stellen,
gestützt darauf, daß der neue Städtische Saalbau im Rohbau fertig war.
Die Stadt zeigte, daß sie sich nicht unterkriegen ließ. 1952 wurde
Toussaint wiedergewählt, diesmal vom Rat der Stadt mit vierunddrei-
ßig gegen dreißig Stimmen.

Die Ergebnisse der Kommunalwahlen in Essen 1946 bis 1969

		SPD	CDU	FDP	Zentrum	KPD
Februar 1946	(ernannte Ratsherren)	17	23	1	2	17
Oktober 1946	%	34,2	38,9	3,6	11,2	12,1
1948	%	35,1	30,7	4,5	15,4	10,4
1952	%	40,6	35,2	9,0	7,4	6,1
1956	%	51,1	38,4	6,3	3,3	—
1961	%	48,9	43,7	7,1	—	—
1964	%	52,4	42,5	4,8	—	—
1969	%	53,4	40,3	4,8	—	—
1975	%	54,9	38,1	5,7	—	—

Krisenfeste Industrien gesucht

Toussaint und Greinert setzten zielstrebig fort, was Rosendahl und
Heinemann begonnen hatten: Sie versuchten, der todbedrohten Stadt
neue Industrien und Verwaltungen zuzuführen, sie aus der verhängnis-
vollen Umklammerung durch die Krupptrümmer, aus der einseitigen
Abhängigkeit von Kohle und Stahl zu befreien und ihr zum erstenmal
seit Beginn des Industriezeitalters ein ausgeglichenes Wirtschaftsgefüge
zu geben.

„Oberstadtdirektor und Oberbürgermeister ziehen an einem Strick,
auch wenn der Verwaltungsfachmann Greinert mit dem Vorsitzenden

des Rats der Gemeinde, Dr. Toussaint, nicht immer einer Meinung ist", schrieb die *Frankfurter Allgemeine* am 6. Februar 1954. „Aber die forsche Aktivität, mit der beide an die Bewältigung besonders schwerer Aufgaben gehen, hat jene lebendige Metropole im Mittelpunkt des Ruhrgebiets geschaffen, deren Bedeutung sich nicht mehr nur in Kohle, Krupp und Gruga erschöpft."

Gleich nach Kriegsende hatte Oberbürgermeister Rosendahl im Rathaus das 1920 gegründete städtische Werbeamt zu einem Amt für Wirtschafts- und Verkehrsförderung erweitert; Wirtschaft und Verkehr bedurften der Förderung in der Tat nirgends mehr als im zerstörten, vom Schatten Krupps verdüsterten Essen. Während die Stadt im 19. Jahrhundert von einzelnen mutigen und kapitalkräftigen Männern auf eigene Faust vorwärtsgestoßen worden war und mithin nie recht Zeit hatte, ins Gleichgewicht zu kommen, sollte sie nun die ordnende Hand spüren.

Dabei standen den Verantwortlichen ganz klare Ziele vor Augen: Es mußte nach Ersatz für Krupp gesucht werden, denn die Fabrik schien dem Sterben nah. Auch wenn Krupp sich noch einmal erholen sollte, durfte Essen sein Schicksal nicht wieder so weitgehend mit dem der einen Fabrik verknüpfen. Die einseitige Montanstruktur mußte aufgelockert werden, damit in Krisenzeiten der Stadt nicht noch einmal weit übler mitgespielt werden könnte als dem übrigen Deutschland. Krisenfeste Klein- und Mittelbetriebe, Konsumgüterindustrie, Rückbesinnung auf den Handel, der vor tausend Jahren den Aufstieg des Städtchens Essen eingeleitet und viele Jahrhunderte lang seinen Wohlstand getragen hatte: das war es, was die schwer verwundete Stadt brauchte, wenn sie weiterleben und dereinst besser leben wollte.

An sich waren die Chancen, neue Betriebe an sich zu ziehen, günstig: Aus den besetzten Ostgebieten und der Sowjetzone wurden zahllose Fabriken und Firmen verlagert, und vor anderen westdeutschen Städten hatte Essen auch im zerstörten Zustand einiges voraus: Seine zentrale Lage inmitten des Reviers (ohne dessen Wiederaufstieg an eine neue Blüte Deutschlands nicht zu denken war), seine vorzügliche Verkehrslage (mit einem ungewöhnlich engen Schienennetz und dem Rhein-Herne-Kanal) und einen großen Stamm hochqualifizierter Facharbeiter.

Für die Ansiedlung neuer Industrien kamen vor allem die Kruppwüste, das Gelände des Stadthafens und der Werkhäfen am Rhein-

Neues Leben auf dem Kruppgelände

Herne-Kanal und das Areal stillgelegter Zechen in Frage. Am Stadthafen, der 1946 wieder betriebsfähig war, konnten bis 1970 über fünfzig Betriebe mit etwa dreitausend Beschäftigten ansässig gemacht werden. Aber da das weit größere Kruppgelände bis Dezember 1948 blockiert war, zogen über vierzig Firmen, die Interesse an einer Niederlassung in Essen zeigten, in andere Städte weiter.

Der „Liquidationsplan" der britischen Militärregierung vom Dezember 1948, der die umfangreichsten und widersinnigsten Demontagen erst einleitete, hatte wenigstens den Vorteil, daß er klärte, welche Teile der Gußstahlfabrik *nicht* demontiert werden würden, und damit der Firma das Recht zur Verpachtung und zum Verkauf dieser Teile gab. Als demnach endlich klar war, was die Engländer nicht in die größte Verschrottungsaktion der Weltgeschichte einzubeziehen wünschten, ging auf dem riesigen, zu siebzig Prozent zerstörten Kruppgelände zweierlei vor sich: Mehr und mehr einzelne Kruppbetriebe nahmen die Arbeit wieder auf, kein Mitglied der vorläufigen Geschäftsleitung dachte an eine Schließung der Fabrik; und mit Hilfe von Bund, Land und Stadt wurden neue Industriebetriebe angesiedelt.

1949 arbeiteten bei Krupp die Lokomotivfabrik, die Widia-Fabrik, die Elektrowerkstätten und ein Maschinenbaubetrieb sowie die Bergwerke und die meisten Hilfs- und Nebenbetriebe. 9800 Arbeiter waren auf dem Fabrikgelände, 2300 in den Zechen *für* Krupp, 5000 in der Demontage *gegen* Krupp tätig, während für rund 15 000 Krupp-Pensionäre schon ein Jahr nach der Währungsreform die Hälfte der Pensionsauszahlungen aufgebracht wurde. 1950 genehmigte die Besatzungsmacht nach der Reparatur von Lokomotiven auch den Neubau. Außerdem durften eine Gießerei und eine Schmiede errichtet werden.

Wie sinnvoll die bis Ende 1950 betriebene Demontage war, zeigte sich besonders deutlich in folgendem Fall: Krupps Maschinen zur Herstellung von Schweißelektroden wurden abgebaut. Auf dem Kruppgelände mietete sich eine neue Firma ein, die in einer Krupphalle mit den von Krupp übernommenen Arbeitern – Schweißelektroden herstellte.

Zur Neubesiedlung des verödeten Werksgeländes gründeten die Stadt Essen und das Land Nordrhein-Westfalen 1949 gemeinsam die *Industrieförderungsgesellschaft*, wobei die Stadt in Wirtschaftsminister Professor Nölting und im Vorsitzenden des Wirtschaftsausschusses des Düsseldorfer Landtags, Wilhelm Nieswandt, zwei unermüdliche Fürsprecher fand. Da die eigenen Betriebe nur einen kleinen Teil der alten

Gußstahlfabrik ausfüllten, war die Firma Krupp gern bereit, der Gesellschaft Teile ihres Bodens zu verkaufen. Sie wurden enttrümmert und dann zu günstigen Bedingungen an interessierte Firmen verpachtet oder weiterverkauft. Von 1950 bis 1956 wurden auf diese Weise fünfzig neue Betriebe mit 12 000 Arbeitsplätzen auf dem Kruppgelände angesiedelt.

Wie nötig das war, zeigen ein paar Zahlen von 1950: Als im Herbst jenes Jahres die Demontagen endlich ausliefen, wurden 5000 Arbeiter brotlos, die bis dahin ihren Lebensunterhalt mit der Zerstörung von Arbeitsplätzen verdient hatten. Die Arbeitslosigkeit stieg auf 5,8 Prozent. Essen hatte wieder 90 Prozent seiner Einwohner von 1939, aber nur 81 Prozent seiner Arbeitsplätze. 1938 waren in der Erzeugung und Verarbeitung von Eisen und Metall 60 000 Menschen tätig, 1950 nur 32 000. Die Differenz von 28 000 – das war „die Krupplücke" (ein Schlagwort, das in den Nachkriegsjahren aus keinem Wirtschaftsgespräch wegzudenken war). Geschlossen wurde sie nach und nach mit Hilfe von Betrieben der veredelnden Industrie, der Feinmechanik, der Kleineisenindustrie, der Elektrotechnik.

Ganz aber brauchte die Lücke in der Metallindustrie nie wieder

Beschäftigte in Essen

	1939	1950	1961	1967[1]	31.12.1976
Beschäftigte, gesamt	267 352	240 502	340 467	292 700	232 218
davon in % in					
Produktion	66,3	62,7	56,5	50,9	46,8
Verteilung und Dienste	33,7	37,3	43,5	49,1	53,2
darunter in % in					
Bergbau und Energie	17,4	22,8	15,4	10,4	8,9
Verarbeitende Gewerbe	38,3	27,3	29,5	31,9	27,4
Baugewerbe	10,4	12,5	12,9	8,0	10,2
Handel und Geldwesen	14,9	17,1	23,3	20,5	21,3
Verkehr und Nachrichtenwesen	5,2	6,2	6,8	6,0	5,3
Dienste, Gebietskörperschaften, Sozialversicherung	13,6	14,0	17,6	22,6	24,0

[1] errechnet auf Grund der Teilstatistiken einzelner Gewerbezweige und der Ergebnisse des Mikrozensus im Lande NW.

geschlossen zu werden. Denn sie wurde von anderen Industrien ausgefüllt: Textil- und Bekleidungsindustrie, Glas-, Holz- und Möbelindustrie, Papier- und Druckereibetrieben. Und was auch die neuen Gewerbe nicht aufnahmen, das fand im Handel sein Unterkommen. Nicht der Bergbau und nicht die Metallindustrie – der Handel ist heute der wichtigste Erwerbszweig in Essen.

Arbeit für Frauen Gegenwärtig ist die Ruhrmetropole also eine gemischte Handels-, Industrie- und Verwaltungsstadt, der so tiefe Stürze wie 1919 und 1946 nach menschlichem Ermessen nicht mehr drohen sollten. Der Anteil der Beschäftigten in der Produktion, der 1900 noch 74 Prozent betrug, ist auf unter 50 Prozent gesunken.

Nutznießer dieser Entwicklung waren vor allem die Frauen. Die Goldgräberstadt des 19. Jahrhunderts hatte einen extremen Männerüberschuß (1871: auf 100 Männer 78 Frauen, oder andersherum: auf 100 Frauen 128 Männer). In der Stahl- und Kohlestadt zwischen den Weltkriegen war das Verhältnis der Geschlechter zwar annähernd ausgeglichen, doch gab es durch das krasse Überwiegen der Schwerindustrie außerordentlich wenig Frauenarbeitsplätze – mit dem Ergebnis, daß 1938 auf 100 Einwohner im Reichsdurchschnitt 50, in Essen aber nur 42 Erwerbspersonen trafen.

Der Zweite Weltkrieg verursachte einen erheblichen Frauenüberschuß: 1952 entfielen auf 100 Männer in Essen 109 Frauen, bei den Fünfundzwanzig- bis Vierzigjährigen als Folge der Kriegsverluste aber 130 Frauen! Arbeitsplätze für sie zu schaffen, war also eine Lebensfrage, und zugleich war es ein Beitrag zur Auflockerung der Wirtschaftsstruktur. Handel, Textilindustrie und Bekleidungsgewerbe nahmen nach dem Zweiten Weltkrieg einen mächtigen Aufschwung – und der Anteil der Frauen an diesen Berufszweigen betrug (1954) 60 beziehungsweise 68 und 89 Prozent.

1100 Jahre Essen 1951, spätestens aber zur 1100-Jahr-Feier der Stiftsgründung im Juni 1952, war es soweit, daß die todbedrohte Stadt sagen konnte, sie werde am Leben bleiben. Die Kruppdemontagen waren beendet, das Kohlengeschäft blühte, die Zahl der Wohnungen stieg ein wenig schneller als die der Stadtbewohner, und auch die Schaffung neuer Arbeitsplätze schritt nun rascher fort als die Einwohnerzahl. Fleiß, Phantasie und unerschütterlicher Lebensmut hatten ein Wunder vollbracht und die Tür zu einem weiteren Jahrhundert aufgestoßen.

Daß Essen obendrein begann, sich ein gefälligeres Kleid anzulegen, war nicht minder erstaunlich und mag damit zusammenhängen, daß aus dem Stift der „adligen Frauenzimmer" und der qualmenden Stadt der Schmiede und Schwerarbeiter nun, im zwölften Jahrhundert nach der Grundsteinlegung des Münsters, eine ganz normale Großstadt mit ebenso vielen männlichen wie weiblichen Zügen geworden ist.

3. Kapitel
Die „Einkaufsstadt" – ein Fußgängerparadies

Genau innerhalb des Stadtwalls von 1244 bildete sich in den fünfziger Jahren Essens neue City – ein Vorgang, der viele Fachleute überraschte. In der Altstadt hatten nur zehn Prozent der Bausubstanz den Krieg überstanden. Manche Experten hielten es für unmöglich, die Innenstadt jemals wieder zum Leben zu erwecken.

Trotzdem wurde der älteste und fast völlig vernichtete Teil der Stadt auch ihr neuester und lebendigster. Lag es daran, daß Altfrids Münster und die Marktkirche der Theophanu selbst als leergebrannte Ruinen noch irrationale Bindungen schufen – daß Überlieferungen und Gewohnheiten auch zwischen Schächten und Schloten ihre heimliche Kraft entfalten? Lag es an der trotzigen Hartnäckigkeit, mit der die Essener Geschäftsleute – wie die der meisten zerstörten deutschen Städte – ihre Verkaufsbuden und Behelfsläden genau dort zwischen die Trümmer stellten, wo einst ihr Geschäft gestanden hatte? Oder war die Zerstörung der engen und bis zuletzt ein wenig provinziellen Innenstadt sogar eine Chance, die die richtigen Männer am richtigen Platz zu nutzen verstanden?

Ein Rest Zuständig für den Wiederaufbau Essens – der zuversichtlich von vorn-
von Mittelalter herein mehr die 800 000 als die 250 000 Einwohner ansteuerte – war seit 1945 der städtische Baudezernent Sturm Kegel, der 1951 zum Direktor des Siedlungsverbandes Ruhrkohlenbezirk berufen wurde. Von 1951 bis 1963 stand Professor Josef Walther Hollatz an der Spitze des Baudezernats, ein Fachmann von internationalem Ruf, mehrere Jahre Präsident der Deutschen Akademie für Städtebau und geistiger Vater der „Deutschen Bauausstellung" („Deubau") in Essen.

Während in den Wohn- und Industrievierteln Essens manches städtebauliche Konzept durch die sauren Notwendigkeiten der ersten Nachkriegsjahre über den Haufen geworfen wurde, hatten Kegel und Hollatz in der niedergewalzten Stadtmitte Gelegenheit, mit Vernunft und

Phantasie ans Werk zu gehen. Nach langem Parteienzwist über den anzustrebenden Charakter der Altstadt setzte sich die SPD als Verfechter einer modernen, weltstädtischen Konzeption – Geschäfts- und Verwaltungszentren mit Hochhäusern in aufgelockerter Bebauung – gegen die konservativen Kräfte durch, die wieder eine flache, enge Wohnstadt wünschten und sich des Schlagworts bedienten: „Essen liegt nicht am Mississippi". Während die Außenbezirke heute dichter besiedelt sind als früher, besteht die 1938 noch zu zwei Dritteln bebaute Altstadt nach dem abgeschlossenen Wiederaufbau in den sechziger Jahren zu zwei Dritteln aus Verkehrsfläche. Auch in der Zeit des Goldrausches hat Essen sein Gesicht nicht so rasch und radikal gewandelt wie nach dem Zweiten Weltkrieg. Diese Wandlung hält am Beginn der siebziger Jahre unvermindert an.

Durch den Verzicht auf schmale mittelalterliche Gassen und die Anlage neuer Plätze wurde der Stadtkern aufgelockert, ohne ihn ganz der krummen Straßen, der asymmetrischen Plätze und des traulichen Häusergedränges von einst zu berauben. Eingehüllt in einen Hauch von Mittelalter, der von ihrer Anlage und vom Münster her noch immer über der Altstadt liegt, haben die modernen Bauten in ihren Gassen und Plätzen Essen etwas geschenkt, was es nie besessen hatte: eine großstädtische City, ein Einkaufs- und Verwaltungszentrum von harmonischer Gestalt und weithin strahlender Kraft.

„Die Stadt ohne Läden", wie Paul Brandi sie um die Jahrhundertwende erlebte (vgl. Seite 245), entwickelte sich in den fünfziger Jahren zu einer der größten Einzelhandelsstädte der Bundesrepublik. Ihre Textilgeschäfte haben die höchsten Umsätze unter allen westdeutschen Städten. Die nur acht Meter breite Limbecker Straße erzielt neben der Hohen Straße in Köln und der Kalverstraat in Amsterdam unter den Städten Europas die höchsten Umsätze auf kleinstem Raum. Schon 1962 gab es in der City Essens 750 Läden – von Fachgeschäften verschiedenster Größe bis zu Kaufhäusern.

Als Essen sich 1930 erstmals als „die Einkaufsstadt" bezeichnete, um zum Ausgleich für die notleidende Industrie den Handel anzukurbeln, mochte man sich noch darüber streiten, ob diese Kennzeichnung gerechtfertigt war; als Oberbürgermeister Toussaint das Schlagwort 1950 wieder aufgriff und es in riesigen Leuchtbuchstaben auf dem Dach eines Hotels am Bahnhofsvorplatz anbringen ließ, war dies bereits ein mutiger Vorgriff auf die Zukunft.

Handelsumsätze je Einwohner in DM

	Einzelhandel		Großhandel	
	1950	1960	1950	1960
Essen	927	4 115	7 524	10 481
Dortmund	995	1 615	1 738	3 143
Duisburg	846	1 303	3 660	9 025
Ruhrgebiet		1 800		4 600
Bundesrepublik ohne Ruhrgebiet . . .		1 491		2 893

Aber die Entwicklung hat Toussaint recht gegeben. 1954 begann sich mit der Anlage des Gildenplatzes (seit 1963: Kennedyplatz) und dem ersten modernen Großbau der Innenstadt, dem Allianzhaus am Kettwiger Tor, auch optisch eine City abzuzeichnen. Im gleichen Jahr überschritt Essen mit 676 000 Einwohnern seinen Vorkriegsstand, und – ein kleines, aber bezeichnendes Symptom – auch die Zahl der Straßenlaternen war 1954 höher als 1939.

Immer schneller ging es nun bergauf. 1959 wurden je dreiunddreißig Prozent der gesamten Groß- und Einzelhandelsumsätze des Ruhrgebiets in Essen getätigt. Über dreißig Prozent der Käufer kommen von auswärts, in der Vorweihnachtszeit liegt diese Zahl noch höher. Im Süden und Norden reicht das Einzugsgebiet des Essener Handels sogar weit über das Ruhrgebiet hinaus. Um Durchreisende anzulocken und die Kauflust zu heben, werden seit 1950 von Oktober bis Ende Dezember die von vielen Städten kopierten „Essener Lichtwochen" veranstaltet: Hunderttausend Glühbirnen strahlen dann in Ornamenten und Figuren über den Straßen und Plätzen der City. Die Lichtwochen, inzwischen mehr als ein Vierteljahrhundert alt, haben jedes Jahr ein anderes Leitthema.

Fußgängerzone Essens City – von den Essenern, diesen Stadtteilmenschen, Vorstadtbewohnern, einfach „die Stadt" genannt – hat sich zu einem innerstädtischen Shopping-Center entwickelt. Aber während Essens Stadtplaner bereit waren, den Autos soviel Straßenraum wie nur möglich zu schaffen, und den Ruhrschnellweg bis auf den letzten Zentimeter an die „Stadt" heranschoben, überließen sie in der City den Autos von Jahr zu Jahr weniger Platz.

Ende der fünfziger Jahre begann man damit, Fußgängerzonen zu schaffen, erst auf dem oberen Teil der „Kettwiger" und dann auf der „Limbecker". Ein Vorgang, der zunächst nicht nur Freude auslöste, sondern auch Widerstand. Einige Geschäftsleute befürchteten, daß die Kunden ausblieben. Doch als 1965 zur Bundesgartenschau auch der nördliche Teil der Kettwiger Straße, der am Burgplatz und Münster vorbei zur alten Marktkirche führt, für Autos gesperrt wurde, bestand überall Einsicht in diesen Fortschritt. Diese Einkaufsstraßen ohne jeden Autoverkehr, ohne Belästigung durch Lärm und Abgase, sind ein früher Beitrag zum Umweltschutz.

Diese Umwandlung zahlte sich aus – durch steigende Umsätze und ständig wachsende Käuferströme. Ungestört konnte man jetzt auf diesen Straßen flanieren, die Auslagen in den Schaufenstern prüfen und quer über die Straße von einem Geschäft zum anderen wechseln. Auch in anderen Städten erkannte man diese Vorzüge, und so entstanden selbst in kleineren Reviergemeinden – so etwa in Bottrop und Castrop-Rauxel – nach Essener Modell kleine Geschäftszentren. Und alle Jahre wieder schreiten ausländische und deutsche Planergruppen und Ratsdelegationen über Essens Einkaufsstraßen und sind voll des Lobes über so viel vorbildliche Planung. In Essen erkannte man – nicht ohne Stolz, aber auch mit Erstaunen –, daß man Spitzenreiter war und den anderen weit voraus an Erfahrung und planerischen Investitionen. Die Fußgängerzone wächst weiter. 1971 erfaßte sie die nördliche City, und zwar den Bereich an der Marktkirche und die Viehofer Straße bis zum Viehofer Platz. Am Rande der Innenstadt wurden schon beizeiten Parkhäuser gebaut. Auch die ersten Erfahrungen mit der neuen U-Bahn zeigten, daß kaum ein Autofahrer für den Einkauf in der Stadt auf den Wagen verzichten will. Das eine tun (nämlich geschützte Fußgängerzonen schaffen), aber das andere nicht lassen (nämlich dem Automobilzeitalter den Tribut zollen, ohne sich überrollen zu lassen) – auf diesen Nenner könnte man die Planung für Essens Einkaufszentrum bringen.

Handels-
*struktur*Ein Schweizer Institut untersuchte die Einzelhandelsstruktur der Einkaufsstadt, die sich Ende der sechziger Jahre über eine Verkaufsfläche von 220000 Quadratmetern erstreckte. In einer Prognose sagten die Schweizer Wissenschaftler eine weitere Ausdehnung um 18000 Quadrat-

meter voraus, danach würde bis 1975 die Verkaufsfläche der Warenhäuser auf 76000 Quadratmeter (1970: 65000), die der Kaufhäuser auf 99000 (84000) und die der Fachgeschäfte auf 63000 (61000) anwachsen. Männer des Essener Einzelhandels halten diese Struktur für ungesund und verweisen darauf, daß in anderen mit Essen vergleichbaren Großstädten der Anteil der Kauf- und Warenhäuser höchstens bei fünfzig Prozent liegt, während er in der Einkaufsstadt Essen fünfundsechzig Prozent erreicht hat. Diese Entwicklung Essens zu einem bei Waren- und Kaufhaus-Konzernen äußerst beliebten Platz setzte schon vor dem Zweiten Weltkrieg ein. Nicht von ungefähr verlegte Karstadt nach dem Krieg seine Hauptverwaltung und seinen Zentraleinkauf nach Essen. 1969 zog die Karstadt-Zentrale in ein modernes, durch seine Architektur bemerkenswertes Verwaltungsgebäude in Bredeney (an der Autobahn Essen – Düsseldorf, A 52).

Schon die Lichtwochen zeigen, daß von allen Ursachen dieses Erfolges Essen nur die zentrale Lage inmitten der riesigen Ruhrstadt in den Schoß gefallen ist: Im Umkreis von fünfundsiebzig Kilometern um Altfrids Münster wohnen über zwanzig Prozent der Bundesbürger. Eifer, Phantasie und ein klarer Blick für künftige Entwicklungen holten aus dieser Lage das Äußerste heraus. In den zwanzig Jahren nach 1950 war Essens City aber nie eine Einzelhandels-Idylle, denn immer wehte der rauhe Wind des Wettbewerbs. „Nirgendwo im Bundesgebiet ist der Wettbewerb so stark und so scharf wie im Mittelpunkt des Ruhrgebiets, in der Einkaufsstadt Essen“, sagte Richard Neuhaus, Vorsitzender des Essener Einzelhandels-Verbandes, im November 1970 in einem Zeitungsinterview. „Wenn heute die Kunden aus den umliegenden Städten, die selbst attraktiv geworden sind, nach Essen zum Einkaufen kommen, so liegt das daran, daß durch den Wettbewerb die Preise in Essen an der untersten Grenze liegen.“ Ende der siebziger Jahre zeigt sich, daß die Kaufkraftkapazität zunächst einmal ausgeschöpft ist. Eine weitere Expansion der Verkaufsfläche ist nicht beabsichtigt. Das Einkaufserlebnis in der Stadt aufzuwerten, in den bestehenden City- und Stadtteilzentren, das ist das Ziel der Einkaufsstadt Essen.

Die Krupp- und Bergbaustadt der Jahrhundertwende hat sich nach dem Zweiten Weltkrieg endgültig zu einer Handels- und Verkehrsstadt entwickelt. Bereits 1963 war der Handel mit 23 Prozent an der Wertschöpfung des Essener Sozialproduktes beteiligt (Bundesdurchschnitt nur 13 Prozent).

Der Bombenkrieg brachte Essen um seine Altstadt. Doch nur wenige ältere Essener trauern den Häusern der Gründerzeit und den schmalen Gassen nach. Tradition nur um der Tradition willen gilt in dieser Stadt, die ja auch immer eine Stadt der Zugereisten war, nicht viel. Man setzt mehr auf Gegenwart und Zukunft, auf Fortschritt durch bessere Lebensbedingungen. Was aber nicht heißt, daß die Essener mit ihrer City restlos zufrieden wären. Als Einkaufs-, Büro- und Verwaltungszentrum tut „die Stadt" tagsüber gute Dienste, doch nach Ladenschluß stirbt sie aus. Dieses Schicksal teilt sie mit den Citys anderer deutscher Großstädte wie Frankfurt und Hamburg.

In den siebziger Jahren ist Essens City noch gewachsen. Am Ostrand der Altstadt, im Alfrediviertel, entsteht das neue Rathaus und mit ihm, wenn auch mit einiger Verzögerung, ein „City-Center". Das Center überspannt einen wichtigen innerstädtischen Verkehrsknoten: Porscheplatz und Schützenbahn. Es enthält Läden, Gastronomie und Parkplätze. Aber das Center hat noch eine andere Funktion: Brücke zwischen der Altstadt und dem neuen Rathaus, das eben nur über dieses „City-Center" von den Essenern zu Fuß zu erreichen ist.

Die City wächst

Die City überspringt die Grenzen des alten Essen und wächst – endlich – auch im Norden. Jahrzehntelang dämmerte das Nordviertel dahin, zwar mit einigen Sanierungsplänen bedacht, die aber nie verwirklicht wurden. Doch in diesem Niemandsland zwischen der City und den nördlichen Stadtteilen entstand Essens Universität, die integrierte Gesamthochschule.

Die Stadt nimmt das zum Anlaß, das Umfeld des Universitätsgeländes, also den nördlichen Innenstadtrand und das Nordviertel, zu sanieren. Wenn man so will, ein Stück Wiedergutmachung an einem Stadtviertel, das auch in seinen wenigen Überresten die Bausünden der Gründerzeit erkennen läßt.

Über ihre Grenzen hinaus wuchs Essens City bisher am eindrucksvollsten im Süden. Zwischen Bismarckplatz und Freiheit türmen sich seit den sechziger Jahren die Hochhäuser: gegenüber dem Rheinstahlhaus (seit 1976: Thyssenhaus) steht das genauso hohe und ähnlich gestaltete RWE-Hochhaus. Mit ihnen erhielt Essen einen weltstädtischen Akzent. Nicht weit von diesen beiden Kolossen entfernt wuchs das neue Postscheckamt hoch, einige Jahre Essens höchstes Bauwerk (87 Meter hoch und mit einer dreißig Meter hohen Antenne bestückt). Höher war nur der Bundesbahnfunkmast, 181 Meter nämlich. Doch er wurde abmontiert. Höher waren auch einige Zechenschornsteine, doch die wurden inzwischen gesprengt. Zechenschornsteine gibt es in Essen von Jahr zu Jahr weniger – auch das ein Zeichen für den Wandel, den diese Stadt erlebt. Ein sichtbares Zeichen für die Entwicklung Essens zu einer Stadt der Verwaltungen und Dienstleistungen ist auch das neue Rathaus am Ribbeckplatz. Mit seinen 104 Metern ist es nunmehr das höchste Gebäude der Stadt.

4. Kapitel
Essens „Unterwelt"

In Essens jüngster Geschichte gibt es zumindest vier historische Daten, *Stadtauto-bahn* die sich auf den Verkehr beziehen. Das erste ist der 5. Oktober 1967. An diesem Tag eröffnete der damalige Oberbürgermeister Wilhelm Nieswandt am Saalbau die erste Haltestelle der U-Bahn. Das zweite ist der 26. Mai 1968, als zum erstenmal die S-Bahn-Strecke zwischen Essen und Düsseldorf befahren wurde. Der 25. September 1970 ist das dritte Datum. Bundespräsident Heinemann war in seine Vaterstadt gekommen, um den Ruhrschnellwegtunnel freizugeben. Der S-Bahn-Auftakt und der erste U-Bahn-Abschnitt waren Vorschüsse auf die Zukunft des öffentlichen Nahverkehrs im Herzen des Reviers. Die Eröffnung des Ruhrschnellwegtunnels dagegen war ein Abschluß, auf den die Autofahrer – und nicht nur die Essener – seit Jahren gewartet hatten. Das vierte historische Datum, wahrscheinlich das wichtigste, ist der 29. Mai 1977. An diesem Tag startete Essen voll ins U-Bahn-Zeitalter. In der Innenstadt fahren oberirdisch seitdem keine Straßenbahnen mehr.

Ruhrschnellweg: So hieß schon jenes Stück der einstigen Reichsstraße 1, später Bundesstraße 1, heute Autobahn 430, das zwischen den Weltkriegen unter Leitung des Siedlungsverbandes Ruhrkohlenbezirk zur Hauptschlagader des Reviers ausgebaut wurde. Duisburg, Mülheim, Essen, Bochum, Dortmund waren durch eine Schnellstraße miteinander verbunden, die damals den Verkehrserfordernissen entsprach, in den späten dreißiger Jahren aber schon überlastet war. Nach 1948 wurde aus dem Ruhrschnellweg bald ein „Ruhr-Schleichweg", wie die Autofahrer sagten, und 1953 begann der Ausbau dieser Straße.

In Essen wurde diese Hauptschlagader des Ruhrgebietes zu einer kreuzungsfreien Stadtautobahn (11,6 Kilometer lang). Vierzehn Jahre dauerten die Bauarbeiten, das heißt, der östliche Teil zwischen Kray und der Innenstadt war vergleichsweise schnell fertig, und auch der westliche Abschnitt mit der imponierenden Tiefstraße war Mitte der sechziger Jahre vollendet. Auch die Diskussion war abgeschlossen. Einige Fachleute hatten statt der Tiefstraße und des Tunnels den Bau einer Hochstraße empfohlen. „Gerade im Bereich der Hochhäuser würde sie die Modernität Essens, das Weltstädtische seines Stadtkerns noch unterstrichen haben", äußerte sich noch 1963 eine kritische Pressestimme. Doch die Entscheidung war gefallen. Essens Politiker und Stadtplaner wählten fast einmütig den Tunnel.

Ruhrschnellweg-Tunnel Der Ruhrschnellweg-Tunnel ist 1020 Meter lang und reicht von der „Freiheit" bis zur Friedrichstraße. Bei der Eröffnung im September 1970 war er Deutschlands längste unterirdische Straßenführung und für Essen das bis dahin kostspieligste und technisch schwierigste Stück Straße. Die Erbauer berücksichtigten Tunnel-Erfahrungen aus der ganzen Welt, rüsteten die Tunnelröhren mit vierundzwanzig Fernsehkameras aus und mit einem Leitstand, der Tag und Nacht besetzt ist und von dem aus bei einer Störung auf einer der Fahrspuren sofort Hilfsmaßnahmen eingeleitet werden. Der Tunnel berührt den Südrand der City, und so gibt es mehrere Ab- und Zufahrten, über die der Autofahrer – vor allem der Fremde – vom Ruhrschnellweg schnell in die City gelangen kann und umgekehrt. Der Tunnelbau und die damit verbundene Verlegung des Ruhrschnellwegs in die Nähe der Innenstadt beweist erneut, wie sehr den Essenern ihre City am Herzen liegt und wie bewußt sie die Einkaufsstadt ins Spiel bringen.

Die lange Bauzeit des Tunnels aber hatte noch einen anderen Grund: Unter dem Autotunnel wurde nämlich eine zweite Röhre gegraben, die für die Stadtbahn. In Essen wird sie über viele Kilometer zur U-Bahn, womit aber nicht so sehr die klassische „Untergrundbahn" gemeint ist als vielmehr die „unabhängige Schienenbahn", die kreuzungsfrei und auf eigenem Gleiskörper fährt. Die ersten Schilder – blaues Viereck mit weißem U – standen im September 1967 am Saalbau, wo sechshundert Meter U-Bahn in Betrieb genommen wurden.

In Essens Tageszeitungen erschienen in den vergangenen Jahren immer wieder Modellzeichnungen des künftigen U-Bahn-Netzes: weiträumige, unterirdische Haltestellen und Geschäftszentren werden vorteilhaft ins Bild gesetzt. Es ist nicht die große Zukunftsmelodie, die da *Die U-Bahn fährt* gespielt wird, sondern die kleine, zum Greifen nahe Stadt-Utopie. Und am 29. Mai 1977 war es soweit: Am Hauptbahnhof, an der Freiheit und am Porscheplatz fuhren die Bahnen unter der Erde. Es war ein kleines Volksfest. Essen war auf den Beinen, um zu sehen, was die Zukunft bringt. Zunächst einmal: ein neun Kilometer langes U-Bahnnetz (einschließlich der oberirdischen Strecke nach Mülheim) mit neun

U-Bahnhöfen. Dieser erste U-Bahn-Betrieb brachte den Autofahrern in der Innenstadt mehr Fahrraum, aber der EVAG nicht mehr Fahrgäste.

Die erste Etappe des Essener U-Bahnnetzes wird etwa 20 Kilometer lang sein und wahrscheinlich Mitte der achtziger Jahre funktionieren. Unter der Innenstadt gibt es dann zwei Äste: der eine vom Hauptbahnhof zur Universität, der andere vom Hauptbahnhof über den Porscheplatz bis hinter den Viehofer Platz. Dazu eine Ost-West-Spange – die Verbindung vom Viehofer Platz zum Berliner Platz. Und eine Strecke – unter der Rüttenscheider Straße – Richtung Gruga und Messegelände. Die Kosten: etwa 1,2 Milliarden Mark. Die Stadt Essen hat davon etwa 15 bis 20 Prozent zu tragen.

Auch die Bundesbahn blieb nicht untätig. Viele Jahrzehnte blieb die Schnellbahn, die S-Bahn, eine bloße Forderung. Doch erst in den sechziger Jahren reiften bei der Bundesbahn die Pläne heran, und seit dem Mai 1968 gibt es am Essener Hauptbahnhof das S-Bahn-Zeichen (grüner Kreis mit weißem S). Siebzehn S-Bahnhöfe hat die Bundesbahn den Essenern versprochen (zwölf sind in Betrieb), wobei eine enge Verknüpfung mit der Stadtbahn eingeplant ist. So wird es denn endlich auch einen Verkehrsverbund geben, also nicht mehr das konkurrierende Nebeneinander, sondern ein spürbares Miteinander von Bundesbahn und Nahverkehrsbetrieben. Ein entscheidender Schritt in diesem Zusammenhang war die Gründung der Stadtbahngesellschaft Ruhr (Sitz Gelsenkirchen), der sich auch die Essener Nahverkehrsbetriebe (EVAG) anschlossen, die seit mehr als 75 Jahren ihre Bahnen und Busse durch Essen fahren lassen. 1977 erhielt die EVAG einen städtischen Zuschuß von 72 Millionen Mark. Ihre Busse und Bahnen sind nur zu etwa 15 Prozent besetzt.

In den vergangenen Jahren sind die Essener baustellenbewußt geworden, zwangsläufig. Sie haben eingesehen, daß es zuerst in die Tiefe gehen muß, damit es demnächst mit dem Verkehr wieder bergauf gehen kann. An dem verkehrsreichen Punkt der Stadt war man allerdings bemüht, die U-Bahnröhren bergmännisch voranzutreiben, um den Verkehrsstrom über der Erde so wenig wie möglich zu stören. Manchmal stießen die Arbeiter auch auf Spuren des alten Essen, so auf die jahrhundertealten Mauern des Kettwiger Tores.

Essen ging nicht ohne Plan an die Lösung seiner vielschichtigen Verkehrsprobleme. 1961 ermittelte die Stadtverwaltung die Daten für einen Generalverkehrsplan. Denn Essen, der Schwerpunkt des industriellen *Generalverkehrsplan*

Ballungsraums Ruhrgebiet, hat einen mehr als dreimal so starken Durchgangsverkehr wie eine isoliert gelegene Stadt gleicher Größe.

Weitere Untersuchungen ergaben: die Essener sind mobile Stadtbewohner, was sich durch die satellitenartige Struktur der Großstadt Essen erklären läßt. Eine Zählung zeigte 1961: Von den berufstätigen Essenern haben 280 000 ihren Arbeitsplatz in einem anderen Stadtbezirk, 30 000 sogar in einer der Nachbarstädte. Von den innerstädtischen Pendlern fuhren 19 000 mit der Bundesbahn, 120 000 benutzten Busse oder Straßenbahnen und 60 000 fuhren mit dem eigenen Wagen zur Arbeit. 80 000 legten den Weg zu Fuß zurück. Und noch zwei Zahlen von 1970: 33 400 Essener pendelten beruflich in eine andere Stadt; dafür kamen 47 200 Pendler nach Essen, und zwar vor allem aus Gelsenkirchen (16,9 Prozent), Mülheim (12,3 Prozent) und Bottrop (10,5 Prozent).

Beim Straßenbau war die Lage Anfang der sechziger Jahre katastrophal. Die wichtigsten Autobahnzubringer im Süden, Norden und Westen der Stadt waren nur schlecht (auf Umleitungen) passierbare Baustellen. Doch die Lage verbesserte sich, und nicht nur durch die Fertigstellung des Ruhrschnellwegs. Im Süden der Stadt wurde 1966 die neue vierspurige Autobahn A 52 fahrfertig, deren 1 800 Meter weitgespannte Mintarder Brücke damals die längste Straßenbrücke Deutschlands war. Der Emscherschnellweg (A 42), die „Autobahn im Essener Norden", ist seit Mitte der siebziger Jahre zwischen Duisburg und Dortmund befahrbar und bringt etwas Entlastung für den Ruhrschnellweg.

Auf der Essener Planungsliste stehen noch weitere Autobahnen und autobahnähnliche Straßenprojekte. Das Automobilzeitalter kommt auch die Stadt Essen – trotz der Zuschüsse von Bund und Land – teuer zu stehen. Wie langwierig Autobahnbau in einer Großstadt sein kann, erlebten die Essener mit der Anbindung der A 52 an die A 430, an der sogenannten Kaiserhof-Brücke. Sicherlich ein schwieriger Bauabschnitt mit Tiefstraßen und Brücken, der zudem durch Wohnviertel und Grünzonen führt. Seit Mitte der sechziger Jahre wurde an dieser Verbindungsstraße gebaut. Inzwischen wurde sie zweimal umbenannt, zuerst von B 288 in A 214 und dann in A 52.

Freundliches Grün Stellenweise, zumal im Norden, wo Essen in die Kernzone des Reviers hineinragt, wirkt die Stadt grau und noch angeschlagen von den Planungssünden der Gründerjahre. Die Schwerindustrie gefällig zu verkleiden oder Zechensiedlungen als Villenviertel erscheinen zu lassen, ist bislang niemandem gelungen. Aber diese Großstadt nimmt sich keineswegs überwiegend grau und öde aus: Die Innenstadt ist schmuck und an einzelnen Punkten nahezu weltstädtisch, schon im inneren Stadtbereich sind viele Wohnviertel in freundliches Grün gebettet, und neben dem landschaftlich abwechslungsreichen Süden wirkt manche topfebene deutsche Großstadt einfach langweilig.

Die Statistik beweist: Es gibt in Essen 27 Quadratkilometer Wald und fünfundvierzig Parkanlagen. Wälder und Parks machen zusammen rund fünfzehn Prozent, die Grünflächen einschließlich Landwirtschaft, Gärten, Spielplätzen und Friedhöfen vierundvierzig Prozent des Stadtareals aus. Eine Aussicht wie die von den Ruhrhöhen in Bredeney über Wälder auf den acht Kilometer langen Baldeneysee hinab haben nicht viele deutsche Großstädte zu bieten. Die Essener wissen sehr wohl diese Vorzüge ihrer Stadt zu schätzen. Sonntagstouren mit dem Wagen zum See und in die Wälder sind besonders beliebt; und nicht nur bei den Einheimischen, auch die Fremden wählen häufig den Essener Süden zum Ausflugsziel.

Die Gruga hatte 1969 Jubiläum. Vierzig Jahre wurde sie alt. In diesem Zeitraum besuchten fünfzig Millionen Menschen diesen Blumen- und Freizeitpark, der weit beliebter ist als jeder andere Park des Ruhrgebiets und viel zum neuen Image von einem schöneren, liebenswerteren Essen beigetragen hat.

Die Gruga

Die Gruga von heute erinnert zwar noch in manchem an die Gruga von 1929, aber in vielem ist sie doch eine andere, neue Gruga. 1965, zur Bundesgartenschau, wurde sie nämlich mit wenig Ehrfurcht umgekrempelt, was allerdings nicht bedeutet: daß kein Strauch neben dem anderen blieb. In der Öffentlichkeit wurden einige Proteste laut, auch wegen der hohen Kosten, die die Finanzkraft der Stadt strapazierten. Die Parteien lieferten sich heftige Debatten, aber schließlich setzte sich die SPD-Fraktion, angeführt von Oberbürgermeister Wilhelm Nieswandt, durch: Essen erhielt eine neue Gruga. Der damalige Gartenbaudirektor Dr. Helmut Klausch leitete das Team aus Gartenbaufachleuten. Sie wurde erweitert von 45 auf 70 Hektar. Über weite Strecken blieb sie das Blumenparadies, das sich vom Frühjahr bis zum Herbst auf so vielfältige und immer wieder faszinierende Art verändert, aber sie wurde auch – und vor allem in ihrem neuen Teil – ein zeitgemäßer Freizeitpark. Man kann in ihm spazieren, sich ausruhen, auf Bänken sitzen und die Wasserspiele betrachten, sich auf den Terrassen der Restaurants erfrischen, man kann sich aber auch betätigen: vom Wassertreten bis zum

Freiluftschachturnier. Und es gibt mehrere Tummelwiesen ohne den herrischen Hinweis: „Rasen betreten verboten."

Die Gruga liegt in dem am dichtesten besiedelten Teil Essens und ist für 200000 Menschen aus Rüttenscheid, Holsterhausen und Frohnhausen in spätestens dreißig Fußminuten erreichbar. An der Gruga ist auch Essens derzeit beliebtestes Freibad, eben das Grugabad, das schon 1963 zum Deutschen Turnfest seine Generalprobe erlebte.

Blühende Schlackenhalden Mit der Erweiterung der Gruga übernahmen die Verantwortlichen der Stadt die Verpflichtung, auch dem Essener Norden zu geben, was er dringend braucht: mehr Grün. Schon nach dem Zweiten Weltkrieg hatte die allmähliche Durchgrünung der nördlichen Stadtteile eingesetzt. Dabei bemühte man sich, die bis zu sieben Hektar großen Schlackenhalden zu begrünen, die wohl die häßlichsten Stücke der Industrielandschaft sind. Wachsen auf diesen leblos-schmutzigen Hügeln, auf die zunächst Erde aufgeschüttet werden muß, erst einmal Gras, Büsche und Bäume, so ist ein Schandfleck verschwunden, und es entsteht – wie in Bergeborbeck – eine reizvolle Grünanlage mit einer Aussichtsplattform. Zwischen 1960 und 1968 wurden durch die Aktion „Grün für den Norden" mehr als dreißig Hektar begrünt. Das reichte zwar längst nicht aus, aber es war ein Schritt, dem weitere folgten. In Karnap, Essens nördlichem Zipfel, entstand der 21 Hektar große Emscherpark. Dann gab es die Idee, 1981 im Bereich des herrlichen Borbecker Schloßparks eine Bundesgartenschau zu veranstalten. Doch davon rückten Essens Stadtväter wieder ab und initiierten dafür das Projekt „Grüne 14": An vierzehn Punkten im Essener Norden entstehen jetzt Grünzonen, Erholungsflächen, Spielflächen. Eine von der Industrie geprägte Stadtlandschaft wird wieder grün.

Einen ungewöhnlichen Vertrag unterzeichneten 1969 Essens Oberstadtdirektor Dr. Karlheinz Rewoldt (Amtszeit: 1964–1974), Gelsenkirchens Oberstadtdirektor König und Verbandsdirektor Neufang vom Ruhrsiedlungsverband. Dieser Vertrag ermöglicht den Bau des Revierparks Nienhauser Busch. Mit beheiztem Wellenbad, Park- und Spielzonen, mit Blumen- und Wasserschau und einem Rodelberg ist Nienhausen der neue Typ des „Parks um die Ecke". Er liegt auf Gelsenkirchener Gebiet, stößt aber bei Katernberg an die Essener Stadtgrenze. Von den 80000 Menschen, die in einem Umkreis von fünfzehn Fußwegminuten wohnen, sind zwei Drittel Essener, und zwar Bewohner der nördlichen Stadtteile Altenessen und Katernberg. Von den 14,3 Millionen Mark Baukosten übernimmt Essen etwa 2,3 Millionen Mark, den größeren Teil trägt der Siedlungsverband, während Gelsenkirchen das Grundstück in diese Partnerschaft einbrachte, die noch aus einem anderen Grund bemerkenswert ist: Hier liegt einer der seltenen Fälle vor, wo zwei Nachbarstädte des Reviers Hand in Hand arbeiten und nicht wie meist – und leider noch zu oft – als Konkurrenten auftreten.

Die Jubiläen häuften sich. Im Juni 1971 wurde die Großstadt Essen *Jubiläen* fünfundsiebzig Jahre alt. Was allerdings kein Anlaß zu einem Fest war; dies hatte – nicht sonderlich aufwendig – bereits 1952 stattgefunden, als Essen seinen elfhundertsten Geburtstag beging. 1969 war Borbeck, diese Großstadt in der Großstadt, mit einer 1100-Jahr-Feier an der Reihe und 1970 Rüttenscheid mit einer 1000-Jahr-Feier, was jedesmal mit mehr oder weniger Aufwand gefeiert wurde – zu Recht, denn diese Jubiläen erinnerten wieder einmal daran, daß nicht nur das alte Essen, sondern auch seine von ihm eingemeindete Nachbarschaft auf geschichtsreichem Boden liegen und nicht auf Goldgräberland.

Schon Anfang der sechziger Jahre neigte der Wiederaufbau Essens *Neue Aufgabe:* sich dem Ende zu. Die Spuren des Krieges, vor allem der 272 Bomben- *Stadtsanierung* angriffe, waren fast restlos und viel schneller als erwartet beseitigt worden, was aber nicht hieß, daß für diese fleißige Stadt alle Probleme aus der Welt geschafft waren. Wohnungen zum Beispiel blieben auch nach dem abgeschlossenen Wiederaufbau knapp, und dies, obwohl die Stadt Essen den Wohnungsbau großzügig gefördert hatte. 1967/68 kamen 9000 Wohnungen hinzu, trotzdem lag die Zahl der Wohnungsuchenden Ende 1968 noch bei 36000, was auch eine Folge der gestiegenen Ansprüche an Wohnkomfort und Wohnungsgröße war. Eine Gebäude- und Wohnungszählung im Oktober des gleichen Jahres ergab: Die Durchschnittswohnung des Esseners ist 69 Quadratmeter groß. Jede fünfte Essener Familie lebt in einer Wohnung ohne Bad; nur knapp ein Viertel der Wohnungen – noch zehn Prozent stammen aus der Zeit vor 1900 – besitzt eine Zentralheizung (vgl. Seite 313). Ende 1977 hatte Essen einen Bestand von 284000 Wohnungen. Statistisch: 2,4 Essener lebten in einer Wohnung. Mitte der siebziger Jahre war auch in Essen der Wohnungsbau stark zurückgegangen. 1976 entstanden 2800 und 1977 2600 neue Wohnungen. Nicht weniger bemerkenswert aber war, daß fast zwei Drittel der Wohnungen (63,2 Prozent) nach 1945 gebaut worden sind.

Dem Wiederaufbau folgt die Stadterneuerung. Sie ist eine Aufgabe für Generationen und ebenso umfassend wie der Aufbau der Nachkriegszeit. Die Stadterneuerung zielt auf bessere Verkehrswege und neue Arbeitsplätze, auf die Vertiefung der Infrastruktur (mehr Schulen und Krankenhäuser), auf den Wohnungsbau und die Sanierung alter Stadtteile.

Die Stadtsanierung setzte in den sechziger Jahren ein, als nacheinander die traditionsreichen Stadtteile Werden, Borbeck und Steele in Angriff genommen wurden. Mit genauen Plänen ging man ans Werk, aber auch mit Abbruchbaggern. Es wurde eifrig „entkernt": Häuser fielen und manchmal auch liebgewordene, vertraute Stücke alter Architektur. Das löste Proteste aus und in den Bürgerversammlungen heftige Diskussionen. Essens Kommunalpolitiker bemühten sich um die Einhaltung demokratischer Spielregeln. Es gab öffentliche „Hearings" wie im Fall Steele, und einige Entscheidungen veränderten sich zum Kompromiß. Die Sanierung dieser drei Stadtteile ist abgeschlossen; es wird noch einige Jahre weitergehen, weniger in Werden und Borbeck als in Steele, wo auch die für dieses Zentrum wichtigen zur Ruhrhalbinsel (Überruhr, Burgaltendorf) und zur Oststadt geschaffen werden müssen.

Oststadt Ein gewichtiger Teil der Essener Stadterneuerung ist die Oststadt, die seit Mitte der sechziger Jahre auf einem Areal von 1100 Hektar – Essens City ist mit 36 Hektar sehr viel kleiner – gebaut wurde. Von den 8000 Wohnungen, Eigentumswohnungen und Eigenheimen der Oststadt sind die meisten inzwischen fertig und bezogen. Das ehrgeizigste und für viele Jahre umfangreichste Wohnungsbauprojekt der Stadt, im wesentlichen abgeschlossen, entwickelte sich nicht ohne Probleme. Der Bau der notwendigen Versorgungs- und Geschäftszentren hielt nicht Schritt mit dem der Wohnungen. Es entstand eine Wohn- und Schlafstadt mit vorerst wenig Möglichkeiten zu geselligem Leben und nachbarschaftlichem Beisammensein. Hier bleibt der Stadt Essen noch einiges zu tun.

5. Kapitel
Wie das Kruppwunder gerettet wurde

Zwischen dem März 1953, als Alfried Krupp nach achtjähriger Pause zum erstenmal wieder das Essener Stammwerk betrat, und dem Januar 1968, als beim Essener Amtsgericht die Firma Fried. Krupp GmbH mit einem Stammkapital von fünfhundert Millionen Mark ins Handelsregister eingetragen wurde, liegen fünfzehn ereignisreiche Jahre: der faszinierende Aufstieg Krupps und das Abrutschen in eine Krise, die das Ende dieses weltberühmten Konzerns zu signalisieren schien.

Der Preis dafür, daß Alfried Krupp fünfzehn Jahre zuvor das Verfügungsrecht über sein Vermögen zurückerhalten hatte, war der Abschluß eines Vertrages mit den drei westlichen Besatzungsmächten, der nach zähen Verhandlungen von dreiundzwanzig Monaten Dauer am 4. März 1953 in der amerikanischen Hohen Kommission zu Mehlem bei Bonn unterzeichnet wurde. Danach übernahm der Firmenchef zwei Verpflichtungen: erstens, bis Januar 1959 diejenigen seiner Betriebe zu verkaufen, die Kohle fördern und Stahl produzieren; zweitens, niemals wieder in der Kohlenförderung und Stahlerzeugung tätig zu werden, also nicht etwa nach Erfüllung der Verkaufsauflage andere Zechen und Hüttenwerke oder Beteiligungen an solchen zu erwerben.

Zumal um die zweite Bedingung war von Krupps deutschen und amerikanischen Anwälten lange gerungen worden, und im November 1952 fand darüber sogar eine Aussprache der drei Hohen Kommissare mit Bundeskanzler Adenauer statt – denn die Besatzungsmächte verlangten nicht mehr und nicht weniger als einen Verstoß gegen das Grundgesetz, das allen Bürgern der Bundesrepublik die gleichen Rechte garantiert, also nicht einen einzelnen Bürger von dem Recht ausschließen kann, Stahl zu produzieren.

Alfried Krupp unterschrieb dennoch, weil er sonst auch die im Essener Stammwerk konzentrierte andere Hälfte seiner Produktion – die Stahlverarbeitung – nicht wieder unter seine Kontrolle bekommen hätte. Die *Die alliierte Verkaufsauflage*

339

Kruppschen Zechen und Stahlwerke wurden in der Hütten- und Bergwerke-Rheinhausen-AG (heute Fried. Krupp Hüttenwerke AG Bochum) zusammengefaßt, die 1961 mit 52000 Beschäftigten eine Kapazität von vier Millionen Tonnen Stahl und 5,8 Millionen Tonnen Kohle besaß (Umsatz 1970: 2,5 Milliarden Mark).

Der Zufall wollte es, daß sich für den größten Teil des Kruppschen Montanbesitzes kein Käufer fand, der die Krupp im Mehlemer Vertrag zugebilligten „angemessenen Preise" bieten konnte. Der Zufall wollte es ferner, daß die Hütten- und Bergwerke-Rheinhausen-AG 1959 noch größer und damit noch schwerer verkäuflich wurde, denn mit Genehmigung der Hohen Behörde der Montanunion – kaufte sie ihrerseits fünfundsiebzig Prozent der Aktien des Bochumer Vereins, die nun ebenfalls unter Verkaufsauflage standen. Der einstige Konkurrent, dessen stählerne Glocken Alfred Krupp 1855 in Paris blamiert hatten, war nun in das Kruppreich eingebracht.

Im November 1961 sagte Theodor Heuss in Essen, es sei „hohe Zeit, daß die noch mit Ungewißheit drohenden Rechtsvorbehalte oder Rechtseingriffsmöglichkeiten (der Westmächte gegen Krupp) endlich, endlich auch formal gestrichen werden". Bei der gleichen Gelegenheit – der Kruppschen Hundertfünfzigjahrfeier – meinte der damalige Vizekanzler Ludwig Erhard: „Ich bin der festen Überzeugung, daß die Verkaufsauflage einen Anachronismus darstellt und daß sie durch nichts gerechtfertigt ist." Und Fritz Berg, der Präsident des Bundesverbandes der deutschen Industrie, erklärte noch deutlicher: „Ich weiß, daß sich kein deutsches Unternehmen bereit finden wird, sich zum Helfershelfer einer Enteignung zu machen, und ich hoffe, daß sich auch kein Unternehmer der westlichen Welt hierzu bereit finden wird."

So war es denn auch. Der Kruppsche Bergwerksbesitz, soweit nicht vorher wegen schwindender Rentabilität stillgelegt, wurde in die Ruhrkohle AG eingebracht; und die Verkaufsauflage der westlichen Alliierten wurde nach dem Tod Alfried Krupps – er starb am 30. Juli 1967 – aufgehoben.

Doch zunächst galt es, den Konzern für den Aufstieg flottzumachen, und zwar mit Bankkrediten in Höhe von achtzig Millionen Mark. Am 1. November 1953 trat der vierzigjährige Versicherungskaufmann Berthold Beitz aus Zemmin in Pommern, zuvor Generaldirektor der Iduna-Germania-Versicherungs-AG, das für ihn neugeschaffene Amt eines Generalbevollmächtigten an und begann mit der Reorganisation des Konzerns. 1954 hatte Krupp beim gleichen Beschäftigungsstand wie

1952 (80 900 Mitarbeiter) den Umsatz von 1,9 Milliarden Mark auf 2,3 Milliarden Mark gesteigert. 1958 erzielten 106 000 Beschäftigte einen Umsatz von 4,1 Milliarden (jeweils unter Einschluß der zum Verkauf stehenden Berg- und Hüttenwerke). 1962 gab es 111 400 Mitarbeiter (freiwillige Sozialzuwendung: hundert Millionen Mark) und einen Umsatz von 5,2 Milliarden Mark.

Die Abschwächung der Stahlkonjunktur, die auch Krupp zu spüren bekam, macht dieses Wunder nicht geringer. Man muß sich vor Augen führen: 1913, zur Zeit ihrer größten Blüte, erzielte die Firma einen Umsatz von 441 Millionen Goldmark, wovon achtundzwanzig Prozent auf Kriegsmaterial entfielen. 1920 wurden vierundvierzig Prozent aller Maschinen demontiert. 1939, als das Werk nur noch zu zwölf Prozent Rüstungsmaterial herstellte, lag sein Umsatz mit einer Milliarde Reichsmark auch bei Berücksichtigung des Währungsverfalls höher als 1913. Der Zweite Weltkrieg ließ nach Bomben und Demontagen vom Stammwerk nur ein Viertel übrig, erst 1953 konnte der Betrieb voll wiederaufgenommen werden, eine Verkaufsauflage spaltete den Konzern in zwei Hälften – aber der Umsatz lag 1962 mit 5,2 Milliarden weit über dem von 1913 und 1939. Hugenbergs Prophezeiung von 1912, auch ohne Krieg und Heere würde die Firma ihr zweites Jahrhundert dennoch in gleicher Größe feiern wie das erste, hatte an Wahrscheinlichkeit gewonnen.

150-Jahr-Feier

In einer Traglufthalle, die auch das getreulich wiederaufgebaute „Stammhaus" überwölbte, versammelten sich am 20. November 1961 zweitausend Ehrengäste – unter ihnen Altbundespräsident Heuss und Reichskanzler a. D. Luther –, um des Tages vor hundertfünfzig Jahren zu gedenken, an dem der vierundzwanzigjährige Kaufmannssohn Friedrich Krupp mit zwei Arbeitern und zwei Dilettanten in der Weberstraße zu Essen eine Werkstatt „zur Verfertigung des englischen Gußstahls" einrichtete.

Alfried Krupp, der Urenkel des Gründers, sagte in seiner Jubiläumsrede: „Mehr als eine halbe Million Menschen haben in eineinhalb Jahrhunderten allein in unseren Essener Werken Arbeit und Brot gefunden. Sie haben ihr Schicksal mit den Erfolgen und Sorgen der Firma geteilt." Drei Tage vor dem Jubiläum hatte die Stadt Essen ihren Frieden mit der Familie Krupp geschlossen. Die aus den Zeitumständen erklärliche Aberkennung des Ehrenbürgerrechts für Gustav Krupp von Bohlen durch die erste, von den Militärbehörden ernannte Stadtverordnetenversammlung hatte, ebenso erklärlich, die Familie nicht gerade mit Genugtuung erfüllt. Nun fand die Stadt einen Weg, unter Vermeidung des heiklen Punktes „Ehrenbürgerrecht" den wiederum veränderten Verhältnissen Rechnung zu tragen: In einer Festsitzung verlieh der Stadtrat am 17. November 1961 Alfried Krupp von Bohlen den neu gestifteten „Ehrenring der Stadt Essen", mit dem in den folgenden Jahren auch Bundespräsident Dr. Heinemann, Oberbürgermeister Nieswandt und Oberbürgermeister Dr. Toussaint ausgezeichnet wurden.

Umwandlung der Firma Fast sechs Jahre nach diesem glanzvollen Jubiläum und vier Monate vor seinem Tod verkündete Alfried Krupp, noch Alleininhaber des Konzerns, im April 1967 die bevorstehende Umwandlung der Firma in eine Kapitalgesellschaft über eine Stiftung, „um modernen wirtschaftlichen Erfordernissen zu entsprechen". Vor den in der Villa Hügel versammelten Jubilaren sagte er: „Es entspricht der Tradition des Hauses Krupp, erwerbswirtschaftliche Überlegungen – so wichtig sie auch sind – nie isoliert vom Gebot der Sozialverpflichtung des persönlichen Eigentums zu sehen. Sie wissen, welch große Bedeutung die Sozialverpflichtung des Eigentums in der Geschichte meiner Familie und unserer Firma spielt."

Dramatisches lag in der Luft. Der Konzern war mit zwei Milliarden Mark verschuldet, denen allerdings ein Umsatz von über sechs Milliarden Mark und eine Billanzsumme von mehr als fünf Milliarden Mark gegenüberstanden. Würde das hundertsechsundfünfzigste auch das letzte Jahr der Firma sein? Mancher hielt es für möglich. Der Tod Alfried Krupps im Juli des gleichen Jahres schien ein unübersehbares Zeichen zu sein.

Doch es kam die Wende. Der Konzern wurde in eine Gesellschaft mit beschränkter Haftung umgewandelt und erhielt einen Vorstand wie bei einer Aktiengesellschaft, der die Geschäfte führt. Außerdem wurde ein Aufsichtsrat eingesetzt. Die Geschäftsanteile liegen bei der von Alfried Krupp zu seiner Alleinerbin eingesetzten, gemeinnützigen „Alfried Krupp von Bohlen und Halbach Stiftung". Vorsitzender des Kuratoriums der Stiftung und Testamentsvollstrecker wurde Berthold Beitz, der seit dem Juni 1970 auch Vorsitzender des Aufsichtsrates der GmbH ist. Das Jahr 1968 endete mit einer „Jubelmeldung": Früher als erwartet war die Liquidität zurückgewonnen worden. Krupp war über den Berg. Ein Jahrzehnt später präsentiert sich Krupp mit einem Konzernumsatz von 11,2 Milliarden Mark (Geschäftsjahr 1977) und 86500 Beschäftigten. Krupp liegt damit dicht hinter dem RWE, dem größten Essener

Unternehmen, das 11,8 Milliarden Mark erzielte, und vor der Ruhrkohle AG, die 1977 10,7 Milliarden erwirtschaftete. Dieser bemerkenswerte Aufstieg ist die Folge einer neuen Unternehmensstruktur. War Krupp in den fünfziger Jahren noch so etwas wie ein großes „Warenhaus" mit einem breitgefächerten Produktions- und Handelsprogramm, so ist es 1978 ein in fünf Geschäftsbereiche – Stahl, Schiffbau, Industrieanlagen, Maschinenbau sowie Handel und Dienstleistungen – klar strukturiertes Unternehmen. Der Konzern ist weltweit im Geschäft, und zwar vor allem mit dem nicht wenig expandierenden Bereich des Großanlagenbaus, also mit dem Bau kompletter Stahlwerke, Reifen- und Zuckerfabriken, Zement- und Chemieanlagen.

Die Alfried Krupp von Bohlen und Halbach Stiftung ist nicht mehr alleiniger Gesellschafter der Fried. Krupp GmbH. Der Iran ist beteiligt, zunächst mit 16,9 %. Mitte 1978 stieg die Beteiligung Irans auf 25,01 % an dem von 500 auf 700 Mio. Mark erhöhten Stammkapital.

Essen ist seit Anfang der fünfziger Jahre nicht nur das Kaufhaus des Ruhrgebiets; es bemüht sich auch um den Nachweis, daß Düsseldorfs Anspruch, „der Schreibtisch des Ruhrgebiets" zu sein, mit nicht weniger Recht auch von der Ruhrmetropole erhoben werden könnte. Die Rivalität der beiden großen und kraftvollen Gemeinden ist alt. Über die Zustände um 1920 schrieb der Essener Oberbürgermeister und spätere Reichskanzler Luther: „Der wirkliche Gegner der Städte des Industriebezirks im Ringen um die Sitze der Hauptverwaltungen war Düsseldorf." Der damalige Oberbürgermeister von Düsseldorf habe versucht, „die eine oder andere Essener Firma durch persönliche Besuche und verlockende Anerbieten nach Düsseldorf zu ziehen". Daraufhin habe er, Luther, seinem Kollegen vom Rhein gesagt, „wenn er einmal wieder mit seinem Düsseldorfer Musterköfferchen die Stadt Essen bereisen wolle, so würde ich ihm gern meinen Wagen zur Verfügung stellen, das würde bei den Firmen einen besseren Eindruck machen..." *„Schreibtisch des Ruhrgebiets"*

Diese Rivalität besteht auch zu anderen Städten und zeigte sich besonders deutlich, als es während der Bergbaukrise 1966 galt, in den Gemeinden des Reviers neue Industrien anzusiedeln. Was das Verhältnis zu Düsseldorf, der Landeshauptstadt, angeht, so könnte man sagen, daß dort die Wirtschafts- und Berufsverbände der eisenschaffenden und metallverarbeitenden Industrie residieren, während es in Essen die der Kohle sind. Von den größten Unternehmen der Bundesrepublik haben *Umsatzmilliardäre* fast ein Dutzend, zumeist mehrfache Umsatz-Milliardäre wie der Stromriese RWE, wie die Ruhrkohle AG, Krupp und Thyssen-Industrie, Raab Karcher, Ferrostaal, Hochtief und Ruhrgas ihren Schreibtisch in Essen und auch Karstadt, der größte deutsche Kaufhauskonzern. Auch sämtliche überkommunalen Verbände des Ruhrgebiets – der Siedlungsverband Ruhrkohlenbezirk, der Ruhrtalsperrenverein, der Ruhrverband, die Emscher- und Lippegenossenschaft – residieren in Essen, ferner die Industrie- und Handelskammer für Essen, Mülheim und Oberhausen und das mit seinen Prognosen und Analysen häufig zitierte Rheinisch-Westfälische Institut für Wirtschaftsforschung.

Die Rheinischen Stahlwerke (seit 1970 kurz: Rheinstahl), die ihren Sitz bis 1926 in Duisburg hatten und dann in den Vereinigten Stahlwerken aufgingen (vgl. Seite 291), wurden bei der Entflechtung dieses Konzerns durch die Alliierte Hohe Kommission im Jahr 1950 (ebenso wie die Gelsenkirchner Bergwerks AG) wieder selbständig und zogen ihre Hauptverwaltung bis zum Sommer 1961 in Essen zusammen, wo am Bismarckplatz das Rheinstahl-Haus entstanden war, das erste Bürohochhaus des Ruhrgebiets. Im April 1976 wurde Rheinstahl in Thyssen-Industrie umgewandelt.

Das RWE hat seit seiner Gründung 1898 seinen Sitz in Essen. Die nicht zu übersehende Zentrale dieses größten deutschen Stromproduzenten ist das RWE-Hochhaus, das durch Erweiterungen bis an die Huyssenallee, wo eine zweite Hochhaus-Dominante entstand, Essens größter Verwaltungsbau wurde. Das RWE versorgt etwa sieben Millionen Menschen mit Strom, es beliefert 1500 Gemeinden. Bei seiner Gründung vor achtzig Jahren erzeugte es gerade 200 Kilowatt, 1908 immerhin schon 15000 Kilowatt, doch 1977 gab es fast 100 Milliarden Kilowatt an seine Kunden ab, und zwar über ein 120000 Kilometer langes Versorgungsnetz. Das ist nur möglich, weil die Kraftwerke des RWE eine Leistung von über 24000 Megawatt erreichten. Im Geschäftsjahr 1976/77 erzielte der Essener Stromriese einen Umsatz von 11,8 Milliarden Mark. Seine größte Tochter ist die Rheinische Braunkohle AG. Das RWE, nie geizend, wenn es ans Investieren geht, hat für die nächsten Jahre eine Investitionssumme von zwei Milliarden eingeplant. Der Bau von Kernkraftwerken steht im Investitionsprogramm obenan.

Energiezentrale der Bundesrepublik Essen, das Kaufhaus des Ruhrgebiets und einer seiner beiden Schreibtische, hat einen Platz unstreitig inne: Es ist die Energiezentrale der Bundesrepublik. Wie das RWE als der größte Stromerzeuger des Konti-

344

nents, so hat sich die 1926 gegründete Ruhrgas-AG über den Zweiten Weltkrieg hinweg als sein größter Gasproduzent behauptet. Allein in der Bundesrepublik setzte die Ruhrgas AG 1976 rund 58 Milliarden Kubikmeter Gas ab, übrigens zu 90 Prozent Erdgas. Die Ruhrgas ist längst eng verbunden mit dem internationalen Erdgasgeschäft, sie schloß Lieferverträge mit den Niederlanden und der Sowjetunion, mit dem Iran und Algerien, und auch aus der Nordsee bezieht sie Erdgas. In nur wenigen Jahren, zwischen 1972 und 1977, haben sich die Gaslieferungen mehr als verdreifacht. Auch die Ruhrgas AG baute ein neues und architektonisch sehr ansprechendes Verwaltungsgebäude, und sie erweiterte das Leitungsnetz auf 8000 Kilometer. Es reicht von der Nordsee bis an die Schweizer Grenze.

Außerhalb der Bundesrepublik nach Erdöl suchen, es erschließen oder sich an fördernden Gesellschaften beteiligen – das ist die Aufgabe der DEMINEX. Die Deutsche Erdölversorgungsgesellschaft wurde 1969 gegründet und hat ihren Sitz in Essen. Das kennzeichnet die Bedeutung Essens als Energiestadt wie auch die Tatsache, daß die Siemens AG in Essen eine ihrer größten Zweigniederlassungen unterhält.

Zur Energie gehört die Kohle. Als 1969 feststand, daß die neugeschaffene Ruhrkohle AG ihren Sitz in Essen haben würde, war das eine Nachricht, die die Essener mit Genugtuung aufnahmen. Wie hätte es auch anders sein können? Über viele Jahrzehnte hinweg war Essen nun schon eine Stadt des Bergbaus, und nicht nur eine der Kohleförderung, sondern auch der Kohleverwaltung und des -verkaufs. Vor dem Ersten Weltkrieg hatte das Kohlensyndikat sich in dieser Stadt niedergelassen, nach dem Zweiten Weltkrieg der Unternehmensverband Ruhrbergbau. Hinzu kamen einige führende Zechengesellschaften. Doch mit jeder neuen „Kohlenkrise" – so der allgemeine Sprachgebrauch – wurden auch in Essen Zechen stillgelegt. Der Nimbus Essens als der größten Kohlenstadt des Kontinents war angekratzt.

Am 1. Juli 1971 erschreckten die Essener Tageszeitungen ihre Leser und vor allem die Bergleute mit Schlagzeilen wie diesen: „Vier Essener Zechen schließen – 12000 Bergleute sind betroffen – Nur eine Zeche bleibt". Am Tag zuvor hatte der Aufsichtsrat der Ruhrkohle AG verkündet: Nur durch weitere Rationalisierungen könne der Ruhrbergbau gesunden; einige Schachtanlagen müßten darum zusammengefaßt, andere stillgelegt werden. Mitte der siebziger Jahre förderte nur noch ein Bergwerk: Zollverein in Katernberg. Doch auch dessen Stillegung ist bereits geplant.

Während der Ruhrbergbau sich langsam „gesundschrumpft" – Rationalisierung heißt dafür das Stichwort –, schrumpft der Essener Bergbau mit. 1963 ist Essen mit vierzehn fördernden Schachtanlagen, 33000 Bergarbeitern und einer Förderleistung von 12,4 Millionen Tonnen Steinkohle an der Spitze der Revierstädte. Doch dann wirkt sich das Gesetz zur Förderung der Rationalisierung im Steinkohlenbergbau (1. September 1963) aus, und zwar verheerend. Fünf Essener Zechen werden bis zum 31. Oktober 1964 beim Rationalisierungsverband des Steinkohlenbergbaus zur Stillegung angemeldet. Unruhe, Proteste, Betriebsversammlungen auf den Schachtanlagen sind die erste Reaktion. Zehntausend Bergleuten droht Entlassung. In den Familien sorgt man sich um die künftigen Arbeitsplätze der Männer und Söhne. Die jüngeren unter den Kumpels denken an Umschulung. Der Rat der Stadt beschließt im November 1964 einstimmig eine Denkschrift, die Bundestag und Landtag, Bundesregierung und Landesregierung zugestellt wird. Der Rat weist daraufhin, daß die Zechenstillegung die Wirtschaftskraft und damit auch die Steuerkraft der Stadt schwächen. Von Bund und Land wird dringend Hilfe für die Verbesserung der Essener Wirtschaftsstruktur gefordert.

Doch schneller als zunächst befürchtet, überstand Essen diese Krise. Die Einkaufsstadt, die Handels- und Industriestadt Essen war ja keine reine Bergbaugemeinde mehr. Die verschiedenartigen Umwandlungsmaßnahmen der vergangenen Jahre zahlten sich aus.

Trotzdem war der Aderlaß des Essener Bergbaus nicht zu übersehen: Zwischen 1957 und 1963 war die Zahl der Beschäftigten – unter und über Tage – bereits von 54413 auf 38443 gesunken. Jetzt nahm sie erneut rapide ab, und zwar bis auf 20729 Ende 1969, also nochmals um fast die Hälfte. Die Förderung der Zechen sank zwischen 1957 und 1969 von 12,7 Millionen Tonnen Steinkohle auf 8 Millionen Tonnen. Entsprechend stark sank in diesem Zeitraum auch der Umsatz, allerdings nur um 30 Prozent, von 751 Millionen Mark (1957) auf 522 Millionen Mark (1969). Aber noch ein anderes Zahlenbeispiel zeigt, in welchem Maße sich in den sechziger Jahren die Rationalisierungen unter Tage auswirkten: Die Schichtleistung je Bergmann stieg von 1,6 Tonnen (1957) auf 3,2 Tonnen (1969). Inzwischen hat die Ruhrkohle AG in ihren Bergwerken die Kohlegewinnung nahezu vollständig mechanisiert und damit die Schichtleistung je Bergmann unter Tage auf mehr als 4 Tonnen (1977) weiter erhöht.

Bis 1969 waren die Stillegungen abgeschlossen. Es gab auch keine

Feierschichten mehr, und die Halden – jahrelang ein Symbol für die Absatzkrise des Ruhrbergbaus – waren abgetragen und verkauft. Am 18. Juli 1969 wurde schließlich auch der Grundvertrag zum Vertragswerk der Ruhrkohle AG unterzeichnet. Zwei Jahre hatten die Verhandlungen für die so lebenswichtige Neuordnung des Bergbaus gedauert. Nur noch eine Zeche fördert in Essen, trotzdem – und das ist das Paradoxe in dieser Situation – kann Essen sich auch dann noch als die größte Kohlenstadt des Kontinents bezeichnen, denn in der Ruhrkohle AG wurden 94 Prozent der Kapazität des Ruhrbergbaus vereinigt. Und das Verwaltungshaus der Ruhrkohle an der „Freiheit" steht nicht weit vom RWE-Hochhaus und den Niederlassungen von Siemens und der AEG. Massiert präsentiert sich die Energie, die in dieser Stadt produziert und vor allem verwaltet und verkauft wird.

Um die Zukunft der Kohle braucht man sich nicht zu sorgen. Der scharfe und noch immer anhaltende Konkurrenzkampf mit dem Öl hat nicht nur die durchgreifende Rationalisierung der Zechen ausgelöst, sondern auch die Forschung beflügelt. Daß die Kohle zum Verheizen zu schade sei, klingt wie ein makabrer Witz. Dieser Ausspruch kennzeichnet aber auch die verschiedenen Bemühungen, aus der Kohle noch mehr herauszuholen. Bei der Bergbauforschung in Essen-Kray hat man nicht nur raucharmen, umweltfreundlichen Formkoks entwickelt, mit Hochdruck arbeitet man in den Labors daran, die Kohle neuen Verwendungsformen zuzuführen; die Stichworte heißen: Kohlevergasung und -verflüssigung. Öl und Gas, wirtschaftlich aus Kohle gewonnen, sind keine fernen Utopien mehr, die Fortschritte bei der Bergbauforschung in Essen-Kray in dieser Richtung und das veränderte Energiebewußtsein in Europa lassen die zukünftige Bedeutung der Kohle als Energieträger in einem neuen, hoffnungsvollen Licht erscheinen.

„Nicht eher werden wir im Aufsichtsrat unsere Zustimmung geben, *Industrie-* bevor nicht für den letzten Mann gesorgt ist", sagte der Betriebsrats- *ansiedlung* vorsitzende einer Essener Zeche, als im Juli 1971 die neue Zechenstillegungswelle gemeldet wurde. „Wir werden mit der Stadt in Verbindung treten, damit auf dem großen Grundbesitz der Zechen neue Betriebe angesiedelt und neue Arbeitsplätze geschaffen werden können."

Neue Arbeitsplätze schaffen: In den ersten Jahren nach dem Krieg war das eine der wichtigsten Aufgaben, und mit jeder Bergbaukrise wird die Stadt daran erinnert, daß diese Aufgabe ständig neu zu lösen ist. In diesem Bereich gibt es keinen Stillstand. Wie andere Städte des

Reviers präsentierte auch Essen sich Ende der sechziger Jahre mit Zeitungsanzeigen und Broschüren („Essen, die Metropole des Ruhrgebietes, der richtige Standort für Ihr Unternehmen"). Das Kennwort für diese Anstrengungen: Industrieansiedlung.

„Durch den Strukturwandel in der Grundstoffindustrie stehen für neue Betriebe auch genügend tüchtige Arbeitskräfte zur Verfügung", heißt es 1968 in einem mehrseitigen Prospekt des Amtes für Wirtschaft und Werbung. „Essen hat Ihnen viel zu bieten: Grundstücke für Industrie und Gewerbe in jeder gewünschten Größe, eine günstige Verkehrslage mit hervorragenden Straßenverbindungen, ein gut ausgebautes Eisenbahnnetz, schnell erreichbare Flughäfen in Essen-Mülheim und Düsseldorf-Lohausen, einen stadteigenen Hafen am Rhein-Herne-Kanal, vielseitig ausgebildete Arbeitskräfte und eine allen Anforderungen gerecht werdende Energieversorgung. Nicht zuletzt aber garantieren Ihnen der Rat und die Verwaltung der Stadt, die aus langer Erfahrung heraus Verständnis für alle industriellen Bedürfnisse haben, weitgehende Unterstützung und gute Zusammenarbeit." Es stand nicht in dieser Broschüre, daß es die Stadt viel Geld kostete, die Grundstücke einiger stillgelegter Zechen im Essener Norden zu erwerben und neu zu erschließen. Die Industrieansiedlung ist ein saurer Apfel, der erst nach langer Reife süß wird.

In diesem friedlichen, aber darum nicht weniger aufreibenden Konkurrenzkampf mit den benachbarten Städten um neue Industriebetriebe – ein weiteres Stichwort: „wachstumsorientierte Industrie" – und damit neue Arbeitsplätze meldete Essen Ende der sechziger Jahre einen großen Sieg. Auf dem Gelände des nach dem Krieg demontierten Kruppschen Hüttenwerks in Borbeck (vgl. Seite 311) würde eine Aluminium-Hütte entstehen. Die Stadt hatte der Leichtmetall-Gesellschaft (Gemeinschaftsgründung der Unternehmensgruppen Metallgesellschaft AG und Schweizerische Aluminium AG) ein Areal von 1,5 Millionen Quadratmetern zur Verfügung gestellt. Im Januar 1971 nahm die Alu-Hütte die Produktion auf. In Essen, bis zum Krieg eine Stadt des Stahls, wurde zum erstenmal Aluminium geschöpft. 1977 arbeiteten rund 1000 Menschen in der Alu-Hütte, die jährlich 130000 Tonnen Hüttenaluminium produziert. Die Gesellschaft hat in das Werk kräftig investiert. Es zählt zu den modernsten und größten Aluminiumwerken Europas.

Die Suche nach krisenfester Industrie hat die Stadt Essen zwar nicht aufgegeben, aber sie knüpft daran keine allzu großen Hoffnungen mehr. Die Zeiten, wo ein großer deutscher Automobilhersteller im Ruhrgebiet

Gelände suchte, sind längst vorbei. So ist Essens kommunale Wirtschaftsförderung Ende der siebziger Jahre vor allem darauf aus, expandierende Essener Unternehmen mit geeignetem Gelände in der Stadt zu halten. Und dafür sind noch Flächen vorhanden, meist die stillgelegter Zechen wie zum Beispiel Emil/Emscher. Die Erschließung kostet die Stadt etwa 80 Mark je Quadratmeter. Mit diesen Maßnahmen werden nicht nur neue Gewerbeflächen geschaffen, sondern auch die von der Industrie verlassenen Gebiete sinnvoll genutzt. Es bleiben wenigstens keine Ruinen des Industriezeitalters zurück. Mitte der siebziger Jahre verdunkelte sich der Essener Wirtschaftshimmel: Auch in der größten Stadt des Ruhrgebietes stiegen die Arbeitslosenzahlen. Am 30. September 1977 waren in Essen 8580 Männer und 5227 Frauen als arbeitslos gemeldet; und je 100 Arbeitslose gab es (statistisch) nur 14 freie Stellen. Vor diesem Hintergrund ist zu sehen, daß die Verwaltung dem Rat ein Handlungsprogramm zur „Förderung der Essener Wirtschaft" vorlegte. Bis 1985 sollen dadurch 5500 (einschließlich des Folgebereichs 11000) neue Arbeitsplätze geschaffen werden. Trotzdem: Essens Wirtschaft steht Ende der siebziger Jahre weit besser da – weil sie vielschichtiger strukturiert ist – als in den dreißiger oder auch fünfziger Jahren.

In den sechziger Jahren zeichnete sich ab, daß für Essen der sogenannte tertiäre Bereich (Handel, Verkehr, Dienstleistungen, Banken) immer mehr an Bedeutung gewinnt. Während 1939 von 267352 Beschäftigten 66,3 Prozent in der Produktion und 33,7 Prozent im Bereich Verteilung und Dienste arbeiteten, hatte sich dieses Verhältnis 1967 bereits angenähert: Von 292700 Beschäftigten verdienten 50,9 Prozent in der Produktion und 49,1 Prozent im tertiären Bereich ihr Geld, und 1970 waren es sogar schon 52 Prozent. In welchem Umfang der tertiäre Bereich wächst, läßt sich nicht genau voraussagen; 1977 lag er schon bei 55 Prozent.

Die Bergleute wurden unterdessen rar. Die Kumpels wanderten zeitweise noch rascher ab, als es den auf Einsparung von Arbeitskräften erpichten Rationalisierungsfachleuten lieb war. Vor allem wanderten die Falschen ab: die Jüngeren nämlich. Der Nachwuchs wurde zu einem Problem, denn von den Schulentlassenen zeigten nur noch wenige Neigung, dem Beispiel des Vaters oder Bruders zu folgen und auf die Zeche zu gehen. Was die Älteren hält, ist auch nicht mehr so sehr der Stolz wie ein Jahrhundert zuvor oder der hohe Lohn wie noch in den fünfziger Jahren (in anderen Berufen verdient man kaum weniger und,

Die Kumpels wanderten ab

gemessen an der harten Arbeit unter Tage, eher mehr), sondern die vergleichsweise billige Zechenwohnung und die günstige Altersversorgung. Das eigene Haus mit Garten hat manchen Bergmann seßhaft gemacht und manchmal so sehr, daß er wenig Lust verspürt, nach der Stillegung seiner Zeche zu einer viel weiter entfernten zu pendeln. Aber die jüngeren Kumpel sind beweglicher, das heißt, sie denken nicht nur an die Zeche, wenn sie von einer Stillegung betroffen werden, sondern auch an den Absprung.

Umschulung Unter den Städten des Bundesgebietes ist Essen Anfang der siebziger Jahre die mit den meisten Umschülern. Mehr als zweitausend Männer (vor allem Bergleute) und Frauen stellten bis zum Oktober 1970 beim Essener Arbeitsamt Anträge auf Umschulung oder berufliche Förderung. Allein 1971 gab das Arbeitsamt dreiundzwanzig Millionen Mark für die Umschulung aus, weitere dreizehn Millionen für solche Arbeitnehmer, die wegen Frühinvalidität den Beruf wechseln müssen.

Die Umschulung ist typisch für die Arbeitswelt unserer Tage. Der erlernte Beruf zählt weniger, die Mobilität aber immer mehr. Die Erwachsenenbildung, die Berufsförderung und Fortbildung, entwickelte sich in den vergangenen Jahren – beschleunigt durch Strukturkrisen wie die im Bergbau – zur großen Aufgabe, die nur durch außergewöhnliche Anstrengungen gelöst werden kann. In Essen entstand bereits in den zwanziger Jahren das Haus der Technik (gegenüber dem Hauptbahnhof), heute eine Außenstelle der Technischen Hochschule Aachen. Das HdT bietet dem an Weiterbildung Interessierten ein vielfältiges Programm aus fachbezogenen Vorträgen.

Im Januar 1971 zogen die ersten Umschüler in das neue Berufsförderungszentrum an der Altenessener Straße. Fünfundzwanzig Millionen Mark haben Bund, Land und die Bundesanstalt für Arbeit sich dieses Berufsförderungszentrum kosten lassen, das schon nach wenigen Monaten bis auf den allerletzten Platz besetzt war. 450 Frauen und Männer werden in sechzehnmonatigen Lehrgängen für neue Berufe ausgebildet, zum Beispiel zu Industriekaufleuten oder Feinmechanikern. Dieses Zentrum verfügt nicht nur über Werkstätten und Großraumbüros, sondern auch über 224 Zimmer. Die Hälfte der Teilnehmer lebt also wie in einem Internat. Ein großer Teil der Umschüler kommt übrigens aus den verschiedensten Gegenden Deutschlands.

Es war kein Zufall, daß Essen zum Standort dieses ersten, beispielgebenden Berufsförderungszentrums wurde. Die Stadt liegt nun einmal im Herzen des größten deutschen industriellen Ballungsraumes, und seine Bewohner, das gilt erst recht für die Essener, stehen noch immer in dem Ruf, besonders arbeitsam zu sein. Die in eine Frage gekleidete Bestätigung dafür gab das Vorstandsmitglied einer Essener Aktiengesellschaft: „In welcher Stadt außer Essen gibt es das noch, daß Arbeiter bereit sind, in einem Betrieb mit drei Schichten zu arbeiten?"

Haus der Erwachsenenbildung – das war zunächst der Name für ein anderes Zentrum, das im Frühjahr 1971 mit Leben erfüllt wurde. Dieses neue Haus (Kosten des ersten Bauabschnittes: 7,5 Millionen Mark) ist das Domizil der Essener Volkshochschule. Mit Eifer hatten sich einige Essener Kommunalpolitiker für den Bau dieses Zentrums der Erwachsenenbildung eingesetzt. Für die Essener VHS bedeutete es einen neuen Anfang in der über fünfzigjährigen, zwischen 1934 und 1945 diktatorisch unterbrochenen Geschichte. „Wir warten auf den nicht nur Kultur konsumierenden, sondern auf den schöpferischen, spontanen, phantastischen, unternehmerischen Typ", sagte Dr. Wilhelm Godde, damals Leiter der VHS, seit 1977 Kulturdezernent der Stadt Essen. In der Essener VHS gibt es jährlich mehr als 50000 Unterrichtsstunden. Das Haus wurde um einen zweiten Bauabschnitt erweitert und hat neben 44 Unterrichtsräumen, einem Kinosaal und einem großen Forum auch ein Café.

Sozialdemokratische Oberbürgermeister hat Essen seit den Kommunalwahlen von 1956, die auch in anderen Städten des Rhein-Ruhr-Gebietes die CDU-Ära beendeten. Der in Ostpreußen aufgewachsene Wilhelm Nieswandt wurde im November 1956 mit 39 Stimmen bei 27 Enthaltungen gewählt, nachdem er 1949 und 1952 dem CDU-Kandidaten Toussaint unterlegen war. Nieswandt hatte 1923 in Essen die Meisterprüfung im Schmiedehandwerk abgelegt. 1932 zog er als Ratsherr der SPD ins Rathaus ein, wurde ein Jahr später von den Nationalsozialisten verhaftet und gründete 1934 eine Stahlbaufirma. Nieswandt gehört zu „den Männern der ersten Stunde". Als Oberbürgermeister regierte er dreizehn Jahre, bis 1969; er verblüffte immer wieder durch seine pragmatische Verhandlungsführung und durch seine Beharrlichkeit. Und durch seinen ausgeprägten Sinn für das, was getan werden muß. Dafür gibt es zahlreiche Anekdoten wie diese: Bei einem Empfang in der kanadischen Stadt Windsor für den deutschsprachigen Männerchor „Teutonia", an dem auch der Essener Schubert-Bund und Oberbürgermeister Nieswandt teilnahmen, wurden die Teilnehmer aufgefordert, sich zu Ehren der englischen Königin und des amerikanischen Präsiden-

Wilhelm Nieswandt

ten (die keineswegs anwesend waren) von den Plätzen zu erheben. Die deutschen Gäste aber schien man übergehen zu wollen. Da meldete sich Wilhelm Nieswandt zu Wort. „Als Oberbürgermeister der größten Industriestadt des Ruhrgebietes bitte ich jetzt die Anwesenden, sich zu Ehren des deutschen Bundespräsidenten von den Plätzen zu erheben." Die Kanadier standen auf. Minutenlang mußten sie stehen bleiben.

Horst Katzor Auf Wilhelm Nieswandt folgte 1969 Horst Katzor, der zweite sozialdemokratische Oberbürgermeister in der langen Essener Geschichte. Auch Horst Katzor stammt wie so mancher Essener aus dem Osten, kam 1945 als Heimatvertriebener in diese Stadt und war zuvor bereits Bürgermeister in Essen.

Am 11. Mai 1962 starb in Düsseldorf, dreiundachtzig Jahre alt, Dr. Hans Luther, Essens Oberbürgermeister von 1918 bis 1924, Reichsernährungsminister, Reichsfinanzminister, von Januar 1925 bis Mai 1926 Reichskanzler, später Präsident der Reichsbank, deutscher Botschafter in Washington und 1953 Vorsitzender des Ausschusses zur Neugliederung der Länder in der Bundesrepublik. Bei der Trauerfeier wurde er als „Oberbürgermeister des Ruhrgebiets" in dessen schwerster Zeit gewürdigt. Dr. Friedrich Wolff, Sohn eines „Kruppianers", nach dem Krieg in Essen Stadtkämmerer und Stadtdirektor und von 1957 bis 1964 als Oberstadtdirektor Chef der Essener Verwaltung, sagte, Luther habe in Essen Spuren hinterlassen, „die sich auch in Generationen nicht verwischen werden".

Das war keine Redensart. Zwei bedeutende Essener Einrichtungen verdanken wenn nicht ihre Existenz, so doch ihren Standort dem Oberbürgermeister Luther: der Siedlungsverband Ruhrkohlenbezirk und das Museum Folkwang.

Am 7. Juli 1976 starb Gustav Heinemann, nach dem Krieg Essens erster gewählter Oberbürgermeister, später – nach Heuss und Lübke – Bundespräsident. Heinemann verstand sich als „Bürgerpräsident", und so begriffen ihn auch viele Deutsche. Im gleichen Jahr, am 13. Dezember, starb Dr. Wolff, in dessen Amtszeit als Oberstadtdirektor unter anderem die Entscheidungen für den Bau der U-Bahn, des Rathauses und der Oststadt fielen. Und am 11. Juni 1977 starb Dr. Toussaint, Altoberbürgermeister auch er, dann viele Jahre Bundestagsabgeordneter der CDU.

6. Kapitel
Kultur zwischen Wunsch und Wirklichkeit

Wenn einem ein Essener erzählt, daß in Essen eines der schönsten Museen Europas stehe, so neigt man dazu, über soviel Lokalpatriotismus zu lächeln. Hat man es gesehen, so wundert man sich. „Das schönste Museum der Bundesrepublik", hat es ein Stuttgarter Betrachter jedenfalls genannt (Wilhelm Westecker, „Die Wiedergeburt der deutschen Städte").

Die ursprünglich in den zwei Goldschmidt-Villen untergebrachte Folkwang-Sammlung zog 1929 in ein eigenes Haus, das später dem Bombenkrieg zum Opfer fiel. Die Bilder waren in Sicherheit; nicht der Krieg schädigte die Bestände, sondern der vorangegangene Bildersturm der Nazis, der in diesem bedeutenden Museum moderner Kunst besonders heftig wütete. 145 Gemälde wurden enteignet und überwiegend nach Amerika verkauft, so Franz Marcs berühmte „Rote Pferde" und wertvolle Gemälde von Chagall, Cézanne, Matisse. Einige konnten nach dem Krieg aus städtischen und privaten Mitteln zurückgekauft werden. Zahlreiche Neuerwerbungen haben in den vergangenen Jahren dem Museum Folkwang den einstigen Rang wiedergegeben. Die Sammlungen sind heute umfangreicher und bedeutender als jemals zuvor. Das Museum blieb seinem Prinzip treu: die europäische Malerei und Plastik des 19. und 20. Jahrhunderts in typischen und hervorragenden Stücken vorzustellen, in farbigem Kontrast zu einer Sammlung antiker und außereuropäischer Plastik und Keramik.

1960 konnte das Museum Folkwang ein neues Haus beziehen, einen hellen, weiträumigen Flachbau, der von außen gefällig wirkt, ohne den Betrachter zu faszinieren. Innen aber gibt es Säle, Passagen, Durchblicke, die ein reines Entzücken sind. Keine Wand, kein Raum ist einfach mit Gemälden vollgehängt. Man geht gar nicht durch eine Bildergalerie, sondern gleichsam durch ein lichtes Schloß mit herrlichem Schmuck an den Wänden, mit Statuen, Vitrinen und kostbaren Teppichen, mit Raumfolgen, die in Farbe und Dimensionen spannungsreich wechseln, mit zwei grünen Gartenhöfen und einem gläsernen Saal zwischen ihnen, der ein düsteres Labyrinth wie den Louvre zu Paris vollends als einen Alptraum erscheinen läßt.

Wer sich über moderne Kunst – selbst über die ganz aktuelle neue Kunst der sechziger und siebziger Jahre – informieren will, kann am Museum Folkwang nicht vorübergehen. Er findet Gemälde und Plastiken so gestellt und gehängt, daß jedes Stück für sich und in einem in Licht und Farbe genau darauf abgestimmten Raum zur Geltung kommt – eine Rarität im internationalen Museumsbetrieb. Wer sich für moderne Kunst nicht interessiert, findet genügend Meisterwerke der deutschen Romantik, um auf seine Kosten zu kommen.

Das Museum Folkwang hat sich für die Zukunft vorbereitet. Wissenschaftler aller Museumsabteilungen haben in einer Ideenskizze die Ziele der Zukunft notiert. Danach soll die Entwicklung des Museums gewissermaßen zweispurig verlaufen: Auch künftig soll das Museum eine Stätte der Besinnung und der Begegnung mit dem Kunstwerk sein; zugleich aber wird es sich zu einem Zentrum künstlerischer Aktivität entwickeln. Mehr noch als in den vergangenen Jahren will man im Museum Öffentlichkeitsarbeit betreiben. „Das Museum sollte ausdrücklich seiner Vermittlerrolle zwischen Kunst, Künstler und Publikum gerecht werden und zu den künstlerischen Äußerungen der Gegenwart Stellung nehmen." Für soviel Aktivität wird Platz benötigt, und der soll durch einen Erweiterungsbau geschaffen werden. Ende der siebziger Jahre, weit später als zunächst erhofft, wird der Grundstein gelegt werden.

Villa Hügel Das Museum Folkwang konnte, als es noch nicht wieder über ein neues Haus verfügte, seine erste Ausstellung im Mai 1953 an einem Ort veranstalten, der bis dahin noch nie der Öffentlichkeit zugänglich gewesen war: der Villa Hügel. Sie wurde 1952 von den Alliierten freigegeben und nach dem Willen Bertha Krupps in den Dienst der Allgemeinheit gestellt. 1954 trat der Gemeinnützige Verein Villa Hügel ins Leben, der von den Kruppwerken getragen wird und nach seiner Satzung den einstigen Stahlpalast Alfred Krupps zu einem Kulturzentrum des Ruhrgebiets machen soll. Seither haben dort zwei Dutzend Ausstellungen stattgefunden, darunter solche von höchstem internationalen Rang, die in Deutschland nur Essen zu sehen bekam: 1959 „Fünftausend Jahre Kunst aus Indien" (vom Hügel-Verein organisiert und später in Zürich, Paris, Wien und Rom gezeigt), 1961 „Fünftausend Jahre ägyptische Kunst", 1962 „Siebentausend Jahre Kunst in Iran" (vom Schah in Paris eröffnet, dann nach Essen transportiert). Über die Jahre ein kontrast-reiches Ausstellungsprogramm, das „Historische Schätze aus der UdSSR" (1967) und „Afrikanische Kunstwerke – Kulturen am Niger" (1971) präsentierte, aber auch „Gemälde der Familie Krupp" (1970).

Die beiden Folkwang-Schulen richteten sich seit 1948 in dem kaum *Folkwang-* beschädigten Werdener Abteigebäude ein. Preußische Zuchthausanbau- *Schulen* ten, die im Zug der Sanierung Werdens bereits teilweise abgebrochen wurden, hatten die fürstäbtliche Residenz entstellt, der Verfall ging um, das mächtige Gemäuer war kaum zu heizen, und die Raumeinteilung war für Unterrichtszwecke durchaus nicht ideal. Aber in unaufhör-lichem Aus- und Anbau gelang es, den Schulen in der Abtei ein Heim zu geben, mit manchen Stilbrüchen zwar, aber doch in eine Atmosphäre von Tradition und alter Baukunst eingehüllt.

Im März 1963 wurde zwischen dem Land Nordrhein-Westfalen und der Stadt Essen ein Vertrag unterzeichnet, der die Folkwang-Schule der Stadt Essen für Musik, Tanz und Sprechen zu einer Hochschule erhob, mit dem offiziellen Namen Folkwang-Hochschule für Musik, Theater, Tanz. Sechsunddreißig Jahre nach der Gründung widerfuhr dieser Schule also eine Anerkennung, durch die ihre Qualität betont wurde. Die Anhebung bedeutet aber auch: Spaltung, denn die Folkwang-Schule für Gestaltung – obwohl vom gleichen Geist beseelt und im selben Gebäude heimisch – blieb Werkkunstschule. Wiederholt stritt man in den vergangenen Jahren für eine „Wiedervereinigung" beider Schulen; die Einheit der Folkwang-Idee lag offensichtlich nur den Essenern am Herzen, im Düsseldorfer Kultusministerium dachte man darüber anders. Seit dem 1. August 1971 aber ist die Kluft nicht mehr unüber-brückbar: Die Folkwang-Schule für Gestaltung wurde zur Fachhoch-schule für Design und kam ebenfalls unter die Schulfittiche des Landes. Inzwischen sind beide Institute als Fachbereich vier in die neue Gesamt-hochschule integriert. Im Essener Sprachgebrauch aber bleiben sie die „Folkwang-Schulen". Denn die Essener wissen sehr wohl, was sie durch ihre „Folkwang-Schulen" haben: zuweilen weltweiten Ruhm.

Das Alte wird ebenso wie das Neue gepflegt: Das 1904 gegründete Ruhr- *Ruhrland-* land- und Heimatmuseum hat 1963 einen Neubau bezogen und bildet *und Heimat-* mit dem benachbarten Museum Folkwang so etwas wie ein Museums- *museum* zentrum. Das Ruhrlandmuseum, so sein neuer Name, hat durch seine Arbeit die Struktur und die Entwicklung des Ruhrgebiets und der Stadt

Essen in einen größeren, vergleichenden naturwissenschaftlichen und menschheitsgeschichtlichen Rahmen gestellt. Für Provinzialismus ist da kein Raum. Es bietet den Besuchern informative Schausammlungen, aber auch umfangreiches Studien- und Forschungsmaterial.

Essen besitzt aber noch zwei andere Museen, die beide bemerkenswerte Pioniertaten sind: das Haus Industrieform in der ehemaligen Synagoge (die der zusammengeschmolzenen jüdischen Gemeinde zu groß wurde und darum durch einen kleineren Neubau an der Sedanstraße ersetzt wurde), das einen Überblick über beispielgebendes Industrie-Design bietet, und das Deutsche Plakat-Museum. 1970 wurde es gegründet, hat heute bereits einen Bestand von mehr als 20000 Plakaten und ist nach dem Warschauer Plakatmuseum das zweite in Europa. Das Essener sammelte aber nicht nur zeitgenössische, sondern auch historische Plakate und stellt sie (vorerst noch im Haus Industrieform) aus; und neben der Archivierung steht die wissenschaftliche Auswertung der Plakatkunst aus mehr als acht Jahrzehnten.

Volksbildung – dieses Wort klingt heute angestaubt. Doch die Wurzeln der Essener Stadtbibliothek liegen in eben diesem Bemühen, jedermann aufzuklären, ihm das Wissen zugänglich zu machen. Die Stadtbibliothek besteht seit siebzig Jahren, hat einen Bestand von 753000 Bänden (Stand: September 1973) und als Schwerpunkte eine wissenschaftliche, eine Musik- und eine Blindenbibliothek und versogt mit mehr als zwanzig Zweigstellen die lesehungrigen Bewohner in den Stadtteilen.

Das kulturelle Leben Essens – weit lebhafter als der Fremde vermutet – wird auch getragen von einigen Vereinen wie dem Kunstring Folkwang, dem Historischen Verein für Stadt und Stift Essen, dem Tatkreis Kunst der Ruhr, der Gesellschaft für Wissenschaft und Leben im rheinisch-westfälischen Industriegebiet – um nur diese zu nennen. Und der Stifterverband für die Deutsche Wissenschaft, 1949 gegründet, hat hier seinen Sitz.

Überdies zählt Essen, was meist übersehen wird, zu den wichtigen deutschen Zeitungsstädten. Hier hat die Verlagsgruppe der „Westdeutschen Allgemeinen Zeitung" ihren Sitz, zu der – seit der Zeitungskonzentration Mitte der siebziger Jahre – auch die in Essen nach dem Krieg gegründete „Neue Ruhr Zeitung", die „Westfälische Rundschau" (Dortmund) und die „Westfalenpost" (Hagen) gehören. Die Essener haben weiterhin die Auswahl zwischen verschiedenen und untereinander konkurrierenden Morgenblättern. Mit Essener Ausgaben erscheinen auch „Bild" und „Die Welt". Außerdem ist Essen Erscheinungsort für verschiedene Wochenzeitungen (von lokaler oder regionaler Bedeutung) und Fachzeitschriften. Essen, die Einkaufs- und Handelsstadt, entwickelte sich zu einer Metropole des graphischen Gewerbes. Seit über 350 Jahren werden in Essen Bücher gedruckt, vor allem Fach- und Sachliteratur, und seit mehr als 225 Jahren gibt es eine Essener Presse (vgl. Seite 116).

Oberbürgermeister Luther klagte seinerzeit darüber, daß die Essener Oberschicht für ihre Theaterbesuche Düsseldorf oder Köln vorgezogen habe; wahrscheinlich sei das von Friedrich Grillo gestiftete Theater „zu früh" gebaut worden, nämlich noch bevor Essen Großstadt wurde. Dadurch sei es zu bescheiden angelegt und dennoch „durch seine Existenz anderen Plänen hinderlich".

Mit dem Grillo-Theater – 1892 eröffnet, durch Bomben zerstört und 1950 nach einem beispielhaften Aufbau wiedereröffnet – müssen die Essener seitdem auskommen. Zwischen den beiden Weltkriegen gab es zwar noch ein eigenes Schauspielhaus, und nach dem Krieg wurde die Humboldt-Aula zu einem „kleinen Haus" umfunktioniert, doch in beiden Fällen handelt es sich um Ausweichmanöver. Der die Lage von Grund auf verbessernde Theaterneubau steht, und zwar seit den zwanziger Jahren, aus. *Theater auf der Warteliste*

Essens Theaterfreunde kennen ihre Lage. Einige von ihnen gründeten 1955 eine Fördergesellschaft, die sich mit wechselndem Erfolg für einen Neubau einsetzte, über eine Million Mark an Spenden einsammelte und außerdem für sich verbuchen konnte, daß der von dem finnischen Architekten Alvar Aalto stammende Entwurf für ein neues Musiktheater am Stadtgarten immer wieder neu diskutiert wurde. Auch zu Beginn der siebziger Jahre ist Aaltos Entwurf – die Baumasse wurde inzwischen um eine Drittel reduziert, die Zahl der Sitzplätze von 1400 auf 1100 verringert – ein Plan, der nur mit viel Geld (geschätzte Baukosten 1971: 55 Millionen Mark) zu verwirklichen ist. Im Oktober 1969 fiel im Rat der Stadt eine Grundsatzentscheidung für den Bau des neuen Musiktheaters. Und es kam zu einem Vertragsabschluß mit Alvar Aalto, dem weltberühmten Architekten. Mit einem Kostenaufwand von drei Millionen Mark wurden die Pläne baureif gemacht. Aalto starb 1976. Bei vielen Essener Theaterfreunden aber blieb die Hoffnung, daß, da nun das Rathaus fertig ist, Ende der siebziger Jahre mit dem Bau des neuen Theaters begonnen wird.

Essens jüngere Theatergeschichte wird also geprägt durch ein altes Haus mit einer kleinen Bühne. Trotz dieser Widrigkeiten, die 1977 durch eine weitere Spielstätte (Theatertreff „Casa Nova") etwas gemildert wurden, hat das Essener Ensemble in den vergangenen Jahren immer wieder von sich reden gemacht. Dazu verpflichtet, zu unterhalten, aber auch herauszufordern und zeitgenössisches Theater zu spielen, hat sich das Essener Theater gegenüber Bochum und Düsseldorf behauptet – womit die Arbeit der Künstler gemeint ist, nicht der Glanz der Foyers. In der Ära von Generalintendant Dr. Erich Schumacher (1956–1974) verschob sich der Schwerpunkt von der Oper zum Schauspiel, was ältere Theaterbesucher bedauerten. Mit Brecht (schon in den fünfziger Jahren eifrig gespielt), mit Hochhuths „Stellvertreter" oder Fortes „Luther" hat das Ensemble unbequemes, zeitgenössisches Theater gezeigt. International bekannte Regisseure wie Piscator und Barrault inszenierten in Essen. Und Gastspiele in Paris, Warschau, Barcelona und Triest brachten den Essenern auch im Ausland Anerkennung ein. Dies alles mit einem Etat, der erheblich unter dem liegt, was andere Städte fürs Theater ausgeben. Nachfolger von Dr. Schumacher war bis zum Ende der Spielzeit 1977/78 Dr. Jürgen-Dieter Waidelich. Das Amt des Essener Generalintendanten übernahm dann Ulrich Brecht.

Das Ruhr-bistum Seit 1958 ist Essen katholischer Bischofssitz. Bis dahin war das Ruhrgebiet unter die Bistümer Köln, Münster und Paderborn aufgeteilt, deren Grenzen seit dem preußischen Eingemeindungsgesetz von 1929 in Oberhausen, Gelsenkirchen und Duisburg mitten durch die Städte verliefen. Schon·damals ergriff der Nuntius im Deutschen Reich, Eugenio Pacelli (der spätere Papst Pius XII.), die Initiative zur Errichtung eines Ruhrbistums, fand jedoch bei den preußischen Behörden, die nach dem Konkordat zustimmen mußten, kein Interesse vor.

Erst als das Land Nordrhein-Westfalen sich 1950 eine Verfassung gegeben hatte, konnte das alte Projekt wiederaufgenommen werden. 1956 unterzeichnete der Apostolische Nuntius in der Bundesrepublik, Erzbischof Muench, und der nordrhein-westfälische Ministerpräsident Steinhoff den Vertrag über die Errichtung eines Bistums Essen. Es wird im Volksmund „Ruhrbistum" genannt, obwohl es sich mit dem Ruhrgebiet nicht deckt (aber auch das Gebiet der Ruhr deckt sich ja nicht mit dem „Ruhrgebiet", sondern bildet nur dessen Südrand). Das Bistum Essen umfaßt die Großstädte Bochum, Bottrop, Duisburg, Essen, Gelsenkirchen, Mülheim und Oberhausen, vom engeren Revier also nicht

Dortmund, Hagen, Herne, Recklinghausen und Wanne-Eickel. Statt dessen sind die nicht zum Ruhrgebiet gezählten Landkreise Altena und Ennepe-Ruhr dem Bistum zugeschlagen. Räumlich ist es die kleinste deutsche Diözese, nicht jedoch nach der Zahl der Gläubigen: von den 3,1 Millionen Einwohnern des Bistums waren Anfang der sechziger Jahre 1,4 Millionen katholisch.

Religionszugehörigkeit der Essener Bevölkerung

	1939	1950	1968
Katholisch	53,9%	53,4%	51,0%
Evangelisch	38,9%	41,3%	43,6%
Sonstige	7,6%	5,3%	5,4%

Zum ersten Bischof von Essen wurde 1957 der Weihbischof und Domdechant von Paderborn, Dr. Franz Hengsbach, ernannt. Am 1. Januar 1958 fand die offizielle Errichtung des Bistums und die feierliche Inthronisation des Ruhrbischofs in seiner Kathedrale, dem uralten Münster zu Essen, statt.

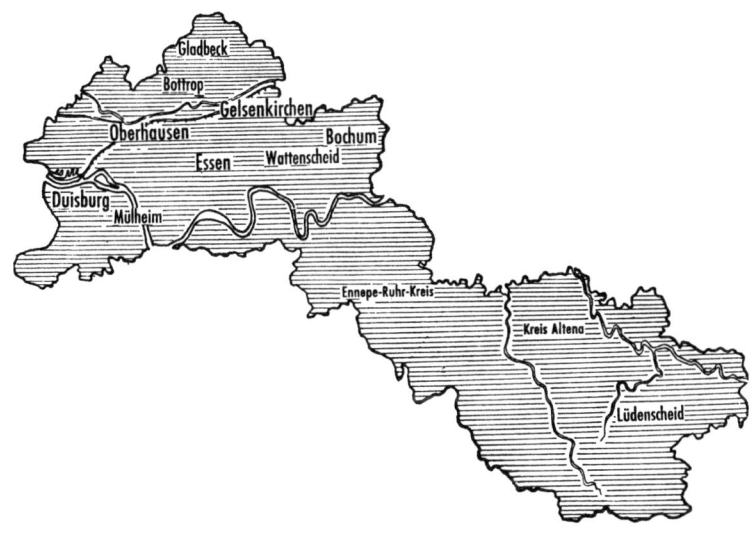

Das Ruhrbistum

„Der Raum unseres neuen Bistums ist überreich an schicksalsschweren Fragen, Fragen des wissenschaftlichen Fortschritts, der sozialen Struktur, der politischen Zukunft unseres Volkes, ja der Volksgemeinschaft", sagte Bischof Hengsbach in seiner ersten Predigt. 1968 war Essen der Ort für den 82. Deutschen Katholikentag, der sich bewußt abhob von früheren traditionsbezogeneren Katholikentagen.

Die neue
Marktkirche Das Herzstück des evangelischen Essen, die Marktkirche, wurde im Unterschied zu Altfrids Münster nach dem Bombenkrieg nicht wieder in seiner ursprünglichen Form aufgebaut. Der Beschluß, die Kirche überhaupt an der alten Stelle neu zu errichten, kam erst 1950 nach längeren Verhandlungen zustande, da sie, ähnlich der Gedächtniskirche in Berlin, kostbaren Platz auf einer Drehscheibe des Verkehrs in Anspruch nahm. Wie in Berlin fiel die Entscheidung in Essen für das, was Dauer hat – mit der Einschränkung, daß die Marktkirche nur in halber Größe wiederaufgebaut wurde. Der Neubau – 1952 eingeweiht – mußte mitsamt den zwei Pfeilern der Urkirche, die er noch enthält, auf starke Betonriegel gestellt werden, da tief unter ihm die Kohlenflöze von drei Zechen zusammenstoßen.

1963 beging die evangelische Gemeinde Essens die Vierhundertjahrfeier der Reformation. Als Auftakt zu den Jubiläumsfeierlichkeiten hielt Bischof Dibelius einen Vortrag im Städtischen Saalbau. Am 2. Mai 1963, vierhundert Jahre nach dem Tag, an dem Pfarrer Heinrich Barenbroch in der Marktkirche zum erstenmal das Abendmahl „in beiderlei Gestalt" ausgeteilt hatte, spielte vor dem Kirchlein im Herzen des alten Kaufmannsstädtchens Essen ein Posaunenchor, und ein langer Zug von Pastoren und Ratsherren, an der Spitze Oberkirchenrat Stöver und Oberbürgermeister Nieswandt, schritt aus dem Rathaus in die Kirche, zur Erinnerung daran, daß der Rat der „unfreien Reichsstadt" Essen es war, der der Reformation zum Durchbruch verhalf.

7. Kapitel
Nie Zeit zum Atemholen

Der letzte deutsche Kaiser wünschte keine Universität im Ruhrgebiet. Nur Unruhe würde sie unters Volk bringen. Mehr als sechzig Jahre des 20. Jahrhunderts sollten vergehen, bis in Bochum und Dortmund Universitäten entstehen konnten, und noch einige Jahre mehr, bis auch in Essen der Plan herangereift war. Für Essen ist der Bau der Universität, der Integrierten Gesamthochschule, so etwas wie eine neue „Jahrhundertaufgabe", der große bildungspolitische Sprung nach vorn. Im Segeroth, dem nördlichen Randviertel der City, wuchs in den siebziger Jahren Essens Uni hoch, und zwar auf einem etwa achtzig Hektar großen Gelände (ähnliche Ausdehnung hat die Gruga), auf dem vor einigen Jahren noch Essens neuer Großmarkt mit Schlachthof geplant war.

Die Essener Universitätsplanung fiel in die Zeit einer neuen Bewußtseinsbildung an den deutschen Hochschulen, das heißt, mit ministeriellen Federstrichen war die Aufgabe nicht zu lösen. Eine heftige Diskussion setzte in Essen ein, und nicht nur über den künftigen Standort, sondern auch über die Struktur der Universität. Ein mit Professoren, Assistenten und Studenten besetzter „Sachverständigenrat für Fragen der Errichtung, Entwicklung und Koordinierung von Hochschuleinrichtungen auf Essener Gebiet", der als bisher bester seiner Art in der Bundesrepublik galt, und eine „Arbeitsgemeinschaft Integrierte Gesamthochschule Westliches Ruhrgebiet" nahmen die Arbeit auf. Gutachter wurden bestellt und verschiedene Versuche unternommen, die Essener in die allgemeine Diskussion einzubeziehen. Der Sachverständigenrat empfahl schließlich im Januar 1971 die City-Nord als Universitätsgelände. Auch die meisten Gutachter hatten sich für diesen Standort ausgesprochen.

Die Entscheidung fiel in Essen also gegen die lange Zeit als Ideallösung angesehene Universität auf der grünen Wiese. Nicht Isolierung vom, sondern Integrierung in das Stadtleben wird angestrebt. Am

Universitätsplanung

1. August 1972 wurde die Universität Essen durch einen feierlichen Gründungsakt von NRW-Ministerpräsident Heinz Kühn als eine von fünf neuen Gesamthochschulen des Landes eröffnet. Diese neue Hochschule trat an, den Anspruch des nordrhein-westfälischen Wissenschaftsministers zu erfüllen: „die bestehende Hochschulstruktur mit all ihren Mängeln, mit ihren Versäumnissen und ihren Abschottungen aufzubrechen".

Der Gründungsakt der neuen Essener Universität faßte zunächst alte, bestehende Einrichtungen zusammen: das Klinikum Essen, bis dahin der Ruhr-Universität Bochum angegliedert, die Abteilung Essen der Pädagogischen Hochschule Ruhr und die Fachhochschulen in Essen mit den Bereichen Ingenieurwesen, Kunst und Design (Folkwang-Hochschule), Sozialwesen und Wirtschaft. Ziel dieses in der Hochschulgeschichte Deutschlands sehr ungewöhnlichen Zusammenschlusses war, die bisher in den traditionellen Universitäten getrennten wissenschaftlichen und praxisnahen Studiengänge in einem „integrierten Studiensystem" miteinander zu verbinden. Die bildungspolitische Absicht der Universität Essen ist, mehr Praxisbezug in das wissenschaftliche Studium und mehr Wissenschaftlichkeit in die praxisnahe Ausbildung zu bringen.

Wie schwierig es allerdings ist, all diese Ansprüche zu erfüllen, unter denen die Essener Universität antrat, zeigte schon die Dauer ihrer Gründungsphase: Sechs Jahre nach dem Start ist die Universität noch immer im Aufbau. Es amtiert immer noch der Gründungssenat unter dem ersten Rektor, Professor Dr. Walter Kröll, zum 1. August 1972 als Gründungsrektor nach Essen berufen und seitdem im Amt. Zuvor war Professor Kröll Hochschullehrer an der Ruhr-Universität Bochum.

Mit dem Bau der Universität im Segeroth wurde 1972 begonnen. 1974 konnten die neue Hochschulverwaltung und der Gründungsrektor, bis dahin in einem Bürogebäude in Altenessen untergebracht, in das erste fertige Gebäude der neuen Universität einziehen, das Bargmann-Haus, benannt nach dem früheren Essener Beigeordneten Jochen Bargmann, der auch als Landtagsabgeordneter entscheidende Vorbereitungsarbeit für die Essener Hochschule geleistet hatte. Jochen Bargmann verunglückte im Herbst 1972 bei einem Autounfall tödlich.

Im Sommer 1977 waren rund 150 000 qm Geschoßfläche der neuen Universität fertiggestellt. Die U-Bahn-Verbindung von der Universität im Segeroth zur Universitäts-Klinik in Holsterhausen soll bis 1980 (früher Städtische Krankenanstalten) in Betrieb genommen werden.

Trotz aller Probleme mit der Studienreform hat die Essener Universität nicht nur Bauerfolge zu melden. Seit dem Wintersemester 1973/74 bestehen die ersten integrierten Studiengänge, für die der Gründungssenat der Gesamthochschule besondere Prüfungs- und Studienordnungen entwickelte. Die Zahl der Studierenden ist von anfangs 5500 auf 12000 Studenten im Wintersemester 1977/78 angestiegen, eine Zahl, die die Hochschulplaner erst für 1980 erwartet hatten.

Der weitaus überwiegende Teil der Studenten kommt aus dem unmittelbaren regionalen Einzugsbereich der Universität – auch ein Beweis für die Richtigkeit des Standorts. Ein weiteres gestecktes Ziel ist ebenfalls erreicht: Die Zahl von Studenten, die aus Arbeiterfamilien kommen, konnte gegenüber traditionellen Universitäten erheblich gesteigert werden. Mehr als ein Viertel der Essener Studenten haben einen Arbeiter zum Vater, 53,6 Prozent der Studenten kommen aus Beamtenfamilien, und 17,5 Prozent haben Eltern, die selbständig sind. Die Hochschule hat neue Arbeitsplätze in Essen geschaffen für rund 350 Hochschullehrer, 500 wissenschaftliche und 3000 nichtwissenschaftliche Mitarbeiter.

Essen wächst: durch die Universität an Bedeutung. Durch eine vergleichsweise kleine Eingemeindung, der ersten seit 1929, wuchs es auch an Fläche. Am 1. Januar 1970 kam die Gemeinde Altendorf-Ruhr als 48. Stadtbezirk (jetzt Burgaltendorf genannt) zu Essen, wodurch sich das Stadtgebiet von 188,4 auf 194,8 Quadratkilometer vergrößerte. Und Essens Einwohnerzahl, die sich seit dem Höchststand von 1963, nämlich 731000, auch als eine Folge der Zechenstillegungen ständig verringert hatte, stieg durch die 7300 Burgaltendorfer erstmals wieder kräftig an (708000). Für manchen Burgaltendorfer bedeutete es so etwas wie die Heimkehr in die Stadt, aus der er Jahre zuvor weggezogen war, um sich jenseits der Ruhr – Burgaltendorf liegt auf einer Halbinsel in einem Ruhrbogen – ein fast ländlich-ruhiges Viertel fürs Wohnen zu suchen. Mitten in Burgaltendorf liegt die alte Burg, heute ein Ausflugsziel, vor Jahrhunderten eine Basis der Essener Äbtissin.

Als wahrscheinlich letzte Eingemeindung kam 1975 Kettwig hinzu: ein wunderschönes Gartenstädtchen an der Ruhr. Essens grüner Süden wurde noch grüner. Doch im Norden gab es keine Ausdehnung – weder Bottrop noch Gladbeck. Die politischen Entscheidungen fielen in Düsseldorf. Essen hielt sich politisch vornehm zurück. Also keine Millionenstadt – kein noch größeres Groß-Essen. Essen wurde auch nicht Sitz eines Regierungsbezirks Ruhrgebiet, denn der wurde erst gar nicht ge-

Zuwachs: Burgaltendorf

schaffen. Es bleibt wie es war: das Ruhrgebiet in seinem Kern geteilt in drei Regierungsbezirke, Essen gehört weiterhin zum Regierungsbezirk Düsseldorf, das angrenzende Bochum zu Arnsberg, und Bottrop – eine Stadt in der Kernzone des Reviers – ist Grenzland des Regierungsbezirks Münster. Das Ruhrgebiet – ein Weltbegriff, doch nicht für die deutsche Verwaltung. Zudem: Duisburg begreift sich rheinisch, es strebt westwärts; Dortmund sieht sich westfälisch, beansprucht dort Metropolenstatus. Essen wird darum in den achtziger Jahren seine Rolle als Metropole des Ruhrgebiets neu definieren müssen.

Umweltschutz Nicht nur die Einwohnerzahl Essens hat in den sechziger Jahren abgenommen. Auch die Luftverschmutzung ist weniger spürbar. Denn während andere Städte und Ballungsräume erst jetzt die Probleme der Luftverschmutzung angehen, hat man in Essen schon vor mehr als einem Jahrzehnt Alarm geschlagen. Das tat die Interessengemeinschaft gegen Luftverschmutzungsschäden durch Luftverunreiniger, ein Vorläufer jener heute so häufig auftretenden Bürgerinitiativen. Seit 1962 hat Essen eine Landesanstalt für Immissions- und Bodennutzungsschutz, in den siebziger Jahren neu gruppiert als Landesanstalt für Immissionsschutz. Über 200000 Proben und Messungen werden alljährlich in der Landesanstalt ausgewertet. Die Luft über der Ruhr wird ständig überwacht.

Erste Erfolge zeichnen sich ab: 29000 Tonnen Staub legten sich 1964 auf die Stadt, 1969 nur noch 20700 Tonnen, um etwa dreißig Prozent also ging die Staubbelastung zurück. Der Gehalt an Schwefeldioxyd sank im gleichen Zeitraum gar zur Hälfte. Und er sinkt weiter. In Essen ist die Luft inzwischen so sauber, wie man es vor zwei Jahrzehnten kaum zu hoffen wagte. Andere Städte des Reviers wie Oberhausen, Gelsenkirchen, Duisburg haben eindeutig mehr unter schlechter Luft und Staubniederschlag zu leiden als Essen. Der Kampf für eine bessere Umwelt besteht aus vielen Schlachten. In Essen lebt man in dem Gefühl, die ersten gewonnen zu haben – was noch nicht den großen Sieg bedeutet.

Rathausneubau Mit Mehrheit und in geheimer Sitzung hatte der Rat am 17. Dezember 1963 beschlossen, das alte Rathaus mitsamt dem Grundstück für fünfzehn Millionen Mark an das Warenhaus Wertheim zu verkaufen. Das Rathaus, ein veralteter Bau aus den achtziger Jahren des 19. Jahrhunderts, wurde abgebrochen, das Warenhaus errichtet und eröffnet, und die Spitzen von Rat und Verwaltung zogen in das zum Verwaltungshaus umgetaufte ehemalige Amerikahaus auf dem Kennedyplatz. Nach den ersten Plänen des Architekten Theodor Seifert hätte das neue Rathaus mindestens hundertsechzig Millionen Mark gekostet. Im Frühjahr 1971 überraschten Seifert und die Gesellschaft „Neue Heimat" die Öffentlichkeit mit einem völlig neuen Rathaus-Entwurf mit erheblich gesenkten Baukosten (nur 80 Millionen Mark). Am 1. Juli 1975 erfolgte der Spatenstich, und 1979 ist das Rathaus mit etwa 2000 Arbeitsplätzen bezugsfertig. Der Neubau war zeitweise geradezu dramatisch belastet, und zwar durch den Rückzug der „Neuen Heimat" aus dem City-Center-Projekt. Es mußte 1977 schnell eine andere Lösung gefunden werden. Ob sie städtebaulich attraktiv ist, das werden die kommenden Jahre zeigen.

Essens neues Rathaus wird vermutlich nie zu Essens attraktiven Freizeitzielen zählen. Das sind andere: Gruga und Baldeneysee. Auch die Grugahalle gehört dazu, eine riesige Mehrzweckhalle für 8500 Besucher, die sich seit 1958 bei Sportveranstaltungen ebenso wie bei Jazz- und Popmusikfestivals bewährt hat und auch als Musicaltheater. Den Beweis für Essens hohen Freizeiwert erbrachte übrigens auch eine Umfrage des Siedlungsverbandes Ruhrkohlenbezirk. Essen hat viele Gesichter und manchen Ehrgeiz, zum Beispiel zur Kongreß- und Ausstellungsstadt. Von Jahr zu Jahr attraktiver: die Messe Essen. Zwölf Hallen mit insgesamt 56000 Quadratmeter überdachter Fläche stehen an der Gruga und sind traditioneller Ausstellungsort für die „Deubau", für „Schweißen und Schneiden" und andere bedeutende Fachausstellungen. Und damit zusammenhängend sieht sich die Stadt einer weiteren Notwendigkeit gegenüber: Hotels zu bauen. Die Handels-, die Verwaltungs- und Ausstellungsstadt Essen braucht mehr Herbergen für die Fremden.

Eine Sorge wird sich Essen nicht mehr machen müssen: daß es noch einmal mit einem explosionsartigen Bevölkerungswachstum fertig werden müßte, wie es sich in der zweiten Hälfte des 19. Jahrhunderts, in der Zeit der Eingemeindungen von 1901 bis 1929 und dann noch einmal zwischen 1945 und 1954 ereignete. Dem städtischen Flächennutzungsplan zufolge könnten auf dem Essener Areal etwas über 800000 Menschen untergebracht werden; auf gut 650000 scheint sich die Einwohnzerzahl indessen einzuspielen.

Für die alten Hellwegstädte – Duisburg, Mülheim, Essen, Bochum, Dortmund – wird es sich in Zukunft vor allem darum handeln, einer im wesentlichen konstant bleibenden Bevölkerung zu besseren Wohnverhältnissen, einer schöneren Umwelt und einer krisenfesten Wirtschaftsstruktur zu verhelfen. Essen kann mit seiner derzeitigen Besiedlungsdichte von 3880 Menschen pro Quadratkilometer zufrieden sein. In Düsseldorf wohnen auf der gleichen Fläche 4450 Personen, in New York 9400 und in der Pariser Innenstadt 37000.

Sieht man einmal ab von der noch ausstehenden Entscheidung für einen Theaterneubau, so kann man sagen, daß Essen in den sechziger und siebziger Jahren dieses Jahrhunderts sehr konsequent einige Großprojekte in Angriff nahm: Es baute eine Universität, setzte eine Trabantenstadt auf die „grüne Wiese", es plante und baute die erste U-Bahn des Ruhrgebiets, es setzte an die Ränder seiner Altstadt einige bemerkenswerte städtebauliche Akzente, wozu sicher auch das neue Rathaus gehört – durchweg attraktive und kostenaufwendige Entscheidungen. Die Politik des Essener Rats und die Arbeit der Essener Verwaltung, deren Chef seit 1974 Oberstadtdirektor Dr. Ernst Finkemeyer ist, wird künftig weniger spektakulär ausfallen, was nicht heißt: weniger wichtig. So gilt es zum Beispiel die Essener Nord-Süd-Wanderung zu stoppen, was nur Erfolg haben kann, wenn der Essener Norden weiter aufgewertet wird. Die Essener Stadtpolitik wird wahrscheinlich mehr noch als in den vergangenen Jahrzehnten auf die polyzentrische Struktur Essens achten müssen. Essen bleibt ein Satellitensystem: Die eingemeindeten Stadtteile rings um die Altstadt blicken größtenteils auf ein jahrhundertelanges Eigenleben zurück, haben ihre Eigenständigkeit keineswegs ganz aufgegeben und sind zum Teil durch Grünland von der Kernstadt getrennt. Die große Strahlungskraft, die die City gerade seit den fünfziger Jahren entfaltet, und der fortschreitende Verkehrsausbau scheinen nunmehr ein ausgewogenes Verhältnis zwischen der Mitte und den Rändern anzubahnen. Die ehemaligen Stiftsländer und späteren Industrieräume Essen und Werden haben sich zu einer organischen Großstadt verschmolzen.

Aufstieg aus der Asche Seit 1896, als Essen Großstadt wurde, hat es eigentlich nie Zeit zum Atemholen gefunden. Im ausgehenden 19. Jahrhundert war diese Stadt noch gezeichnet durch die industrielle Revolution; die Zeit der großen Eingemeindungen ging über in die Wirtschaftskrise, der schon bald die Zerstörungen des Bombenkrieges folgten; zu Beginn des Wiederaufbaus mußte Kruppstadt nachsitzen. Essen hatte es immer schwerer als vergleichbare andere Städte, die den Glanz alter Residenzen in ihren Mauern haben und nicht die Patina des Industrierauchs.

Einer Stadt, die durch Bomben zur Hälfte ausgelöscht und durch

Demontagen an den Rand des Hungertods gebracht wurde – und die heute dennoch größer, gesünder, blühender als vor jedem dieser Kriege dasteht –, einer Stadt von solcher Lebenskraft und Zähigkeit braucht um ihre Zukunft nicht bange zu sein. „Für jeden", schrieb die „Times" am 18. April 1963, „der sich einen Weg durch die verschlungenen Massen von Stahl und Schutt bahnen wollte, die 1945 Essen hießen, hat hier wirklich eine Auferstehung wie die des Phönix aus der Asche stattgefunden."

Mit vernarbten Wunden schreitet Essen kräftig und hoffnungsvoll durch das zwölfte Jahrhundert seiner Geschichte.

ANHANG

Essens Einwohnerzahl

Jahr	Fläche qkm	Einwohner im damaligen Stadtgebiet	Einwohner im heutigen Stadtgebiet
1380		3 000	
1600		5 000	
1800	8,8	3 500	
1816	8,8	4 660	22 000
1846	8,8	7 840	40 100
1852	8,8	10 500	
1861	8,8	20 800	78 500
1871	8,8	52 000	139 000
1880	8,8	57 000	179 500
1890	8,8	79 000	242 500
1896	8,8	100 000	313 000
1900	9,7	119 000	400 000
1901	19,4	185 000	409 000
1905	25,4	231 000	469 000
1910	39,3	295 000	556 000
1925	98,2	471 000	634 000
1930	188,4	653 000	657 000
1937	188,4	671 000	675 000
1945 (April)	188,4	285 000	290 000
1945 (Dezember)	188,4	483 000	488 000
1947	188,4	551 000	556 000
1950	188,4	610 000	615 500
1954	188,4	676 000	682 000
1958	188,4	720 000	726 000
1963	188,4	731 000	738 000
1967	188,4	714 000	721 000
1970	194,8	– –	708 000
1977	210,2	– –	668 458

Die Eingemeindungen

Jahr		qkm	Einwohner
1897	Teile von Altenessen und Huttrop	0,85	900
1901	Altendorf	9,4	66 000
1905	Rüttenscheid	5,9	22 000
1908	Huttrop (Rest)	2,9	4 000
1910	Rellinghausen, Teile von Fulerum	11,0	14 000
1915	Altenessen, Borbeck, Bredeney, Haarzopf	59,2	129 000
1929	Landkreis Essen (außer Kettwig) mit den Städten Werden und Steele	93,1	167 000
1970	Altendorf/Ruhr als Burgaltendorf	6,2	7 402
1975	Kettwig	15,4	19 731

369

Zeittafel zur Essener Geschichte

Literaturverzeichnis

Abkürzungen:

Bearb.   = Bearbeitet
Ess.Beitr.   = Beiträge zur Geschichte von Stadt und Stift Essen
Hrsg.   = Herausgeber: oder Herausgegeben von ...

Amtsblatt der Stadt Essen. Essen 1962–1970.

Baedeker, Diedrich: Alfred Krupp und die Entwicklung der Gußstahlfabrik zu Essen. Essen 1889.

Bandmann, Günther: Die Werdener Abteikirche. Bonn 1953

Bart, Jan [D. i. Otto Bartels]*:* Die alte Reichsabtei. Bilder aus Werdens Geschichte. Essen 1963.

Bartels, Otto, s. Bart, Jan.

Beiträge zur Geschichte von Stadt und Stift Essen. Hrsg. vom Historischen Verein für Stadt und Stift Essen. Essen 1–85 (1881–1970).

Berdrow, Wilhelm: Alfred Krupp. Bd. 1–2. Essen 1927.

Berdrow, Wilhelm: Die Familie Krupp in Essen 1587–1887. Essen 1931.

Berdrow, Wilhelm (Hrsg.), s. Krupp, Alfred.

Bergmann, Kurt: Die wirtschaftsgeschichtliche Entwicklung des Ruhrkohlenbergbaus seit Anfang des 19. Jahrhunderts. Köln 1937.

Berichts-Sonderheft vom Deutschen Turnfest in Essen 1963. Frankfurt/Main. Deutsches Turnen, Deutsche Turnzeitung 108 (1963) Nr. 15/16 und 17/18.

Bevölkerung, Wohnungen und Kriegsschäden in Essen. Hrsg. vom Statistischen Amt der Stadt Essen. Essen 1945.

Bloemers, Kurt: William Thomas Mulvany. Ein Beitrag zur Geschichte der rheinisch-westfälischen Großindustrie und der deutsch-englischen Wirtschaftsbeziehungen im 19. Jahrhundert. Essen 1922.

Borbeck, Stadtteil mit Zukunft. Essen-Borbeck 1967.

Brandi, Paul: Essener Arbeitsjahre. Ess.Beitr. 75 (1959).

Bredt, Johann Viktor: Die Polenfrage im Ruhrkohlengebiet. Leipzig 1909.

Brepohl, Wilhelm: Zur Volksgeschichte des Ruhrarbeiters. In: Zeitschrift für Wirtschaftskunde. 4 (1939).

Bundesgartenschau 1965 Essen. Im Grugapark 29. April bis 17. Oktober. Sonderausgabe der Essener Woche 15 (1965) Nr. 18.

Clemen, Paul (Hrsg.), s. Kunstdenkmäler ...

Corsten, Hermann: Bibliographie des Ruhrgebiets. Essen 1943.

Croon, Helmuth: Städtewandlung und Städtebildung im Ruhrgebiet im 19. Jahrhundert. In: Aus Geschichte und Landeskunde. Bonn 1960.

Däbritz, Walther: Friedrich Grillo. Münster 1934.
Denkschrift über die Auswirkungen der Bergbaukrise in der Stadt Essen. Hrsg. von Rat und Verwaltung der Stadt Essen. Essen 1965.
Deubner, Ludwig: Kosmas und Damian. Leipzig 1907.
Deutsches Turnfest Essen. 15. bis 21. 7. 1963. Turnfest-Mitteilungen. DTB. Essen Nr. 1–18. Dezember 1961 bis Juli 1963.
Dinnendahl, Franz: Selbstbiographie des Mechanicus Franz Dinnendahl in Essen. In: Ess. Beitr. 26 (1905).
Dokumentarreihe der Stadt Essen. Hrsg.: Amt für Wirtschafts- und Verkehrsförderung der Stadt Essen. Essen 1–10 (1965–1969).

Effmann, Wilhelm: Die karolingisch-ottonischen Bauten zu Werden. Straßburg 1899.
Ehlgötz, Hermann (Hrsg.), s. Essen 1925.
Elbern, Victor H.: Der Münsterschatz von Essen. Mönchengladbach 1959.
Elsen, Oswin: Essen-Rüttenscheid, eine wirtschafts- und sozialgeographische Untersuchung. Essen 1962/63.
Engelmann, Bernt: Krupp, Legenden und Wirklichkeit. München 1969.
Essen. Hrsg. von Hermann Ehlgötz. 2. Aufl. (Deutschlands Städtebau) Berlin 1925.
Essen. 350 Jahre Druckerstadt, 225 Jahre Essener Presse. Essen 1965.
Essen bringt 8 wesentliche Voraussetzungen mit. Aktuell für Gespräche über Standortprobleme. Essen 1968.
Essen: 100 Jahre Stadtvermessung. Essen 1966.
Essen, die Metropole des Ruhrgebietes, der richtige Standort für Ihr Unternehmen. Möglichkeiten für Industrie und Gewerbe im Herzen des Ruhrgebiets. Hrsg. von der Stadt Essen. Essen 1967.
Essen, soziale Groß-Stadt von morgen. Hamburg 1962.
Essen, starkes Herz der deutschen Lande. Essen 1952.
Essener Bürgerillustrierte. Hrsg.: Presse- und Informationsamt der Stadt Essen. Essen Juni 1966 bis Mai 1970.
Essener Heimatbuch. 2. Aufl. Hrsg. von Heinrich Wefelscheid und Otto Lüstner. Essen 1938.
Essener Revue. Zeitschrift für das Leben an der Ruhr. Essen 1–11 (1960–1970).
Essener Stadtillustrierte. Essen 1969–1970.
Essener Woche. Die Zeitschrift der Ruhrmetropole. Neue Folge. Essen 1–20 (1951–1970).

Feldens, Franz: 75 Jahre Städtische Bühnen Essen. Geschichte des Essener Theaters 1892–1967. Essen 1967.
Festausgabe zum Deutschen Turnfest Essen 15. bis 21. Juli 1963. Frankfurt/Main. Deutsches Turnen, Deutsche Turnzeitung 108 (1963) Nr. 13/14.
Fischer, Wolfram: Herz des Reviers. 125 Jahre Wirtschaftsgeschichte des Industrie- und Handelskammerbezirks Essen–Mülheim–Oberhausen. Essen 1965.
die folkwangschule für gestaltung der stadt essen. Hrsg.: Amt für Wirtschafts- und Verkehrsförderung der Stadt Essen. Essen 1962.
Franke, Eberhard: Das Ruhrgebiet und Ostpreußen. Essen 1936.
Friedensburg, Ferdinand: Kohle und Eisen im Weltkrieg und in den Friedensschlüssen. München 1934.
50 Jahre Fachmessen und Ausstellungen in Essen. Hrsg. von der Gemeinnützigen Ausstellungsgesellschaft mbH Essen. Essen 1963.
Funcke, F. Philipp: Geschichte des Fürstentums und der Stadt Essen. Elberfeld 1847.

374

Gebhardt, Gerhard: Ruhrbergbau. Geschichte, Aufbau und Verflechtung seiner Gesellschaften und Organisationen. Essen 1957.
Göpel, Otto: Essen. Montanindustrielle Entwicklung und Aufbau der Ruhr-Emscher-Stadt. Essen 1925.

Haase, Carl: Die Entstehung der westfälischen Städte. Münster 1960.
Hasselkuß, Heinz: Besinnen, Planen, Arbeiten, Leben. Eine Chronik zum 125jährigen Bestehen der Stadtsparkasse Essen. Essen 1966.
Hegel, Eduard: Kirchliche Vergangenheit im Bistum Essen. Essen 1960.
Heimatblätter. Monatsschrift für das niederrheinisch-westfälische Land, besonders für das Industriegebiet. Essen, Dortmund 1–6 (1919–1926).
Heimat-Kalender für Essen Stadt und Land. Hrsg. von Essener Künstlern. Essen 1 (1926).
Heimatkalender der Stadt Essen. Später: Heimatkalender für Stadt und Landkreis Essen. Zuletzt: Heimatkalender für Groß-Essen. Essen 1–4 (1939–1942).
Heimatstadt Essen s. Jahrbuch „Die Heimatstadt Essen".
Heinrichsbauer, August: Industrielle Siedlung im Ruhrgebiet in Vergangenheit, Gegenwart und Zukunft. Essen 1936.
Heinrichsbauer, August: Der Ruhrbergbau in Vergangenheit, Gegenwart und Zukunft. Essen 1948.
Heuss, Theodor: 150 Jahre Krupp. Gedenkrede zur 150-Jahr-Feier 1961. Tübingen 1962.
Heyn, Erich: Zerstörung und Aufbau der Großstadt Essen. Bonn 1955.
Hübinger, Egon: 1100 Jahre Stift und Stadt Essen. Ess. Beitr. 68 (1952).

125 Jahre Industrie- und Handelskammer zu Essen. Sonderausgabe der Essener Woche 15 (1965) Nr. 47.
Imme, Theodor: Alte Sitten und Gebräuche im Essenschen. In: Ess. Beitr. 34 (1912), 35 (1913), 37 (1918), 39 (1921).
Imme, Theodor: Kulturbilder aus dem alten Essen. In: Heimatblätter 1 (1919/20).
Informationen über den Krupp-Konzern. Seine Geschichte, seine Erzeugnisse, seine Leistungen. Essen 1963.

Jahn, Robert: Essener Geschichte. 2. Aufl. Essen 1957.
Jahn, Robert: Das gotische Silberbuch. In: Münster am Hellweg 9 (1956).
Jahrbuch „Die Heimatstadt Essen". Essen 1–21 (1948–1970).
Jahresbericht. Unternehmensverband Ruhrbergbau in Essen. Essen 1953/54 bis 1958/60.
Jugendzentrum Essen. Zur Eröffnung am 9. Januar 1964. Essen 1964.

Kahrs, Ernst: Aus der Vorzeit. In: Essen 1925.
Kellen, Tony: Friedrich Grillo. Essen 1913.
Kellen, Tony: Die Industriestadt Essen in Wort und Bild. Essen 1902.
Kirche vor Ort. Zehn Jahre Bistum Essen. Hrsg. vom Bischöflichen Generalvikariat. Essen 1968.
Klass, Gert von: Die drei Ringe. Lebensgeschichte eines Industrieunternehmens. Tübingen 1953.
Klass, Gert von: Aus Schutt und Asche. Krupp nach fünf Menschenaltern. Tübingen 1961.
Köhler, Hans-Georg: Essen, Geschichte der Städtischen Werke. Essen 1969.
Köhn, Heinz: Der Essener Münsterschatz. Essen 1955.
Koepchen, Arthur: Das RWE in der deutschen Elektrizitätswirtschaft. Essen 1930.

Körholz, Franz: Die Säkularisation und Organisation in den preußischen Entschä-
digungsländern Essen, Werden und Elten 1802–1806. Münster 1907.
Kreuz über Kohle und Eisen. Hrsg. im Auftrag des Bischofs von Essen. Essen 1958.
Krupp, Alfred: Briefe 1826–1887. Hrsg. von Wilhelm Berdrow. Essen 1928.
Kulturzentrum Villa Hügel. Recklinghausen 1968.
Die Kunstdenkmäler der Stadt und des Kreises Essen. Hrsg. von Paul Clemen.
Düsseldorf 1893.

Lagarie, Gerd, und Agnes Singendonk-Holtwick: Essen – Gesundheit vor allem.
Essen 1966.
Lappenbusch, Adolf: Essen als Handelsstadt. Essen 1937.
Lüstner, Otto (Hrsg.), s. Essener Heimatbuch.
Luther, Hans: Zusammenbruch und Jahre nach dem Ersten Krieg in Essen. Ess.
Beitr. 73 (1958).

Manchester, William: Krupp. Zwölf Generationen (Originaltitel: The Arms of
Krupp 1587–1968). München 1968.
Die Marktkirche in Essen. Festschrift der evangelischen Kirchengemeinde Essen-Alt-
stadt. Essen 1952.
Matschoß, Conrad: Die Entwicklung der Dampfmaschine. Bd. 1–2. Berlin 1908.
Matschoß, Conrad: Franz Dinnendahl. Münster 1932.
Mews, Karl: Stadt und Stift Essen in den Berichten von Geographen und Reisenden
vergangener Zeiten. In: Ess. Beitr. 34 (1912).
Mews, Karl: Der Werdegang der heimischen Industrie. In: Essener Heimatbuch.
1938.
Mönnich, Horst: Aufbruch ins Revier. München 1962.
Mückeley, Oskar: Die Masuren im rheinisch-westfälischen Industriebezirk. Gelsen-
kirchen 1910.
Mühlen, Norbert: The Incredible Krupps. Deutsch: Die Krupps. Frankfurt 1960.
Das Münster am Hellweg. Mitteilungsblatt des Vereins für die Erhaltung des
Essener Münsters. Essen 1–23 (1948–1970).
Muthesius, Volkmar: Ruhrkohle 1893–1943. Aus der Geschichte des Rheinisch-
Westfälischen Kohlensyndikats. Essen 1943.

Pieler, Franz Ignaz: Das Ruhrtal. Reise auf der Ruhrtaleisenbahn mit Ausflügen
in die Umgegend. Werl 1881.
Presser, Diether: Essen – Kultur in Vergangenheit und Gegenwart. 3. Aufl. Essen

Raphael, Gaston: Hugo Stinnes. Berlin 1925.
1971.
Ribbeck, Konrad: Geschichte der Stadt Essen. Bd. 1. Essen 1915.
Ribbeck, Konrad: Die Vereinigung des Stiftes und der Stadt Essen mit dem preu-
ßischen Staate. Essen 1902.
Rothert, Hermann: Westfälische Geschichte. Bd. 1–3. Gütersloh 1949.
Ruhrschnellweg – Bundesstraße 1 Ortsdurchfahrt Essen. Dokumentation über
Planung und Bauausführung ... von der Hamburger Straße an der Stadtgrenze
Mülheim bis zum Knotenpunkt Ruhrschnellweg (B 1)/B 288. Essen 1970.

Sabel, Karl: Essen, wie es fiel und sich wieder erhob. Artikelserie in: Westdeutsche
Allgemeine Zeitung. Essen 1961.
Sammlung industrieform. Essen, Steeler Straße 29, Am Porscheplatz. Essen 1963.
Schäfer, Heinrich: Die Kanonissenstifter im deutschen Mittelalter. Stuttgart 1907.

Schröder, Ernst: Krupp, Geschichte einer Unternehmerfamilie. Göttingen 1957.
Schröer, Alois: Chronologische Untersuchungen zum Leben Liudgers. Münster 1948.
Schröter, Hermann: Die Firma Friedrich Krupp und die Stadt Essen. In: Tradition,
Zeitschrift für Firmengeschichte und Unternehmerbiographie. 6 (1961).
Schunder, Friedrich: Tradition und Fortschritt. Hundert Jahre Gemeinschaftsarbeit
im Ruhrbergbau. Stuttgart 1959.
Sellmann, Wilhelm: Bibliographie zur Geschichte der evangelischen Kirche im Raum
der Stadt Essen. Zum 400jährigen Bestehen der evangelischen Gemeinde in Essen.
1563–1963. Essen 1962.
Sellmann, Wilhelm: Die gemeinnützigen Wohlfahrtsverbände, Gesellschaften und
Stiftungen in der Stadt Essen in Vergangenheit und Gegenwart. Essen 1967.
Sellmann, Wilhelm: 162 Dissertationen über den Raum der Stadt Essen. Aus:
Münster am Hellweg 15 (1962).
Sellmann, Wilhelm: Das öffentliche Sozialwesen der Stadt Essen in Vergangenheit
und Gegenwart. Essen 1967.
Serlo, Walter: Westdeutsche Berg- und Hüttenleute und ihre Familien. Essen 1938.
Der Siedlungsverband Ruhrkohlenbezirk. Essen 1955.
Singendonk-Holtwick, Agnes, s. Lagarie, Gerd.
Spethmann, Hans: Die ersten Mergelzechen im Ruhrgebiet. Msc. Essen 1947.
Spethmann, Hans: Das Ruhrgebiet im Wechselspiel von Land und Leuten, Wirt-
schaft, Technik und Politik. Bd. 1–3. Berlin 1933–1938.
Spethmann, Hans (Hrsg.), s. Die Stadt Essen.
Die Stadt Essen. Das Werden und Wirken einer Großstadt an der Ruhr. Hrsg. von
Hans Spethmann. Berlin 1938.
Steinhauer, Gerhard: Essen – Stadt zwischen Schächten und Wäldern. Münster 1958.
Steinhauer, Gerhard: Das Revier – Profil einer ungewöhnlichen Landschaft. Essen
1957.

Die Verwaltung der Stadt Essen im 19. Jahrhundert. Bd. 1. Hrsg. von Erich
Zweigert. Essen 1902.

Waechtler, Karl: Die Geschichte der evangelischen Gemeinde in Essen. Essen 1896.
Wagner, Georg: Einführung in die Erd- und Landschaftsgeschichte. Öringen 1950.
Wefelscheid, Heinrich (Hrsg.), s. Essener Heimatbuch.
Weis, Dieter: Essen – Im Spiegel von Wort und Zahl. 2. Aufl. Essen 1970.
Weis, Dieter: Die Großstadt Essen. Bonn 1951.
Westecker, Wilhelm: Die Wiedergeburt der deutschen Städte. Düsseldorf 1962.
Wilmowsky, Tilo von: Rückblickend möchte ich sagen … An der Schwelle des
150jährigen Krupp-Jubiläums. Oldenburg 1961.
Woischnik, Bernhard: Alfred Krupp, Meister des Stahls. Bad Godesberg 1957.

Zehn Jahre Grugahalle Essen. Essen 1968.
Ziegler, Siegfried: Die Stadt Essen. Essen 1929.
Zimmermann, Walther: Das Münster zu Essen. Essen 1956.

Abbildungen:
Stadtbildstelle Essen 77, Fried. Krupp. Essen, 2, W. van Heekern 3, P. Kleu 1,
W. Hagemann 1.

Sämtliche über den Raum der Stadt Essen genannten Schriften sind in der Heimat-
geschichtlichen Abteilung der Essener Stadtbibliothek, in der „Essener Bibliographie", enthalten und können entliehen werden.

BOTTROP

GLADBECK

GELSENKIRCHEN

OBER-
HAUSEN

Karnap
1929

Emscher
Rhein-Herne-Kanal

Altenessen
1915

Stoppenberg
1929

WATTENSCHEID

Borbeck
1915

1897

ESSEN im

19. Jahrhundert

Kray
1929

Altendorf
1901

Alt-
stadt

Huttrop
1908

Stadt
Steele
1929

1898

Ruhr

Bochum

MÜLHEIM

Fulerum
1910

Rüttenscheid
1905

Rellinghausen
1910

Überruhr
1929

Haarzopf
1915

Heisingen
1929

Roßkothen
1929

Bredeney
1915

Baldeneysee

Kupferdreh
1929

Stadt
Werden
1929

Werden (Land)
1929

KETTWIG

LANGENBERG

Essens Wachstum durch Eingemeindungen

393

Autobahn
Hannover-Berlin
B 224

Emscher

Rhein-Herne-Kanal

Karnap

Altenessen

Borbeck

Kray

B 1
Dortmund

B 1
Mülheim

Steele

B 288
Autobahn
Köln-Frankfurt

Bredeney

Baldeneysee

Werden

Kupferdreh

Ruhr

B 227

B 224
Wuppertal

0   1   2   3 km

Wohngebiete
Industrieflächen
Grünanlagen und Freiflächen
Bundesstraßen
Hauptverkehrsstraßen
Eisenbahnlinien

Flächennutzung im heutigen Essen

Walter Scheel
Vom Recht des anderen
Gedanken zur Freiheit.
Mit der Münchner- und der Karlspreisrede
240 Seiten, gebunden

»Gleichgültig, welchen Themen die Reden des Bundespräsidenten gewidmet sind – der Kreis seiner Ansprachen ist weit gezogen, er reicht über
Sozialfragen, demokratischen Lebensstil, Europa, die Mitbestimmung
bis hin zu den aktuellen Problemen des Tages – gleichgültig, wann und
wo Walter Scheel dazu sprach, er liebt eine deutliche, von Rücksicht-
nahme auf Privilegien oder eingewurzelte Vorstellungen freie Sprache, die
sich nicht scheut, diesen oder jenen aus seiner Selbstzufriedenheit aufzu-
schrecken. Wenn der Bundespräsident den verfassungsrechtlichen Rahmen seines Amtes wirklich ausschöpfen will, hat er den Weg gefunden.
Man muß ihm nur zuhören.«
Stuttgarter Zeitung

ECON Verlag · Postfach 9229 · 4000 Düsseldorf 1

Otto Graf Lambsdorff
Zielsetzung
Aufgaben und Chancen der Marktwirtschaft
328 Seiten, gebunden

»Diese Auswahl früherer Vorträge, Reden, Artikel und Interviews zeigt Lambsdorffs klare Stellungnahme zu den brennenden Fragen, die die Marktwirtschaft heute allen in der Wirtschaft Tätigen stellt. Sie zeigt aber auch die ganze Bandbreite seines wirtschafts- und sozialpolitischen Vermögens und Erkennens. Die Themen sind ebenso aktuell wie zeitlos: Stabilität, Kartellrecht und Wettbewerb, Entwicklungs- und Ostpolitik, Export, Bankwesen und Inflation, Unternehmer und Management, Mitbestimmung und Vermögensbildung, um nur einige zu nennen.«
Deutsches Wirtschaftsblatt

»Nicht nur Fachleute – Wirtschaftler, Politiker, Journalisten – werden hier Anregungen für die Weiterentwicklung der sozialen Marktwirtschaft finden. Auch einer breiteren Öffentlichkeit ist mit diesem Buch zum ersten Mal die Möglichkeit geboten, sich über die Aufgaben, die uns heute gestellt sind, zu informieren.«
neue wirtschaft

ECON Verlag · Postfach 9229 · 4000 Düsseldorf 1

Ernst Haas
In Deutschland
Einführung von Thilo Koch

32 Seiten Text, 152 Seiten Bildteil mit 136 Abbildungen, Großformat
23 x 34 cm, Leinen im Schuber

Der Band ist auch in folgenden Sprachen lieferbar: Englisch, Französisch,
Spanisch, Portugiesisch (Brasilianisch)

Ernst Haas schuf mit diesem Bildband ein in jeder Beziehung ungewöhn-
liches Bild Deutschlands. Menschen, Städte und Landschaften, Anlässe
wie Kieler Woche, Kölner Karneval, Oktoberfest in München – foto-
grafiert mit dem Auge des Künstlers.

»Ein ungewöhnlicher, nicht schmeichelnder, sondern wirklichkeitsnaher
Bildband über deutsche Menschen, deutsche Landschaften und deut-
sches Leben.«
Photo Presse

»Ernst Haas ist Reporter und Bild-Dichter. Er produziert Effekte und
meditiert mit der Kamera.«
Westdeutsche Allgemeine Zeitung

ECON Verlag · Postfach 9229 · 4000 Düsseldorf 1

Georg Volkmar Graf Zedtwitz-Arnim
...ein Ruf wie Donnerhall
Deutschenspiegel
480 Seiten, gebunden

»Dies ist weder ein Maulkorb-Buch noch eine Kombination aus Knigge und Pappritz für Weltenbummler. Nach wenigen Textpassagen fesselt dieser Deutschenspiegel mit einer klugen Sammlung von persönlichen Meinungen und Urteilen, Skizzen, Beschreibungen, Typisierungen, vergleichenden Darstellungen ehrenwerter Zeitgenossen unserer Vorfahren. Hier bildet Lesen nicht nur – es stärkt.«
Absatzwirtschaft

»Ein unterhaltsames Buch, kein Donnerhall, aber ein Brillant-Feuerwerk.«
Darmstädter Echo

»Mit brillanten Formulierungen, die den Deutschenspiegel zu einer vergnüglichen Lektüre machen, hat Zedtwitz-Arnim ein Geschichtsbuch der deutschen Gegenwart geschaffen, dem man nur wünschen kann, daß sich möglichst viele Deutsche darüber aufregen oder erregen.«
Westfalen-Blatt

ECON Verlag · Postfach 9229 · 4000 Düsseldorf 1

Städte und Stätten deutscher Geschichte – von der Urgeschichte bis zum Mittelalter

Die Pörtner-Kassette
4 Bände in Kassette zus. 2016 Seiten mit 207 Abbildungen, davon 52 in Farbe, sowie 125 Karten und Zeichnungen.

Die Kassette enthält die großen Erfolgstitel von Rudolf Pörtner in neuer Ausstattung und mit erweitertem Farbbildteil:

BEVOR DIE RÖMER KAMEN
Städte und Stätten deutscher Urgeschichte

MIT DEM FAHRSTUHL IN DIE RÖMERZEIT
Städte und Stätten deutscher Frühgeschichte

DIE ERBEN ROMS
Städte und Stätten des deutschen Mittelalters

DAS RÖMERREICH DER DEUTSCHEN
Städte und Stätten des deutschen Mittelalters

»Der große Verdienst des Verfassers besteht darin, die Neugierde für die Zeugen der Vergangenheit vor den eigenen Toren zu wecken. Pörtners Bücher tragen in glücklicher Weise zur Vergegenwärtigung einer Vergangenheit bei.«
Süddeutsche Zeitung

»Pörtner setzt um, was die Wissenschaft weder tut noch will und vermag: Wissen in Anschauung. So wird Geschichte wieder manierlich, so läßt sie sich anschauen und begreifen.«
Frankfurter Allgemeine Zeitung

ECON Verlag · Postfach 9229 · 4000 Düsseldorf 1

Herbert Laupsien (Hrsg.)
Wo wohnen – wie bauen?
Überlegungen zu unserer zukünftigen
Lebensgestaltung
272 Seiten, gebunden

Rund zwanzig Autoren – Experten auf dem Bereich der Architektur,
Bauen, Wohnen und Umwelt – ziehen Bilanz und geben Denkanstöße zu
dem, was auf diesem Gebiet in Zukunft besser gemacht werden könnte.
Der Bogen der behandelten Themen ist weit gespannt: Von der Stadt als
Teil der Landschaft bis zur Individualität in den eigenen vier Wänden;
Wohnprobleme mit Kindern, Zersiedelung und Stadtbild, Altbauerhal-
tung und Stadterneuerung, Sport und Freizeit im Wohnbezirk, Eigen-
heim und Mietshaus, Bauherr und Architekt, Baustoff und Bauelement,
Geld und sozialer Wohnungsbau – eine beeindruckende Sammlung von
Anregungen und Beispielen aus der Hand von Stadtplanern, Umwelt-
schützern, Politikern, Architekten und kritischen Journalisten.

ECON Verlag · Postfach 9229 · 4000 Düsseldorf 1